Werner Holly · Bernd Ulrich Biere (Hrsg.)

Medien im Wandel

Werner Holly · Bernd Ulrich Biere (Hrsg.)

Medien im Wandel

Westdeutscher Verlag

Die Deutsche Bibliothek – CIP-Einheitsaufnahme

Medien im Wandel / Werner Holly ; Bernd Ulrich Biere (Hrsg.) –
Opladen ; Wiesbaden : Westdt. Verl., 1998

ISBN 978-3-531-12975-4 ISBN 978-3-322-99189-8 (eBook)
DOI 10.1007/978-3-322-99189-8

Der Westdeutsche Verlag ist ein Unternehmen der Bertelsmann Fachinformation GmbH.

http://www.westdeutschervlg.de

Höchste inhaltliche und technische Qualität unserer Produkte ist unser Ziel. Bei der Produktion und Verbreitung unserer Bücher wollen wir die Umwelt schonen: Dieses Buch ist auf säurefreiem und chlorfrei gebleichtem Papier gedruckt. Die Einschweißfolie besteht aus Polyäthylen und damit aus organischen Grundstoffen, die weder bei der Herstellung noch bei der Verbrennung Schadstoffe freisetzen.

Umschlaggestaltung: Horst Dieter Bürkle, Darmstadt

Inhalt

Computer

Zur Einführung: Medien im Wandel
Neues in alten, Altes in neuen Medien

Bernd Ulrich Biere und Werner Holly

Die Mediengeschichte ist eine Geschichte von Kontroversen. Ihre Dramatisierungen stammen aus den gemischten Gefühlen im Untergrund der Entwicklung. Hoffnungen und Ängste begleiten ein jedes neue Medium. Die Hoffnungen wollen uns glauben machen, daß nun alles anders, d.h. besser wird. Sie betonen das gute Neue und stellen auch manches als neu dar, was vielleicht nur ein bißchen anders konstelliert oder verpackt ist. Zunächst gilt allemal das „stilistische Trägheitsgesetz" (Bausinger), das dafür sorgt, daß in den jeweils neuen Medien erst einmal das Alte auftaucht, bis man nach und nach die Spezifik des neuen Mediums erkennt und eigenständige Präsentationsgegenstände und -formen findet. Aber auch scheinbar ganz Neues wie 'Hypertext' erweist sich genauerem Hinsehen womöglich als vertraut, z.B. als ein Textverweissystem, das uns - nicht genauso, aber ähnlich - in Enzyklopädien und Indices schon geleitet hat.

Ängste pflegen den guten alten Topos vom Verfall. Was die einen als Fortschritt deuten, ist für die andern gerade der Horror der schönen neuen Welt. Mit dem neuen Medium verliert man - so die Befürchtung - die Vorzüge des vorigen Zustands. Ob es bei Platon gegen die Schrift geht, - sie sei inhuman, verdinglicht, zerstöre das Gedächtnis, schwäche das Denken, was man heute übrigens auch gegen die Computer vorbringt, oder später gegen das Drucken: Es galt nach seiner Erfindung zu Beginn der Neuzeit als „schwarze Kunst" und Teufelswerk; im 18. Jahrhundert (und noch in den 50er Jahren) hat man die „Lesewut" angeprangert; im Zusammenhang mit der Sprache der Presse spricht man spätestens seit Nietzsche vom „schlechten Zeitungsdeutsch"; Telefon, Kino, Fernsehen und heute natürlich Computer, sie alle verderben fortgesetzt, zumindest denkt man so bei ihrem Aufkommen, die Sprache und überhaupt die Kultur und besonders natürlich die Sprachkultur.

Schlimmer noch: Man glaubt, daß das jeweils neue Medium die alten verdränge und damit zu Verlusten führe. Als ob man die Medien mit ihren jeweils spezifischen Leistungen vergleichen könne! Ist der Tonfilm, ein audiovisuelles Speichermedium, das aber aufgrund seiner Produktionsbedingungen nur sehr eingeschränkt aktuell sein kann, dem Radio, das zwar aktuell, aber nur akustisch überträgt, überlegen? Ist das Radio als akustisches Massenmedium dem Telefon, einem akustischen Dialogmedium überlegen? Solche Fragen machen angesichts der strukturellen Verschiedenheit der betreffenden Medien wenig Sinn. Die Verschiedenheit der Medien ist gerade Ausdruck der funktionalen und sinnvollen Ausdifferenzierung und begründet, warum sich Medien in den allermeisten Fällen nicht ablösen, sondern ergänzen. Dies ist übrigens auch der Grund, weshalb die ganze kulturpessimistische Angst beim Aufkommen neuer Medien, die sich durch die Geschichte zieht, jeweils von nur relativer Dauer ist. Natürlich kann kein Fernsehprogramm ein Buch ersetzen, es ist einfach etwas anderes. Und da, wo es mit Erfolg etwas verdrängt, z.B. das Radio in der Sportberichterstattung, ist wohl kein Schade entstanden. Wirklich weggefallen ist noch keine Kommunikationsform, nicht einmal das Ritzen in Stein.

Allerdings verändert sich mit jedem neuen Medium das ganze mediale System. Neue Medien entlasten alte von Aufgaben, die sie nicht optimal lösen konnten, und machen sie freier für ihre eigentlichen Stärken, geben ihnen Anregungen für bessere, manchmal auch nur modische Neuheiten. So entsteht in alten Medien Neues. Im vorliegenden Band geht es unter anderem um zwei Tendenzen in alten Medien, die nur mit solchen Neuerungen entstehen konnten, um die sogenannte „Boulevardisierung“ in Presse und Fernsehen - hier ist die Kritik an der Kommerzialisierung schon implizit - und um „Regionalisierung“ im Fernsehen, die unmittelbar mit der Vermehrung der Kanäle durch Kabel und Satellit zusammenhängt.

Manchmal bringt erst die spätere Medienentwicklung Perspektiven mit sich, unter denen man alte Medien neu interpretiert. Erst mit den heutigen Aufzeichnungsmöglichkeiten können wir das Telefon als mündlich-dialogisches Medium adäquat beschreiben. Die totale Kommerzialisierung auch der audiovisuellen Medien wirft noch einmal ein neues Licht auf die frühe Boulevardisierung in der Prese. Die scheinbar neuartigen Textstrukturen in Computermedien lassen uns auch auf eine weiter zurückreichende Veränderung in den Textstrukturen etwa der Presse achten. Auch in diesem Sinne sehen wir heute Neues in alten Medien.

Das Medium ‘Telefon’ ist derart in unseren privaten Alltag eingebunden, daß wir uns kaum mehr bewußt machen, daß wir hier mit einem technisch-apparativen Medium zur Übertragung gesprochener Sprache konfrontiert sind. Daß das neue Medium in seinen Anfängen keineswegs mit dieser Selbstverständlichkeit genutzt wurde, zeigt *Johannes Schwitalla* anhand von literarischen Verarbeitungen des Mediums ‘Telefon’ in einer Zeit, als die “vom Körper gelöste Stimme” einerseits noch Angstgefühle und Schmerzen verursachte, andererseits das “Wunderbare und Übernatürliche des neuen Kommunikationsapparats” - so bei M. Proust - in den als “Göttinnen” oder “wachenden Jungfrauen” wahrgenommenen Telefonvermittlerinnen metaphorisch überhöht wurde. Neben Proust-Texten analysiert Schwitalla in seinem Beitrag Texte von so unterschiedlichen Autoren wie Twain, Valentin, Benjamin, Hofmannsthal, Tucholsky, Kafka und Fallada, denen das Telefon auf die eine oder andere Weise zum Problem wurde.

Ebenso vertraut erscheint uns freilich die breite Palette öffentlicher Printmedien, die in der nächsten Gruppe von Beiträgen Gegenstand der Analyse sind. *Ulrich Püschel* fragt in mediengeschichtlicher Perspektive nach der “Unterhaltsamkeit des öffentlichen Mediums ‘Zeitung’” und zeigt, daß die Zeitung, auch wenn sie traditionellerweise als Nachrichtenmedium verstanden wird, wie jedes andere öffentliche Medium immer auch unterhaltsamer Natur ist, ja daß Unterhaltsamkeit der Zeitung von Anfang an zukommt. Demnach sind die beiden Grundfunktionen des Mediums nicht konfliktär, sondern “wie naturgegeben miteinander verbunden”. Da von ihrer Entstehung an Unterhaltsamkeit der Garant des Erfolges der Zeitung war, plädiert Püschel denn auch dafür, mit den jüngeren Entwicklungen in der Presse (“Design-Journalismus”) gelassen umzugehen: Formen und Mittel der Unterhaltung bedeuten nicht zwangsläufig Trivialisierung und Banalisierung des Vermittelten.

Daß dies selbst für die schwierige Vermittlungsaufgabe wissenschaftsjournalistischer Berichterstattung gilt, zeigt *Bernd Ulrich Biere* anhand eines *Spiegel*-Berichts über einen Genforscher-Kongreß. Auch wenn dem Seriositätsanspruch von Wissenschaft Unterhaltsames wesensmäßig fremd zu sein scheint, so verbietet sich deshalb doch nicht der Versuch, die Akteure im System 'Wissenschaft' in der Berichterstattung mit menschlichen Zügen zu versehen, sie als forschend handelnde Menschen erscheinen zu lassen, die ebenso wie andere Zeitgenossen in ihrem Handeln von Hoffnungen angetrieben oder von Zweifeln geplagt sind. Ist schon der wissenschaftliche Diskurs durch (wenn auch auch noch relativ abstrakt bleibendes) metaphorisches Reden und Schreiben geprägt, so kann es für den Laien umso erhellender sein, wenn das für ihn nicht Sichtbare metaphorisch veranschaulicht wird. Und auch wenn er hört, die Gentherapie sei ein "unerforschter Dschungel", tut dies der Seriosität von Wissenschaft ebensowenig Abbruch, wie die (despektierliche) Charakterisierung wissenschaftlicher Tätigkeit als "Molekülbastelei".

Dementsprechend sind auch neue Formen der Zeitungsgestaltung, des "Textdesigns", wie *Hans-Jürgen Bucher* in seinem Beitrag verdeutlicht, weniger Ausdruck von "Boulevardisierung" als vielmehr Versuche, den Qualitätskriterien der Zeitungsgestaltung, Übersichtlichkeit und Ordnung, mit modernen Mitteln gerecht zu werden. Bucher analysiert Grundelemente neuer Aufmachungsformen anhand von Beispielen aus traditionellen Tageszeitungen wie aus Wochenzeitungen und Magazinen. Mit dem Begriff des Textdesigns weist er darauf hin, daß die "Gestaltungslehre für nichtlineare Medien" zunehmend auch auf traditionell linear konzipierte Medien Anwendung findet. Die Tendenz zur Delinearisierung zeigt sich vor allem in einer modularen Textstruktur, in der die einzelnen Elemente eigenständige journalistische Funktionen erfüllen, was dem (selektiven) Leser - ähnlich wie in Hypertexten - die Möglichkeit eröffnet, "die Nutzungstiefe des Informationsangebots" selbst zu bestimmen. So ist auch der Übergang von der gedruckten zur Online-Zeitung naheliegend, deren Gestaltungsmöglichkeiten Bucher in einem zweiten Teil seines Beitrags diskutiert.

Das Medium 'Fernsehen' ist Gegenstand der nächsten Gruppe mit den Beiträgen von Klein, Muckenhaupt, Burger und Löffler. *Josef Klein* geht in seiner Untersuchung von TV-Kulturmagazinen von einer klärenden Gegenüberstellung von Boulevardisierungsmerkmalen auf der einen und den klassischen Ansprüchen für Informationskommunikation auf der anderen Seite aus. Die Zunahme von Merkmalen, die der Unterhaltungskategorie zuzurechnen sind, führt er im wesentlichen auf eine in die 60er Jahre zurückreichende Änderung des Kulturbegriffs sowie auf die Veränderung der massenmedialen Bedingungen durch die Konkurrenz der öffentlich-rechtlichen Anstalten mit "den Privaten" zurück. Dies jedoch schlicht mit "Niveauverlust" gleichzusetzen, erscheint insofern nicht angemessen, als mit dieser Zunahme offensichtlich kein Informationsverlust einhergeht. Im Gegenteil: Erst die "Entlastung von der Pseudo-Gewichtigkeit des bildungsbürgerlichen Kulturbegriffs" ermögliche die Vermittlung eines breiten Spektrums kulturell relevanter Informationen, wobei die unterhaltenden Merkmale im klassisch rhetorischen Sinn "primär der Erregung und Erhaltung von Aufmerksamkeit und/oder der besseren Verständlichkeit dienen."

Ein gleichermaßen differenziertes Bild hinsichtlich der Boulevardisierungsfrage zeichnet *Manfred Muckenhaupt* für die Nachrichtenberichterstattung im Fernsehen. Auf dem Hintergrund einer sendungsgeschichtlichen Einordnung analysiert Muckenhaupt die Hauptnachrichtensendung von RTL im Vergleich mit den klassischen Nachrichtenformaten der *Tagesschau* und der *heute*-Sendung (einschließlich der entsprechenden Nachrichtenmagazine). Dieser Vergleich zeigt, daß sich die kommerziell-private Nachrichtenberichterstattung in Erscheinungsbild, in Dramaturgie, in Visualisierung, im Tonfall und in der Sprache, aber auch in der Themenwahl von der öffentlich-rechtlichen unterscheidet, daß sich jedoch deren innovativer Beitrag als eher gering erweist. Auch die Privaten kehren zunehmend zu den klassischen Nachrichtenformaten zurück: aufgrund der durch die *Tagesschau* geprägten Wahrnehmungsgewohnheiten, aber nicht zuletzt auch aufgrund des Dilemmas, daß es "zu wenig Nachrichtenstoff gibt, der sich attraktiv und exklusiv vermarkten läßt."

Regionalisierung im Fernsehen wird an zwei schweizerischen Fällen (Zürich bzw. Basel) konkretisiert; die Gegenüberstellung der ganz verschiedenen Konzepte, die außerdem aus einer kritischen rezeptiven bzw. einer internen Perspektive sehr verschieden dargestellt sind, gibt einen guten Einblick in die Möglichkeiten und Grenzen der Entwicklung. *Harald Burger* fragt nach dem „Neuen" im Regionalfernsehen anhand von Nachrichtensendungen: Obwohl der Videojournalismus neue Möglichkeiten eröffnen könnte, orientiert man sich - wie in den Moderationen - am überregionalen Vorbild. Neu ist die starke Partizipation von Bürgern, die durch O-Töne („Quoten") auch Alltags- und Spontansprachliches einbringen. In den redaktionellen Texten werden dagegen die schriftsprachlichen Muster des Nachrichtenagenturstiles sogar in eine Art „sekundärer Mundart" umgeformt. Auch *Heinrich Löffler* sieht im Umgang mit der Mundart ein Element der redaktionellen Herausforderung, die Lokalnachrichten als Kompensation und Korrektiv von „global news" für die Macher darstellen. Sein Insiderbericht gibt Informationen über die organisatorische Struktur und einen unmittelbaren Eindruck vom Ablauf der Arbeit im Basler Sender.

Im letzten Teil geht es um das immer noch und immer wieder neueste Medium: den Computer, der wohl dabei ist, andere Medien zu integrieren und so zu einem wahren Supermedium zu werden. *Jo Reichertz* interpretiert Metaphern, die in der Computerwelt im Gebrauch sind, als Mittel der Sinnzuschreibung. Er beschäftigt sich vor allem mit den beiden mit dem Meer verbundenen, aber doch sehr unterschiedlichen Vorstellungen vom 'Surfen' bzw. 'Navigieren' im Internet, die das Bedrohliche des Meeres zu bannen scheinen, entweder durch lustvolles Abenteuer oder durch technische Beherrschung. *Eva-Maria Jakobs* untersucht moderne Textproduktion in verschiedenen Formen der Computernutzung, das Schreiben linearer Texte, E-mails, Chats und Hypertexte, als Stadien des medialen Umbruchs in der Kommunikation, den sie als Erweiterung unseres kommunikativen Spektrums sieht, z.B. durch Orientierung an mündlicher Kommunikation oder durch neue nicht-lineare Formen der Darstellung und Vermittlung von Inhalten. *Hans Bickel* charakterisiert das World-Wide-Web als neue Kommunikationsform auf dem Internet. Aus einem militärischen dezentralen Computernetz ist ein wachsendes, multimedial und offen organisiertes und schnelles Informationsmedium geworden, dessen gesellschaftliche Bedeutung heute außer Frage steht.

Im größeren Zusammenhang der Mediengeschichte bestimmt *Ulrich Schmitz* die Tendenzen elektronischer Sprachentwicklung mit dem Blick in die Zukunft: Multimedialisierung und Fragmentarisierung brechen die Hegemonie der Schrift, neue Kommunikationsweisen entstehen, die Grenze zwischen Individual- und Massenmedium, zwischen mündlicher und schriftlicher Kommunikation löst sich auf, die Technologisierung des Wortes richtet sich nicht mehr speziell auf Sinnkontinuität, die Zeichen präsentieren sich nur als Durchgangsmaterial, als Stationen der Semiose.

Die Beiträge entstanden aus Vorträgen auf den Kolloquien der Kommission für Fragen der Sprachentwicklung des Instituts für deutsche Sprache, die in den Jahren 1995 und 1996 in Mannheim stattfanden. Die Kommission setzte damit ihre Arbeit am Rahmenthema „Sprachgebrauch und Sprachwandel unter den Bedingungen neuer Medien und Technologien" fort, die bisher schon in den Bänden „Sprache in den Medien nach 1945" (hrsg. v. B.U. Biere und H. Henne, Tübingen 1993) und „Mündlichkeit und Schriftlichkeit im Fernsehen" (hrsg. v. B. U. Biere und R. Hoberg, Tübingen 1996) dokumentiert ist.

Die vom Körper gelöste Stimme. Literarische Verarbeitungen des neuen Mediums „Telefon“

Johannes Schwitalla

1. Einleitung: Das Telefon als hörbarer Telegraf

Neue Medien wurden öfters in der Geschichte erfunden, um mediale Vorläufer zu verbessern, bis man durch die materialen Eigenschaften des neuen Mediums auch auf neue kommunikative Anwendungsmöglichkeiten stieß (so der Buchdruck, das Radio). Das Telefon sollte ursprünglich seinem älteren elektrischen Bruder, dem Telegrafen, eine hörbare Variante an die Seite stellen. Alexander Graham Bell meldete sein Patent 1876 als „Improvement in Telegraphy“ an. Eine Abbildung des „Scientific American“ desselben Jahres von der Vorführung des Apparats bei der Weltausstellung in Philadelphia (Rammert 1989, 81) zeigt nur Formen der Einwegkommunikation: ein Mann in einem Büro, der Fabrikarbeitern Anweisungen gibt, ein Redakteuer, der seiner Zeitung Nachrichten übermittelt, ein Paar, das mit zwei Hörern einer Nachricht lauscht, und drei Männer, die gespannt zuhören, was aus dem Lautsprecher eines Hörers kommt, den einer von ihnen in der Hand hält (Abb. 1).[1]

Auch einige sprachliche Eigenschaften der frühen telefonischen Gespräche, jedenfalls wie sie aus der Sicht ihrer Betreiber sein sollten, sprechen dafür, daß - zumindest in Deutschland - der Telegraf als Medienmodell Pate stand.[2] Will man aber wissen, wie Telefonierende in den Anfangszeiten sprachlich mit dem neuen Apparat umgingen, so ist man mangels authentischen Materials bald ratlos. Niemand schrieb mit, wenn jemand telefonierte, niemand stellte ein Grammofon neben das Telefon, um das Gespräch aufzunehmen. In dieser Situation des Mangels an verläßlichen Daten lohnt sich ein Blick in den Bereich der Fiktion, denn die Dichter, Schriftsteller und Satiriker haben relativ rasch auf die neue Erfindung reagiert, und sie gewinnen dem Medium bis heute (Anrufsendungen im Radio, Telefonsex) Gefährdungen zwischenmenschlicher Kommunikation ab. Schriftsteller mögen ein Alltagsphänomen vielleicht nicht in allen Aspekten erfassen, vielleicht nicht einmal in allen relevanten. Aber sie können einzelne Aspekte herauslösen und verdichtet darstellen. Ohne Ernst Johannsens Hörspiel "Brigadevermittlung" (1929) hätten wir keine so konkrete Vorstellung, wie im 1. Weltkrieg an der Front telefoniert wurde.

Abb. 1: Alexander Graham Bell demonstriert vier Anwendungsmöglichkeiten des Telefons 1877

2. Mark Twain

Die älteste literarische Verarbeitung von Telefongesprächen ist Mark Twains „A Telephonic Conversation" (1880/1961), zwei Jahre nach der ersten Installierung eines Telefonnetzes mit Rücksprechmöglichkeit in New Haven (Rammert 1989, 82). Mark Twain schildert, wie eine Frau seines Haushalts ein Telefongeprach mit einer Bekannten führt. Er als der unbeteiligte Zuhörer erfährt, was vor dem Telefonapparat wohl nur selten möglich war - Mark Twain nennt es „that queerest of all the queer things in this world - a conversation with only one end to it" (Twain 1961, 479). Wenn die Redebeiträge des Gesprächspartners weggelassen werden, gehen auch allmähliche Themenverschiebungen verloren, so daß bei ein und derselben Sprecherin in vier aufeinander folgenden Beiträgen über Kochen, Nähen, wieder Kochen, dann plötzlich über eine Bibelstelle (die es gar nicht gibt: *it's forty-ninth Deuteronomy, sixty-fourth to ninety-seventh inclusive*) gesprochen wird. Twains satirische Absicht war es eher, das typisch weibliche Kommunikationsverhalten seiner Zeit aufs Korn zu nehmen, aber man erfährt auch einige kommunikative Besonderheiten des Telefonierens. Ich gehe sie der Reihe nach durch - immer im Hinblick auf die Frage, was ein Telefongespräch von einem Gespräch face-to-face unterscheidet. Dabei führe ich dann auch Stellen anderer Schriftsteller an, wenn sie dieselbe Eigenschaft der telefonischen Kommunikation herauslösen. Auf einige Bearbeitungen dieser Aspekte des Telefonierens in modernen Romanen verweise ich in den Anmerkungen.

2.1. Die Vermittlung

Mark Twain spricht explizit von dem Unbehagen, das es dieser Frau bereite, mit der Vermittlungsstelle sprechen zu müssen: „I have observed, in many cities, that the sex [das schwache Geschlecht] always shrinks from calling the central office themselves" (ebd., 478f.). Es ist deshalb seine Aufgabe, als Vermittler zum Vermittler zu sprechen und nach erfolgreicher Verbindung als Kommunikationsbeteiligter zu verschwinden. Er schreibt, er wisse nicht, warum gerade Frauen so ungern mit den damaligen Vermittlungsstellen sprächen, aber wenn man den Beginn seines Gesprächs mit dem operator liest, weiß man es schon:

> Central Office. (Gruffly) Hello!
> I. Is it the Central Office?
> C.O. Of course it is. What do you want?

Der barsche Ton, die Verletzung einer wesentlichen Telefonregel, nämlich sich als offizielle Stelle mit einer Selbstidentifikation zu melden, die Brüskierung, die in *of course* liegt, und die unhöfliche Frageformulierung sind unangenehme Barrieren, die in den Anfangsjahren anscheinend noch üblich waren und die erst überwunden werden mußten, bis man ins eigene Element freundlicher Kommunikation mit seinen Vetrauten kam (vgl. 3.1.).

2.2. Lautstärke

Die laute Stimme beim Telefonieren („all shouted, for you can't ever persuade the sex to speak gently into a telephone"), obwohl sie beim Bell-Telefon nicht nötig gewesen wäre, wird wohl in der instinktiven Annahme benutzt, eine weite Entfernung durch lautes Rufen zu überbrücken.[3] - Das ist eine Übertragung des Rufens zwischen Interaktanten, die sich zwar sehen können, aber weit voneinander entfernt sind, auf das neue Medium.

2.3. Verstehensprobleme

Die belauschte Telefonierende sagt: *What did you say? ... What? ... No! oh, I didn't mean that. I meant ..., What did you say? Children, do be quiet ..., Oh, B flat! Dear me, I thought you said it was the cat ..., What? ..., Visitors? ... oh gum-drops, gum-drops!* Aufforderungen zu Wiederholungen, weil man etwas nicht richtig verstanden hat; Wiederholungen fremder Äußerungen mit steigender Intonation als Bitte um Bestätigung des richtigen Verstehens und mit fallender Intonation zum Zeichen des Verstandenhabens - all das sind Mittel aus der alltäglichen mündlichen Kommunikation, die hier gehäuft verwendet werden, weil die technische Übertragung von Lauten damals noch störanfälliger war als heute.[4]

2.4. Schmerzen

Nach ungefähr zwei Dritteln des Gesprächs sagt die Anruferin beiseite sprechend: *Dear me! how it does tire a persons arm to hold this thing up so long. I wish she'd....* Der Wunsch, daß die Bekannte nicht so lange telefonieren möge, wird aber nicht ausgesprochen. Man mußte beim Telefonieren stehen, man sprach in den waagerecht angebrachten Schalltrichter wie in ein Rohr, von dem man sich vorstellen konnte, daß es die eigenen Laute weitertransportierte, und man hielt den Hörer ans Ohr, wobei man natürlich Hand und Ohr abwechseln konnte. Nach Walter Benjamin (1961) waren die Telefonhörer so schwer wie Hanteln, für längere Gespräche ein mühsames Geschäft, die Beine wurden einem schwer und die Arme lahm; ganz zu schweigen von Schmerzen, die man dem „Fräulein auf dem Amt“ absichtlich zufügen konnte (vgl. 5.1.).

2.5. Dissoziierung der Adressaten

Die Bemerkungen, wie sehr der Arm wehtue und daß doch die Bekannte zum Ende kommen möge, wurden beiseite gesprochen. Diese Möglichkeit, die im Theater für so viele Mitteilungen innerer Rede benutzt wird, bekommt nun neue Aktualität. Wohl kann man bei Zweier- und leichter noch bei Mehrparteiengesprächen etwas mit reduzierter Lautstärke vor sich hinsprechen, um eine nicht adressierte Nebenbemerkung zu machen, aber beim Telefonieren kann man für sich und zu kopräsenten Personen etwas sagen, was der Telefonpartner nicht hören kann, einfach weil man das Mikrophon mit der Hand zuhält. „Nachverbrennungen“, auf die man sonst bis nach dem Weggehen des Gesprächspartner warten mußte, kann man beim Telefonieren schon früher loswerden.

Die Telefondialoge in frühen Tonfilmen machen sich diese Dissoziationen zwischen zwei Adressaten zunutze, um ihre kommunikative Störanfälligkeit zu demonstrieren: Freundliches Sprechen zum Telefonpartner, verägertes Sprechen zur Telefonvermittlerin bzw. zu kopräsenten Personen.[5] Zwischen diesen und dem Telefonierenden kann aber auch eine Koalition gegen den Telefonadressaten hergestellt werden, indem man durch nonverbale Zeichen (Augenaufschlag, Mimik) dem kopräsenten Partner signalisiert, wie lästig einem das Telefonat fällt, während man dem Telefonpartner gegenüber konventionelle Höflichkeit wahrt. Das Telefon verführe zur Lüge, ist die These Max Horkheimers: „Während er [dein Bekannter] dem Unterredner am anderen Ende der Leitung mit freundlicher Stimme antwortet, gibt er dir selbst Zeichen von Ungeduld. [...] Seine verbindliche Stimme, die du selbst oft genug auf die gleiche Weise zu hören bekamst, ist bloße Konvention: Dein Bekannter lügt am Telefon." (zit. in Görtz 1994, 34).

Einer der wenigen deutschen Schriftsteller, die den ganzen Wortlaut nur eines Sprechers am Telefon wiedergeben, ist Franz Kafka in seinem Roman „Der Verschollene". In dem Gespräch zwischen dem Oberkellner und der Oberköchin, in dem dieser seiner Kollegin mitteilen will, daß er ihren Schützling Karl entlassen habe, erfahren die Umstehenden in der Romansituation und die Leser nur, was der Oberkellner Isbary sagt. Aus seinen Beiträgen (Antworten, Rückfragen, Widersprechensäußerungen) müssen sie rekonstruieren, was die Oberköchin gesagt haben könnte. Wie auch bei M. Twain unterbrechen Äußerungen an kopräsente Personen den Dialog mit dem Telefonpartner, sogar mitten in einem Satz: *Der Oberportier z.B., ja also was denn, Feodor, ja beklagt sich über die Unhöflichkeit und Frechheit dieses Jungen* (Kafka 1983, 232). Der unterstrichene Redeteil ist an den kopräsenten Eindringling Feodor gerichtet, mit *ja* nimmt Isbary den Dialog mit seiner Telefonpartnerin wieder auf.

3. Marcel Proust

In seinem Romanzyklus „Auf der Suche nach der verlorenen Zeit" beschreibt Marcel Proust an mehreren Stellen Erfahrungen mit dem neuen Kommunikationsmedium. In „Die Welt der Guermantes I" (1984), zu einer Zeit, als das Telefon noch nicht so gebräuchlich war, ist es ein Telefonat mit der Großmutter Marcels; in „Die Gefangene" sind es Telefonate mit Albertine, seiner Geliebten, als das Telefon schon ein geläufiges Kommunikationsmittel war, nicht mehr „ein übernatürliches Instrument, dessen Wunderwirkung man damals bestaunte", sondern das man nun schon „gedankenlos gebraucht, um seinen Schneider zu beordern oder Eis zum Nachtisch zu bestellen" (Proust 1983, 37).

3.1. Göttliche Eigenschaften der Vermittlerinnen

Das Wunderbare und Übernatürliche des neuen Kommunikationsapparats nimmt Proust wörtlich, um das ihm wichtigste Element, nämlich die Abhängigkeit von der Vermittlungszentrale, metaphorisch zu überhöhen: Die Telefonvermittlerinnen sind ihm „Göttinnen", „wachende Jungfrauen" (Vierges Vigilantes), „Schutzengel", von deren Gnade man abhängt, eine Verbindung zu bekommen und sie zu behalten, solange man sprechen will. Proust stattet in "Die Gefangene" die Telefonvermittlerinnen mit mehreren Aspekten christlich-abendländischer Gottesvorstellungen aus:

3.1.1. Göttlicher Zorn

> Ich rief die unerbittlichen Gottheiten an [*anrufen* ist doppeldeutig: „j'invoquai les Divinités implacables"], erregte aber nur ihren Zorn, der sich in den Worten entlud: 'Die Leitung ist besetzt' [pas libre] (ebd., 129).

3.1.2. Die Undurchschaubarkeit göttlicher Ratschlüsse

Eine Pause im Gespräch, die Marcels ewig abschweifenden Gedanken geschuldet war, reizte „eine der so leicht erzürnten Gottheiten [...] nicht mehr darüber, daß ich sprach, sondern daß ich nichts sagte. 'Was wollen Sie denn, jetzt ist die Leitung doch frei! Sie haben die Verbindung schon so lange, ich muß jetzt trennen'. Doch sie tat nichts dergleichen" - Marcel konnte sich weiter mit Andrée unterhalten.[6]

3.1.3. Göttliche Allmacht

Den Vermittlungsgöttinnen wird die Macht zugeschrieben, die Telefonstimmen schneller als der Donner - also schneller als Schallwellen - und sogar schneller als der Blitz weiterzubefördern: Marcel telefoniert mit Andrée, „deren Stimme mit Sekundenschnelle von der Göttin, die das Privileg besitzt, die Töne geschwinder als den Blitz zu machen, meinem Ohr zugeleitet wurde" (ebd., 130).

3.1.4. „deus absconditus"

Es ist unmöglich zu wissen, ob das eigene Tun der Telefonvermittlerin wohlgefällig ist oder nicht. Man muß die Göttinnen gnädig stimmen, damit sie einem eine Verbindung schaffen, aber man kann nicht sicher sein, daß das „Opfer" eigener übermäßiger Freundlichkeit auch gnädig aufgenommen wird:

> Ich verließ das Telephon nicht, ohne in ein paar Worten, die eine günstige Stimmung schaffen sollten, derjenigen, die über die Geschwindigkeit der Töne gebeut, dafür zu danken, daß sie eine Macht in die Dienste meiner bescheidenen Worte gestellt hatte [...] Doch erfolgte auf meine Dankesworte keine andere Antwort, als daß sie durch die Trennung der Verbindung abgeschnitten wurden. (Ebd., 132).

3.2. Das Mithören unbeteiligter Dritter

Ein bis heute irritierendes Element von Telefongesprächen ist ihre mögliche Hörbarkeit für unbeteiligte Dritte. Während Françoise, die alte Haushälterin Marcels, sich weigert, an den Apparat zu gehen, hat sie ein großes Interesse an allen Gesprächen, die vor ihr geheim bleiben sollen:

> Sie trat auf der Stelle ins Zimmer, wenn ich dabei war, ganz private Gespräche zu führen, bei denen ich besonderen Wert darauf legte, daß sie sie nicht hörte (ebd., 131).

Die Unterbrechung des Gesprächs bringt Marcel in eine doppelte Verlegenheit: Erstens muß er befürchten, das „Fräulein vom Amt könne wiederum trennen" (ebd., 131), solange er abwartet, bis Françoise ihre unnötig hinausgezögerten Haushaltsdienste verrichtet hat, und erst an zweiter Stelle kommt die abrupte Unterbrechung eines laufenden Gesprächs mit der Telefonpartnerin, der er erklären muß, warum er das Gespräch unterbrach: *Entschuldigen Sie, ich bin gestört worden* (ebd., 131).

Daß ungebetene Dritte eigene Telefongespräche mithören können, ist das Thema der Erzählung „Der Nachbar" (1918) von Franz Kafka. Kafka steigert dieses Problem zu der beklemmenden Situation, daß ein Büronachbar, der zugleich Konkurrent und Feind des Icherzählers ist, durch die dünne Wand alle Telefongespräche mithören kann. Der Erzähler versucht, so zu sprechen, daß sein Konkurrent nicht erfährt, mit welchem Kunden er spricht:

> Ich habe mir abgewöhnt, den Namen der Kunden am Telephon zu nennen. Aber es gehört natürlich nicht viel Schlauheit dazu, aus charakteristischen, aber unvermeidlichen Wendungen des Gesprächs die Namen zu erraten. (Kafka 1970, 301).[7]

Der ständige Zwang so sprechen zu müssen, daß der Lauscher an der Wand nicht mitbekommt, um welche Geschäfte es geht, hat Folgen für das sprachliche und körperliche Verhalten des Telefonierenden: Die Stimme wird „zittrig", Entscheidungen wirken wegen ihrer vagen, umschreibenden Formulierungen „unsicher", die innere Unruhe muß körperlich abreagiert werden:

> Manchmal umtanze ich, die Hörmuschel am Ohr, von Unruhe gestachelt, auf den Zehenspitzen den Apparat und kann es doch nicht verhüten, daß Geheimnisse preisgegeben werden. Natürlich werden dadurch meine geschäftlichen Entscheidungen unsicher, meine Stimme zittrig. (Ebd., 302).

3.3. Hintergrundgeräusche

Proust schreibt dem Telefon die medienspezifische Fähigkeit zu, etwas von der Atmosphäre des Ortes des/der Angerufenen zu vermitteln:

> [...] als die große Dichterin, die jedes Telephonfräulein ist, umhüllte sie [Andrée] mit der besonderen Atmosphäre, die dem Heim, dem Stadtviertel, dem Leben der Freundin Albertines anhaftete. (Proust 1983, 130).

Diese Atmosphäre kann nur die akustische Umwelt der Angerufenen sein. Das Mikrophon liefert auch die Geräusche mit, die in der Umgebung des Angerufenen entstehen und die insgesamt ein Stimmungsbild des akustischen Geräuschhintergrundes abgeben. Franz Werfel hat in seinem Gedicht "Das interurbane Gespräch" (1910) diese Geräusche auch als aufkommende Erinnerungen an frühere Zeiten festgehalten. Es sind also vergangene Stimmen, die beim Telefonieren geweckt werden (vgl. Campe 1986, 80)[8]:

> Versunkene Stimmen von Dienstmädchen und Kohlenmännern kamen,
> Und ganz verwehte Violinstunden nannten mich schüchtern beim Namen.
> Die oftbetretene Treppe tappte treuherzig heran,
> Und alle Türen ächzten im Zauberbann.
> Auch die Reden der Mutter, der Schwestern waren nicht weit
> Und wandelten doch in der lange verlorenen Zeit. (Werfel 1967, 103).

Das Telefon ist ein Assoziationswecker nicht nur von hörbaren Lauten und Stimmen, sondern auch von Gerüchen („Gerüche der Schulfrühstücke").

3.4. Angstgefühle

Mit dem Telefon haben manche Leute Probleme. Bei Françoise ist es eine „düstere Urscheu der Altvorderen vor einem unbekannten Objekt" (Proust 1983, 204), die sie daran hindert, zum Telefonhörer zu greifen. Das macht es nötig, daß Marcel über Dritte mit Françoise sprechen muß, wenn er telefonische Auskünfte von ihr haben will.[9] Aber auch Marcel flößt das Telefonieren einen Schauder ein:

> Ich konnte sie [die Telefonstimme] nur mit Angst hören, wie wenn ich angesichts der Unmöglichkeit, diejenige zu sehen, deren Stimme so nahe an meinem Ohr war, ich das Enttäuschende besser spürte, die in dieser scheinbar süßesten Annäherung liegt, da es scheint, als bräuchten wir nur die Hand auszustrecken, um sie festzuhalten. (Proust 1984, 1422f.).

Wie später Walter Benjamin imaginiert Proust die vom Körper gelöste Stimme als geisterhafte Erscheinung:

> Uns geht es wie jenem Menschen aus einer Erzählung, dem eine Zauberin [...] in einer übernatürlichen Deutlichkeit seine Großmutter oder seine Verlobte erscheinen läßt, wie sie im Begriff sind, in einem Buch zu blättern, Tränen zu vergießen, Blumen zu pflücken, ganz nah dem Betrachter und doch so fern. (Ebd., 1421).

Und wenn die Stimme sich schon vom Körper lösen kann, dann ist es nicht mehr weit zu der schreckenvollen Vorstellung einer von einem toten Körper gelösten Stimme:

> [...] es schien mir, als ob diese Stimme aus Tiefen riefe, aus denen man nicht mehr emporsteigt; und ich hatte das beklemmende Gefühl, daß eine Stimme wiederkommen würde, allein, ohne den Körper, den ich nie mehr sehen sollte, um an mein Ohr Worte zu flüstern, die ich an den Lippen hätte wegküssen wollen, die schon längst zu Staub zerfallen waren. (Ebd., 1423).

Bei Interviews mit älteren Menschen, die ich danach befragte, wie sie das Telefonieren in den 20-er Jahren aufgenommen hätten, kam neben der Begeisterung über die neue Technik des öfteren heraus, daß einige Befragte vor dem Telefonieren eine Scheu hatten. Sie ließen lieber andere für sich telefonieren, nahmen sie mit in die Telefonzelle, wenn sie telefonieren mußten oder wollten, schickten jemanden zum Telefon, wenn es läutete, um sich dann auf den Anrufer einstellen zu können.

Einer dieser Menschen, die eine große Scheu vor dem Telefon hatten, war Franz Kafka. An Felice Bauer schreibt er: „Wie gut mußt du das Telephonieren verstehn, wenn Du vor dem Telephon so lachen kannst. Mir vergeht das Lachen schon, wenn ich an das Telephon nur denke.“ Und er imaginiert dann eine Szene, wie er in einem Postamt mit ihr telefonieren soll: Er würde beim Warten auf die Verbindung „sich an der Bank vor Unruhe festhalten“, wenn die Verbindung endlich zustandekäme, „mit schwacher Stimme“ nach ihr fragen, „vielleicht nicht imstande sein, zu antworten“ und „Gott danken, daß die 3 Minuten vorüber sind“ (Kafka 1967, 91f.).[10]

3.5. Die Konzentration auf die Stimme

Ein weiteres Element, das wohl Proust als erster erkannte, ist die Konzentration der Aufmerksamkeit auf die Stimme. Weil wir beim Telefonieren den/die andere/n nicht sehen können, achten wir besonders auf die Stimme. Sie vermittelt Gefühle und Stimmungen; durch den Sprechvorgang selbst werden Einstellungen und augenblickliche Reaktionen auf analoge Weise mitgeteilt, z.B. als stockendes Sprechen, als Sprechen mit Dehnungen und Pausen. Bis in die neueste Zeit hinein haben Romanschriftsteller diese emotionalen und beziehungsrelevanten Eigenschaften von Telefonstimmen festgehalten, am häufigsten natürlich bei Darstellungen intimer Gespräche.[11]

Proust läßt Marcel in „Die Welt der Guermantes“ durch das Telefon zum ersten Mal die Stimme seiner Großmutter in ihrem Eigenwert erfahren (vgl. Gold 1989, 106). In früheren Gesprächen von Angesicht zu Angesicht habe er mehr das Gesicht und insbesondere die Augen beobachtet, und nun, da sie fehlten, bekam die Stimme ihr eigenes Gewicht:

> Plötzlich hörte ich diese Stimme, die ich fälschlicherweise so gut zu kennen glaubte. Denn bis dahin hatte ich jedesmal, wenn meine Großmutter sich mit mir unterhielt, das, was sie mir sagte, von der offenbaren Erscheinung ihres Gesichtes abgelesen, wovon die Augen den Hauptteil ausmachten. Aber ihre Stimme selbst hörte ich heute zum ersten Mal. (Proust 1984, 1424).

Dann versucht Proust, diese Stimme zu beschreiben: „Ich entdeckte, wie weich (douce) diese Stimme war [...] aber auch, wie traurig sie war, [...] abgeklärt und gereinigt [...] von aller Härte, alles Widerstandes gegen andere, jeder Form von Egoismus“. Das Telefon verhilft zu der Entdeckung, daß nicht nur augenblickliche emotionale Stimmungen sondern auch grundlegende persönliche Charaktereigenschaften über die Ausdrucksmöglichkeiten der Stimme signalisiert werden, und es schärft das auditive Wahrnehmungsvermögen: „ich hatte angefangen, außerordentlich empfindlich für ihre Stimme zu werden“ (Proust 1984, 2883f.; vgl. Gold 1989, 108).

Kafka registriert in dem Telefonat des K. mit einem Beamten des Schlosses Stimmänderungen und die besondere Aufmerksamkeit, die K. der Stimme schenkt:

> Und nach einer Pause sagte die gleiche Stimme mit dem gleichen Sprachfehler und war doch wie eine andere tiefere achtungswertere Stimme: 'Du bist der alte Gehilfe.' K. horchte dem Stimmklang nach und überhörte dabei fast die Frage: 'Was willst Du?' (Kafka 1982, 37f.).

Wichtiger also als das, was der/die andere sagt, wird die Stimme und das Gespür dafür, was sie selbst mitzuteilen hat.[12]

4. Karl Valentin: „Falsch verbunden"

Der erste, der sich in Deutschland literarisch mit dem Telefon beschäftigt hat, ist Karl Valentin mit der Couplet- und Szenenfolge „Telefon-Schmerzen" (1902). Karl Valentin holt drei Aspekte aus der Telefonkommunikation heraus: a) Verwicklungen, die dadurch entstehen, daß man falsch verbunden wurde, b) die besondere Aggressivität beim Sprechen und c) Verwechslungen von Waren, die telefonisch bestellt wurden. Ich gehe nur auf die ersten beiden Aspekte ein.

Mit einem falsch verbundenen Telefonpartner zu sprechen, ist für beide Seiten peinlich. Valentin steigert die Komik dadurch, daß der/die Anrufende nicht die Selbstidentifizierung des gewünschten Adressaten abwartet, sondern gleich drauflosredet:[13]

> So ruft zum Beispiel ein Fräulein per Telefon ihren Liebhaber an: - 'O Du unverschämter Mensch, Du gemeiner Kerl, ich hab jetzt alles erfahren, was du über mich [geäußert?] hast. Wie kannst Du sagen, das ich gesagt hätte, meine Mutter hätte zu meiner Schwester gesagt, das mein Vater zu Dir gesagt hätte [...] (Valentin 1992, 171).

Die Verbindung ging aber an einen „kantigen Metzgermeister [...] der nun mit voller Wuth ins Telefon hineinschreit":

> Ja Himmisggrament, was genga den mi eanana verwickelte Familienverhältnisse o', i kenn eahna ja gar net, Was hab'n s denn füra Nummer ogeb'n. - Was No. 366 ja Krutzitürkn dös glaub i scho, mei Telefonnummer hoaßt doch 5222 was wollens denn Sie [tropfts Ganzjung]. Ach bitte vielmals um Entschuldigung. O Bitte, Bitte, Bitte. (ebd. 171f.)

Noch im Jahr 1948 hat Karl Valentin das Thema „falsch verbunden" aufgegriffen (Valentin 1948/1995) und auch in seinen anderen Dialogen gewinnt er dem Telefon nur negative Aspekte ab: unfreundliche Reaktionen; das lange Wartenmüssen bei besetzten Telefonzellen („Die öffentliche Telefonzelle", 1940) oder weil der angerufene Apparat immer belegt ist („Immer belegt", 1948); das ewige Hin- und Hergeschicktwerden in „Buchbinder Wanninger" (1940). Immer münden die Frustrationen in Aggression, Wutausbrüche und Verwünschungen: *Das ist ja zum Haarausreißen* (Valentin 1948/1995, 96); *Sie unverschämter Mensch* (Valentin 1940/1995, 58); *Sie Rindviech, Sie Rindviech* („Beim Rechtsanwalt", 1936) oder *Saubande, dreckade* (Valentin 1940/1973, 373). Valentins letztes Wort zum Telefon, kurz vor seinem Tod ist: „Nieder mit dem Telefon - Ein Hoch der Technik" (Valentin 1948/1995, 96).

5. Walter Benjamin

Walter Benjamin (1961) hebt in „Berliner Kindheit um 1900" am Telefon vier Merkmale hervor:

a) seine sozialsymbolische Bedeutung als Requisit einer modernen bürgerlichen Wohnausstattung
b) seine Funktion als „Trost der Einsamkeit" für Kranke und Lebensmüde[14]
c) die „Meinungsverschiedenheiten mit den Ämtern"
d) die geheimnisvolle Macht, die die Telefonstimme ausübte, und
e) sein verderbliches Potential, die geheiligte Mittagsruhe des Vaters zu stören.

5.1. Stromschläge

Was die Konflikte mit der Telefonzentrale angeht, steigerten sie sich zu „Drohungen und Donnerworte[n]" von seiten des Vaters, wenn die Verbindung nicht schnell genug zustandekam. Das Telefon konnte dann auch direkt als elektrische Waffe gebraucht werden: Mehrmaliges Kurbeln für die Erzeugung des Induktionsstroms löste bei der Empfangsstation einen Stromschlag aus. Es war deshalb verboten, mehr als dreimal die Kurbel zu drehen. Benjamin:

> Seine [des Vaters] eigentlichen Orgien galten der Kurbel, der er sich minutenlang und bis zur Selbstvergessenheit verschrieb. Und seine Hand war wie ein Derwisch, der der Wollust seines Taumels unterliegt. Mir aber schlug das Herz, ich war gewiß, in solchen Fällen drohte der Beamtin als Strafe ihrer Säumigkeit ein Schlag. (Benjamin 1961, 300).

5.2. Die Übermacht der Telefonstimme

Das eigentliche Geheimnis der neuen Kommunikationstechnik bildet aber ihre magische Kraft, dem, was durch sie gesagt wird, unbedingten Glauben zu schenken.[15] Eine vom Körper gelöste Stimme wird erfahren wie eine aus einer höheren Welt, der man wehrlos ausgeliefert ist. Benjamin vergleicht sie mit einer Botschaft aus dem Jenseits:

> [Ich] war gnadenlos der Stimme ausgeliefert, die da sprach. Nichts war, was die unheimliche Gewalt, mit der sie auf mich eindrang, milderte. Ohnmächtig litt ich, wie sie die Besinnung auf Zeit und Pflicht und Vorsatz mir entwand, die eigene Überlegung nichtig machte, und wie das Medium der Stimme, die von drüben seiner sich bemächtigt, folgt, ergab ich mich dem ersten besten Vorschlag, der durch das Telephon an mich erging. (Ebd., 300).

Das willenlose Reagieren auf eine unbekannte Telefonstimme war übrigens der Polizei in den USA bekannt. Verdächtigte Delinquenten, die nicht gewohnt waren zu telefonieren - Indianer, Schwarze, irische Immigranten - brachte man zu einem Telefonapparat, wo eine Stimme sie beschuldigte, etwas Böses getan zu haben, und ihnen riet zu gestehen. Menschen, die an Geister glaubten, assoziierten diese Stimme mit der Stimme Gottes oder Manitus (Marvin 1990, 152).

Die Marxsche Umkehrung des Herrschaftsverhältnisses zwischen Mensch und Maschine ist beim Telefon und - nach Tucholksy beim Berliner jedenfalls - eingetreten: "Es [das Telefon] ist ihnen über und sie sind seine Geschöpfe". Die willenlose Hingabe an diesen Apparat läßt den Angerufenen alles vergessen, was er/sie gerade tut oder was ihn/sie bekümmert: „Vergessen Geschäft, Hebamme, Börse, Vergleichsverhandlung. 'Hallo? Ja bitte? Hier da - wer dort?'" (Tucholsky 1960, 707).

Ganz ähnlich sahen Max Brod, Franz Kafka und Kurt Tucholsky die eigentümliche Macht des Telefons. "Dem Telephon gegenüber war er wehrlos" heißt es in Kafkas "Schloß" (1982) und Kurt Tucholsky schreibt dem Apparat selbst eine Macht zu, der man sich nicht entziehen kann:

> Klopft das Volk drohend an den Türen, macht der Berliner noch lange nicht auf. Klingelt aber ein kleiner Apparat, so winkt er noch den adligsten Besucher ab, murmelt mit jener Unterwürfigkeitsmine, wie man sie sonst nur bei gläubigen Sektierern findet, 'n Augenblick mal -!' und wirft sich voll wilden Interesses in den schwarzen Trichter. (Ebd., 706).[16]

6. Hugo von Hofmannsthal: Distanzlosigkeit

Der unmittelbare Zugang zu einer Person per Telefon wurde in höheren Kreisen als Zudringlichkeit empfunden und durch vorgeschaltete Vermittlungsstellen abgewehrt. Selbst dann war auf Distanz bedachten Leuten das Telefon noch zu direkt. Hans Karl, der „Schwierige" von Hugo von Hofmannsthal, der diese „indiskrete Maschine [nicht] mag" (Hofmannsthal 1994, 44), verliert beim Telefonieren die Flüssigkeit und Verbindlichkeit seiner Rede. Während er sonst mal kürzere, mal längere, einfache und komplexe Sätze spricht und geradezu extreme Formen der Indirektheit liebt, reduzieren sich seine Formulierungen beim Telefonieren mit seinem Freund Hechingen auf kurze, elliptische Äußerungseinheiten, die auch kurz angebunden klingen: *Absolut bekämpfen! [...] Adieu. Schluß!*

Das zweite Manko ist die akustische Unverständlichkeit von Wörtern. Hofmannsthal nützt sie für eine zunehmende Verkomplizierung der Interaktion aus; Hans Karl kommt vor lauter Rephrasierung nicht von der Stelle:

> Es entspricht doch auch meiner Empfindung. Es entspricht meiner Empfindung! Wie? Gestört? Ich habe gesagt: Es entspricht meiner Empfindung. Empfindung! Eine ganz gleichgültige Phrase! Keine Frage, eine Phrase! Ich habe eine gleichgültige Phrase gesagt! Welche? Es entspricht meiner Empfindung. Nein, ich nenne es nur eine gleichgültige Phrase, weil du es so lange nicht verstanden hast. Ja. Ja. Ja! (Hofmannsthal 1994, 48).

7. Franz Kafka

Das Telefonat von K. mit dem Beamten Oswald in dem Roman "Das Schloß" (1982) ist für Kafka Anlaß, zwei poetische Konzepte durchzuführen:

a) die Situation, daß jemand eine lebenswichtige Botschaft empfängt, die aber nichtsprachlich und damit nicht zu verstehen ist;
b) die spezifischen Kommunikationsschwierigkeiten mit der Welt des Schlosses.

Aus dem „Rauschen" der Telefonapparatur macht Kafka einen „Gesang fernster, allerfernster Stimmen - wie wenn sich aus diesen Summen in einer geradezu unmöglichen Weise eine einzige hohe, überstarke Stimme bildete", die an K.s Ohr schlug, „wie wenn sie forderte, tiefer einzudringen als nur in das armselige Gehör".[17] Das ist eine Konstellation, die Kafka auch in anderen Erzählungen entwirft, z.B. in den "Forschungen eines Hundes" (1931): ein Ohnmächtiger gegenüber einem Mächtigen (Hund - Jäger), eine nicht zu verstehende Botschaft, die von diesem ausgeht (ein "Gesang aus der Tiefe der Brust des Jägers") und die Nichtverständlichkeit dieses "Gesanges" (Kittler 1985, 111ff.).

Darum soll es hier aber nicht gehen, sondern um die Elemente des Telefonierens, die Kafka für seine Darstellung des Telefonats herauslöst. Das sind 1. - sehr kurz - die Abwehr situationsinterner kommunikativer Anforderungen, 2. die für Telefonate notwendige Phase der gegenseitigen Selbstidentifikation und 3., wie schon gesagt, die Konzentration auf die Stimme.

7.1. Die Abwehr konkurrierender, situationsinterner Kommunikationsanforderungen.

Daß ein Dritter von jemandem, der gerade telefoniert, etwas will oder einfach durch Lärm oder Mithören stört, wird von mehreren Schriftstellern als Irritationsquelle beim Telefonieren herausgelöst. Bei Mark Twain wird die telefonierende Mutter durch ihre Kinder gestört (*Children, do be quiet*). Marcel Proust löst das Problem unwillkommener Ohren durch bloßes Warten, bis die ungebetene Mithörerin weggegangen ist. Ganz anders bei Kafka. Der Hingabe an die jenseitige Stimme und der Wichtigkeit des erwarteten Gesprächs mit dem Schloß entsprechend, reagiert K. mit einer aggressiven Überreaktion gegen denjenigen, der ihm eine persönliche Botschaft ankündigt:

> K. horchte, [...]. Er wußte nicht wie lange, bis ihn der Wirt am Rock zupfte, ein Bote sei für ihn gekommen. 'Weg!' schrie K. unbeherrscht, vielleicht in das Telephon hinein, denn nun meldete sich jemand. (Kafka 1982, 35).

Durch einen Irrtum beginnt das Gespräch und es entwickelt sich zum Alptraum. Auch während des Telefonats mit dem Schloß stört K. das Murmeln der Bauern hinter seinem Rücken, er macht sich auch Gedanken über den Grund ihres kritischen Gemurmels, aber „er hatte keine Zeit, sich mit ihnen zu beschäftigen, denn das Gespräch nahm ihn zu sehr in Anspruch." Beim Telefonieren hat jedenfalls der Telefonpartner Vorrang.

7.2. Falsche Selbstidentifizierung.

Telefongespräche unterscheiden sich von Face-to-face-Gesprächen unter anderem dadurch, daß Beginn- und Beendigungsphasen stärker strukturiert sind. Nach Klingeln und Hörerabnehmen ist die Identifikation das zweite, die Begrüßung das dritte Strukturelement. Bei bekannten Telefonpartnern verläßt man sich zwar oft auf das Wiedererkennen der Stimme, ein ähnlich analoger Wahrnehmungsmodus wie das Wiedererkennen eines Gesichts, aber was passieren kann, wenn man die Stimme falsch rekognisziert, hat Schegloff (1979, 40f.) beschrieben.

Einem „plötzlichen Entschluß" folgend, stellt sich K. als einer der Gehilfen vor, um in dessen Namen zu fragen, wann er ins Schloß kommen dürfe. 90 % des ganzen Gesprächs gehen nun um die Aufklärung dieser falschen Selbstidentifikation: Der Beamte will zuerst wissen, welcher der beiden Gehilfen am Apparat sei, dann widerspricht er K.s Namensnennung „Josef", indem er aus institutionsinternem Wissen mitteilt, die Gehilfen hießen Artur und Jeremias. Daraufhin muß K. nun aber auf dem Namen „Josef" beharren und bietet als Erklärung an, er sei der alte Gehilfe, Artur und Jeremias seien die neuen. So geht es eine Weile hin und her, bis K. fragen kann: *Wer bin ich also?* und er zur Antwort bekommt: *Du bist der alte Gehilfe.*

Kafka greift mit der fälschlichen Selbstidentifikation einen Diskurs auf, der im juristischen Bereich geführt wurde, ob nämlich geschäftliche Abmachungen wegen der nicht hinreichend feststellbaren Identität der Teilnehmer rechtlich gültig waren oder nicht (Campe 1986, 70). Aber auch noch in unserem Alltag ist die Möglichkeit, daß sich ein Anrufer unter falscher Identität oder gar keiner meldet, ein Problem, das - bei Droh- oder Belästigungsanrufen - ein Telefongespräch zum Alptraum machen kann.[18]

8. Kurt Tucholsky: Der Vorrang des Anrufenden

Tucholsky thematisiert in "N Augenblick mal!" (1929) aus der Perspektive des vernachlässigten Anwesenden die Ungerechtigkeit, die darin liegt, daß jedem Anrufer kommunikativer Vorrang eingeräumt wird:

> Die nervigte Hand am Telephonhörer, vergißt er Partner, Geschäft und sich selbst. 'Hier Dinkelsbühler - wer dort?' Emsig strudelt er in fremde Gewässer, völlig gefangen vom anderen, untreu dem Partner der letzten Minute, ganz hingegeben an Betrug und Verrat". (Tucholsky 1960, Bd. 2, 707).

Personen, mit denen der Telefonierende gerade noch gesprochen hat, werden zu Nichtpersonen. Der umherschweifende Blick des Telefonierenden nimmt sie als bloßes Körperobjekt wahr wie jeden anderen Gegenstand der Umgebung auch:

> Die Augen des Schreibtischmannes schauen gedankenvoll auf ein Löschpapier, wandern über das Tintenfaß, blicken irr und leer dem betrogenen Partner auf die Glatze. (Ebd.)

Die Treulosigkeit eines Kommunikationspartners dem persönlich Anwesenden gegenüber, wenn das Telefon klingelt, war öfter Thema von literarischen Bearbeitungen. Gefühle des Zurückgesetztseins, ja der Eifersucht kommen auf, wenn persönlich Anwesende so offensichtlich als Unperson behandelt werden. Karl Valentin und Lisl Karlstadt machten daraus einen Sketch („Beim Rechtsanwalt", 1936), der damit endet, daß ein Paar, das beim Rechtsanwalt ständig durch Telefonate unterbrochen wird, aufsteht und im Weggehen verkündet: *Wissen's was? Wir machen's wie die andern, wir telephoniern's Ihnen.*[19]

9. Hans Fallada, Karl Valentin: Weitervermittelt-Werden

Hans Fallada hat in seinem autobiografischen Roman „Damals bei uns daheim" (1942) die bürgerliche Welt um 1900 geschildert. Er schildert darin, wie sein Großonkel, ein ehemaliger Reitergeneral, zum ersten Mal telefoniert. Ein geplatztes Wasserrohr hatte sein Haus unterspült, aber bevor es repariert werden durfte, mußte ein Vertreter der Versicherungsfirma den Schaden schätzen. Dieser Mann kam aber nicht, und nach drei immer dringlicheren Telegrammen entschloß sich der Onkel zu einem „ungewöhnlichen Schritt: er ging aufs Postamt und bestellte ein Ferngespräch nach Halle/Saale".

> Mürrisch stand er auf dem Postamt herum, bis der Apparat klingelte. Ein Beamter geleitete ihn in einen kleinen Holzkäfig und quetschte sich noch dazu herein, denn er sollte dem Neuling bei etwa eintretenden Notständen helfen. Zuerst hörte der Onkel nur Knacken und Rasseln, dann plötzlich sagte eine sehr ungeduldige Frauenstimme: „Na, nun sprechen Sie doch endlich! Ihr Teilnehmer ist ja längst da!".
>
> Worauf mein Onkel zu sprechen anfing, das heißt sprechen konnte man es eigentlich nicht gut nennen. Mit überstürzter Hast schrie er all seinen Ärger und seine Ungeduld in das lächerliche Gehäuse. Er schrie immer lauter, immer schneller - vergeblich legte der Beamte hinter ihm die Hand beschwichtigend auf seine Schulter.
>
> Als der Onkel endlich erschöpft schwieg, [...] knackte und summte der Draht wieder friedlich. Dann fragte eine spitze Stimme: „Ist da jemand? Hier ist die Allgemeine Versicherungs-Gesellschaft Halle/Saale. Ist da jemand?"
>
> ...Mein Onkel sah den Beamten vorwurfsvoll an. Derart also waren diese modernen postalischen Einrichtungen! Dann sagte er erschöpft: „Hier ist der Oberstleutnant von Rosen. Ich möchte wissen, ob Ihr Schadenschätzer heute noch kommt?"
>
> „Unseren Schadenschätzer wollen Sie sprechen?"
>
> „Nein! Ich will, daß er heute noch kommt! Na also, Fräulein, ich will ihn doch sprechen."
>
> „Einen Augenblick. Ich verbinde Sie ..." (Fallada 1991, 59f.).

Das ist eine schöne Schilderung, wie jemand in der naiven Annahme, man könne kommunikative Gewohnheiten der Face-to-face-Interaktion ohne weiteres auf das Medium Telefon übertragen, in die Irre geht. Der Onkel kennt nicht die Institution der Telefonvermittlung, das Ritual der Anmeldung und der Freigabe von Verbindungen; er wartet nicht auf ein Zeichen der Gesprächsbereitschaft und auf die Identifikation des gewünschten Adressaten; weder identifiziert er sich selbst noch fragt er nach der Identität des Antwortenden, so wie man das bei persönlicher Anwesenheit in der betreffenden Institution machen könnte, unhöflich zwar, aber vielleicht wirkungsvoll. So verpufft die ganze kommunikative Energie ins Leere.

Zweites Charakeristikum ist natürlich - wie bei Karl Valentins „Buchbinder Wanninger“ (1940) - das ziellose Hin-und-Her-Geschicktwerden von einer Abteilung zur andern, ohne den gewünschten Adressaten, den Schadenschätzer, zu erreichen. Zum Schluß landet der Onkel wieder bei der Telefonvermittlerin der Versicherung, die ihn fragt: *mit wem spreche ich denn?*

10. Schluß: Die medialen Eigenschaften des Telefons

Die Schriftsteller zeichnen kein rosiges Bild vom Telefon, ganz anders als ihre Kollegen der 2. Hälfte des 15. Jahrhunderts, die den Buchdruck begeistert als eine Quelle antiken und geistlichen Wissens priesen. Auffallend oft halten sie die seelisch peinigenden Wirkungen des Telefonierens fest, während es nur wenige Darstellungen gibt, in denen glückhafte, erfreuliche zwischenmenschliche Beziehungen beim Telefonieren geschildert werden.[20] Die mit dem Telefon verbundenen Probleme wiegen stärker; sie übersteigen die kommunikativen Anforderungen der Face-to-face-Kommunikation erheblich:

1. Die Geduld wird auf die Probe gestellt, bis die Verbindung hergestellt war. In einer Epoche, in der Zeit immer mehr zu einer knappen Ressource wird, wird vergeudete Zeit als schwer erträglich empfunden. Das gilt auch für die nächsten beiden Punkte.
2. Das Warten auf einen versprochenen Anruf und das Warten, bis die Telefonzelle frei ist.
3. Falsche Verbindungen frustieren die Erwartung, endlich mit dem gewünschten Partner sprechen zu können.[21]
4. Die Abhängigkeit von der Vermittlungsstelle, die das Gespräch jederzeit unterbrechen kann.[22]
5. Die Ungewißheit, ob ein Dritter, insbesondere jemand von der Vermittlungsstelle, zuhört.

Die Punkte 4 und 5 betreffen den Aspekt institutioneller Macht: Wer hat die Verfügungsgewalt über die Kommunikation? Wer darf die Grenzen privater Kommunikation überschreiten? Was Proust und Kafka im Rahmen privater Lebenswelt, ökonomischer Konkurrenz oder bloßer Neugierde von Personen der Vermittlungsämter problematisierten, sollte gesellschaftlich erst später zu einem unvorhergesehenen staatlichen Kontroll- und Einschüchterungsinstrument werden. Was Telefonüberwachung für die ohnehin schon eingeschränkte Öffentlichkeit der DDR-Bürger bedeutete, wird erst nach dem Untergang dieser Repressionsorgane deutlich.

6. Die ständige Zugänglichkeit für Anrufer und die damit einhergehende Einschränkung privater Verfügung über Zeit und eigene kommunikative Kontakte.
7. Das offene Mithörenkönnen von anwesenden Personen und die Planung der Rede für zwei Personen.

Abb. 2: Negative Gefühle beim Telefonieren („Lustige Blätter“, Nr.29, 1913)

8. Störungen eines Telefonierenden durch Kommunikationsbedürfnisse von Personen, die hinzukommen.[23]

Diese Punkte betreffen die Vertraulichkeit und Loyalität zu unterschiedlichen Personen. Das Telefon deckt auf, daß wir aus Höflichkeit anders zu Adressaten sprechen, als wir über sie denken. Die technisch machbar gewordene Möglichkeit, mit einem Teil des Person (der Stimme) an einem anderen Ort zu sein, verweist darauf, daß wir es nicht gewohnt sind, gleichzeitig auf unterschiedliche Adressaten und deren Kommunikationsbedürfnisse einzugehen.

9. Die Ungewißheit, mit wem man spricht. Eine fundamentale Bedingung für die Planung der eigenen Rede ist es zu wissen, mit wem man spricht (wem man was

sagen kann). Sie ist durch die visuelle Wahrnehmung in Face-to-Face-Situationen meist gegeben, führt aber bei deren Fehlen zur Verunsicherung.

10. Die in der Anfangszeit des Telefons neue Erfahrung, eine Stimme zu hören, ohne ihren Träger zu sehen. Dies löste bei vielen Angstgefühle aus; man erfuhr die fremde Stimme als übermächtig.
11. Wenn man als kopräsenter Gesprächspartner gegenüber dem Anrufer zurückgesetzt wird, entstehen Eifersuchts- und Isolationsgefühle. Das Medium Telefon läßt Individuen sich als ohnmächtig erfahren. Während andere Medien (Buchdruck, Radio, Fernsehen) in ihren Anfangszeiten oft als grandiose Erweiterungen der Persönlichkeit erfahren wurden, blieben ähnlich positive Gefühlsschilderungen beim Telefon in der frühen Phase seiner literarischen Bearbeitung aus. Eine Karikatur der „Lustigen Blätter" von 1913 zeigt die Gefühle die beim Telefonieren entstehen: Wut und Aggression, Verzweiflung und Schmerzen, Eingeschüchtert-Sein durch eine institutionelle Autorität (Abb. 2).

Das alles sind Probleme, die aus Beziehungen mit Personen herrühren, weniger von den technischen Bedingungen der elektrischen Vermittlung. Nicht das in Kommunikationsmodellen so oft angeführte "Rauschen" macht das Telefonieren prekär, sondern die leidvoll erlebte Zurücksetzung, die Macht, die andere über einen haben, das Agieren-Müssen gegenüber zwei lokal getrennten Personen, der zeitliche Aufschub einer direkten Verbindung usw.. Demgegenüber fielen die positiven Aspekte der Stimme, das Tröstliche, Liebevolle, „Rettende" (M. Brod) jedenfalls bei den Schriftstellern, die das Telefonieren dargestellt haben, nicht so sehr ins Gewicht.

Einige der mit dem Telefonieren zusammenhängenden Probleme haben sich mit der Zeit reduziert, neue sind hinzugekommen. Die technische Qualität der Lautübermittlung ist besser geworden, die Apparate sind leichter zu handhaben; aber gerade die technische Seite des Kommunikationsapparats „Telefon" wurde von den Literaten nicht in erster Linie als problematisch empfunden. Die Schwierigkeiten mit dem Medium liegen woanders. Von den zehn Gefährdungen, die ich aufgelistet habe, scheinen mir einige auch heute noch aktuell zu sein: das Mithören Dritter, die mögliche Anonymität oder falsche Identität des Anrufers, die Trennung der beiden lokalen Umfelder, das Sprechen für zwei getrennte Adressaten, die ungebetene Störung und die Nichterreichbarkeit der gewünschten Person. Insofern haben die Dichter und Satiriker etwas gesehen, was uns heute noch betrifft.

Anmerkungen

1 Vgl. Rammert (1993, 236f.). Auch die Abbildungen in Schwartze (1883) zeigen monologische Kommunikationssituationen (vom Büro zu einer Grube, Titelblatt; das Büro des Merchant's Telephone Exchange in New York). Der „Daily Graphic" vom 15. März 1877 entwirft für das Telefon ein Instrument für die politische Beherrschung der ganzen Welt: Ein „Redner der Zukunft [...] steht mit fliegenden Haaren vor einem Mikrphon in einem Studio und peitscht die Massen auf. Dasselbe Mikrophon wird in London, San Francisco, in der Prärie und in Dublin gezeigt." (McLuhan 1968, 293). In einer Abbildung der „Fernsprechregeln" von 1884 gehen von einem dozierenden Postmeister verschiedene Drähte an kleine nackte Knaben, die die verschiedenen Bereiche der Gesellschaft symbolisieren, neben Unternehmen auch ein kleiner Indianer und ein das Militär verkörpernder

kleiner Soldat.

2 Das waren Formen von Ellipsen, und zwar nicht nur in der Kommunikation zwischen Teilnehmer und Vermittlungsstellen, sondern auch in Sprecherbeiträgen der Teilnehmer untereinander (Schwitalla 1996,170). Literarische Zeugnisse des telegrafischen Gebrauchs des Telefons als bloße Informationsübermittlung in Betrieben und Organisationen finden sich in Kafkas „Der Verschollene", wo die Arbeitsweise von Telefonangestellten geschildert wird: „In den Worten, die er in den Sprechtrichter sagte, war er sehr sparsam und oft sah man sogar, daß er vielleicht gegen den Sprecher etwas einzuwenden hatte, ihn etwas genauer fragen wollte, aber gewisse Worte, die er hörte, zwangen ihn, ehe er seine Absicht ausführen konnte, die Augen zu senken und zu *schreiben*. Er mußte auch nicht reden, wie der Onkel Karl leise erklärte, denn die gleichen *Meldungen*, wie sie dieser Mann aufnahm, wurden noch von zwei anderen Angestellten *gleichzeitig* aufgenommen und dann verglichen" (Kafka 1983, 66f.; Unterstreichungen von mir). In Kafkas Roman „Der Prozeß" erreichen K. die Instruktionen über sein Gerichtsverfahren als monologische „Meldung" per Telefon. Sie brauchen nicht beantwortet zu werden: „K. hängte, als er diese Meldung erhalten hatte, ohne zu antworten, den Hörer an (Kafka 1990, 50). Auch im „Schloß" sind die ersten Telefonate, die zwischen dem Dorf und den Behörden des Schlosses über die Identität des Landvermessers geführt werden, im wesentlichen monologische Anfragen und Auskünfte (Kafka 1982, 11f.).

3 Tatsächlich werden in Filmtelefonaten der frühen 30er Jahre Versuche, mittels der Formel *hallo* einen Kontakt herzustellen, immer lauter und höher gesprochen. John Irving (1988) läßt in seinem Roman „Gottes Werk und Teufels Beitrag" (deutsche Übersetzung, S. 652) in den 30-er Jahren eine ältere Frau beim Telefonieren immer brüllen: „sie war so alt, daß sie sich nur an die Tage der schlechten Verbindungen erinnerte." Bis vor kurzem, als Stimmen digitalisiert wurden, konnte man ja aus der Quantität des „Rauschens" auf die Entfernung schließen.

4 Hugo v. Hofmannsthal (1921) steigert in dem Lustspiel „Der Schwierige" das Unangenehme des Telefonieren-Müssens durch akustische Verstehensprobleme (vgl. 6.). In einem Gedicht von Ringelnatz „Telefonischer Ferngruß" werden Rückfragen als typisch telefonisch verwendet („Bist du gesund? - Gut! - Was? - Wieviel? -", Ringelnatz 1985, 96), und Franz Werfel berichtet, daß er wegen der schlechten Übertragung den Namen seines Sohnes nicht verstanden habe („ich verstehe nicht am Apparat den Namen, frage dreimal, verstehe ihn doch nicht", Werfel 1975, 652). Dagegen machen die Filmtelefonate verständnissichernde Rückfragen zu einem Mittel der Signalisierung 'Telefongespräch'.

5 Schwitalla (1996, 165f.).

6 Ein Gespräch, in dem nicht gesprochen wird, kann vom Standpunkt der Telefonverwaltung aus „getrennt" werden, weil diese Verbindung andere blockiert. Das ist aber für Betroffene fatal, wenn ein langes Schweigen eine angemessene Reaktion ist, z.B. auf eine erschütternde Nachricht. In dem Hörspiel „Brigadevermittlung" (1929) von Ernst Johannsen erfährt ein Oberleutnant, daß sein Bruder gestorben ist:

Oberleutnant:	Tot?
	(Stille)
Weibl. Stimme:	Ja.
Stimme 7:	Wird noch gesprochen? Wird noch gesprochen?
Oberleutnant:	Jawohl - gehen Sie aus der Leitung. - Waren Sie bei ihm? [...]

(Johannsen 1967, 12).

7 Walter Gropius erfährt über ein mitgehörtes Telefonat seiner Frau Alma mit Werfel, in welchem sie ihn duzt, von der Beziehung zwischen den beiden (Werfel 1975, 654). Die prekäre Lage, in die man kommt, wenn Personen ein Gespräch über einen Hausapparat mithören, wird in John Updikes Roman „Rabbit in Ruhe" geschildert (Updike 1992, 569).

8 Beim Telefonieren ergänzt man die fehlende visuelle Wahrnehmung des Gesprächspartners in der Phantasie. Das wird in einer Erzählung von Johannes Bobrowski gegen die Anruferin ausgenützt, eine Frau, die ihren Mann spät abends aus der Wirtschaft holen will und dazu dreimal dort anruft. Beim dritten Mal geht die Hauptfigur Petrat, also nicht der Gerufene selbst, ans Telefon und sagt „im Ton sachlicher Feststellung, gleichzeitig jedoch schon ein wenig entrüstet [...]: 'Frau Bottke, im Nachthemd kommen Sie an den Apparat?'" (Bobrowski 1965, 140).

9 Franz Werfel berichtet, daß er eine Information über den Gesundheitszustand Alma Mahlers durch zwei Vermittlungspersonen bekommen hat: „Um 2 Uhr habe ich das Telefonfräulein im Hotel sich

beim Sanatoriumsportier erkundigen lassen. - Er sagte: 'Es geht gut.'" (Werfel 1975, 650).

10 Es gibt wenige so ergiebige Quellen für die persönlichen Einstellungen zu unterschiedlichen Kommunikationsmedien wie die Briefe Kafkas an Felice Bauer. Für diese Beziehung war vom Standpunkt Kafkas aus der Brief das eigentliche Medium; wenn sie ausblieben, wurden sie per Telegramm angefordert (ebd., 104-108). Schriftlichen Mitteilungen vetraut Kafka, was die persönliche, intime Beziehung angeht, mehr als dem gesprochenen Wort („die [...] Vorstellung [...] daß mein Gesicht auf Deiner Schulter liegt und daß ich mehr erstickt als verständlich zu Deiner Schulter, zu Deinem Kleid, zu mir selbst rede während Du keine Ahnung haben kannst, was dort gesprochen wird." Ebd., 92). Dennoch wird der direkten mündlichen Kommunikation der Vorzug gegeben vor den Apparaten Telefon und Parlograf (vgl. ebd., 69). Telefone dienten in Groß-Britannien und Deutschland im ausgehenden 19. Jahrhundert oft nur als Repräsentationsausstattung; zur Übermittlung von Botschaften griff man auf Boten, Briefe oder Telegramme zurück (vgl. Rammert 1993, 252, 259).

11 Dieter Wellershoff (1992) mit mehreren metakommunikativen Thematisierungen der Gefühlsqualität der Stimme am Telefon; Nicholson Baker (1992, 25): die Stimme verrät die wahren Absichten.

12 Die Konzentration auf die Stimme bringt es mit sich, daß man - nach meinem Eindruck von Telefonmaterialien aus der Gegenwart - häufiger als beim Sprechen face-to-face Kommentare zum Stimmton macht: „Energisch wie immer" - als erster Beitrag nach der Begrüßung; „du hörst dich aber ziemlich fertig an", „du hörst dich aber schon besser an" usw. (Beispiele aus Materialien eines Seminars).

13 Ähnlich Carl Zuckmayer (1960) in dem Telefongespräch des Bürgermeisters Obermüller mit dem vermeintlichen Schneider in „Der Hauptmann von Köpenick".

14 Das Telefon als letzte Möglichkeit, der Einsamkeit zu entfliehen, führt McLuhan am Eingang seines Telefon-Artikels als wesentliche Funktion an (McLuhan 1968, 289). Einsamkeit, die durch fehlende Kommunikation per Telefon kompensiert werden soll, wird mehrfach in modernen Romanen behandelt (Updike 1992; Wellershoff 1992).

15 Hier gibt es eine Parallele zum früheren Medium „Schrift". In nicht-literaten Gesellschaften und in Gesellschaften mit magischer Weltdeutung werden schriftliche Zeichen als wirkmächtige Kräfte verstanden; sie bewirken das, was sie aussagen (vgl. Glück 1987, 214f.).

16 Max Brod vermerkt in seinem Roman „Eine Liebe zweiten Ranges" (1929) das Machtgefälle, das darin liegt, daß die Freundin des Helden diesen zu jeder Zeit anrufen kann, da er in seinem Büro ein Telefon hat, er sie aber nicht: „Auch dieser kleine Unterschied möchte übrigens dazu beigetragen haben, ihre Herrschaft über mich zu befestigen" (Brod 1929, 12).

17 Zur Anregung dieser Phantasie aus einem Artikel der „Gartenlaube" anläßlich Reis' zweiten Vortrags über die Erfindung des Telefons und zu einer Parallelstelle in einem Brief an Felice Bauer (22./23.1. 1913) vgl. Campe (1986, 84f.). Selbst eine technische Mitteilung über einen Versuch, zwischen München und Dresden eine Verbindung herzustellen (1878), nähren ein Staunen über die Herkunft solcher Töne: „Während der ganzen Versuchsdauer war in den Telephonen ein anhaltender und ganz gleichmässiger Ton von ziemlicher Höhe zu hören, über dessen Entstehungsursache man nicht klar wurde." (Schwartze 1883, 3). Die Verdichtung einzelner Stimmen zur Summierung aller Kommunikation auf der Welt wird in Uwe Timms Roman „Der Schlangenbaum" so formuliert: „Wagner hörte dieses eigentümliche Summen, ein Summen aus vielen tausend Stimmen [...] es war, als höre er alle Telefonbesitzer der Welt, die in diesem Moment über ihre Geschäfte, über ihre Träume und Ängste redeten." (Timm 1986, 44).

18 Das Verstellen der Stimme, damit einen der zuerst abnehmende Telefonpartner nicht erkennt bis man zur gewünschten Person weitergereicht wird, stellt Max Brod in „Eine Liebe zweiten Ranges" dar, wo ein Liebhaber im Haushalt seiner Freundin anruft (Brod 1929, 56); als Kinderstreich, den Pastor als Teufel anzurufen („der Teufel wird Sie holen") dargestellt in Harig (1990, 104).

19 Zur Bevorzugung des Telefonpartners auch eine Stelle in Franz Werfels Novelle „Nicht der Mörder, der Ermordete ist schuldig" (1920); vgl. Campe (1986, 81). In der Novelle „Der Frauenheld" von Richard Ford ärgert sich ein Mann darüber, daß seine angerufene Frau neben dem Telefonat mit der Zubereitung eines Essens beschäftigt sein kann, ihm also nicht ihre Aufmerksamkeit ungeteilt zukommen läßt (Ford 1995, 37ff.).

20 So Max Brod in der Erzählfolge „Das große Wagnis" (1918); vgl. Campe (1986, 81).

21 Eine schöne literarische Verarbeitung findet sich in Carl Zuckmayers "Hauptmann von Köpenick"

(1931); vgl. Schwitalla (1996, 156ff).

22 Eine Szene, die zu einer ausfälligen Bemerkung gegenüber der Telefonistin führt, in dem Spielfilm "Die verliebte Firma" (Max Ophüls 1932; vgl. Schwitalla 1996, 165f.).

23 Man braucht nur Eltern zu fragen, wie sehr es nervt, wenn ihre kleinen Kinder sie ansprechen, während sie telefonieren.

Autoren und Quellen

Baker, Nicholson (1992): Vox. Roman. Reinbek bei Hamburg.

Benjamin, Walter (1961): Berliner Kindheit um Neunzehnhundert. In Ders.: Illuminationen. Ausgewählte Schriften. Frankfurt/M., 299-309.

Bobrowski, Johannes (1965): Boehlendorf und Mäusefest. Erzählungen. Berlin.

Brod, Max (1929): Eine Liebe zweiten Ranges. Berlin etc. [S. 12, 54, 56].

Fallada, Hans (1942/1991): Damals bei uns daheim. Reinbek. [Das Telefongespräch, S. 59f.]

Fernsprechregeln. Der Angeschlossene, wie er sein soll. Berlin 1884. Neudruck: Heidelberg 1983.

Ford, Richard (1995): Der Frauenheld. Eine Novelle. Frankfurt/M.

Harig, Ludwig (1990): Weh dem, der aus der Reihe tanzt. Hamburg.

Hoffmannsthal, Hugo von (1921/1994): Der Schwierige. Lustspiel in drei Akten. Frankfurt/M.

Irving, John (1988): Gottes Werk und Teufels Beitrag. Roman. Zürich.

Johannsen, Ernst (1929/1967): Brigadevermittlung. Hörspiel. Stuttgart.

Kafka, Franz (1967): Briefe an Felice. Frankfurt/M.

Kafka, Franz (1918/1970): Der Nachbar. In: Sämtliche Erzählungen. Hg. v. Paul Raabe. Frankfurt/M.

Kafka, Franz (1926/1982): Das Schloß. Roman In der Fassung der Handschrift. Hg. v. Malcolm Pasley. Frankfurt/M.

Kafka, Franz (1912/1983): Der Verschollene. Roman In der Fassung der Handschrift. Hg. v. Jost Schillemeit. Frankfurt/M.

Kafka, Franz (1990): Der Proceß. Hg. v. Malcolm Pasley. Frankfurt/M.

Proust, Marcel (1983): Die Gefangene. Frankfurt/M.

Proust, Marcel (1984): Die Welt der Guermantes I. Frankfurt/M.

Ringelnatz, Joachim (1985): Gedichte 2. Berlin.

Schwartze, Theodor (1883): Telephon, Microphon und Radiophon. Wien, Pest, Leipzig.

Timm, Uwe (1986): Der Schlangenbaum. Roman. Köln.

Tucholsky, Kurt (1929/1960): „'N Augenblick mal -!" In: Gesammelte Werke. Bd. 2. Reinbek, 706f.

Twain, Mark (1880/1961): A Telephonic Conversation. In: The Complete Humorous Sketches and Tales of Mark Twain. Ed. by Charles Neider. New York, 478-481.

Updike, John (1992): Rabbit in Ruhe. Reinbek bei Hamburg.

Valentin, Karl (1902/1992): Telefon-Schmerzen. In: Sämtliche Werke. Bd. I, hg. v. Helmut Bachmaier, Dieter Wöhrle. München, 171-174.

Valentin, Karl (1940/1995): Die öffentliche Telefonzelle. In: Sämtliche Werke. Bd. 8. Hg. v. Helmut Bachmaier, Klaus Gronenborn. München, 56-62.

Valentin, Karl (1940/1973): Buchbinder Wanninger. In: Das große Karl Valentin Buch. Hg. v. Michael Schulte. München, Zürich, 371-373.

Valentin. Karl (1948/1995): Valentin am Telefon. In: Sämtliche Werke. Bd. 8. Hg. v. Helmut Bachmaier, Klaus Gronenborn. München, 96.

Wellershoff, Dieter (1980/1992): Die Sirene. Köln.

Werfel, Franz (1967): Das lyrische Werk. Hg. v. Adolf Klarmann. Frankfurt/M.

Werfel, Franz (1975): Zwischen Oben und Unten. Prosa, Tagebücher, Aphorismen. München.

Zuckmayer, Karl (1960): Gesammelte Werke. Bd. 3. Frankfurt/M.

Sekundärliteratur

Campe, Rüdiger (1986): Pronto! Telefonate und Telefonstimmen. In: Diskursanalysen 1. Medien. Hg. v. Friedrich A. Kittler u.a. Opladen, 68-91.

Glück, Helmut (1987): Schrift und Schriftlichkeit. Stuttgart.

Görtz, Franz Josef (1994): Literatur und Telefon. Ein Lockruf. Edition Isele. (= Parerga 13).

Gold, Helmut (1989): „Gestörte Verbindung - guter Draht." Vom Einzug des Telefons in die Literatur. In: Becker, Jörg (Hg.) (1989): Telefonieren. Marburg. (= Hess. Blätter für Volks- und Kulturforschung. Bd. 24.). 105-112.

Kittler, Wolf (1985): Der Turmbau zu Babel und das Schweigen der Sirenen. Über das Reden, das Schweigen, die Stimme und die Schrift in vier Texten von Franz Kafka. Erlangen.

Marvin, Carloyn (1989): When the Telephone was New: Lessons From Past Voices. In: Telefon und Gesellschaft. Bd. 2. Hg. von der Forschungsgruppe Telefonkommunikation. Berlin, 144-156.

McLuhan, Marshall (1968): Die magischen Kanäle. Düsseldorf, Wien. (= Understanding Media).

Rammert, Walter (1989): Wie das Telefon in unseren Alltag kam ... Kulturelle Bedingungen einer technischen Innovation und ihrer gesellschaftlichen Verbreitung. In: Becker, Jörg (Hg.) (1989): Telefonieren. Marburg. (= Hess. Blätter für Volks- und Kulturforschung. Bd. 24.). 77-90.

Rammert, Werner (1993): Technik aus soziologischer Perspektive: Forschungsstand, Theorieansätze, Fallbeispiele. Opladen. [Kap. 13 Telefon und Kommunikationskultur, S. 239-266].

Schegloff, Emanuel A. (1979): Identification and Recognition in Telephone Conversation Openings. In: George Psathas (ed.): Everyday Language. Studies in Ethnomethodology. New York etc., 23-78.

Schwitalla, Johannes (1996): Telefonprobleme. (Leidvolle) Erfahrungen mit einem neuen Medium. In: ZGL 2/96, 153-174.

Die Unterhaltsamkeit der Zeitung - Wesensmerkmal oder Schönheitsfehler?

Ulrich Püschel

1. Vorbemerkung

Um mit einer negativen Abgrenzung zu beginnen: In diesem Beitrag soll es nicht um den pejorativen Ausdruck *Boulevardisierung* gehen, um die Regeln seines Gebrauchs, auch nicht um die Eigenschaften von öffentlichen Medien, die landläufig mit diesem Ausdruck belegt werden. Statt dessen geht es um eine Wirkung, die häufig mit Boulevardisierung in Zusammenhang gebracht wird, daß sie nämlich im Dienste der ungebremsten Unterhaltung stehe. Dieser Vorwurf wird zum Anlaß genommen, einmal losgelöst von der aktuellen, häufig polemischen bis gehässigen Diskussion grundsätzlicher nach der Unterhaltsamkeit des öffentlichen Mediums 'Zeitung' zu fragen, wobei der Blick - auch wenn nur exemplarisch - zurück in die Mediengeschichte gewendet wird. Beobachtungen, die wir an der Geschichte der Zeitung machen, erlauben es uns vielleicht, etwas gelassener mit Entwicklungen umzugehen, die manche nicht nur als Ausdruck der Boulevardisierung, sondern auch des Niedergangs der Medienkommunikation insgesamt betrachten.

2. Der Ausgangspunkt

Zwar haben die öffentlich-rechtlichen Rundfunkanstalten einen Programmauftrag, zu dem neben dem Informieren und Bilden auch gleichberechtigt das Unterhalten gehört. Demnach haftet der Unterhaltung nicht nur nichts Verwerfliches an, sondern sie ist eine legitime gesellschaftliche Aufgabe. Orientiert man sich jedoch am publizistikwissenschaftlichen Handbuchwissen, liest man also zum Beispiel im Fischer-Lexikon Publizistik-Massenkommunikation im Kapitel „Wirkung der Massenmedien" nach und da speziell im Abschnitt „Massenmedien als Mittel der Unterhaltung" stößt man auf eine eher irritierende Feststellung; dort heißt es:

> Die Nutzung der Massenmedien, um sich zu informieren, ist einleuchtend, ihre Nutzung als Mittel der Unterhaltung aber wirft viele Fragen auf und weckt viele Besorgnisse. (Noelle-Neumann/Schulz/Wilke 1989, 394)

Information und Unterhaltung werden hier in einen kritischen Zusammenhang gebracht, wobei sie nicht einfach gegeneinander ausgespielt werden, aber es ist deutlich: Die Unterhaltung stellt im Vergleich zur Information keinen unumstrittenen Wert dar. Die Einschätzung der Unterhaltung als zumindest problematisch hängt offenbar mit zweierlei zusammen. Zum einen wird sie mit Themen und Ereignissen in Verbindung gebracht wie Kriminalstücke oder Berichte über Unglücksfälle und Verbrechen; sie kann auch als charakterisch für ganze Medienbereiche gelten wie die als trivial und illusionär eingeschätzte Regenbogenpresse und die Romanhefte (ebd., 394). Zum andern werden die Massenmedien und unter ihnen ganz besonders das Printmedium 'Zeitung' traditionellerweise als Nachrichtenmedien betrachtet. Mit diesem Anspruch verbindet sich das Merkmal der Seriosität, die Unterhaltung auszuschließen scheint. Speziell für die Zeitung spricht diese Festlegung auf die Nachrichtenvermittlung beispielsweise aus der Definition, die Dovifat/Wilke an den Anfang ihrer Zeitungslehre gestellt haben:

> Die Zeitung *vermittelt jüngstes Gegenwartsgeschehen* in kürzester regelmäßiger Folge der breitesten Öffentlichkeit. (Dovifat/Wilke 1976, 17; Hervorhebung U. P.).

Es wäre selbstverständlich töricht, an einer solchen Einschätzung der Zeitung ernsthaften Zweifel anmelden zu wollen, aber sie ist in gewisser Hinsicht nur ein Teil der Wahrheit, denn die Zeitung als öffentliches Medium ist wie jedes andere öffentliche Medium immer auch unterhaltsamer Natur. So lautet die These, die noch eine Fortsetzung hat: Diese Unterhaltsamkeit kommt der Zeitung von Anfang an zu. Bezogen auf das als problematisch betrachtete Verhältnis von Information und Unterhaltung bedeutet das, daß diese beiden Funktionen des Mediums eben nicht konfliktär sind, sondern ganz im Gegenteil wie naturgegeben miteinander verbunden. Es ist - diese Behauptung sei gewagt - die ideologische Überhöhung der Rolle der Zeitung, die dazu geführt hat, ihre Unterhaltsamkeit aus den Augen zu verlieren. Der Blick zurück auf die Anfänge der Zeitung zeigt jedoch, daß das unterhaltsame Moment von ihrer Entstehung an mit der Garant ihres Erfolges war. Diese Behauptung wird im Abschnitt 3 etwas näher ausgeführt..

Bislang wurde so getan, als ob die Ausdrücke *Unterhaltsamkeit* und *Unterhaltung* gleichbedeutend wären. Ohne nun in eine handlungssemantische Diskussion einzutreten, soll für die weiteren Überlegungen Folgendes gelten: Mit *unterhaltsam* und *Unterhaltsamkeit* ist die prinzipielle Eigenschaft gemeint, die der Zeitung wie anderen öffentlichen Medien eigen ist. Mit *unterhaltend* und *Unterhaltung* ist dagegen die Eigenschaft spezieller Angebote innerhalb eines Mediums gemeint, die darauf zielen, daß die Rezipienten sie dazu nutzen, sich auf angenehme Weise die Zeit zu vertreiben. Wiederum bezogen auf die Zeitung - und von dieser soll im Weiteren ausschließlich die Rede sein - wäre das beispielsweise der Fortsetzungsroman, die Witz- und Rätselecke, aber auch die nervenkitzelnde oder herzanrührende Softnews. Unter diese spezifischen Formen der Unterhaltung fällt auch all das, was beispielsweise an der Wende vom 19. zum 20. Jahrhundert als Amerikanisierung oder Feuilletonisierung gegeißelt wurde und heutzutage als Boulevardisierung firmiert. All diese Ausformungen von Unterhaltung, die einzelne Teile der Zeitung, aber auch die Zeitung als Ganzes betreffen können, sind historisch gebunden, was wiederum zum Blick zurück einlädt. Dabei zeigt sich, daß Entwicklungen, die in der punktuellen Betrachtung ausschließlich als Zeichen von Verfall und Niedergang erscheinen mögen, zuerst einmal ganz nüchtern als Folgen der sich wandelnden Bedingungen darstellen, unter denen das Medium 'Zeitung' existiert. Auch hier läßt sich eine These formulieren, die an die Tatsache anknüpft, daß die Zeitung von Anfang an ein Wirtschaftsunternehmen ist, das sich im Prinzip am Markt bewähren muß. Entwicklungsschübe in der Zeitung einschließlich der Herausbildung von Formen der Unterhaltung lassen sich besonders dann beobachten, wenn Zeitungsunternehmen verstärkt in Konkurrenz zueinander treten oder wenn dem Medium 'Zeitung' Konkurrenz in Form anderer öffentlicher Medien erwächst.[1] Ausgewählte Beispiele dafür bietet der Abschnitt 4.

3. Die Zeitung als informierendes und unterhaltsames Medium

An der Wende vom 16. auf das 17. Jahrhundert gab es schon einen wohlorganisierten Nachrichtenhandel, der die Voraussetzung für die Institution der geschriebenen Zeitung bildete. Nachrichtenhandel und geschriebene Zeitung sind wiederum die Voraussetzung für das Entstehen der gedruckten Zeitung, wie sehr anschaulich das Gesuch belegt, das der Straßburger Buchdrucker Johann Carolus 1605 an den Rat der Stadt gerichtet hat. Johann Carolus, der bis dahin mit „Avisen", also geschriebenen Zeitungen oder Nachrichtenbriefen, gehandelt hat, ist Besitzer einer Druckerei geworden und möchte nun eine gedruckte Zeitung produzieren. In seinem Gesuch heißt es unter anderem:

> Nach dem Ich vor dißem die Wochentlichen gewissen Avisen An mich gebracht / hab Ich Zu etwas ergötzlichkeit des uncostens / so Ich Jährlichen darfür Außlegen / unnd Anwenden muß / dieselbigen ettlichen herren / umb ein gewiß Jahrgelt Alle wochen bißhero communiciret unnd mitgetheilet. (Weber 1994, 15)

Geschriebene Zeitungen waren mühsam und nur in begrenzter Stückzahl herzustellen und dementsprechend teuer, so daß sich diese nur ein kleiner Personenkreis wie Großkaufleute, Fürsten und sonstige Obrigkeiten leisten konnte. Es war zugleich ein Personenkreis, der aus den Informationen, die die Avisen enthielten, unmittelbaren Nutzen zu ziehen in der Lage war, indem er sich in seinem praktischen Handeln, seinen politischen oder wirtschaftlichen Entscheidungen daran orientierte. Die gedruckte Zeitung konnte dagegen schneller, einfacher, in größerer Stückzahl und billiger hergestellt werden, was dazu führte, daß sie ein größeres Publikum erreichte. Sie entwikkelte sich im Laufe des 17. Jahrhunderts zwar nicht zu einem Massenmedium in unserem heutigen Verständnis, aber die „Versorgung mit aktuellen Nachrichten ist [...] in diesem Zeitraum flächendeckend geworden." (Weber 1994, 19) Am Ende des Jahrhunderts erscheinen Zeitungen in allen wichtigen Residenz- und Handelsstädten, und zwar überwiegend mehr als einmal wöchentlich.

Wenn man nun nach den Rezipienten der gedruckten Zeitungen fragt, so sind zu allererst die traditionellen Bezieher der geschriebenen Zeitungen zu nennen, für die das neue Medium zu einer zentralen Informationsquelle wird. Wie steht es aber mit

Juristen, Beamten, Militärs, Gelehrten, Buchhändlern, Kaufleuten, Studenten, Pastoren, Schultheißen, Gutsverwaltern, Patriziern und begüterten Bürgern? Ja sogar Handwerksgesellen, Tagelöhnern und Hausgesinde, wenn man den Quellen glauben darf? Für die meisten von ihnen werden die Nachrichten aus Wien, Venedig, Prag, Rom oder Antwerpen keine unmittelbaren Auswirkungen auf ihr praktisches Handeln gezeitigt haben. Dennoch darf die Wirkung der gedruckten Zeitung nicht unterschätzt werden, wird mit ihr doch die Exklusivität der Information durchbrochen. Damit bekommt aber eine sich in Ansätzen herausbildende frühbürgerliche Öffentlichkeit Zugang zu politischen Informationen, wie begrenzt diese auch immer gewesen sein mögen. Ein Publikum, das in einem Jahrhundert der politischen wie kriegerischen Auseinandersetzungen mit religiösen Vorzeichen lebt, wird zudem über aktuelle Entwicklungen informiert, die es nicht nur interessiert, sondern von denen es auch betroffen ist. Doch damit ist der Erfolg der gedruckten Zeitung nicht erschöpfend erklärt, schon gar nicht wenn man wie beispielsweise Johannes Weber feststellt, daß sich das Publikum bei der Qualität der damaligen Berichterstattung hätte eigentlich von den Zeitungen abwenden müssen. Webers Erklärung des gegenteiligen Verhaltens lautet:

> Beim damaligen Mangel an Lesestoffen weltlichen Gehalts war wohl weniger entscheidend, sogleich den Zusammenhang und Sinn der berichteten Ereignisse zu erfassen, als überhaupt Fremdes und Neues zu erfahren. [...] Die Faszination des Neuen und Fernen überspielte vorhandene Verständnis- und Sinndefizite. (Weber 1995, 21)

Mit anderen Worten war es also die Unterhaltsamkeit des Mediums, die seinen Aufstieg sicherlich nicht ausschließlich, aber doch zu einem erheblichen Teil beförderte.

Diese These ist keineswegs aus der Luft gegriffen, sondern sie findet eine Stütze in Kaspar Stielers Abhandlung „Zeitungs Lust und Nutz" von 1695, in deren Titel programmatisch die Lust vor dem Nutz steht. Ganz offensichtlich schließen sich für Stieler Lust und Nutz keineswegs aus, sondern stehen in einem Wechselverhältnis:

> Dieser Nutz [= Zeitvertreib durch Zeitungslesen] hat mit der Belustigung / wovon wir schon oben etwas gemeldet / eine große Verwantschaft / und / weil wir darvon künftig bey Sonderpersonen unterschiedliches zu gedenken vorhabens seyn; so streichen wir solche Ergetzlichkeit itzo vorbey und sagen allein / daß die Zeitungen sehr über das Gemüth herschen und demselben eine grössere Lust und Vergnügen bey zu bringen bastand seyn / als Saitenspiel / Gesang / Lust-Spiele / Tänze / Spaziergang / Wasserfart und allerley Kurzweil mehr / als welche gar bald eine Sattsamkeit bringen und zum teil eine Reue und Verdruß / nach deren Beywonung erwekken: Dahingegen neue Zeitungen immer jeangenemer werden / jemehr man derselben lieset und anhöret. (Stieler 1695, 44 f.)

Eine spezielle Gruppe, die Lust aus der Zeitungslektüre ziehen, bilden die „Jäger der neuen Zeitungen". Zwar betrachtet Stieler diese "Zeitungs-Jäger" eher kritisch, da sie vor allem von Neugierde getrieben sind und sich für Dinge interessieren, die sie eigentlich nichts angehen, aber ihr Umgang mit der Zeitung illustriert sehr anschaulich, wie die Zeitung als unterhaltsames Medium genutzt wird:

> Ja sie [= die Zeitungs-Jäger] laufen und rennen nach neuen Zeitungen und können kaum des tages und der Stunde erwarten / bis dieselbe gedruckt werden und herauskommen: Darüm eilen sie nach den Postheusern und Zeitungskrämen / und wird ihnen die Zeit lang / ehe sie erfahren / was der König in Frankreich / der Käyser / der Pabst und der Sultan zu Konstantinopel mache? welcher unter ihnen die Schlacht gewonnen oder verlohren habe? ob / und wo ein Erdbeben geschehen? Ob der Berg Etna und Vesuvius noch brenne? und / ob die Retourschiffe in Engeland und Holland glücklich ankommen sind oder nicht? (Stieler 1695, 9 f.)

In Ergänzung zu Webers Urteil, das Interesse an der Zeitung sei vom Mangel anderer weltlicher Lektüre gespeist, bleibt festzuhalten, daß es auch auf der prinzipiellen Unterhaltsamkeit des Mediums beruht - eine Unterhaltsamkeit, für die sich im Laufe der Jahrhunderte immer wieder Zeugnisse finden lassen und die bis heute anhält.[2] Nur ein literarischer Beleg sei dazu angeführt, der aus der Erzählung „Die Schachtel mit der Friedenspuppe“ von Clemens Brentano stammt. Der junge Baron, gerade aus den Freiheitskriegen zurückgekehrt, ist damit beschäftigt, sein Gut wieder in Ordnung zu bringen. Eines Morgens bringt ihm seine Frau die gerade angekommenen Zeitungen, worauf der Baron seine Tätigkeit unterbricht:

> Er warf sein Beil nieder und durchlief die Blätter mit der Begierde, die ihm, der lange von dem Vaterlande im Kriegstreiben getrennt, sehr natürlich war. Alles ist an den Blättern, die ruhig das Forum und den Gemüsemarkt des täglichen Lebens ausstellen, unter solchen Umständen interessant, ja selbst die ewig wiederkehrenden Nahmen der Auktionskommissaire, Buchhändler, und Schenkwirte. (Brentano 1987, 318 f.)

Was bei Brentano "Forum" und "Gemüsemarkt" des täglichen Lebens ist, was also wesentlich und unwesentlich ist, faßt Peter Sloterdijk in seiner "Kritik der zynischen Vernunft" in das Diktum:

> Als Nachricht ist alles verfügbar. Was Vordergrund ist, was Hintergrund; was wichtig, was unwichtig; was Trend, was Episode: alles reiht sich in eine gleichförmige Linie, worin Gleichförmigkeit auch Gleichwertigkeit und Gleichgültigkeit erzeugt. (Sloterdijk 1983, 564)

Sloterdijk - und das ist für die These von der prinzipiellen Unterhaltsamkeit der Zeitung von Interesse - skizziert hier einen Zustand, der das Resultat einer Entwicklung ist, die mit den „Novellisten, Neuigkeitenerzählern, Unterhaltungskünstlern“ im späten Mittelalter begann. Deren moralisch beispielhafte und belehrende Geschichten gingen immer mehr über auf das „Anekdotisch-Merkwürdige, Besondere, Außergewöhnliche, Pikante und Pikarische, das Andersartige und Singuläre, das Ereignishaft-Amüsante, Erschreckende oder nachdenklich Stimmende“ (ebd., 565) - all das Eigenschaften, die nicht nur den heutigen öffentlichen Medien zuzuschreiben sind, sondern eben auch schon der Zeitung im 17. Jahrhundert. Es sind zugleich Eigenschaften, die wir anführen können, wenn wir fragen, worauf die Unterhaltsamkeit des Mediums 'Zeitung' beruht.

4. Die Zeitung in Zeiten verschärfter Konkurrenz

Neben dieser prinzipiellen Unterhaltsamkeit, die dem Medium zukommt, finden sich in der Zeitung wie in anderen öffentlichen Medien spezifische Formen der Unterhaltung, deren Herausbildung sich als Folge verschärfter Konkurrenzverhältnisse erklären läßt. Mit diesem Prinzip lassen sich keineswegs alle Veränderungen in der Zeitungskommunikation erklären, ebensowenig hat es im Einzelfall hinreichende Erklärungskraft, aber der Blick in die Zeitungsgeschichte zeigt, daß Konkurrenz einen wesentlichen Antrieb bildet für die Entwicklung von spezifischen Formen der Unterhaltung. Dies betrifft sowohl die Stoffe, die in die Zeitung Eingang finden, als auch die Präsentationsformen, zu denen das Layout, die Textsorten[3] und die stilistischen Mittel zählen. Zur Illustration dieser Verhältnisse seinen drei markante Beispiele kurz vorgestellt.

Der erste Fall ist der Hamburger „Nordische Mercurius", der um 1665 von Georg Greflinger gegründet wurde. Nach dessen Tod 1677 wurde der „Mercurius" von seinen Söhnen bis zur Einstellung 1730 weitergeführt. Während in den Residenzstädten und Freien Reichsstädten selten mehr als eine Zeitung erschien, Konkurrenz also unbekannt war, gab es in der Hansestadt Hamburg in der zweiten Hälfte des 17. Jahrhunderts bis zu sechs Zeitungen nebeneinander.[4] Es kommt noch hinzu, daß im benachbarten Altona, das zum Königreich Dänemark gehörte, weitere Zeitungen erschienen. In dieser komplizierten Marktsituation ließen sich Georg Greflinger und nach seinem Tod sein Sohn Conrad Friedrich eine Reihe von Maßnahmen einfallen, um ihre Zeitung von den Konkurrentinnen in inhaltlicher und gestalterischer Hinsicht abzuheben.

Noch im ausgehenden 17. Jahrhundert ist das Gesicht der Zeitung geprägt vom Korrespondenzprinzip mit seinen unter dem Korrespondenzort versammelten Meldungen.[5] Auch der „Nordische Mercurius" hatte ursprünglich diese Form. Doch die Greflingers nahmen dann an ihrer Zeitung eine Reihe von Veränderungen vor, zu denen unter anderem zählen:[6]

- eine verstärkte thematische Adressatenorientierung (metereologische Berichte, Wirtschaftsmeldungen für Kleinkaufleute und Bauern der Umgebung, aber auch für Fernhandelskaufleute)
- Maßnahmen zur Verständnissicherung (Erklärungen zum Wortschatz)
- Selbstthematisierungen (Rechtfertigungen, Darlegung der Herausgeberprinzipien)
- Ereigniskommentierungen
- inhaltliche Erweiterungen in Form moralischer und pädagogischer Betrachtungen.

Für die Unterhaltung seiner Leser sorgt der „Nordische Mercurius" durch eine zumindest partielle Auflockerung des nüchtern-sachlichen Korrespondenzstils. Besonders bei den Selbstthematisierungen und Kommentaren beschreitet Vater Greflinger neue Wege, indem er poetische Repliken an seine Kritiker abdruckt und Meinungsäußerungen in Versform zu den Meldungen stellt. So beendet er beispielsweise den Bericht über Unruhen in den Niederlanden und die Tötung des Bürgermeisters von Dordrecht durch die Bevölkerung mit einer Bemerkung zur Quellenlage und schließt dann eine allgemeine Betrachtung in gereimter Form an:[7]

Dieses wird gemein also geredet / ob es in der That wahr sey / wißen die Grösten am bästen. Man hat sonsten einen Brif worinnen ihn der Herr Admiral de Reuter groß entschuldiget. Schlüßlich mag es wohl heißen:
Es spihlt das Glück mit uns gleich wie mit einem Ballen /
Je höher es erhebt je tiffer läßt es fallen /
Bey vilen / nicht bey allen! und
Wo der gemeine Man das Regiment bestellt /
Da siht man ein Gebäu / das bald zu Boden fällt.
(Nordischer Mercurius, 21 Extrao. Relation, August 1672, S. 8)

Gereimtes findet sich auch bei den moralischen und pädagogischen Ausführungen, die in der Regel eine Kombination von gereimter „Weisheitslehre“ oder Quintessenz und Exempel in Prosa darstellen, wobei der Unterhaltungswert der Exempel nicht zu übersehen ist:

Wer stets die Wahrheit geigt / dem wird der Fidel-Bogen /
Gemessen um das Haupt / und findt sich sehr betrogen;
Doch wer den Fuchsbalg streicht / und jeden schmeicheln kan /
Der bleibet Hahn im Korb / und ein beliebter Man.
...
Weil dann die Wahrheit ist verhast bey Jederman
So werde ich entfliehen / so viel ich immer kan.
Als der große Asiatische Bezwinger Alexander Magnus seinen Generalen ein Mahl gab / wobey sie sich vom Wein ziemlich erhitzten / und Er seine Thaten / gegen welche seines Vaters Philippi Kriegs Operationen nur lauter Kinder-Spiele waren / ohnvergleichlich mit dem grossen Messer auff gut großprahlerisch zuschnitte / gienge das dem ehrlich-alten / und gleichfals wohl-begossenen Clyto / der nur nicht unter ihm / sondern auch unter seinem Vater / als ein kluger General das Commando geführet / trefflich nahe / ließ sich dahero vorerst heimlich gegen seine nechst bey Ihm sitzende Cameraden verlauten / daß es sehr übel stünde / wann die gekrönte Häupter ihnen allein die eroberten Städte und befochtene Batailles zuschrieben / da sie doch sonder tapffermütiger Ausführung ihrer unterhabenden Milice wenig oder nichts verrichten könten; Hernach aber / da er dem Baccho sein gantzes Capitolium zur Residence eingeräumet / widersprach Er seinem groß sprechenden König öffentlich / und warff ihm vor / daß sein Vater Philippus als König in Epiro, in Europa mit Männern / er (Alexander) aber / in Asia nur mit Weibern zu fechten gehabt. Worüber der König dermassen von dem Zorn eingenommen worden / daß er vor seinem Tabernacle stehenden Schild-Wache die Lantze aus der Hand gerissen / und durch einen unglücklichen Stoß / den ehrlichen Clytum nach dem Todten-Reich abgefertiget / mit beygefügtem Befehl: Er solte nun hin marschiren / und seinem Vater Philippo von seinen Thaten Rapport bringen.
(Dienstagischer Nordischer Mercurius, Mai 1698, Nr. 72. S. 1 und 2)

Die angedeuteten Veränderungen finden sich im „Nordischen Mercurius“ keineswegs auf einen Schlag, sondern sie treten sukzessive auf, wobei die Verwendung unterhaltender Elemente immer mehr zunimmt. Die Greflingers finden auf die Herausforderungen des Marktes ganz offensichtlich immer wieder kreative und innovative Antworten. „Kulturpessimistische“ Kritiker, die daran Anstoß nehmen, daß beispielsweise politische Ereignisse in Versen kommentiert werden, haben sich aber keine gefunden; es sind zumindest keine bekannt.

Dies gilt auch für das zweite Beispiel, die 1810 bis 1811 erschienenen „Berliner Abendblätter“ von Heinrich von Kleist. Wir haben es bei ihnen mit der ersten deutschen Boulevardzeitung zu tun, auch wenn sie nicht auf der, sondern über die Straße vertrieben wurde. Zudem war es wohl auch das erste Abendblatt, das mit seinem Erscheinen am späten Nachmittag der unmittelbaren zeitlichen Konkurrenz der etablierten Berliner Zeitungen - vor allem der „Vossischen“ und der „Haude-Spenerschen“ - auswich. In der Startphase der „Abendblätter“ waren die Meldungen und Berichte über die „Mordbrennerbande“, die in Berlin ihr Unwesen trieb, der große Publikumsmagnet. Doch außer mit Sensations- und Schreckensmeldungen, die auch in Form von Extrablättern verbreitet wurden, wollte Kleist seine Leser auch mit unterhaltenden Beiträgen wie Gedichten, feuilletonistische Texten, Anekdoten, Rätselfragen oder aktuellen reportagehaften Berichten unterhalten. So finden sich in den ersten Ausgaben der „Abendblätter“ neben „Tagesbegebenheiten“ und Polizeirapports, Betrachtungen zu kulturpolitischen Fragen und Theaterkritiken beispielsweise

- das fingierte „Fragment eines Schreibens aus Paris“, in dem Kleist kurz die Begegnung eines Flaneurs mit Napoleon beschreibt, um dann ausführlich zu dessen Beobachtungen über die Pariser Händler und Kaffeehausbetreiber überzugehen; hier wirft das Feuilleton als 'Kleine Form' seinen Schatten voraus (1. Blatt vom 1. Oktober 1810)[8]
- ein Gedicht „An unseren Iffland bei seiner Zurückkunft in Berlin den 20. September 1810“ (3. Blatt vom 3. Oktober 1810) und eine „Ode auf den Wiedereinzug des Königs im Winter 1809“ (5. Blatt vom 5. Oktober 1810)
- die Anekdoten „Franzosen-Billigkeit“ (3. Blatt vom 3. Oktober 1810) und „Der verlegene Magistrat“ (4. Blatt vom 4. Oktober 1810)

Kleists „Abendblätter“ bilden in der Geschichte der deutschen Zeitung allenfalls eine Fußnote, wenn auch eine höchst bemerkenswerte. Sein Projekt einer buntgemischten, vor allem Lokalereignisse berichtenden Zeitung, die mit Unterhaltungselementen angereichert ist, steht in seiner Zeit einzigartig da. Der Erfolg gab ihm auch Recht; die „Abendblätter“ wurden gekauft und waren Tagesgespräch, selbst am Hofe (Sembdner 1959, 1*). Kritiker, die das Fehlen der üblichen Meldungen moniert hätten[9] oder das Verfahren, politische Zielsetzungen, mit unterhaltenden Mitteln zu verfolgen, sind nicht bekannt. Dennoch scheiterte Kleists Unternehmen, jedoch nicht am journalistischen Konzept, sondern an den politischen Verhältnissen.[10]

Das dritte Beispiel, das noch angeführt werden soll, betrifft nicht mehr eine einzelne Zeitung, sondern einen Zeitungstyp, nämlich den Generalanzeiger, der in der Gründerzeit entstand. Wenn es um die Expansion der Unterhaltung in der Zeitung geht, dann ist er ein Beispiel par excellence. Da der Generalanzeiger als strikt auf Profitmaximierung orientiertes Unternehmen auf den Verkauf von Anzeigenplatz gegründet war, mußte er aus Vermarktungsgründen für die größtmögliche Abonnentenzahl sorgen. Um Abonnenten zu werben und bei der Stange zu halten, wurde eine aggressive Vertriebspolitik betrieben, zu der beispielsweise die anfängliche Gratisverteilung, niedriger Abonnementspreis, die Kopplung von Abonnement und Unfallversicherung, die Optimierung der Vetriebswege, die Verbreitung von Extrablättern oder Anzeigenkampagnen (Koszyk 1968, 268 ff.) gehörten. Die Zeitung selber wurde um Beilagen ergänzt, deren Umbruch durch Holzschnittillustrationen und -karikaturen aufgelokkert wurde. Ganz besonders gepflegt wurde der Fortsetzungroman, der speziell auf die Bedürfnisse der Leserinnen abgestimmt war und dessen Ende sich nicht mit dem der Abonnementsperiode decken durfte. Von August Scherl, der als der Vater des Generalanzeigers gilt, wird berichtet, daß er den Roman persönlich redigierte.

Der Fortsetzungsroman, speziell in der Variante des Kolportageromans, ist sicherlich die früheste Form, die Leserschaft durch Unterhaltung an die Zeitung zu binden.[11] Im Generalanzeiger explodieren dann aber geradezu die unterhaltenden Texte. Sie haben zum Gegenstand Sensationen, Greuelgeschichten, Unfälle, Verbrechen, zu Herzen Gehendes, Kurioses, Klatsch, Witziges und sonstwie Anekdotisches. Sie finden sich in der Sparte 'Vermischtes', dann aber auch 'Unter dem Strich' oder in Rubriken wie 'Locales' und 'Provinzielles', ja, es ist nicht übertrieben zu sagen: fast überall im Generalanzeiger, dabei in manchen seiner Teile massiert.[12] Die Gestalt der unterhaltenden Texte ist vielfältig. Neben eindeutigen Anekdoten und Witzen oder dem Feuilleton als 'Kleiner Form' finden sich verschiedene Spielarten des Berichtens: Reine Meldungen stehen neben ausführlicheren Ereignisberichten, die angereichtert sein können durch kommentierende Bemerkungen, die etwa die „Moral der Geschichte" betreffen. Gerade die ausführlicheren Berichte bewegen sich zwischen einer eher faktenorientiert-journalistischen Darstellung und einem erzählerischen Ton.

Im Gegensatz zu Greflingers „Nordischem Mercurius" und Kleists „Berliner Abendblättern" ist der Generalanzeiger Ziel heftigster Angriffe geworden - vergleichbar denjenigen, die heute gegen bestimmte Entwicklungen in den Printmedien gerichtet werden. Damals wie heute werden sie als Anzeichen für Niedergang und Verfall angeprangert, auch wenn beim Generalanzeiger nicht von Boulevardisierung die Rede war. Stattdessen sprach man von „Amerikanismus" wie Walter Hammer in seinem Pamphlet „Die Generalanzeiger-Presse kritisch beurteilt als ein Herd der Korruption", der den zunehmenden unterhaltenden Charakter der Zeitung als Mittel zum Zweck der Profitmaximierung geißelt:

> Nur ideell wird dem Leser der Generalanzeiger-Presse geschmeichelt; materiell soll er immer mehr bluten. Hat sich das Publikum erst einmal an solch eine Zeitung gewöhnt, kann der Vater die politischen Kannegießereien, die Mutter den Teil "Für unsere Frauen", der Herr Sohn - und nicht nur er - die pikanten Gerichtsberichte, die Tochter den reizenden süßen Roman und das eigentliche Kindsvolk die Rätselecke nicht mehr entbehren, dann zieht der Verleger seine Steuerschraube an [...]. (Hammer 1912, 10)

Oder aber man sprach von Feuilletonisierung wie Karl Kraus, der diesen Vorwurf speziell gegen die Art der Berichterstattung erhob, die sich für ihn in den Wiener Zeitungen anbahnte. So heißt es in seinem Essay „Heine und die Folgen" aus dem Jahr 1910:

> Wenn dort [in Berlin] ein Straßenbahnunfall geschehen ist, so beschreiben die Berliner Reporter den Unfall. Sie greifen das Besondere dieses Straßenbahnunfalls heraus und ersparen dem Leser das allen Straßenbahnunfällen Gemeinsame. Wenn in Wien ein Straßenbahnunglück geschieht, so schreiben die Herren über das Wesen der Straßenbahn, über das Wesen des Straßenbahnunglücks und über das Wesen des Unglücks überhaupt, mit der Perspektive: Was ist der Mensch? Über die Zahl der Toten, die uns noch etwa interessieren würde, gehen die Meinungen auseinander, wenn sich nicht eine Korrespondenz ins Mittel legt. Aber die Stimmung, die

> Stimmung treffen sie alle; und der Reporter, der als Kehrrichtsammler der Tatsachenwelt sich nützlich machen könnte, kommt immer mit einem Fetzen Poesie gelaufen, den er irgendwo im Gedränge an sich gerissen hat. Der eine sieht grün, der andere sieht gelb - Farben sehen sie alle. (Kraus 1989, 190 f.)

Während Hammer mit seiner Kritik vor allem auf die unterhaltenden Stoffe zielt, die nun das Bild der Zeitung prägen, nimmt Kraus an der auf Unterhaltung zielenden Präsentation der Ereignisse Anstoß. Es geht ihm dabei zuerst einmal um die sprachlichen Mittel, deren sich die Journalisten bedienen, dann aber auch um ihren Umgang mit den Fakten. Kraus, für den Wahrhaftigkeit der höchste Maßstab der Presse ist, eine Wahrhaftigkeit, die sich auch im Sprachgebrauch manifestieren muß, geißelt hier, was er den Hang zum Feuilleton nennt - eine Stilhaltung, die weder an die Sparte 'Feuilleton' noch an die Textsorte des Feuilletons als 'Kleine Form' gebunden ist, sondern ganz unabhängig vom Gegenstand "mit einem Fetzen Poesie gelaufen" kommt. Es bliebe aber zu vordergründig, Kraus einfach als normativen Sprachkritiker abzutun oder gar als „elitären Sack" zu apostrophieren, denn wenn wir genauer hinschauen, so erkennen wir, daß er seine Stilkritik als Vehikel für die Journalismus-Schelte nutzt: Indem er den Reportern die Rolle als "Kehrrichtsammler der Tatsachenwelt" zuschreibt, klagt er von ihnen auch den sprachlich sorgfältigen Umgang mit den Fakten ein.

5. Zwischen Innovation und Boulevardisierung

Mit dem Blick zurück in die Zeitungsgeschichte wurden zwei Ziele verfolgt. Zum einen sollte die These gestützt werden, daß das Printmedium Zeitung sowohl informierenden als auch unterhaltsamen Charakters ist, Information und Unterhaltsamkeit also ein Miteinander und kein Gegeneinander bilden. Dabei ist noch ein Gesichtspunkt zu berücksichtigen, der bisher nur implizit ins Spiel gekommen ist, daß nämlich die prinzipielle Unterhaltsamkeit des Mediums eine Frage der Nutzung durch die Rezipienten ist. Natürlich ließe sich jetzt einwenden, daß die beispielhaft vorgeführte Nutzung der Zeitung als Unterhaltungsmedium kein Argument dafür ist, diesem Printmedium prinzipiell Unterhaltsamkeit zuzuschreiben; schließlich kann jede Form sprachlichen Handelns zu Unterhaltungszwecken ge- oder mißbraucht werden. Gegen diesen Einwand läßt sich jedoch die Beobachtung anführen, daß die "vergnügliche Zeitungsrezeption" ein weit verbreitetes und durch die Geschichte hindurch zu verfolgendes Phänomen darstellt. Allerdings wäre dieser Aspekt noch systematisch aufzuarbeiten.

Zum anderen sollte vorgeführt werden, daß die Herausbildung spezifischer Formen der Unterhaltung maßgeblich bestimmt ist durch den Zwang, sich am Markt zu bewähren. Insofern handelt es sich bei ihnen grundsätzlich um Innovationen, die Antworten auf eine Herausforderung sind. Auch hier ist ein Gesichtspunkt zu berücksichtigen, der bisher nur implizit ins Spiel gekommen ist, und zwar bei der Journalismus-Schelte von Karl Kraus. Bei den Exempeln Greflinger und Kleist wurde festgestellt, daß es keine Kritiker ihrer Neuerungen in Richtung Unterhaltung gab, zumindest keine bekannt sind. Solange auch hier keine eingehenderen Untersuchungen zu gegenteiligen Indizien führen, sei der vorsichtige Schluß erlaubt, daß an solchen Entwicklungen kein Anstoß genommen wurde.[13] Damit drängt sich aber die Überlegung auf, daß Formen und Mittel der Unterhaltung keineswegs per se als Zeichen von Verfall und Niedergang betrachtet werden müssen. In diese Überlegung paßt auch Karl Kraus, der die Wiener Zeitungen nach der Jahrhundertwende mit dem Stigma der Feuilletonisierung versieht. Er setzt zwar mit seiner Kritik an den sprachlichen Mitteln an, aber in letzter Instanz richtet sich sein Verdikt nicht gegen die Sprache, sondern gegen die Art von Journalismus, die sich allerdings dieser sprachlichen Mittel bedient.

Wenn wir aus diesen Beobachtungen überhaupt etwas lernen können, dann vielleicht das Folgende:

- Wir sollten mit den jüngeren Entwicklungen in der Presse, aber auch den anderen Medien gelassener umgehen und nicht vorschnell mit Etiketten wie Designer-Journalismus oder McJournalismus um uns werfen - zumindest diejenigen nicht, die nicht unmittelbar am Kampf um Marktanteile beteiligt sind. Manches von dem, was heute als degoutant abgestempelt wird, kann der Normalfall in der Zeitung von Morgen werden.
- Wir sollten bei unseren Urteilen sorgfältig zwischen den sprachlichen, visuellen und graphischen Mitteln - also der Präsentation - einerseits und den journalistischen Konzepten andererseits unterscheiden. Vor allem sollten wir nicht von der Präsentation geradlinig auf die Qualität des Gebotenen schließen. Denn nicht die verwendeten Mittel sind für sich genommen "gut" oder "schlecht", sondern die Art und Weise, wie sie von den Journalisten gebraucht werden. Das entspricht der alten Einsicht: Nicht die Sprache lügt, sondern wir lügen! Insofern ist im Einzelfall genau zu prüfen, welche Zielsetzungen mit den unterhaltenden Mitteln verfolgt werden.
- Wir sollten es aufgeben, vor allem die Printmedien zu Hohen Priestern der Nachrichtenvermittlung zu stilisieren, die sich kein Zucken im Mundwinkel erlauben dürfen, weil das eine wie auch immer bestimmte Seriosität beeinträchtigt. Unterhaltendes kann natürlich lediglich Ornament oder Verpackung sein und damit dysfunktional, es kann aber auch als stimulierende Bereicherung wirken (vgl. Holly 1996, 10)
- Deshalb sollte auch in Rechnung gestellt werden, daß Formen und Mittel der Unterhaltung nicht automatisch Trivialisierung und Banalisierung des Vermittelten bedeuten. Weiterhin gilt dann auch, daß die Akzeptanz unterhaltender Angebote durch das Publikum nicht zwangsläufig von schlechtem Geschmack zeugen muß.

Anmerkungen

1 Mit dieser These wird natürlich nicht der Anspruch erhoben, Wandel in der Zeitungskommunikation erschöpfend erklärt zu haben. Vor allen Dingen läßt sie in ihrer Zuspitzung außer Acht, daß die Zeitung in ihrer Entwicklung vielfach beeinträchtigt wurde durch obrigkeitliche Informationspolitik, Privilegienwesen, Zensur und Unterdrückungsmaßnahmen anderer Art. Ebenso bleiben dabei unbeachtet beispielsweise die ökonomischen Rahmenbedingungen, die Produktionsbedingungen, die technischen Möglichkeiten für Druck, Papierherstellung oder Nachrichtenbeschaffung.

2 Gerade heute, wo die Zeitung in Konkurrenz zu anderen Medien steht, ist dieser Wesenszug des Mediums eher verdeckt, da andere Medien und unter diesen vor allem das Fernsehen mit seinen bewegten Bildern deutlich unterhaltsamer sind als die Zeitung.

3 Auch Darstellungsformen oder Stilarten genannt.

4 Zur Hamburger und Altonaer Zeitungslandschaft im 17. Jahrhundert ausführlich Prange (1978).

5 Vgl. ausführlich Schröder (1995), Kap. 2.

6 Diese Auflistung stützt sich auf Prange (1978, 125 ff.).

7 Die Beispiele aus dem "Nordischen Mercurius" sind nach Prange (1978) zitiert; dort auch weitere Belege.

8 Zuschreibung nach Sembdber (1959, 6*); das "Fragment" hat seine Fortsetzung im 2. Blatt.

9 Anders verhielt es sich 1798 mit der "Neuesten WeltKunde" (= "Allgemeine Zeitung") des Johann Friedrich Cotta, in der zu Gunsten umfangreicherer Formen des Berichtens, vor allem auch einer Art Hintergrundberichterstattung, auf die kurzen Meldungen verzichtet wurde (vgl. Püschel 1997). Die Leser goutierten diese Entscheidung offenbar nicht, auf jeden Fall wurde sehr schnell eine Rubrik "Kurze Notizen" eingeführt.

10 Vgl. den Exkurs zu den "Berliner Abendblättern" als Legende und zensurpolitischer Routinefall bei Hofmeister-Hunger (1994, 233 ff.).

11 Der erste Fortsetzungsroman erschien in der "Kölnischen Zeitung" 1851 (Koszyk 1966, 216).

12 Vgl. ausführlicher Püschel (1996), wo die vier Tageszeitungen der Provinzstadt Trier zwischen 1875 und 1. Weltkrieg exemplarisch untersucht wurden.

13 Dabei ist im Übrigen noch in Rechnung zu stellen, daß die Zeitung praktisch von Beginn an ihre Kritiker hatte.

Literatur

Berliner Abendblätter (1959): Hg. von Helmut Sembdner. Darmstadt: Wissenschaftliche Buchgesellschaft.

Brentano, Clemens (1987): Die Schachtel mit der Friedenspuppe. In: Sämtliche Werke und Briefe. Bd. 19. Stuttgart, Berlin, Köln, 697-752.

Dovifat, Emil/Jürgen Wilke (1976): Zeitungslehre I. Theoretische und rechtliche Grundlagen. Nachricht und Meinung. Sprache und Form. 6., neu bearb. Aufl. Berlin, New York.

Hammer, Walter (1912): Die Generalanzeiger-Presse kritisch beurteilt als ein Herd der Korruption. 4. Aufl. Leipzig.

Hofmeister-Hunger, Andrea (1994): Pressepolitik und Staatsreform. Die Institutionalisierung staatlicher Öffentlichkeitsarbeit bei Karl August von Hardenberg (1792-1822). Göttingen: Vandenhoeck & Ruprecht.

Holly, Werner (1996): Mannheimer Thesen zur "Boulevardisierung" in Zeitung und Fernsehen. In: Sprachreport H. 3, 10-11.

Koszyk, Kurt (1966): Deutsche Presse im 19. Jahrhundert. Berlin.

Kraus, Karl. (1922/1989): Heine und die Folgen. In: Wagenknecht, Christian (Hg.). Karl Kraus Schriften. Bd. 4. Untergang der Menschheit durch schwarze Magie. Frankfurt, 185-210.

Noelle-Neumann, Elisabeth/Winfried Schulz/Jürgen Wilke (Hg.) (1989): Publizistik Massenkommunikation. Frankfurt.

Prange, Carsten (1978): Die Zeitungen und Zeitschriften des 17. Jahrhunderts in Hamburgund Altona. Ein Beitrag zur Publizistik der Frühaufklärung. Hamburg.

Püschel, Ulrich (1996): Die Unterhaltsamkeit der Zeitung. Zur Zeitungskommunikation zwischen Reichsgründung und 1. Weltktrieg. In: Fix, Ulla/Gotthard Lerchner (Hg.). Stil und Stilwandel. Bernhard Sowinski zum 65. Geburtstag gewidmet. Frankfurt usw., 329-344.

Püschel, Ulrich (1997): Das Textmuster BERICHTEN und seine Spielarten in der deutschen Zeitung an der Wende vom 18. zum 19. Jahrhundert. In: Fix, Ulla/ Hans Wellmann (Hg.). Stile, Stilprägungen und ihr Wandel. Heidelberg (im Druck).

Sembdner, Hemut (1959): Nachwort und Quellenregister. In: Sembdner, Helmut (Hg.). Berliner Abendblätter. Darmstadt, 1*-34*.

Schröder, Thomas (1995): Die ersten Zeitungen. Textgestaltung und Nachrichtenauswahl. Tübingen.

Sloterdijk, Peter (1983): Kritik der zynischen Vernunft. Bd. 2. Frankfurt.

Stieler, Kaspar (1969): Zeitungs Lust und Nutz. Vollständiger Neudruck der Originalausgabe von 1695. Hg. von Gert Hagelweide. Bremen.

Weber, Johannes (1994): Die Novellen sind eine Eröffnung des Buchs der gantzen Welt. Entstehung und Entwicklung der Zeitung im 17. Jahrhundert. In: Beyrer, Klaus/Martin Dallmeier (Hg.). Als die Post noch Zeitung machte. Eine Pressegeschichte. Gießen, 15-25.

Boulevardisierungstendenzen in der Wissenschaftsberichterstattung? Ein Annäherungsversuch

Bernd Ulrich Biere

1. Fragestellung

Der Göttinger Physiologe Hans Jürgen Brettschneider bescheinigt dem „ersten hippokratischen Eid" „noble Skepsis und demütige Zurückhaltung": „Das Leben ist kurz. Die Kunst ist weit. [...] Der Versuch ist zweifelhaft. Das Urteil ist schwierig" (zit. nach Haaf 1991, 157). - Ist es das, was wir uns auch für die Wissenschaftsberichterstattung wünschen, noble Skepsis und vornehme Zurückhaltung, und was wir dort vermissen, wo wir von einer „Boulevardisierung von Wissenschaft" zu sprechen geneigt sind? Oder legen wir nur bei besonders heiklen Themen der Berichterstattung, etwa aus dem Bereich der naturwissenschaftlich-medizinischen Forschung, hippokratische Maßstäbe an?

In der Tat wird im „Ehrenkodex des Deutschen Presserats" in Art. 14 gerade die Problematik des Berichtens über medizinische Themen hervorgehoben:

> Bei Berichten über medizinische Themen ist eine unangemessen sensationelle Darstellung zu vermeiden, die unbegründete Befürchtungen oder Hoffnungen beim Leser erwecken könnte. Forschungserkenntnisse, die sich in einem frühen Stadium befinden, sollten nicht als abgeschlossen oder nahezu abgeschlossen dargestellt werden.

Ebensowenig sollten aber auch „Gewalt und Brutalität" „unangemessen sensationell" dargestellt werden (Art. 11 mit Verweis auf den „Schutz der Jugend") und auch die „Berichterstattung über schwebende Ermittlungs- und Gerichtsverfahren" gebietet - den juristischen Prinzipien entsprechend - , „daß ein Verdächtiger [...] nicht vor einem gerichtlichen Urteil als Schuldiger hingestellt werden (darf)" (Art. 13). Des weiteren verbietet der „Ehrenkodex" ethnische, religiöse, soziale oder nationale Diskriminierungen (Art. 12) sowie das Eindringen in Privatleben und Intimsphäre (Art. 8).

Sprechen wir dann von „Boulevardisierung", wenn tendenziell gegen einen dieser Ehrenkodex-Artikel verstoßen wird oder wenn es zumindest fraglich erscheint, ob sich die Berichterstattung nicht an der Grenze des in diesem Sinn journalistisch Statthaften bzw. des dem Publikum Zumutbaren bewegt? Aber wo liegen im konkreten Fall diese Grenzen? Welche Merkmale muß ein Bericht aufweisen, um zu Recht als „unangemessen sensationell" bezeichnet werden zu können (zumal diese Formulierung impliziert, daß es auch eine angemessen sensationelle Darstellung geben könnte)? Fragen wie diese deuten darauf hin, daß wir nicht zuletzt den Begriff der

Boulevardisierung zu klären haben, wenn wir nach Boulevardisierungstendenzen in der Wissenschaftsberichterstattung Ausschau halten.

Dem Ehrenkodex entsprechend, möchte ich keine „unbegründeten Hoffnungen“ wecken, die wesentlichen Probleme seien bereits gelöst. Wenn wir die Vermittlung von Wissenschaftsinformationen durch die Medien unter besonderer Berücksichtigung der Boulevardisierungsproblematik betrachten wollen, so stellt sich zunächst einmal die Frage, ob dies überhaupt ein relevanter Aspekt in diesem Bereich sein kann, und wenn ja, ob wir diesen isoliert betrachten können oder ihn nicht vielmehr in einen Zusammenhang mit generelleren Fragestellungen wie z.B. den folgenden stellen müssen:

- Wie soll Wissenschaftsberichterstattung mit den recherchierten Informationen umgehen?
- Wie sollen sie aufbereitet, transformiert und medien- wie adressatengerecht, aber auch sachgerecht dargestellt werden?
- Welche Kriterien legen die am Prozeß der Informationsgewinnung und -vermittlung beteiligten Gruppen (Wissenschaftler und Wissenschaftsjournalisten, aber auch Medienrezipienten) zugrunde und wie gewichten sie diese, wenn sie das Gelingen eines Vermittlungsprozesses bzw. die Qualität eines entsprechenden Medienprodukts zu beurteilen haben? (Wie weit solche Beurteilungen auseinanderklaffen können, zeigt sich u.a. in den immer wieder beklagten Verständigungskonflikten zwischen Wissenschaftlern und Wissenschaftsjournalisten (s. Göpfert 1997)).

Stellen wir die Frage nach Boulevardisierungstendenzen in einen solchen Fragekomplex, so zeigt sich, daß wissenschaftsjournalistische Berichterstattung in der Vermittlungsposition zwischen Wissenschaftlern und Publikum, zwischen Experten und Laien, sich in der Tat in einem Dilemma befindet.

2. Das Dilemma des Wissenschaftsjournalismus

Die Vermittlung von Wissenschaftsinformationen an eine breitere Öffentlichkeit bzw. an jeweils interessierte Teilöffentlichkeiten ist zweifelsohne eine anspruchsvolle, im weiten Sinn didaktische Aufgabe, an deren Bewältigung in der Regel verschiedene Gruppen professioneller Agenten beteiligt sind. Diese treten in vielfältiger Weise miteinander in Kommunikation: Wissen wird dialogisch elizitiert, eingeordnet, bewertet, weitergegeben, vermittelt. Die sprachliche Darstellung solchen Wissens - mündlich oder schriftlich - stellt eine Form der Externalisierung und damit der kommunikativen Verfügbarmachung dieses Wissens dar. Gleichzeitig ist der schriftliche Text eine Art externer Speicher, philologisch gesprochen: das Medium der Überlieferung und Traditionsbildung in einer über die Technologie des Schreibens verfügenden Gesellschaft. Bei der Externalisierung von Wissen - zu Vermittlungs- wie zu Speicherzwecken - treten mindestens zwei grundsätzliche Probleme auf:

(i) das Problem der Linearisierung; dieses bezieht sich auf die Produktion von Texten (jeglicher Art). Es ist das rhetorische Problem, das, was zu sagen ist, in einer linearen

Form, d.h. in einer raum-zeitlichen Abfolge angemessen darzustellen,

(ii) das Problem des Sinnverstehens; dieses bezieht sich auf die Rezeption von Texten (jeglicher Art) bzw. allgemeiner: zeichenhafter und als solche immer auch intentionaler Gebilde. Es ist das hermeneutische Problem, das, was gesagt worden ist, angemessen, d.h. in der Regel so, wie es gemeint war, zu verstehen.

Verstehen wir den spezifischen Zusammenhang von Produktion und Rezeption (primär in der Mündlichkeit, in einem abgeleiteten Sinn aber auch in der Schriftlichkeit) als Kommunikation, so unterstellen wir i.a. ein dyadisches Kommunikationsmodell. Didaktisch-vemittelnde Kommunikation ist dagegen stets triadisch, d.h. es kommt eine dritte, vermittelnde Instanz ins Spiel: ein Bote, ein Dolmetscher und Übersetzer, ein Ausleger oder „Verständlichmacher" (s. zur historisch-systematischen Begründung dieser personalisierten Funktionen Biere 1989, 202ff.). In einem solchen triadischen Kommunikationsprozeß überlagern sich Produktion und Rezeption: Der vermittelnde Dritte (P3) rezipiert das von P1 in einer bestimmten sprachlichen Form (T1) gemachte „Informationsangebot" und (re)produziert dieses in vermittelnder Absicht in einer sprachlichen Form T1', in der es einem zweiten Rezipienten (P2) als spezifisches, an ihn adressiertes Informationsangebot verständlich werden soll. Dies entspricht in etwa dem „klassischen" Modell der Textoptimierung, wie es von der Hamburger Psychologengruppe Langer/ Schulz van Thun/ Tausch (1974) vorgestellt worden ist. Die zu vermittelnde Information wird in einer anderen sprachlichen Form, in einem anderen Textarrangement verständlicher dargestellt, bleibt dabei aber, so die Annahme, inhaltlich identisch. Die Annahme, die Identität einer Information sei unabhängig von der Art ihrer sprachlichen Darstellung, erweist sich sprach- und zeichentheoretisch als problematisch (s. Biere 1989, 184). In pragmatischer Hinsicht ist es jedoch gar nicht notwendig und in der Regel auch nicht sinnvoll, die Vermittlungsaufgabe mit dem Postulat der Identität der zu vermittelnden Information zu verknüpfen. Und auch das Searle'sche Prinzip der Ausdrückbarkeit, besagt schließlich nur, „that whatever can be meant can be said" (Searle 1969, 19) und nicht, daß alles auch anders gesagt werden könne.

Die spezifische Vermittlungsproblematik für den Wissenschaftsjournalisten wird in der Regel im Zusammenhang mit der Fachsprachenproblematik gesehen, wie sie seit Ende der 70er Jahre unter den Problemtiteln „fachexterne Kommunikation" oder „Experten-Laien-Kommunikation" auch in der Fachsprachenforschung selbst zunehmend thematisiert worden ist (z.B. Möhn 1979; Kalverkämper 1988; Fluck 1991). Das Dilemma der fachexternen Kommunikation, auch wenn sie über die professionelle Tätigkeit des Wissenschaftsjournalisten vermittelt ist, scheint nun darin zu liegen, daß beim Verzicht auf entsprechende fachliche und fachsprachliche Standards fachsprachengebundene Anforderungen wie Exaktheit, Explizitheit und Ökonomie tendenziell nicht mehr einlösbar zu sein scheinen. Dies dürfte vor allem aus der Sicht des wissenschaftsorientierten Informationsgebers, für den die Sachorientierung in der Regel Vorrang vor einer Adressatenorientierung hat, problematisch erscheinen. Da die Orientierungen des Wissenschaftsjournalisten eher umgekehrt gewichtet sind, wenn er sich beispielsweise als „Anwalt" des Publikums versteht, scheint der Verständigungskonflikt vorprogrammiert. Wenn wir am Postulat der Identität der vermittelten Inhalte festhalten, befinden wir uns in der Tat in dem „Dilemma der Verständlichkeit", das Heringer (1979) als Konflikt zwischen zwei Maximen charakterisiert hat, zwischen der Maxime „Sage, was zu sagen ist" und der Maxime „Rede so, daß dein Partner dich versteht". Die Aufgabe des Wissenschaftsjournalisten wäre in diesem Sinn eine Gratwanderung zwischen diesen beiden Maximen, eine Gratwanderung auf dem steinigen Pfad des Verständlichmachens.

Konzedieren wir dagegen, daß auch (und vielleicht gerade) bei der Vermittlung von wissenschaftlichem Wissen an fachexterne Adressatengruppen nicht nur eine andere Textoberfäche erzeugt wird, sondern daß tatsächlich ein anderer, in vielerlei Hinsicht transformierter Text entsteht, der in der Regel einer anderen Textsorte angehört und der nicht nur von den Intentionen des Informationsgebers geprägt ist, sondern auch von den Intentionen des zweiten, vermittelnden Autors, so kann die Qualität eines wissenschaftsjournalistischen Medienprodukts auch nicht allein anhand der im Herkunftsbereich der Information, in der scientific community, geltenden Maßstäbe beurteilt werden. Auch wenn es sich um eine sekundäre, d.h. auf vorgängige Textprodukte bezogene Textform handelt, steht das wissenschaftsjournalistische Produkt doch in einem völlig anderen Produktions- und Rezeptions- bzw. Verwendungszusammenhang, in dem es als eigenständiges Produkt erfahren wird, insbesondere dann, wenn die intertextuellen Bezüge für den Leser nicht mehr rekonstruierbar sind. Aber auch trotz dieser relativen Eigenständigkeit des sekundären Textprodukts könnte durchaus ein relevanter Zusammenhang bestehen zwischen der Art des Herkunftsbereichs der Information und der Art der Verwendung bzw. Aufbereitung dieser Information im Mediensystem. Unsere einleitenden Hinweise auf den Ehrenkodex des Deutschen Presserats lassen einen solchen Zusammenhang vermuten. Kann man demnach bei einem als ernsthaft, seriös usw. eingeschätzten Herkunftsbereich mit einer ebenfalls ernsthaft-seriösen Berichterstattung rechnen? Könnte es dann ein Merkmal von Boulevardisierung sein, wenn ein solcher Zusammenhang ignoriert wird, wenn also über „seriöse" Themen aus entsprechenden Herkunftsbereichen in genau diesem Sinn „unangemessen" berichtet wird?

Um der Gefahr zu entgehen, mit dem Begriff der Boulevardisierung unreflektiert normativ umzugehen, scheint es geboten, an dieser Stelle zunächst die Implikationen der Verwendung eines solchen, eher normativen als deskriptiven Begriffs im Kontext von Wissenschaftsberichterstattung zu betrachten.

3. Was heißt Boulevardisierung?

Der Begriff der Boulevardisierung gibt sich offensiv. Die ARD bietet etwa ihr Magazin „Brisant" explizit als „Boulevard-Magazin" an. Wäre dies denkbar bei einem Wissenschaftsmagazin? Und die Talk-Show „Boulevard Bio" siedelt sich selbstbewußt dort an, wo der Begriff der Boulevardpresse seinen Ursprung hat: auf dem Boulevard, wo die im 19. Jahrhundert in den USA, in England und Frankreich entstehende Massenpresse, die nicht mehr im Jahresabonnement bezogen wird, ihr Kaufpublikum, sozusagen Laufkundschaft, jeden Tag aufs Neue suchen mußte. Das dadurch wesentlich höhere Finanzierungsrisiko hatte inhaltliche Konsequenzen: Der Anzeigenteil mußte erweitert werden und dies wiederum

> setzte höhere Verkaufauflagen voraus. Und um dies zu erreichen, um bei der Laufkundschaft schnelle Resonanz zu finden, war eine andere Form von Journalismus notwendig, eine andere Ansprache: knappe Schlagzeilen, Aufmacher, die ins Auge springen, Themen, die die Leute sofort fesseln, keine starre redaktionelle Aufteilung, Verwischung der Grenzen von Information und Unterhaltung, mehr sogenannte Human-Touch-Geschichten. In Deutschland war das erste Boulevardblatt die 1904 von Ullstein entwickelte BZ am Mittag (Schmidt 1992, 47).

Demgegenüber ist der Boulevard-Begriff für das Fernsehen relativ jung. Schmidt (1992) sieht das „allein werbefinanzierte Fernsehen", die Privaten also, in der gleichen Situation, in der sich damals die Boulevardzeitungen (ebenso wie die privat finanzierten Boulevardtheater) befanden. Auch das private Fernsehen muß demnach

> seine Zuschauer immer erst gewinnen, sie also 'dort abholen, wo sie sind'. Das setzt - im Gegensatz zur öffentlich-rechtlichen Programmphilosophie - eine andere Programmmischung und eine andere Ansprache des Publikums voraus,

zwingt also, dieser Logik folgend, zur Boulevardisierung.

Im Gegensatz zu einem eher negativ konnotierten Boulevardisierungsbegriff versucht Schmidt (1992), früherer Presse- und Planungschef bei RTLplus, dann Sprecher von RTL2, offensichtlich eine Art Ehrenrettung des Boulevard-Journalismus. Mehr noch, er sieht im Boulevardfernsehen das demokratische Medium schlechthin, das „Fernsehen für alle", das Massenmedium als Träger von Massenkultur: „unterhaltsam, informativ, mit direkter Ansprache des Publikums, ohne Zeigefinger und pädagogisches Pathos" (ebd., 45f.). Zu einer kritischeren Einschätzung des demokratischen Potentials des Mediums Fernsehen sieht sich dagegen der „Bericht zur Lage des Fernsehens" (1994) veranlaßt:

> Auch unter Berücksichtigung der jüngsten technischen Entwicklungen verspricht das Fernsehen nicht, das lang erwartete Medium zu werden, in dem sich die Aufklärung vollendet und dessen partizipatorische Möglichkeiten wahre Demokratie erst möglich machen.

Eher distanziert steht auch Göpfert (1992) dem Boulevardjournalismus gegenüber, wenn er Ereignisjournalismus, Sensationsjournalismus, Reality-TV, Informationen für Gaffer „weit entfernt vom Informations- und Bildungsauftrag, den zumindest das öffentlich-rechtliche Fernsehen in Deutschland zu erfüllen hat" (ebd., 50), ansiedelt, und in Abgrenzung von jeglicher Boulevardisierungstendenz einen emphatischen Begriff von „Infotainment" entwickelt.

Aber auch, wenn man die öffentlich-rechtliche „Philosophie" vertritt, ist natürlich zu fragen:

> [...] wie lassen sich die Informationen an den Mann und an die Frau bringen? Wie läßt sich Infotainment überzeugend realisieren? Sicherlich geht es bei dieser Frage auch um die Verpakkung, aber in erster Linie um den Inhalt. [...] Infotainment: Das fängt zunächst einmal bei der Information an. Die Themen müssen gut recherchiert sein. Der Inhalt muß so aufbereitet wer-

> den, daß er die Menschen anspricht, daß er die Sorgen und Wünsche der Zuschauer formuliert. Informationen, die die Menschen erreichen sollen, müssen Fragen beantworten, die sich die Menschen auch tatsächlich stellen (Göpfert 1992, 50).

Ist ein solches Infotainment-Konzept dann aber wirklich so weit entfernt von dem, was Schmidt (1992) anspricht, wenn er die Menschen dort abholen möchte, wo sie sind? Sollte das nicht auch Wissenschaftsberichterstattung tun: an lebenspraktische Fragen anknüpfen, erkunden, welches Interesse und welches Vorwissen bezüglich eines Wissenschaftsthemas bei den intendierten Adressaten vorausgesetzt werden kann?

Und wieviel Infotainment, Popularisierung oder Boulevardisierung brauchen wir - als Mittel zum Zweck, nicht als Selbstzweck - , um Interesse vielleicht erst zu wekken, damit Wissenschaftsjournalismus über das kleine eh schon interessierte Publikum hinaus eine Chance hat, ein breiteres Publikum anzusprechen? Brauchen wir dazu den boulevardisierenden, sensationslüsternen Wissenschaftsreporter, der es versteht, das „Abenteuer Wissenschaft" zum Nervenkitzel für ein Massenpublikum zu steigern? Oder dem es zumindest gelingt, nicht zu langweilen, was nach Göpfert (1992), der in diesem Sinn einen früheren Programmdirektor des Senders Freies Berlin zitiert, das schlichte Kriterium dafür ist, daß uns etwas als „unterhaltsam" erscheint.

Eine Antwort auf solche Fragenkaskaden führt wohl letzlich zu der generellen Frage, welches Bild von Wissenschaft wir haben - jenseits der zu vermittelnden spezifischen Wissenschaftsinformationen -, und inwieweit dieses auf die eine oder andere Weise implizit stets mit vermittelt wird. Möglicherweise liegt auf dieser generelleren Ebene ein größeres Problem mit der Boulevardisierung als auf der Ebene der Darstellung einzelner wissenschaftlicher Gegenstände. Aber so läßt sich die Frage kaum mehr beantworten. Wenn wir das Problem empirisch behandeln wollen, müssen wir uns zwangsläufig einer bestimmten Wissenschaft, ebenso wie einer bestimmten Berichterstattung zuwenden (Wir haben das z.B. mit der Frage nach der Rolle von Metaphern in der Rundfunkberichterstattung über aktuelle Probleme der Aidsforschung getan. Vgl. dazu Biere/ Liebert (Hrsg.) 1997). Denn einerseits können wir nicht davon ausgehen, daß sich die Vermittlungsprobleme bei allen nur möglichen wissenschaftlichen Gegenständen in der gleichenWeise stellen, auch wenn sich von der Spezifik einzelner Gegenstände vermutlich doch ein Stück weit abstrahieren lassen dürfte. Andererseits müssen wir davon ausgehen, daß es unterschiedliche alltagsweltliche, nicht-professionelle oder laienhafte „Zugriffe" auf Wissenschaft geben wird, die „ihren" wissenschaftlichen Gegenstand möglicherweise anders konstituieren, als es dem jeweiligen Wissenschaftsparadigma entspricht, auch wenn es durchaus generellere Einstellungen und Erwartungen gegenüber bestimmten Typen von Wissenschaft geben dürfte. Darüberhinaus wird die Art des Vermittlungsproblems und die Art, es professionell zu bewältigen, auch abhängig sein von dem Medium , in dem wir uns jeweils bewegen wollen. Gerade die Boulevardisierungsproblematik könnte durchaus eine medienspezifische sein: Wie zeigen sich Boulevardisierungstendenzen in den Printmedien, wie im Fernsehen? Welche medialen Möglichkeiten bieten sich hier wie dort für eine mehr oder weniger boulevardisierende Behandlung von Wissenschaftsthemen? Welche Textsorten bzw. Mediengenres bieten sich an: monothematische Sendungen, Magazine, Reportagen, monologische/ dialogische Formen (Interview, Gesprächsrunde, Talkshow, Vortrag)?

Die Frage nach der Boulevardisierung von Wissenschaft kann und muß also hinreichend differenziert gestellt und wohl empirisch zu beantworten versucht werden: Zeigen sich bei der Vermittlung spezifischer Informationen aus verschiedenen Wissenschaftsbereichen medien- bzw. textsorten- und genresspezifische Boulevardisierungstendenzen und wie manifestieren sie sich in den der Analyse zugänglichen Medienprodukten? Oder sollten wir eher von einem übergreifenden Mediendiskurs als Instrument des öffentlichen Diskurses ausgehen, in dem bestimmte Themen gerade „Konjunktur" haben? Treten Boulevardisierungstendenzen vielleicht nicht medien-, sondern diskursspezifisch auf?

Heuristisch werde ich mich im folgenden auf Beispiele aus den Printmedien beschränken, also zunächst schlicht Texte betrachten, um mich dem Problem der Boulevardisierung nunmehr nicht von der begrifflichen, sondern von der empirisch-analytischen Seite erneut anzunähern.

4. Boulevardisierungstendenzen in den Printmedien?

Sucht man nach Strategien, Boulevardisierungstendenzen an Merkmalen (wissenschafts)journalistischer Texte oder anderer Medienprodukte festzumachen, so scheint es ökonomisch, nach relativ gut abgrenzbaren Einheiten zu suchen, die ggf. auch unter quantitativen Aspekten ausgewertet werden können. Dies sind z.B. bestimmte Bezeichnungsstrategien für wissenschaftliche Gegenstände, im Fall der Medizinberichterstattung etwa mehr oder weniger angemessene Bezeichnungen für Krankheiten, wie sie etwa Bock (1997) oder Wagner (1997) am Beispiel von AIDS untersucht haben.

Die Untersuchung von Bezeichnungsstrategien eröffnet auch der linguistischen Analyse eine Reihe interessanter Möglichkeiten, etwa bei der Untersuchung von Themenkarrieren oder im Hinblick auf die Untersuchung von Diskursen, innerhalb derer es zu Verschiebungen in den jeweils präferenten Bezeichnungen kommen kann, an denen sich u.U. unterschiedliche Boulevardisierungsschübe ablesen lassen könnten. Will man zunächst noch keine komplexen Diskurszusammenhänge (ggf. auch intermedialer Art) untersuchen und auch noch nicht mit großen Textkorpora arbeiten, so kann man sich heuristisch, wie ich es hier tun will, zunächst auf exponierte Stellen einzelner Texte, wie z.B. auf die Schlagzeilen oder auf den Texteinstieg beschränken. Ich will im folgenden (1) die Bezeichnungsproblematik an einigen halbwegs aktuellen Beispielen illustrieren und (2) bestimmte Typen von Zitationsstrategien im Hinblick auf deren Boulevardisierungspotential diskutieren.

4.1. „Lautlose Killer": Bezeichnungsstrategien

In die Zeit der Materialsichtung für diesen Beitrag fiel der „Ausbruch" der durch das Ebola-Virus verursachten Epidemie in Zaire. Das Virus wurde in den Medien als das „aggressivste aller bekannten Viren" eingeschätzt, das dementsprechend in der Lage sein mußte, eine „mörderische Epidemie" auszulösen (wiewohl hier juristisch sicherlich kein Mord vorliegt). Da wir professionelle Mörder gemeinhin „Killer" nennen, schien die Charakterisierung des Virus als „Killer-Virus" auf der Hand zu liegen. Nun könnte dies zwar auf den seinerzeit gerade angelaufenen Science-Fiction-Film „Lautlose Killer" anspielen, andererseits sind Kompositionen mit *Killer-* auch Element des medizinisch-virologischen Diskurses, wo von „Killer-Viren" durchaus seriös-fachsprachlich die Rede ist, so daß wir hier letzten Endes kein Indiz für Boulevardisierung sehen können. Davon einmal abgesehen, scheint das Killer-Szenario dem geographischen Auftreten des Ebola-Virus nicht unbedingt angemessen zu sein. So entfaltet der *Spiegel*-Titel „Dämon aus dem Busch" (10/1995) denn auch ein in dieser Hinsicht angemesseneres Szenario. Kann ich dies - die Lexemwahl, aber auch die charakteristische syntaktische Struktur, Bezugsnomen und Präpositionalattribut - als Boulevardisierungstrategie betrachten? (Andere *Spiegel*-Beispiele: „Urzellen im Kopf" (18/1995), „Taxi im Dschungel" (18/1995), „Ohren aus der Retorte" (17/1995), „Palmen auf Helgoland" (12/1995)). Ist dies eine typische *Spiegel*-Vertextungsstrategie, die zum Sensationalismus, zum Negativismus, zur Skandalisierung und Boulevardisierung tendiert? - Eine solche Schlußfolgerung erscheint mir überzogen, selbst wenn man diesen Typ von Schlagzeile, der wenig inhaltliche Vororientierung bietet, im Rahmen von Wissenschaftsberichterstattung für nicht besonders effektiv halten mag. Mag der *Spiegel* den „Dämon" erfunden haben, den „Killer" finden wir auch in der *Zeit.* Überdies sind diese Texte gar nicht im Wissenschaftsressort angesiedelt. In der *Zeit* vom 19.5.95 finde ich sie im „Dossier", im *Spiegel* ist es die Titel-Story, in Lokalzeitungen rangiert das Thema in der Rubrik „Aus aller Welt", so in der *Rhein-Neckar-Zeitung* vom 13./14.5.95. Unter bestimmten Bedingungen avancieren genuine Wissenschaftsthemen also offensichtlich zu Aufmachern, und die Wissenschaftsberichterstattung darf sich - in Zugzwang geraten - dann darum bemühen, die zum tieferen Verständnis aktueller Vorgänge beitragenden Grundlageninformationen nachzuliefern. (Dieser Zusammenhang war m.E. besonders deutlich zu beobachten bei der Berichterstattung über den Reaktor-Unfall in Tschernobyl. Unvorbereitet wie es die Wissenschaftsberichterstattung damals traf, war diese denn auch zunächst von zweifelhaftem Wert.) Katastrophenberichte sind allerdings nur ein besonderes augenfälliges Beispiel für einen solchen Zusammenhang von tagesaktueller und Wissenschaftsberichterstattung. Tatsächlich kann sich aus jedweder Art tagesaktueller Berichterstattung eine wissenschaftsjournalistische Variante gewinnen lassen. Diese bezöge ihren Nachrichtenwert dann weniger aus einem spektakulären Ereignis im Wissensschaftsbetrieb selbst, sondern aus einem spektakulären Ereignis im Objektbereich irgendeiner Wissenschaft. Auf ein solches Ereignis sich beziehend, kann Wissenschaftsberichterstattung von einer an anderer Stelle im Mediensystem aufgrund der Nachrichtenfaktoren „Sensation", „Aktualität“, „Relevanz“, „Betroffenheit“ gesetzten Priorität gewissermaßen profitieren. Kann und soll sie dabei aber ihrerseits ebenfalls auf den Nachrichtenfaktor „Sensation“ setzen?

In der Tat scheinen beim Übergang eines Themas ins Wissenschaftsressort andere Faktoren in den Vordergrund zu rücken: So wird das Ebola-Virus in der Schlagzeile auf der Seite „Aus Natur und Wissenschaft“ in der *FAZ* vom 17.5.95 zunächst zwar ebenfalls als „geheimnisvoller Killer“ bezeichnet, der Artikel selbst (vom Leiter der Wissenschaftsredakton Reinhard Flöhl verfaßt) breitet dann jedoch fein säuberlich ein ganzes Netz von Virusverwandtschaften aus, in dem ausschließlich die fachwissenschaftlichen virologischen und epidemologischen Bezeichnungen verwendet werden: *Lassa-Virus, Hanta-Virus, Oropouche-Virus, Junin-Virus, Filo-Viren.* Halbwegs gemeinsprachlich erscheint in diesem Meer von Bezeichnungen allenfalls das *Gelbfieber-Virus.*

4.2. „Unerforschter Dschungel“: Zitationsstrategien

In dem Ebola-Beitrag wie im gesamten Teil „Aus Natur und Wissenschaft“ in der *FAZ* fällt auf, daß sich so gut wie keine Zitate finden. Zwar nennt der Ebola-Artikel eine Reihe von Forschungsstätten und benennt auch namentlich eine Reihe von Forschern, jedoch findet sich kein einziges Zitat, in dem sich ein Wissenschaftler - sozusagen im O-Ton - zu einem Forschungsproblem oder -ergebnis äußerte, eine Hypothese erläuterte oder eine bewertende Stellungnahme abgäbe. Könnte dies ein Grund dafür sein, daß wir hier trotz des „geheimnisvollen Killers“ im Titel nicht einmal auf die Idee kommen, hier werde boulevardisierend berichtet?

Ein weiterer Beitrag aus der *FAZ* (17.5.95) sei noch erwähnt. Dieser erhält mit dem Stichwort „Sommersmog“ seine Motivation zwar einerseits ebenfalls aus dem tagesaktuellen Teil, bezieht sich aber andererseits auch auf ein Ereignis im Wissenschaftsbetrieb selbst, nämlich auf die Veröffentlichung einer Stellungnahme der Senatskommission der Deutschen Forschungsgemeinschaft zur Ozon-Problematik. Das einzige Zitat in diesem Artikel hat allerdings keineswegs die Funktion, Faktenwissen zu vermitteln, sondern es wird eingesetzt, um den (verharmlosenden?) Tenor des Beitrags zu unterstreichen bzw. wissenschaftlich zu legitimieren, die Einstufung von Ozon als „begründet krebsverdächtig“ sei problematisch, weil der Zusammenhang zwischen dem Einwirken von Ozon und der Entstehung von Tumoren, wie er sich bei Untersuchungen mit Mäusen und Ratten hat nachweisen lassen, keineswegs eindeutig gekärt sei. Dieser Zusammenhang - so wird ein Mitglied der Senatskommission aus der Toxikologie zitiert - sei „fraglich bis mutmaßlich“. In dem Artikel findet sich denn auch neben der tendenziell dramatisierenden Bezeichnung des Sommersmogs als „Geißel des Sommers“ ein harmloser erscheinender „Cocktail von Luftschadstoffen“ und ein bißchen Verwirrspiel: „Der Sommersmog sorgt für Verwirrung“. - Nichts Genaues weiß man nicht! Mit Dramatisierung haben wir es hier wohl kaum zu tun, vielleicht schon eher mit Verharmlosung. Sollte uns dies aber weniger bedenklich erscheinen, nur weil unsere tentativen Kriterien hier nicht zu einer Einstufung als boulevardisierend führen?

Daß wir hier im Hinblick auf weitere Zitatstrategien nicht fündig werden, dürfte einen Grund allerdings auch in der Art haben, wie die hier verarbeiteten Informationen recherchiert sind. Sie scheinen im wesentlichen auf Textlektüre von Wissenschaftsredakteuren zu beruhen, was keineswegs ein „unehrenhaftes" Verfahren ist (vgl. dazu Biere 1993, 63), zumal die wissenschaftlichen Bezugsartikel aus entsprechenden Fachpublikationen gerade bei den kurzen, meldungsartigen Beiträgen auch explizit genannt werden. Die Herkunft der spärlichen Zitate bleibt gleichwohl ungeklärt. Stammen sie aus den schriftlichen Quellen oder aus Informationsgesprächen, Pressekonferenzen etc.?

Keine Zweifel über die Herkunft der Zitate läßt dagegen der *Spiegel*-Artikel „Taxi im Dschungel" (s. dazu auch Biere/ Liebert 1996). Hier scheinen die Zitate geradezu konstitutiv zu sein für einen bestimmten durchgängigen „Ton" (den *Spiegel*-Ton?) in der Berichterstattung. Die Dachzeile klärt, um welchen Wissenschaftsbereich es sich handelt: „Gentherapie". Im Lead wird klar, daß auf ein kommunikatives Ereignis Bezug genommen wird, auf einen Forschungskongreß der „Elite der Gentherapeuten". Die Bezeichnung der zu Wort kommenden Wissenschaftler beschränkt sich im Text selbst nun allerdings nicht auf die im Lead verwendete Bezeichnung *Gentherapeuten*, wir finden neben dem schlichten *Experten* und *Genmediziner*, den *Gentransplanteur*, aber auch die „Inszenierung" der Experten als *Hoffnungsträger*, die den „begeisterten Kollegen" berichteten.

Das Dialogische, vielleicht eines der Wesensmerkmale von Wissenschaft, zumindest des wissenschaftlichen Austausches, ist natürlich allemal charakteristisch für einen Kongreß. Der Austausch wie die Problematisierung von Wissen erfolgt hier im Medium dialogischer Mündlichkeit. Entsprechende Stilmerkmale prägen dementsprechend den Charakter der Zitate, auch noch in ihrer Repräsentation im Medium der Schrift. Spuren der Mündlichkeit scheinen in den Schreibstil des ganzen Artikel hineinzuwirken, der mir locker-flapsig bis despektierlich auf der einen, jedoch leicht lesbar und unterhaltsam auf der anderen Seite erscheint - und dies auch bei der Darstellung relativ komplexer wissenschaftlicher Sachverhalte. Vor allem der Eindruck des Unterhaltsamen dürfte von einer bestimmten Zitatstrategie bzw. Zitatkommentierung herrühren, die ich im folgenden kurz erläutern will.

Die Wissenschaftler handeln auf diesem Kongreß vor allem sprachlich, aber sie tun weit mehr als nur zu berichten, zu konstatieren usw. Sie handeln, wie wir alle, in vielfältiger Weise sprachlich, und der *Spiegel*-Artikel läßt uns daran teilhaben. In der „Heerschau der Genmediziner" führt uns der Artikel die Wissenschaftler als leibhaftige Menschen vor, mit Wünschen und Hoffnungen, denen Sprechakte wie die folgenden zugeschrieben werden: (sich) trösten, klagen, schwärmen, monieren; und gar altertümlich-biblisches Frohlocken gehört zu ihrem illokutiven Repertoire. Die gehäufte Wiedergabe relativ ungezwungen-alltagsprachlich klingender Zitate und deren Charakterisierung durch entsprechende redekommentierende (sprechaktbezeichnende) Verben lassen ein lebendiges, wenn nicht abenteuerliches Bild von Wissenschaft entstehen, das uns Wissenschaft in dem von Göpfert (1992) apostrophierten Sinn als unterhaltsam, also als nicht langweilig erscheinen läßt: „Gentherapie

- das ist ein unerforschter Dschungel". Wie aber kommen die Taxis in den Dschungel? Diese Frage soll sich der Leser in der Tat wohl stellen, wenn er den Titel des Beitrags, „Taxi im Dschungel", liest. Die Funktion der Schlagzeile besteht hier weniger darin, den Inhalt des Beitrags in einer Kurzphrase zusammenzufassen, sondern vielmehr, beim Leser Neugier zu wecken. Tatsächlich spielt das Taxi dann als Instantiierung des metaphorischen Modells des Transports eine Rolle im Text. Und da die „Technik des Gentransfers in die Körperzellen des Menschen" noch relativ ungeklärt zu sein scheint, wird das Transportmodell auf der Objektebene (Gegenstände der Forschung) in ein Metaphernmodell eingepaßt, das die Tätigkeit der Wissenschaftler (Subjekte der Forschung) als Erkundung unbekannter Länder konzeptualisiert und so finden wir das (Gen-) Taxi plötzlich im Dschungel wieder (s. zur doppelten Metaphorik auf diesen beiden Ebenen auch Biere/ Liebert 1996).

Fragen wir auf der Ebene der Subjekte der Forschung, welches Bild von Wissenschaft bzw. von der Tätigkeit von Wissenschaftlern hier erzeugt wird, so treffen wir - im Sinne der ihnen zur Verfügung stehenden illokutiven Möglichkeiten - hoffende, sich sorgende, enttäuschte oder begeisterte Menschen, die eine einerseits abenteuerliche, andererseits aber auch spielerische Tätigkeit ausüben, die man Forschung nennt. Ist eine solche Art der Personalisierung von Wissenschaft ein Indiz für boulevardisierende Berichterstattung? Ist es boulevardisierend, wenn harte wissenschaftliche Arbeit als „Molekülbastelei" beschrieben wird? Ist es ein Boulevardisierungshinweis, wenn spezifische Metaphernmodelle, wie hier etwa das Transportmodell (*Gentaxi, Genfähre*), instantiiert werden? Wohl kaum, denn wie z.B. Liebert (1995) gezeigt hat, ist das Gentaxi, wie viele andere Metaphern auch, keine Erfindung der Wissenschaftsjournalisten, sondern hat seinen Platz im medizinischen Diskurs. Metaphern finden wir also nicht erst in wissenschaftsvermittelnder Sprache, sondern ebenso in der Fachkommunikation, wo sie neben der kommunikativen Funktion primär kognitive Funktionen haben (s. dazu auch die Arbeiten in Biere/ Liebert (Hrsg.) 1997). Sind es dann die „lockeren" Formulierungen, die wir in den Zitaten finden, die den Eindruck tendenzieller Boulevardisierung vermitteln? Mir scheint dieser Eindruck weniger von den Zitaten selbst als vielmehr von der Art ihrer redekommentierenden Einbettung herzurühren, durch die ein in gewisser Weise emotional gefärbtes (vielleicht allzu menschliches?) Bild von Wissenschaft entstehen könnte, das die Vermittlung sachlicher Informationen als sekundär erscheinen lassen könnte. Angesichts dessen, was redekommentierend in die Zitate „hineingemenschelt" wird, erscheinen mir die Äußerungen der zitierten Wissenschaftler noch relativ nüchtern. Muß jemand unbedingt „klagen", wenn er sagt: „Gentherapie - das ist ein unerforschter Dschungel"? Muß jemand „schwärmen", der sagt: „Jetzt können wir ganz neue Dinge tun"? Natürlich ist nicht die Redekommentierung an sich ein Boulevardisierungshinweis, sondern allenfalls das Überschreiten eines gewissen Deutungsspielraums (aber wer sollte die Grenzen festlegen?), das Dramatisieren des Redesinns, die Stilisierung einer durchgängigen Emotionalität, die aus den Äußerungen selbst kaum plausibel hergeleitet werden kann, das Heraufbeschwören von nicht-existenten Gefahren oder das „Wecken unbegründeter Hoffnungen" - all dies zusammengenommen, könnte auf Boulevardisierung hindeuten. Aber finden wir dies alles in dem untersuchten Beitrag.

Ich glaube, kaum. Im Gegenteil: Wenn wir an die eingangs erwähnten „Ehrenkodex-Artikel" denken, so gibt der Beitrag in der Tat eine realistische Einschätzung des Forschungsstandes, weckt keine unbegründeten Hoffnungen und stellt m.E. die Problematik auch nicht unangemessen sensationell dar; ja, er vermittelt am Schluß mit dem Bild eines nicht allwissenden, sondern fragenden, Wissen suchenden Wissenschaftlers sogar noch ein m.E. angemessenes Bild von Wissenschaft.

Es scheint mir also ganz und gar nicht gelungen zu sein, ihnen ein überzeugendes Beispiel für einen boulvardisierenden wissenschaftsjournalistischen Text vorzuführen. Wenn überhaupt, zeigt der Artikel möglicherweise gewisse Boulevardisierungs-*tendenzen,* die, auf die Spitze getrieben, dann tatsächlich die Einschätzung als boulevardisierende Form der Berichterstattung rechtfertigen könnten. Aber es wäre doch wohl wenig hilfreich, wenn wir vorschnell jeden Versuch, Wissenschaft (im Sinn von Infotainment) anschaulich, Wissenschaftsinformationen vermittelbar zu machen, in die Boulevardisierungsschublade stecken würden. Wir würden uns damit wiederum die normative Falle stellen, die, wenn sie zuschnappt, es ungeheuer schwierig werden läßt, mit neuen Möglichkeiten eines gleichermaßen sach- wie adressatengerechten Verständlichmachens zu experimentieren. Und wenn von einem einerseits unterhaltungs- und einem andererseits informationsorientierten Publikum die Vermischung von Informations- und Unterhaltungsfunktion in der Tat eher kritisch als euphorisch eingeschätzt wird, könnte man dann nicht auf das regulative Prinzip von Angebot und Nachfrage vertrauen?

Es muß an dieser Stelle offenbleiben, ob das, was für den Bereich der Printmedien gesagt wurde, auch für die audiovisuellen Medien, speziell für das Fernsehen, Gültigkeit hat (s. dazu etwa Schütte 1996). Zweifellos bietet das Fernsehen mehr Möglichkeiten, Informationen unterhaltsam zu präsentierten. Wir können in den Printmedien kaum eine Wissenschaftsshow veranstalten. Aber was die „schönen Bilder" betrifft, haben die Printmedien auch ihre Möglichkeiten. Denkt man beispielsweise an „Geo special" oder „Bild der Wissenschaft", so finden wir dort auch, wenn nicht bewegte, so doch bewegende Bilder. Auch wenn deren Informationswert dahingestellt bleiben mag, so können wir darin wohl eher Ästhetisierungstendenzen als Boulevardisierungstendenzen erkennen. Verschwimmt damit vielleicht eher die Grenze zwischen Wissenschaft und Kunst als die zwischen Wissenschaft und Alltag oder zwischen Information und Unterhaltung? Und wenn das so wäre, wäre das dem „Wesen" wissenschaftlicher Betätigung so fremd, wäre also ein am Paradigma künstlerisch-kreativen Tuns orientiertes Bild von Wissenschaft unangemessen?

In einem Artikel in *Die Zeit* (2.6.95) kommt der Tübinger Biochemiker und Chaosforscher Otto Rössler zu Wort und auch er tut - so insinuiert die Redekommentierung - etwas typisch Wissenschaftliches, er „sinniert":

> Ein Wissenschaftler muß, obwohl er die Pubertät längst hinter sich hat, so tun als hätte er sie noch vor sich [...]. Wissenschaft ist ein Spiel, ein Happening. Aber es ist sehr schwer, ein gutes Happening zu veranstalten.

Na also.

Literatur

Biere, Bernd Ulrich (1989): Verständlich-Machen. Hermeneutische Tradition - Historische Praxis - Sprachtheoretische Begründung. Tübingen.

Biere, Bernd Ulrich (1993): Zur Konstitution von Pressetexten. In: Biere, B.U./ Henne, H. (Hrsg.): Sprache in den Medien nach 1945. Tübingen, 56-86.

Biere, Bernd Ulrich/ Liebert, Wolf-Andreas (1996): Taxi im Dschungel - Oder: Kann Wissenschaftsberichterstattung unterhaltsam sein? In: Sprachreport. Informationen und Meinungen zur deutschen Sprache. H. 1, 16-18.

Biere, Bernd Ulrich/ Liebert, Wolf-Andreas (Hrsg.) (1997): Metaphern, Medien, Wissenschaft. Zur Vermittlung der Aids-Forschung in Presse und Rundfunk. Opladen.

Bock, Herbert (1997): Zur sprachlichen Darstellung von AIDS in der Presse. In: Biere, B.U./ Liebert, W.-A. (Hrsg.) (1997), 81-101.

Fluck, Hans-Rüdiger (1991): Fachsprachen. Einführung und Bibliographie. Tübingen.

Göpfert, Winfried (1992): Infotainment und Confrontainment - Unterhaltung als journalistisches Stilmittel. In: Bertelsmann Briefe 128, 48-51.

Göpfert, Winfried (1997): Verständigungskonflikte zwischen Wissenschaftlern und Wissenschaftsjournalisten. In: Biere, B.U./ Liebert, W.-A. (Hrsg.), 70-80.

Haaf, Günter (1991): Ist die Medizin eine Wissenschaft? In: GEO Wissen: Ärzte, Technik, Patienten. Nr. 4, 156-157.

Heringer, Hans Jürgen (1979): Verständlichkeit. Ein genuiner Forschungsbereich der Linguistik. In: ZGL 7, 225-278.

Kalverkämper, Hartwig (1988): Verständlichkeit, Verständnis und Verständigung im Fadenkreuz: Der Wissenschaftstransfer. In: KODIKAS/Code 11, 10-37.

Langer, Inghardt/ Schulz van Thun, Friedemann/ Tausch, Reinhard (1974): Verständlichkeit in Schule, Verwaltung, Politik und Wirtschaft. Basel.

Liebert, Wolf-Andreas (1995): Metaphernbereiche der virologischen Aidsforschung. In: Lexikology 1, 142-182.

Möhn, Dieter (1979): Formen der fachexternen Kommunikation. Linguistische Analyse und fachdidaktische Vermittlung. In: Der Deutschunterricht 31, 71-87.

Schütte, Wilfried (1996): Boulevardisierung von Information: Streitgespräche und Streitkultur im Fernsehen. In: Biere, B.U./ Hoberg, R. (Hrsg.): Mündlichkeit und Schriftlichkeit im Fernsehen. Tübingen, 101-134.

Schmidt, Hendrik (1992): Vom Parnaß zum Boulevard. Fernsehen als Unterhaltungsmedium. In: Bertelsmann Briefe 128, 44-47.

Searle, John R. (1969): Speech Acts. An Essay in the Philosophy of Language. Cambridge: University Press.

Wagner, Franc (1997): Metaphern und soziale Repräsentation. In: Biere, B.U./ Liebert, W.-A. (Hrsg.), 210-224.

Vom Textdesign zum Hypertext
Gedruckte und elektronische Zeitungen als nicht-lineare Medien

Hans-Jürgen Bucher

1. Übersichtlichkeit und Ordnung: Qualitätskriterien der Zeitungsgestaltung

Einige der Klagen über die Qualität der Zeitungen sind so alt wie dieses Medium selbst. Neben der Kritik an der Pressesprache oder ihrer mangelnden Verständlichkeit gehört zu diesen Evergreens der Pressekritik auch der Einwand gegen die mangelnde Ordnung und Übersichtlichkeit der Berichterstattung. So klagt Caspar Stieler, einer der ersten Publizisten, am Ende des ersten Zeitungsjahrhunderts im Jahre 1695, daß man in den Zeitungen „lauter Stückwerk" und „so gar keine Ordnung antreffe" (Stieler 1695/1969, 160). Johann Peter von Ludewig, der an der Universität Halle an der Wende vom 17. zum 18. Jahrhundert ein Zeitungskolleg als zeitgeschichtliches Seminar abhielt, schlägt in seiner Schrift „Vom Gebrauch und Mißbrauch der Zeitungen" vor, daß „die Avisen nach ihren besonderen Materien von einander gesondert und eingeteilet würden (...) daß ein jeder zu seinem foro greifen könnte / und nicht nöthig hätte / mit anderen Dingen / die ihm nichts nützen können / die Zeit zu verlieren" (Ludewig, 100). Es sollte noch rund 200 Jahre dauern, bis dieser Ordnungsvorschlag in der journalistischen Praxis umgesetzt wurde. Was diese beiden Zitate aber schon zum Ausdruck bringen: Prinzipien der Übersichtlichkeit und der Ordnung kommen dann ins Spiel, wenn Selektionsaufgaben bei der Lektüre zu lösen sind.

Dieser genuine Zusammenhang von Selektivität und Zeitökonomie bei der Mediennutzung mit der Übersichtlichkeit des Mediums in der Gestaltung steht auch als Leitidee hinter dem seit kurzem zu beobachtenden Umbruch in der Informationspräsentation der Printmedien, vorrangig der Tages- und Wochenzeitungen. „Keine Zeit für zuviel Worte“ oder „Ordnung ist das halbe Lesen“ heißen beispielsweise die Slogans, mit denen die Tageszeitung *Die Welt* für ihre veränderte Aufmachungsform wirbt. „Schneller auf den Punkt“ will das neue Nachrichtenmagazin *Focus* kommen. Die Wochenzeitung *Die Woche* verspricht „Klarsicht in Farbe - Klartext von Format“. „Wir gehen ein Stück vom klassischen Boulevard weg, indem wir den Charme des Unberechenbaren verlassen und dem Leser mehr Orientierung geben“, begründet der Grafikchef der Münchner *Abendzeitung* die im April 1997 vollzogene Umgestaltung des Blattes, die die „AZ jenseits der klassischen Abo- und Boulevardzeitung“ positionieren soll. (Süddeutsche Zeitung, 14.4.1997). Der Chefredakteur des Blattes sieht die Vorzüge der neuen Blattgestaltung darin, daß „die neue Abendzeitung leichter zu lesen [ist]. Man kann sich schneller in ihr zurechtfinden, weil die Gliederung des Blattes und die jeder Seite einem überschaubaren Schema folgt.“ (Abendzeitung, 14.4.1997).

Das Konzept der neuen Übersichtlichkeit ist mehr als nur optische Kosmetik. Es steht für neue Formen der Wissensvermittlung unter veränderten Bedingungen der Medienkommunikation, die einen Funktionswandel der Printmedien ausgelöst haben (Vgl. dazu Bucher 1997, 66-69). Kürzer werdende Lesezeiten - bei der Tageszeitung im Schnitt etwa 30 Minuten - abnehmende Reichweiten der Printmedien - vor allem in der Altersgruppe der unter 40jährigen, die Aufsplitterung der Nutzungwünsche gegenüber einer Tageszeitung in die verschiedenen Bereiche Information, Meinung, Service, Unterhaltung sowie die Konkurrenz durch die elektronischen Medien in Bezug auf Aktualität und Themen, haben die auf ein breites Lesepublikum angewiesenen Printmedien in ein strategisches Dilemma geführt. Um möglichst viele Leser und damit die Auflagenzahlen zu halten, muß das Angebot universell ausgerichtet sein. Kürzere Nutzungszeiten und spezifischere Nutzungswünsche erfordern aber gerade das Gegenteil, nämlich eine Einschränkung des Angebotes. Die Konzepte der neuen Übersichtlichkeit lassen sich als Strategien deuten, diesem Dilemma zu entkommen: Die Printmedien bleiben in ihrem Angebot universell, eröffnen ihren Lesern aber durch entsprechende Selektionshilfen einen Weg, die eigene, individuelle Zeitung zusammenzustellen.

Pressehistorisch betrachtet, entwickelt sich die Zeitung damit von einem linearen zu einem nicht-linearen Medium. Bis ins späte 19. Jahrhundert unterschieden sich die Zeitungen in der Aufmachung kaum von Büchern, was auf eine Orientierung an einer linearen Lektüre schließen läßt (Vgl. Barnhurst 1994, 167. s. auch Abb. 1). Heutige Printmedien sind dagegen segmentierte Informationsangebote für eine selektive Lektüre. Sie verfügen dafür über einen breiten Vorrat an operationalen Zeichen und Verweisen, die dem Leser Informationen darüber vermitteln, wie er das Informationsangebot individuell erschließen und nutzen kann. Aufgrund dieser beiden Informationsebenen, der inhaltlichen und der operationalen, ist eine modern gestaltete Tageszeitung als Hypertext charakterisierbar. Analog zu Hypertexten kann man bei

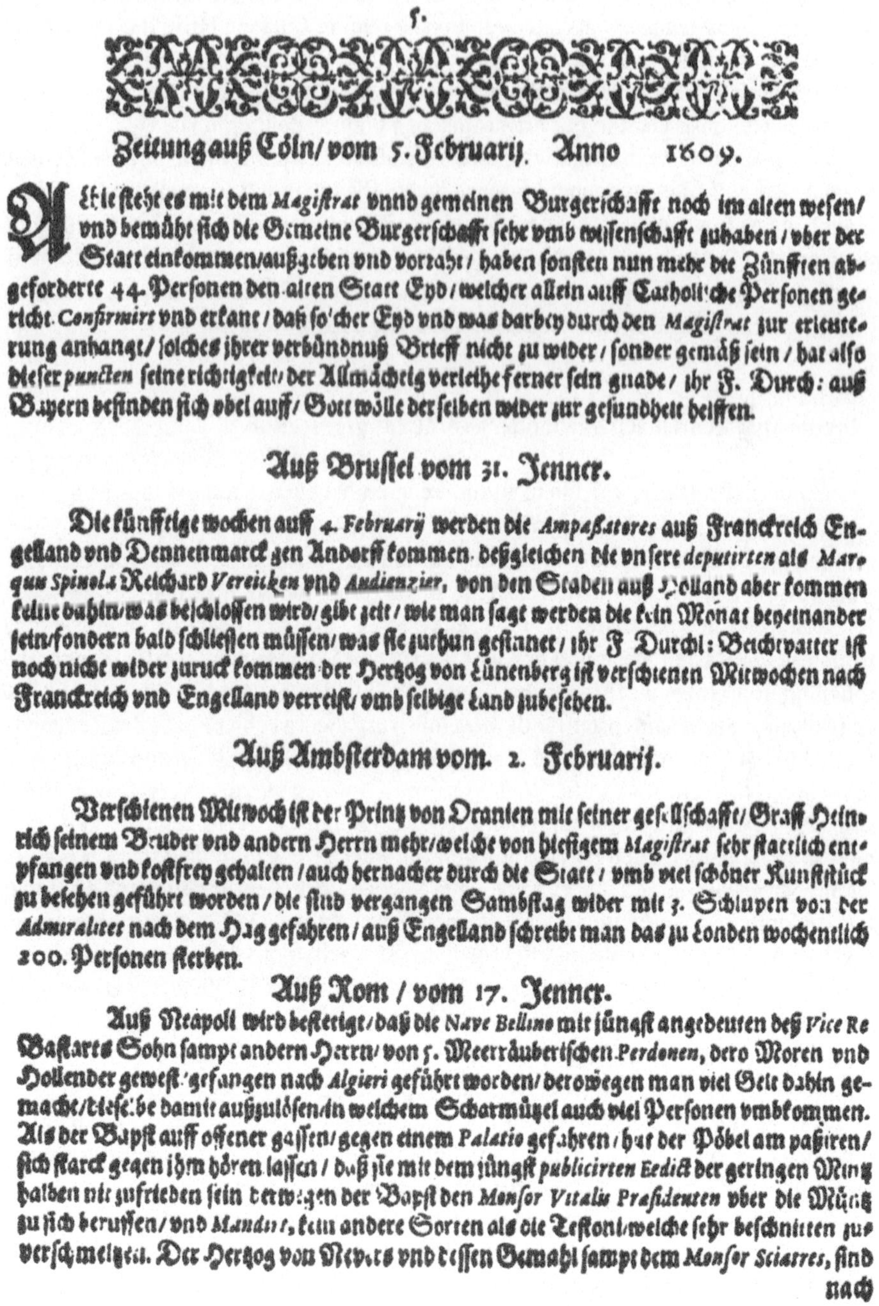

5.

Zeitung auß Cöln/ vom 5. Februarij. Anno 1609.

Wie steht es mit dem *Magistrat* vnnd gemeinen Burgerschafft noch im alten wesen/ vnd bemüht sich die Gemeine Burgerschafft sehr vmb wissenschafft zuhaben / vber der Statt einkommen/außgeben vnd vorraht / haben sonsten nun mehr die Zünfften abgeforderte 44. Personen den alten Statt Eyd / welcher allein auff Catholische Personen gericht. *Confirmirt* vnd erkant / daß solcher Eyd vnd was darbey durch den *Magistrat* zur erleuterung anhangt/ solches ihrer verbündnuß Brieff nicht zu wider / sonder gemäß sein / hat also dieser *puncten* seine richtigkeit/ der Allmächtig verleihe ferner sein gnade / ihr F. Durch: auß Bayern befinden sich vbel auff/ Gott wölle derselben wider zur gesundheit helffen.

Auß Brussel vom 31. Jenner.

Die künfftige wochen auff 4. *Februarij* werden die *Ampaßatores* auß Franckreich Engelland vnd Dennenmarck gen Andorff kommen. deßgleichen die vnsere *deputirten* als *Marquis Spinola* Reichard *Vereicken* vnd *Audienzier*, von den Staden auß Holland aber kommen keine dahin/ was beschlossen wird/ gibt zeit / wie man sagt werden die kein Monat beyeinander sein/ sondern bald schliessen müssen/ was sie zuthun gesinnet / ihr F Durchl: Beichtvatter ist noch nicht wider zuruck kommen der Hertzog von Lünenberg ist verschienen Mitwochen nach Franckreich vnd Engelland verreist/ vmb selbige Land zubesehen.

Auß Ambsterdam vom 2. Februarij.

Verschienen Mitwoch ist der Printz von Oranien mit seiner gesellschafft/ Graff Heinrich seinem Bruder vnd andern Herrn mehr/ welche von hiesigem *Magistrat* sehr stattlich entpfangen vnd kostfrey gehalten / auch hernacher durch die Statt / vmb viel schöner Kunststück zu besehen geführt worden / die sind vergangen Sambstag wider mit 3. Schlupen von der *Admiralitet* nach dem Hag gefahren / auß Engelland schreibt man das zu Londen wochentlich 200. Personen sterben.

Auß Rom / vom 17. Jenner.

Auß Neapoli wird bestetigt/ daß die *Nave Bellino* mit jüngst angedeuten deß *Vice Re* Bastarts Sohn sampt andern Herrn/ von 5. Meerräuberischen *Perdonen*, dero Moren vnd Hollender gewest/ gefangen nach *Algieri* geführt worden/ derowegen man viel Gelt dahin gemacht/ dieselbe damit außzulösen/ in welchem Scharmützel auch viel Personen vmbkommen. Als der Bapst auff offener gassen/ gegen einem *Palatio* gefahren / hat der Pöbel am paßiren/ sich starck gegen ihm hören lassen / daß sie mit dem jüngst *publicirten Eedict* der geringen Müntz halben nit zufrieden sein derwegen der Bapst den *Monsor Vitalis Præsidenten* vber die Müntz zu sich beruffen/ vnd *Mandirt*, kein andere Sorten als die Testoni/ welche sehr beschnitten zu verschmeltzen. Der Hertzog von Nevers vnd dessen Gemahl sampt dem *Monsor Sciarres*, sind nach

Abb.1: Die Relation von 1609, 5. Ausgabe: Die Zeitung als lineares Medium nach dem Vorbild des Buches gestaltet. Die Form der Informationsaufbereitung richtet sich an den Durchleser, nicht an den selektiven Leser.

der Beschreibung der Architektur von Printmedien einerseits die Informationsbasis, andererseits das Managementsystem unterscheiden, mit dessen Hilfe die Informationsangebote genutzt werden (Vgl. Kuhlen 1991, 17 f.) Die Entwicklung der gedruckten Tageszeitung vom linearen zum nicht-linearen Medium oder vom Text zum Hypertext setzt sich konsequent in der elektronischen Online-Zeitung fort.

Mit dem Begriff Textdesign wird eine Gestaltungslehre für nicht-lineare Medien charakterisiert. Ihre Prinzipien umfassen sowohl die inhaltlich-journalistische Ebene als auch die Aufmachungsform mit den operationalen Orientierungshilfen. Textdesign integriert also Stilistik und Optik, Textgestaltung und Layout. Somit steht der Begriff Textdesign für eine integrative Betrachtungsweise von Form, Inhalt und Funktion eines Mediums (ausführlicher dazu Blum/Bucher 1997).

2. Textdesign: Tendenzen der modernen Zeitungsgestaltung

Bereits ein erster Blick, vor allem in die neueren Wochenzeitungen und Magazine wie *Die Woche,* die *Wochenpost*, *Focus* und als Reaktion auch der *Spiegel*, zeigt die Grundelemente einer neuen Aufmachungsform: der verstärkte Einsatz von Bildern, farbig und größer im Format, die Tendenz zu kürzeren Texten, Informationsgrafiken, die Sachverhalte visualisieren, Farbleitsysteme, die das Blatt ordnen, Logos, farbunterlegte Kästen, neue und größere Schrifttypen, konsequenter Blockumbruch, größzügigere Formen und Hierarchisierung des Seitenlayouts, sowie die Konzeption der Titelseiten als Schaufenster für die gesamte Ausgabe. In keiner Phase der Zeitungsgeschichte hat sich so Vieles in so kurzer Zeit geändert. Selbst Traditionsblätter wie die *Frankfurter Rundschau*, die *Rheinpfalz* in Ludwigshafen, der *Südkurier* in Konstanz, der *Berliner Tagesspiegel*, oder *Die Welt*, um nur einige zu nennen, haben ihr Outfit innerhalb der letzten Zeit grundlegend erneuert. Der Chefredakteur von *Focus*, Helmut Markwort, spricht bereits von einer „neuen, visuellen Erzählform" als einer für die Computer-Generation angemessenen Präsentation. Daß er damit nicht ganz unrecht hat, belegt der steile und für Medienwissenschaftler völlig unerwartete Aufstieg seines Blattes: Mit einer Auflage von inzwischen über 750 000 hat es die Erwartungen um mehr als das Dreifache übertroffen.

Pressekritiker warnen angesichts der neuen Buntheit vor einem Konfetti- oder Designer-Journalismus, bei dem zwar die Verpackung, nicht aber der Inhalt erneuert wurde. Eine „vierfarbige Rüsche an der Zeitungsseite" das sei *Focus*, „gedrucktes Fernsehen", „Lego-Journalismus". Das Wochenblatt *DIE ZEIT* kritisiert, der Inhalt von *Focus* „zerfällt in Puzzleteile, die nicht zueinander passen".

Mit der *Spiegel*krise im Dezember 1994 - nach einigem Hin und Her wurde Hans Werner Kilz als Chefredakteur durch Stefan Aust abgelöst - ist diese Debatte zu einer Konfrontation von zwei journalistischen Grundpositionen stilisiert worden: Der alte oder der investigative Journalismus, der sich als vierte Gewalt definiert und exemplarisch in der alten *Spiegel*redaktion angesiedelt sein soll, prallt auf einen neuen Journalismus, der sich Leserfreundlichkeit, Infotainment und Leserservice auf die Fahnen geschrieben hat (Vgl. dazu *„Der Journalist"* 2/1995; *Spiegel* Spezial 1/1995:

Die Journalisten). Vertreter des alten Journalismus sehen derzeit für die Printmedien eine ähnliche Verflachungswelle heranrollen, wie sie Hörfunk und Fernsehen bereits überrollt habe. „Fast food for slow readers" befürchtet der *ZEIT*-Herausgeber Theo Sommer und warnt den sogenannten „seriösen Journalismus" davor, angesichts des Auflagen-Erfolgs von *Focus* auch dessen „Anspruchslosigkeit des gedruckten Fernsehens" zu übernehmen. „Eine Kulturhavarie wäre die Folge - eine Havarie auch unserer politischen Kultur" (*ZEIT* 51, 16.12.1994). Der *Spiegel*-Reporter Cordt Schnibben, einer der Wortführer des alten Journalismus, sieht in *Focus* „nicht mehr als ein rezeptfreies Beruhigungsmittel" (Schnibben 1994, 32). Und im *Deutschen Drucker* warnt ein Zeitungswissenschaftler: „Das moderne Zeitungsdesign läuft auf die Reduktion des Inhalts auf Kosten der Verpackung hinaus. [...] Durch Reduktion der angebotenen Informationsmenge tritt an die Stelle der Textlastigkeit eine bunte Mischung von leicht verdaulichem Text, bunten Bildern und Grafiken" (Wolfgang Koschnick, in: *Deutscher Drucker* 18, 13.5.1993, S. 18).

Diese oberflächliche Art der Auseinandersetzung mit den neuen Präsentations- und Darstellungsformen vernebelt, daß mit der Entscheidung über neue Formen der Informations- und Wissensvermittlung noch nicht über die Frage nach investigativem oder affirmativem Journalismus entschieden ist. Und sie verdrängt die eigentlich interessante Frage, ob und unter welchen Bedingungen mit den neuen Gestaltungsmitteln eine Optimierung der Kommunikation mit den Lesern erzielt werden kann. Für eine Überprüfung der kommunikativen Leistungsfähigkeit dieser neuen Trends kann man sie in folgende fünf Strategien einteilen. Jede von ihnen ist als Versuch verstehbar, die Leser-Blatt-Bindung unter zeit- und nutzungsökonomischen Bedingungen zu erhöhen:

1. Die Wissens- und Informationsvermittlung in den Printmedien entwickelt sich *von der Einkanaligkeit zur Mehrkanaligkeit:* Statt hauptsächlich mit Texten wird die Information verstärkt auch in Fotos und Grafiken präsentiert, und zwar nicht zufällig, sondern systematisch.
2. Printmedien werden zunehmend nicht mehr für den Durchleser, sondern *für den Anleser und den selektiven Leser* gestaltet. Dieser Medienwandel ist vergleichbar mit dem in den 70er Jahren einsetzenden Wandel des Hörfunks vom Einschalt- zum Nebenbeimedium.
3. Komplexe Formen der Berichterstattung - also lange Texte - werden durch segmentierte Formen abgelöst. *Aus dem Langtext wird ein modulares Cluster* aus verschiedenen visuellen und textlichen Darstellungsformen, die als Informationsmodule relativ selbständig sein können und gleichzeitig eine Clusterkohärenz aufweisen, also systematisch aufeinander abgestimmt sind.
4. Die Berichterstattung in den Printmedien wandelt sich *vom Informations- zum Bedeutungsjournalismus.* Die reine Faktenvermittlung wird den schnelleren Medien zugestanden, die Einordnung, Kommentierung und perspektivische Aufbereitung der Information wird dagegen als genuine Aufgabe der Printmedien gesehen, gewissermaßen als ihre Komplementärleistung gegenüber Rundfunk und Fernsehen.

5. Die Informationsfunktion der Printmedien wird ergänzt durch eine *Unterhaltungs-* und eine *Servicefunktion*, was man als *additive Boulevardisierung* bezeichnen kann. Dazu gehören nicht nur eine buntere Auswahl der Themen nach dem Vorbild der Boulevardzeitungen, sondern auch die zunehmenden Servicerubriken wie Marktberichte, Kolumnen über Versicherungen oder Geldanlagemöglichkeiten, PC-Beratungsspalten, Veranstaltungshinweise, Kino- und Theaterkritiken oder die Kleingärtnerspalte mit Tips für Obst- und Gartenbau. Auch die verstärkten Bemühungen zur attraktiveren Textgestaltung, die Erweiterungen der Palette der journalistischen Textsorten, das zugespitzte Formulieren, die Personalisierung in der Darstellung, ein Schuß Populismus in der Kommentierung oder die aufreizende Bebilderung lassen sich dieser verstärkten Unterhaltungsorientierung zuordnen.

Diese fünf Trends setzen sich konsequent in den elektronischen Online-Zeitungen fort. Dementsprechend ist die virtuelle Zeitung mediengeschichtlich kein Bruch mit der Tradition, sondern ihre logische Fortsetzung (Vgl. dazu Abschnitt 7).

Die genannten fünf Strategien moderner Zeitungsgestaltung bilden eine Basis für funktionale Erklärungen neuer Erscheinungsformen in den Printmedien. Wie bereits die Beschreibung der Strategien zeigt, operieren sie einerseits auf allen *Ebenen* der Zeitungsgestaltung, nämlich der Beitrags-, der Seiten- und der Blattgestaltung. Andererseits betreffen sie auch alle *Dimensionen* der Zeitungsgestaltung: die Themen und Inhalte, die Textfunktionen und die sprachliche und optische Form. So sind neue Text- und Darstellungsformen entstanden, beispielsweise Pro-und Contra-Darstellungen, diverse Kurzformen und Ankündigungstextsorten. Bausteine journalistischer Darstellungsformen wie Überschrift und Vorspann haben ihre Funktion und ihre sprachliche Form geändert. Die Strukturprinzipien von journalistischen Textsorten sind erweitert worden. Es wurden optische und sprachliche Orientierungsmittel für die Blatt- und Seitenstruktur entwickelt und es sind neue Gestaltungsprinzipien für Themenkomplexe eingeführt worden. Vor einer Prüfung der kommunikativen Leistungsfähigkeit dieser neuen Formen der Berichterstattung sollen die dafür verwendbaren journalistischen Prinzipien geklärt werden.

3. Kommunikative Prinzipien der Zeitungsoptimierung

Zur Beurteilung der Kommunikationsqualität kann man sich auf die elementaren kommunikativen Prinzipien stützen, die der Sprachphilosoph Herbert Paul Grice als konstitutive Grundlage menschlicher Verständigung formuliert hat (Grice 1975). Grice geht aus von einem übergeordneten Kooperationsprinzip, das durch folgende vier Maximen eingelöst werden kann:

die Maxime der Verständlichkeit:
Sei klar, und vermeide Mehrdeutigkeit.
die Maxime der Relevanz:
Sei relevant.
die Maxime der Wahrheit und Wahrhaftigkeit:
Sage nichts, was du für falsch oder ungesichert hältst.

die Maxime der Informativität:
Mach deinen Beitrag so informativ wie nötig.
Diese Maximen sind konstitutiv für rationale, menschliche Kommunikation. Werden sie systematisch mißachtet, bricht die Kommunikation zusammen. Grice selbst spricht sogar vom „konversationellen Imperativ" (1989, 370). Die Grice'schen Maximen passen auch für Qualitätsurteile im Bereich der Medienkommunikation, weil Grice bei ihrer Grundlegung vom „maximal effektiven Informationsaustausch" ausgeht. Nutzt man die Maximen als Testmittel für die kommunikative Leistungsfähigkeit der neuen Spielarten der Informationsvermittlung, so erlauben sie eine ganze Reihe von Testfragen:

- Ist die modulare Informationsaufbereitung - also das Cluster aus verschiedenen Informationseinheiten - verständlicher als ein komplexer Langtext?
- Welche verständnissichernden Maßnahmen muß eine Zeitung ergreifen, damit der Leser den Zusammenhang der einzelnen Clusterelemente erkennen kann, und sie nicht in ein unlösbares Puzzle zerfallen?
- Was sind die relevanten Informationseinheiten, die zu einem Cluster gehören?
- Inwiefern können Informationsgrafiken informativer sein als die entsprechende Textversion für dieselbe Information?
- Worin liegt der kommunikative Mehrwert einer mehrkanaligen Wissensvermittlung?
- Wie kann die Transparenz, die Handhabbarkeit einer Tageszeitung gesichert werden?
- Was leisten Visualisierungen für die Verständlichkeit einer Berichterstattung?
- Welche Kriterien der Wahrheit und Angemessenheit gelten für die informationsgrafische Aufbereitung eines Themas?

Entscheidend ist, daß sich der Anwendungsbereich der Grice'schen Maximen durch die neuen Formen der Informationsvermittlung erweitert von einer *textbezogenen* Anwendung zu einer *textübergreifenden.* Das wird besonders deutlich am Begriff der Verständlichkeit: Die textinternen Kriterien wie kohärenter Textaufbau, überschaubare Syntax, allgemeinverständliche Wortwahl, treffende Überschriften, attraktive Textformulierung müssen ergänzt werden durch Kriterien wie: Kohärenz des Beitragsclusters, Erschließbarkeit der Berichterstattung für die selektive Lektüre, Übersichtlichkeit der Seitengestaltung, Nutzungskomfort und Erschließbarkeit der Lektüre für den Leser, Anschaulichkeit der grafischen Informationsaufbereitung. Man könnte diese Erweiterung des Verständlichkeitsbegriffs unter dem Stichwort *Interaktivität* zusammenfassen: Inwiefern ermöglicht es die Informationsaufbereitung dem Leser, mit dem Medium in einen Dialogbetrieb zu treten, es interaktiv zu nutzen?

Diese Erweiterung des Begriffs des Verstehens und damit auch des Begriffs der Kohärenz ist typisch für nicht-lineare Kommunikationsformen. Unter dem Gesichtspunkt der Kohärenz kann man den Unterschied zwischen linearen und nicht-linearen Kommunikationseinheiten folgendermaßen charakterisieren: In linearen Texten besteht die Verstehensaufgabe darin, zu erkennen, *welcher* Zusammenhang zwischen Beitrag A und B besteht. Bei nicht-linearen Texten fängt die Aufgabe bereits einen Schritt früher an, nämlich beim Sehen, *daß* überhaupt ein Zusammenhang besteht. In linearen Kommunikationen oder Texten *zeigt* die sequentielle Stellung von Beitrag A und Beitrag B, daß zwischen ihnen ein Zusammenhang besteht, oder zwischen ihnen ein Zusammenhang gesucht werden kann. Daß Beitrag B auf Beitrag A folgt, daß Beitrag A der Vorläufer von Beitrag B ist, wird durch die Sequenzstellung indiziert. Man kann sie in dieser Hinsicht als natürliches Kommunikationsdesign betrachten. Das Verstehen der Art des Zusammenhanges kann dementsprechend bereits auf diesem „*Sehen daß*" aufbauen. Im Falle nicht-linearer Kommunikation muß dieses „Sehen-daß" ein Zusammenhang besteht, erst aufgebaut werden, da die sequentielle Stellung als Zusammenhangs-Indikator gerade nicht zur Verfügung steht. Die Indizierung dieser Zusammenhänge übernimmt das Design der Kommunikation oder der Texte. Nicht-lineare Texte erweitern damit das Verstehensproblem. Neben der Frage nach der Art des Zusammenhanges zwischen Kommunikationsbeiträgen konfrontieren sie sowohl die Rezipienten als auch die Produzenten zusätzlich mit der Frage, wo überhaupt Zusammenhänge hergestellt werden sollen. Die Grice'schen Kommunikationsprinzipien sind eine Basis für das *Verstehen, wie* kommunikative Einheiten - Texte, Bilder, Informationsgrafiken, Abschnitte, Sätze usw. - zusammenhängen. Der Hinweis Hintikkas, daß die Grice'schen Prinzipien der Relevanz, der Informativität, der Verständlichkeit und der Wahrheit relativ zum jeweiligen Dialogstand angewendet werden, ist zugleich ein Hinweis darauf, daß die Anwendung der Prinzipien eine Identifikation der zusammenhängenden Einheiten bereits voraussetzt. Für eine Erklärung des *Verstehens, daß* kommunikative Einheiten zusammenhängen, bedarf es einer Erweiterung des Prinzipienapparates.

Auf der Grundlage der Gestalttheorie und der Wahrnehmungspsychologie sind einige solcher Prinzipien formuliert worden: das Prinzip der Kontinuität, das Prinzip der Nähe, das Prinzip der Ähnlichkeit, das Prinzip der Intensivierung, das Prinzip der Abgeschlossenheit (vgl. Bernhardt 1986; Campbell 1995). Grundlage ist dabei die Annahme, daß eine grundlegende Theorie der Kohärenz sowohl sprachliche als auch nichtsprachliche Formen des Zusammenhangs umfassen soll. Der Begriff Textdesign ist auch in dieser Hinsicht als integrative Etikette gemeint: Prinzipien für das Verstehen medialer Kommunikation müssen nicht nur erklären, wie Beitragseinheiten zusammenhängen, sondern auch, wie wir diese Zusammenhänge mit Hilfe des Kommunikations- und Textdesigns finden.

Auf der Grundlage journalistischer Prinzipien werden im folgenden diejenigen Tendenzen der neuen Printmedienentwicklung diskutiert, in denen die Delinearisierung der Berichterstattung am deutlichsten zum Ausdruck kommt: die Mehrkanaligkeit, die Orientierung am selektiven Leser und die Modularisierung.

4. Vom einkanaligen Textmedium zum Dreikanalmedium

Daß sogar regionale Tageszeitungen wie die *Stuttgarter Nachrichten* oder der *Schwarzwälder Bote* farbige Informationsgrafiken als Aufmacherbilder auf der Titelseite verwenden, wäre noch vor ein, zwei Jahren undenkbar gewesen. Natürlich gab es auch früher schon Bilder und Grafiken in der Zeitungsberichterstattung. Bereits 1806 brachte die *Times* einen Gebäudegrundriß, um die Reihenfolge der Geschehnisse um einen Mord zu visualisieren. Für die Entwicklung der amerikanischen Tageszeitungen zwischen 1920 und 1940 stellen Nerone und Barnhurst fest: „Through all these changes there was a clear direction of change from text to visuals" (Nerone/Barnhurst 1995, 26f.). Grafiken und Bilder wurden aber bis vor kurzem eher vereinzelt und unsystematisch verwendet und stärker unter ornamentalen Gesichtspunkten, zum Schmuck und Augenkitzel. Daß Bilder und Informationsgrafiken eigenständige journalistische Darstellungsformen sind, ist eine Einsicht, die sich erst langsam durchsetzt. Man kann drei große Gruppen von Informationsgrafiken unterscheiden:

1. die *numerischen Grafiken* in Form von Balken-, Säulen, Torten- oder Kurvengrafiken veranschaulichen numerische Informationen und visualisieren gewissermaßen das Vergleichen von Zahlen für den Leser.
2. *Topografiken* können beispielsweise zeigen
   - wo eine Umleitung, ein neuer Radweg, eine Umgehungsstraße verläuft,
   - wo Burundi liegt,
   - wo auf dem Globus große Erdbeben stattgefunden haben,
   - wo der Komet Shoemaker Levy sich im Planetensystem bewegt
3. *Erklärgrafiken* veranschaulichen Sachverhalts- und Ereigniszusammenhänge. Sie können beispielsweise zeigen,
   - wie in Japan Hochhäuser erdbebensicher gemacht werden,
   - wie sich ein Autounfall abgespielt hat,
   - wie man sich mit dem Pest-Bazillus anstecken kann,
   - wie die alpinen Abfahrtsstrecken in Lillehammer beschaffen sind.

Diese aufgeführten Informationshandlungen lassen sich auch mit einem Textbeitrag vollziehen. Die beiden Sprachphilosophen Stephen Toulmin und Kurt Bayer haben die vielfältigen Übereinstimmungen zwischen Bildern und Beschreibungstexten einer systematischen Analyse unterzogen, um so auch den Bildbegriff zu klären (vgl. Bayer/Toulmin 1952). Sie zeigen zum Beispiel, daß wir mit Bildern dieselben Kommunikationsabsichten verfolgen können wie mit einem Beschreibungstext, und weisen auf die hohe Übereinstimmung in den Beurteilungskriterien der beiden Darstellungsweisen hin. Genauigkeit, Anschaulichkeit, Detailtreue, Lebhaftigkeit, Realitiätstreue, Vollständigkeit und Verständlichkeit sind sowohl Kriterien für Beschreibungen wie für Bilder. Es stellt sich deshalb die Frage, wo die Vorteile und spezifischen Leistungen einer informationsgrafischen Umsetzung liegen.

Über den Ausgang einer Bundestagswahl kann beispielsweise eine Textversion dieselben Informationen enthalten wie eine Informationsgrafik, die Stimmanteile und die entsprechende Sitzverteilung im Bundestag visualisiert. Beide Darstellungen sind insofern *informationsäquivalent*. Berichttext und Infografik sind aber nicht *nutzungsäquivalent*: Der Berichttext ist nur linear rezipierbar, alles muß der Reihe nach gelesen werden. Die Grafik jedoch eröffnet flexiblere Nutzungsmöglichkeiten:

- Der Leser kann die Reihenfolge, in der er die Informationen aufnimmt, selbst bestimmen. Er kann bei jeder Partei einsteigen, oder er interessiert sich erst für die Sitzverteilung.

- Die Grafik präsentiert die Ergebniszahlen in unmittelbarerer Nähe als es der lineare Text leistet. Die Möglichkeit des Zahlenvergleichs wird dadurch erleichtert. Wer den Text selbst zum Vergleich verwenden will, muß sich alle Zahlen merken.
- die Grafik visualisiert den Vergleich in der Länge der Balken und der Ausschnittsgröße des Sitzverteilungshalbkreises. Dadurch entlastet sie den Leser von der kognitiven Operation des Zahlenmerkens und -vergleichens.
- Gegenüber dem Text liefert die Grafik dem Leser einen informationellen Mehrwert in Form der ausgedrückten Relationen. Die Grafik zeigt beispielsweise die Relationen zwischen den Wahlergebnissen der einzelnen Parteien, sie zeigt die Trends gegenüber dem Vorjahr, und sie zeigt die Sitzverteilung im Vergleich zwischen Regierungsparteien und Opposition. Gegenüber dem reinen Mitteilen der Ergebniswerte leistet sie also bereits eine Einordnung des Wahlergebnisses, wie es ein Text nachholen müßte, beispielsweise mit folgenden Formulierungen: „damit liegt die CDU knapp vor der SPD"; oder: „die SPD hat gegenüber den Wahlen von 1991 fast zwei Prozente verloren"; oder: „SPD und Grüne können mit einer Mehrheit von vier Mandaten regieren".

Numerische Grafiken sind im Grunde genommen relativ einfach aufgebaut. Komplizierter sind die sogenannten Erklärgrafiken strukturiert. Ich will am folgenden Beispiel zeigen, daß sie trotz ihrer Komplexität einer Texterklärung überlegen sein können. Der Textkasten in der *Südwest Presse* ist eine Erklärung, wie sich der Pestbazillus verbreiten kann. (s. Abb. 2 Faksimilierter Erklärkasten Südwest Presse) Anlaß der Berichterstattung ist eine im September 1994 ausgebrochene Pestepidemie in Indien. Der Erklärtext im Kasten ist eine Hintergrundinformation zur aktuellen Berichterstattung. Dasselbe Informationsangebot machen die *Stuttgarter Nachrichten* ihren Lesern, allerdings in anderer Form: Die Erklärung zur Verbreitung des Pestbazillus wird in Form einer Grafik präsentiert (s. Abb. 3 Grafik Pestbazillus, Stuttgarter Nachrichten). Die inhaltliche Gliederung von Text und Grafik weist große Übereinstimmungen auf. Die Themenbereiche Krankheitsübertragung, Krankheitssymptome und Behandlungsmethoden bilden bei beiden die inhaltliche Grundstruktur. Aber: Die Informationsgrafik *zeigt* dem Leser diese Grundstruktur. Sie ist durch die vier Sektionen der Grafik visualisiert, und durch deren Überschriften auch thematisch etikettiert. Die verständnisfördernde Leistung der Informationsgrafik besteht demzufolge darin, daß sie den Leser unterstützt, die thematische Makrostruktur der komplexen Erklärung zu erkennen. Genau dies gilt in der Verständlichkeitsforschung als eines der entscheidenden Verstehenskriterien.

Ein zweiter Vorteil: Die Informationsgrafik eröffnet dem Leser aufgrund dieser Strukturreflexivität eine flexible Nutzung, je nach Vorwissen und Informationsinteressen. Während die Texterklärung dem Leser eine lineare Rezeption abverlangt, kann er sich im Falle der Grafik zwischen zwei Rezeptionstrategien entscheiden: Er kann horizontal vorgehen und sich entlang der Bilddarstellung einen Überblick über die Übertragungswege des Pestbazillus verschaffen, gewissermaßen von der Ratte bis zum befallenen Lymphknoten. Diese visuellen Elemente der Grafik zeigen auch bereits die alternativen Übertragungswege durch den Flohbiß und die Tröpfchen-

Die Lungenpest hat eine Woche nach ihrem Ausbruch in der westindischen Hafenstadt Surat auch die Ostküste des indischen Subkontinents erreicht. Gestern wurden erste Erkrankungen aus der 1200 Kilometer nördlich von Surat gelegenen Hauptstadt Neu-Delhi und der 1600 Kilometer weit entfernten Hafenstadt Kalkutta gemeldet. Die Weltgesundheitsorganisation (WHO) hielt es aber noch für verfrüht, von einer Pest-Epidemie in Indien zu sprechen.

Für die Ausbreitung der Krankheit sorgen die inzwischen rund 400 000 Menschen, die aus Surat vor dem Schwarzen Tod geflohen sind. Aus Furcht vor einer weiteren Ausbreitung der Pest verstärkten die Nachbarstaaten Indiens ihre Grenzkontrollen. Auch die deutschen Gesundheitsbehörden wurden inzwischen aktiv: Am Frankfurter Flughafen wird jede Maschine aus Indien von Ärzten kontrolliert.

Auch 100 Jahre nach der Entdekkung des nach ihm benannten Pestbakteriums (Yersinia pestis) durch den Schweizer Forscher Alexandre Yersin scheint die vom Rattenfloh von den Nagern auf den Menschen übertragene Krankheit immer noch nicht ausrottbar. Aber spätestens seit der Entdeckung der Antibiotika, vor allem des Streptomycins, ist die Sterblichkeitsziffer drastisch gesunken. Im internationalen Durchschnitt lag sie 1992 bei 8,7 Prozent.

Die weltweit letzte große Pestepidemie, die seit 1889 Asien heimsuchte, hatte nach Schätzungen der Weltgesundheitsorganisation auf dem Subkontinent bis 1950 noch 12,5 Millionen Opfer gefordert. Seit Jahren schon waren aber aus Indien keine neuen Meldungen gekommen. Die Pest kann nicht mehr wie einst im Mittelalter neben Krieg, Hunger und Tod zu den Geißeln der Menschheit gerechnet werden. Aber die Massenflucht aus der Millionenstadt Surat zeigten, daß auch sechs Jahrhunderte nach dem Schwarzen Tod ein Auftreten der Pest noch immer apokalyptische Visionen auslösen kann.

Gesicherte Berichte über die Verwüstungen durch die schon seit der Antike bekannte Krankheit gibt es erst seit dem 14. Jahrhundert, als sie von Asien auf Europa übergriff. Laut einer zeitgenössischen Schilderung begann der Weg der Seuche gen Westen im Jahre 1346 in der vergeblich von Tataren belagerten genuesischen Feste Caffa, dem heutigen Feodossija, an der Schwarzmeerküste der Krim. Die selbst von der Krankheit betroffenen Belagerer sollen damals ihre Leichen in die Festung katapultiert haben. Dieser erste Einsatz einer „biologischen Waffe" habe die Zahl der genuesischen Verteidiger schnell dezimiert und sie zur Flucht übers Meer nach Italien getrieben, von wo aus die Pest sich rasch über den schon von Mißernten und Hungersnot geschwächten Kontinent ausbreitete.

In Europa starben zwischen 1348 und 1350 etwa 25 Millionen Menschen an der Pest, also fast ein Drittel der damaligen Gesamtbevölkerung. Ein erstes literarisches Zeugnis stammt von Boccaccio, dem Verfasser des Decamerone, dessen Vater schon 1348 der Krankheit erlag. Schuld an der Seuche gab man weithin den Juden, die als angebliche Brunnenvergifter den grausamsten Verfolgungen ausgesetzt wurden. Noch verbreiteter war der Glaube an ein göttliches Strafgericht, das nur durch Geißelungen abzuwenden sei.

Gegen angeblich giftige Luft wehrte man sich mit der Verbrennung von Ingwer und anderen Gewürzen oder mit Räucherstäbchen. Mit einer ihre Patienten sicher erschreckenden Schutzkleidung, die sie zu unheimlichen vogelähnlichen Wesen machte, suchten sich die Pestärzte gegen Ansteckung zu wappnen.

Trotz besserer hygienischer Bedingungen hatte bis zum Anfang des 18. Jahrhunderts die Seuche in Europa besonders in den Städten verheerende Auswirkungen. In London starben zwischen 1664 und 1666 noch 70 000 der damals 460 000 Einwohner. Überall in Süddeutschland und Tirol zeugen Marterl und Pestkreuze von der Heimsuchung.

Wie der Pestbazillus den Menschen befällt

Kein Mensch weiß, wann in der Vorzeit des Menschen sein Hausgenosse, die Ratte, zuerst mit Pestbazillen in Berührung gekommen ist. Im Laufe der Jahrtausende hat die Ratte die Völker immer wieder heimgesucht und in Seuchenzügen abertausende hingerafft. Initialzündung ist immer die Übertragung des Pestbazillus durch den Flohbiß. Meist wird es ein Massensterben. Das liegt an Unhygiene und dichter Besiedelung.

Die Pest tritt in zwei Hauptformen auf: als Beulen- oder Bubonenpest: Die Lymphknoten in Gelenkbeugen, meist der Leistenbeuge, werden befallen; als Lungenpest: Nach Einbruch ins Blut wird die Lunge befallen.

Wie kommt es dazu? Eine befallene Ratte wird durch den Pesterreger krank und sucht die Nähe des Menschen auf. Stirbt die Ratte, so verlassen die Rattenflöhe den Kadaver und springen den Menschen an. Stechen sie in die Unterschenkel, so strömen die eingedrungenen Erreger mit dem Blut und dem Lymphstrom zunächst in die Leistengegend und dann weiter als Blutvergiftung in die Lunge. Daher gilt die Warnung: Zutraulichen Ratten in jedem Fall aus dem Wege gehen.

Fünf bis 15 Tage braucht die Pest, bis sie ausbricht.

- Die Leistenlymphknoten vereitern und brechen auf.
- Der Befall der Lunge macht ein schweres Krankheitsbild. Schüttelfrost, 40 Grad Fieber, Kopf- und Gliederschmerzen, schmerzhafte Drüsen, lichtscheu. Nasenbluten, Blutaustritte unter die Haut (schwarze Pest). Mit dem Husten ausgestoßene Schleimtröpfchen verbreiten sich in der Luft. Die Öffentlichkeit ist bedroht. Die Behandlung muß frühzeitig durch Sulfonamide oder Antibiotika erfolgen.

Dr. med. Bernhard Knoche,
Diplom-Tropenarzt

Abb.2: Südwest Presse 28.9.1994: Erklärkasten für die Ausbreitung der Pest, eingeblockt in einen Hintergrundbeitrag zu einer aktuellen Pestepidemie in Indien („Massenflucht vor dem Schwarzen Tod. Schon 400 000 Menschen haben das indische Surat verlassen")

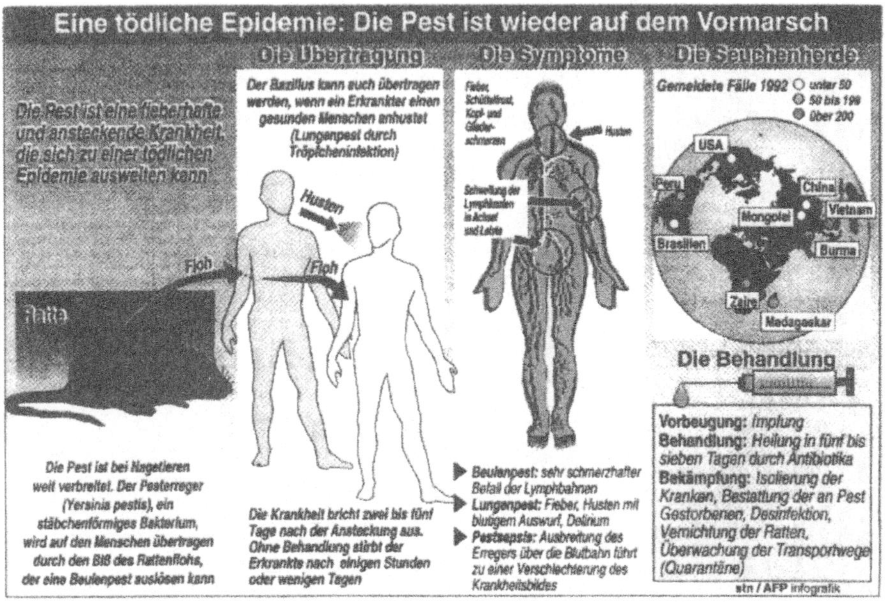

Abb3: Stuttgarter Nachrichten, 27.9.1994, Titelseite: Erklärgrafik zur Ausbreitung der Pest, anläßlich einer Pestepidemie in Indien.

infektion. Diese strukturelle Information, die eine horizontale Lesart der Informationsgrafik liefern kann, ist dem Text nicht oder nur schwer zu entnehmen und erschließt sich teilweise erst am Schluß der Lektüre.

Eine zweite, vertikale Lesart ist das spaltenweise Vorgehen, bei dem Textbausteine und grafische Elemente im Zusammenhang rezipiert werden, und zwar jeweils unter einer der Überschriften. Durch diese Lesart werden im Gegensatz zur horizontalen die Mikrostrukturen des Beitrags erschlossen. Eine dritte Leistung der Infografik ist die Veranschaulichung. So wird in Spalte 1 und 2 veranschaulicht, wie die Übertragung geschieht, in Spalte 3, wo die Krankheitssymptome im Körper ansetzen und in Spalte 4, in welchen Ländern der Erde die Pest verbreitet ist.

Die Erklärgrafik zeigt, wie komplex logische Bilder sein können: Textbestandteile, Symbole, Piktogramme und der Strukturrahmen müssen bei der Deutung durch den Leser in einen Zusammenhang gebracht werden. Während die Verständlichkeit von Texten schon einigermaßen erforscht ist, gibt es wenig empirische Befunde für den Wissenserwerb mit Bildern und Informationsgrafiken sowie für die komplementäre Rezeption der drei Informationskanäle (vgl. Schnotz 1994, 140f.). Eine der wenigen Ausnahmen ist eine Studie aus dem Poynter-Institut - ein amerikanisches Institut für Design- und Zeitungsforschung - bei der die Rezeption von vier verschiedenen Präsentationsmodellen oder Clustertypen experimentell getestet wurde. Dieselbe Geschichte eines Flugzeugabsturzes wurde einer Testgruppe von 400 Lesern als reine Textversion, als Version aus Text und Bild, als Version aus Text und Grafik und als

Version aus Text, Bild und Grafik präsentiert. Das Ergebnis: Die schlechtesten Werte in den Verstehens- und Behaltensleistungen erzielte die reine Textversion. Auch die emotionale Betroffenheit war hier am geringsten. Sie wurde erheblich erhöht durch die Verwendung eines Fotos, während die Grafik signifikant zum besseren Verständnis der berichteten Sachverhalte und Zusammenhänge beitrug. Fazit: Leser, die die Information über alle drei Kanäle, Text, Foto und Grafik aufgenommen hatten, konnten die meisten Fragen beantworten, waren am genauesten in der Beantwortung und fühlten sich hochgradig emotional berührt. Eine andere Studie von Douglas Ward zeigt jedoch, daß dieser Induktions- oder Synergie-Effekt nicht automatisch gegeben ist: Es kommt entscheidend auf die Qualität der einzelnen Bausteine an (Vgl. Ward 1992).

Aufgrund dieser Befunde ist die rigorose Ablehnung von Informationsgrafiken als „Tortenjournalismus" (Cordt Schnibben) genauso wenig angebracht wie kritiklose Euphorie. Notwendig ist es, sie als neue journalistische Darstellungsform in ihren Funktionen zu verstehen und Qualitätskriterien zu entwickeln. Eine erste Studie für Deutschland hat gezeigt, daß von Seiten der Leser mehr Wert auf Kriterien der Verständlichkeit und Übersichtlichkeit gelegt wird, als auf aufwendige optische Gestaltung (vgl. Knieper 1995, 293-299).

5. Textdesign und Textstruktur

5.1. Vom linearen zum nicht-linearen Text

In medienhistorischen Untersuchungen ist immer wieder auf die über einen langen Zeitraum gleichbleibende additive Struktur der Zeitungsberichterstattung hingewiesen worden. Bis ins späte 19. Jahrhundert blieb die Informationspräsentation bestimmt durch das Sammelprinzip, das die Informationsbeschaffung leitete. Das Gegenstück zur additiven Zeitungsproduktion auf der Leserseite ist die lineare Rezeption. Erst Ordnungsangebote in der Informationspräsentation eröffnen die Möglichkeit einer selektiven, nicht-linearen Lektüre.

Eine vergleichende Analyse US-amerikanischer Tageszeitungen zwischen 1885 und 1985 hat gezeigt, daß die Anzahl der Beiträge auf der Titelseite in diesem Zeitraum kontinuierlich abgenommen hat (vgl. Barnhurst/Nerone 1991). Die beiden Autoren der Studie ziehen daraus den Schluß, daß diese Tendenz „less clutter and more hierarchy" bedeutet. Unter Verwendung weiterer Indikatoren wie Überschriftengestaltung, Visualisierungen oder Autorenangaben, beschreiben sie den Entwicklungsgang der Tageszeitung in den untersuchten 100 Jahren als „Transformation der Zeitung in eine Landkarte": „The frontpage of 1885 was a dense jungle of news items [...]; it gave an impression of diversity, randomness and complexity, leaving it to the reader to make sense - or draw a map - of the world. [...] The modern frontpages seek to map reality for their readers" (Barnhurst/Nerone 1991, 803f.).

Eine vergleichbare Entwicklungstendenz läßt sich auch in der Geschichte deutschsprachiger Zeitungen nachweisen. Noch bis ins späte 19. Jahrhundert waren die Tageszeitungen nach demselben additiven Gestaltungsprinzip aufgemacht, das schon in den ersten Zeitungen des 17. Jahrhunderts wirksam war. Nicht die Orientierung an den Lesern bestimmte die Zeitungsgestaltung, sondern die Ökonomie der Produktion, das Diktat des drucktechnisch Machbaren. Über Jahrhunderte blieb die Zeitung eine Ansammlung von Informationen, gestaltet nach einem Prinzip, das der Blattmacher der ersten periodischen Zeitung aus dem Jahre 1609, der *Relation* aus Straßburg, schon praktizierte, wenn er versprach, „alles aufs trewlichste wie ich solches bekommen und zuwegen bringen mag in Truck verfertigen“ zu wollen. Das Sammelprinzip beherrschte die Informationsbeschaffung ebenso wie die Informationspräsentation. Die Abbildung 1 einer Seite aus der *Relation* von 1609 zeigt, daß außer den Angaben der Korrespondenzorte für eine selektive Lektüre keinerlei Anhaltspunkte geboten werden. Wie der folgende Textauszug aus der *Relation* von 1609 zeigt, ist das additive Prinzip auch auf der Ebene der sprachlichen Gestaltung und der Textorganisation wirksam:

> Auß Venedig vom 3. Julij
> Von *Parma* schreibt man derselbe Hertzog laß seine Vnderthanen in seinem gantzen *Stado* mustern/ welche sich auff 14000. zu Fuß vnd 1500. zu Roß starck befinden sollen/ sonst hat man auch/ daß der *Jllustrißimo General del Golfo* 2. Türckische Galleren/ darunter eine von 20. Banchen gefangen vnnd alle Türcken darob nider gehawt habe. Maylendische Brieff melden/ daß die Herrschafft *Genua* mit Spannia in ein grossen Mißverstand gerahten/ dann jhnen der König scharpff zugeschrieben/ wegen sie die Neapolitanischen Galleren auß jhrer Meerhaven einem/ darinn sie sich Vngewitters halben *Salvirt*, außgetrieben hetten/ derowegen selbe Herrschafft alle jhre Festungen vmb *Pontrimoli* befestigen lassen/ der *Signor Lorenzi Gondi* Florentinischer *Ampassator* hat bey hiesigem *Collegio* vrlaub genommen/ dem die Herrschafft ein Ketten mit anhangendem gulden Pfennig auff 500. Cronen wert verehrt/ mit dem soll der *Jllustrißimo Francisco Radoen* als newer *extra ordinari Ampassator* am Toscanischê Hoff zu *residiren* fort passiren/ vnd gleichwol darzwischen auch nach Grätz vnd Saltzburg verreisen. Der Signor Dantzer Meerräuber hat gegen dem *Stretto di Gibelterra* etliche Vasellen so mit Kauffmanswahren vor alhero fahren wollen/ genommen. Ferners hat man von Mayland/ der Hertzog von Mantua hab sich erbotten/ gegen *Sabionetta* etliche ort im *Montferrato* zu vertauschen/ der kan aber hievor noch keine *resolution* haben/ biß der *Marchese unicenzo Gueriri* vom Spannischen Hoff wider zu ruck kompt/ man helt gleichwol darfür/ diese Herrschafft möchte dem Hertzog von *Savoia* zugesprochen werden/ damit er alsdann solche seiner Dochter der Hertzogin von Mantua einraumen könte. Brieff auß Constandinopoli melden/ [...]

Was hier optisch als Fließtext präsentiert wird, wäre in einer modernen Tageszeitung eine Zusammenstellung mehrerer Beiträge, eventuell zusammengefaßt in einer Meldungsleiste, mit jeweils verschiedenen Überschriften. Im Gegensatz zu einer solchen modernen Aufmachung für eine selektive Lektüre wird mit dieser Art der Textgestaltung der lineare Durchleser vorausgesetzt. Dazu finden sich eine ganze Reihe sprachlicher und textueller Indizien:

1. Die Beitragseinheiten sind optisch nicht gegeneinander abgesetzt. Der Leser muß alles lesen, um überhaupt eine Segmentierung vornehmen zu können.
2. Es gibt keine optisch erkennbare thematische oder funktionale Gliederung der Beiträge und keine Hierarchisierung. Erst die Ganztextlektüre liefert dem Leser dafür die Kriterien.

3. Es gibt kein einheitliches Kriterium für die Abgrenzung einzelner Beitragseinheiten. In dem zitierten Korrespondenzauszug kann man sich für die Segmentierung beispielsweise auf folgende Indizien stützen: eine neue Quellenangabe („Maylendische Brieff melden; „Brieff auß Constandinopoli melden"), die Einführung neuer Themen und neuer Personen („der *Signor Lorenzi Gondi* oder „Der Signor Dantzer Meerräuber"), oder Konjunktionen („sonst", „ferner"). Bereits die Segmentierung ist deshalb eine interpretatorische Leistung des Lesers und nicht eine Vorgabe der Zeitung.
4. In dem Korrespondenzauszug werden Verknüpfungsmittel verwendet, die eine lineare Struktur der Berichterstattung auch sprachlich konstituieren. Eigenständige Beitragseinheiten werden mit weiterführenden Konjunktionen („sonst", „ferner") aneinander gereiht. Auch beim internen Aufbau einzelner Beitragseinheiten dominieren reihende Satzstrukturen, sogenannte abperlende Satzgefüge. So werden beispielsweise in der dritten Beitragseinheit des zitierten Korrespondenzauszugs die einzelnen Informationseinheiten an den einleitenden Hauptsatz („Maylendische Brieff melden") durch verschiedene weiterführende Nebensatzkonstruktionen angehängt. Eine syntaktische Analyse der beiden Wochenzeitungen *Aviso* und *Relation* von 1609 hat ergeben, daß fast zwei Drittel der Sätze nach dem abperlenden Prinzip gebaut sind (vgl. Demske-Neumann 1996, 79). Generell zeigt diese Form der Informationspräsentation, daß die frühen Zeitungen für den Typ des kontinuierlichen Lesers gemacht sind. Dafür spricht neben dem additiven Aufbau der Zeitungsausgaben und der Textorganisation auch das fast völlige Fehlen von Verstehenshilfen im Bereich des vorausgesetzten Hintergrundwissens, der Fach- und Fremdworterklärung sowie der Komplexität abgedruckter Textdokumente (vgl. dazu Gloning 1996).

Daß die modernen Printmedien dagegen für den Typ des selektiven Lesers gemacht sind, zeigt sich an dem ausgebildeten System von Orientierungshilfen, die auf allen Ebenen der Zeitungsgestaltung operieren: auf der Ebene der Organisation der Einzelausgabe, auf der Ebene der Seitengestaltung und auf der Ebene der Beitragsgestaltung. Auf der Ebene der Textstruktur zeigt sich die Delinearisierung moderner Printmedien in dreierlei Hinsicht: Orientierungstexte unterstützen den Leser bei der Navigation innerhalb einer Ausgabe (vgl. 5.2.), Übersichtsbausteine liefern Kriterien für die Lektüreentscheidung (vgl. 5.3.), visuelle Texte zeigen dem Leser ihre Struktur explizit (vgl. 5.4.).

5.2. Navigationshilfen in der Zeitungsausgabe: Orientierungstext - eine neue Textsorte

In der Entwicklung der Titelseiten von Tageszeitungen ist die Tendenz erkennbar, sie nicht mehr als Politikseiten, sondern als Schaufenster- oder Ankündigungsseiten für die gesamte Ausgabe zu konzipieren. Die Sonntagsausgabe der *Pittsburgh Post-Gazette* bringt auf der Titelseite sogar ausschließlich Ankündigungshinweise auf den

Blattinhalt („Teaser-only-front page"). Auch in moderateren Formen hat diese Tendenz zur Folge, daß einerseits die Beiträge kürzer werden und mit Querverweisen auf Vertiefungsbeiträge im Blattinnern verweisen. Andererseits sind aber auch neue, eigenständige Verweis- oder Orientierungstextsorten entstanden. Dazu gehören die Anreißermeldungen, die man je nach ihrer Funktion und sprachlichen Gestaltung in verschiedene Typen unterteilen kann:

1. Der Meldungsanreißer, der von seiner Funktion und seiner sprachlichen Form auch als eigenständiger Kurzbeitrag verwendet werden könnte:

   Auflösung des Frauenministeriums
   Hiltraud Wieser (FPÖ) präsentierte gestern den Vertrag mit Österreichs Frauen. Sie forderte die Auflösung des Frauenministeriums / A5 (*Vorarlberger Nachrichten,* 7.3.1997, 1)

   Scientology Alarm:
   Scientologist who left Germany due to discrimination form a coalition to campaign against alleged human rights abuses in Germany. 3A (*USAtoday*, 11.2.1997)

   Blickpunkt (Ressort): Schläger vor Gericht
   Friedliche Camper wurden im Sommer am Plauer See krankenhausreif geschlagen. Gegen die rechtsradikalen Täter beginnt morgen in Schwerin der Prozess. Seite 3 (*Berliner Zeitung,* 10.2.1997)

   Konstitutive Bestandteile dieser Ankündigungstextsorte sind die Meldung eines Sachverhalts und der Querverweis auf den weiterführenden Beitrag. Ressortangabe und Überschrift sind funktional betrachtet fakultativ und kommen dementsprechend auch nicht überall vor. Die enge Verwandschaft von Anreißermeldung und Kurzmeldung kommt darin zum Ausdruck, daß in manchen Zeitungen beide Meldungsformen in einer gemeinsamen Rubrik oder einem Kasten zusammengestellt werden.

2. Der Problemanreißer
   Während die Anreißermeldung aufgrund der Basisinformation eine rudimentäre Form des Berichtens darstellt, liegt die Hauptfunktion dieses Anreißertyps auf der Motivation für die Lektüre des angekündigten Beitrags:

   Sport
   Warum der alternde Skikönig Alberto Tomba bei der WM noch mal auf die Piste muss (*Die Woche*, 7.2.1997)

   Ewiger Rebell
   Laurent Desiré Kabila: Was treibt den Chef der zairischen Guerilla um? Hintergrund Seite 15 (*tageszeitung,* 9.4.1997)

3. Überschriften-Ankündigungen
   Charakteristisch für diesen Ankündigungstyps sind syntaktische Auslassungen und sprachliche Kurzformen. Funktional sind sie insofern eng mit den Fragestellungs-anreißern verwandt als auch bei ihnen die Lesermotivation im Vordergrund steht.

   News Page 3
   The sun, cancer - and fashion
   (*The Independent*, 10.4.1997)

   Öko-Test: Schadstoffe in vielen Handcremes – Wirtschaft
   1.FCK heute beim Karlsruher Hallen-Masters – Sport
   (*Die Rheinpfalz*, 21.1.1997)

4. Illokutionäre Ankündigung
   Charakteristisch für diese Form der Ankündigung ist die Angabe der publizistischen Funktion des angekündigten Textes durch die Verwendung handlungskennzeichnender Verben:

   Wahlkampf
   Helmut Kohl startet in Dortmund in die Wahlschlacht. Der Ostberliner Schriftsteller Rolf Schneider rezensiert seine Rede. CDU Wahlstratege Peter Radunski zerpflückt die Kampagne der CDU 6 + 5 (*Die Woche*, 1.9.1994)

   Interview Joschka Fischer:
   „Wir reden nicht mehr vom Reform-Projekt Rot-Grün" Seiten 6 + 7
   (*Die Woche*, 7.3.1997)

Die Orientierungstextsorten können auf unterschiedliche Weise präsentiert werden: in einer vertikalen Meldungsspalte ganz links oder ganz rechts auf der Titelseite - wie beispielsweise in der *Welt*, in *USAtoday* oder der *Rheinpfalz* -, in horizontalen Promoboxen oder Scooplines direkt unter dem Zeitungskopf - wie in der *Frankfurter Rundschau*, der *tageszeitung*, der *Berliner Morgenpost* oder dem *Independent* -, einem mehrspaltigen Kasten - wie in der *Süddeutschen Zeitung* - oder in Überzeilen über dem Zeitungstitel. Ein regelhafter Zusammenhang zwischen den Präsentationsformen und den verschiedenen Darstellungsformen der Ankündigungstexte ist nicht beobachtbar, sieht man einmal davon ab, daß die Platzbeschränkungen in Überzeilen kurze Formen begünstigen. Allerdings gibt es Affinitäten zwischen den Anreißertypen und den Beitragstypen, die sie ankündigen. So sind illokutionäre Ankündigungen typisch für analytische Beiträge von Gastautoren, deren spezifische publizistische Leistung gekennzeichnet werden soll. Anreißermeldungen verweisen meistens auf Ereignisberichte, Fragestellungsanreißer dagegen eher auf Hintergrundbeiträge.

Neben diesen sprachlichen Mitteln für die Leserorientierung haben sich in modernen Tageszeitungen noch eine Reihe optischer Orientierungsmittel ausgebildet, die die Navigation in der jeweiligen Ausgabe erleichtern sollen. Dazu gehören

Farbleitsysteme, durch die die einzelnen Ressorts mit einer feststehenden Farbe gekennzeichnet werden, so beispielsweise in *USAtoday*, in der *Woche*, den *Vorarlberger Nachrichten* oder der *Sonntagszeitung*, Logos und typografische Auszeichnungen, die feststehende Rubriken kennzeichnen oder Piktogramme, die themenverwandte Beiträge auf verschiedenen Seiten markieren.

5.3. Transparenz der Seitengestaltung: neue Textbausteine

Mit dem Blockumbruch, der den Spaltenumbruch ablöste, bietet die Tageszeitung dem Leser eine simultane Ansammlung verschiedener Beiträge, deren Hierarchisierung, thematische und funktionale Ordnung auch optisch durch Plazierung, Typografie und Layout ausgedrückt werden. Das Layout hat damit eine journalistische Funktion erhalten. Für die Orientierung des Lesers auf der Zeitungsseite spielen dementsprechend die optisch auffälligen Elemente wie Überschriften, Zwischentitel, Bilder, Bildzeilen, Vorspänne eine entscheidende Rolle. Funktional betrachtet, ist es deshalb zu kurz gegriffen, die textliche Gestaltung dieser Orientierungseinheiten nur an ihren beitragsinternen Aufgaben auszurichten. Im Seitenkontext betrachtet, sind Überschriften eben nicht nur Einleitungsteile für den entsprechenden Beitrag, sondern grenzen ihn auch von anderen Beiträgen ab und bilden mit den anderen Überschriften das Inhaltsverzeichnis einer Seite. Diese erweiterte Orientierungsfunktion der Überschriften kommt in verschiedenen sprachlichen und optischen Veränderungen zum Ausdruck. So können auch die Hauptüberschriften mehrzeilig gestaltet werden, damit sie möglichst informativ sind, beispielsweise in der *Rheinischen Post* und in den meisten englischen und amerikanischen Zeitungen. Überschriften werden auch mit zusätzlichen Orientierungselementen versehen: So hat die *Schwäbische Zeitung* eine neue Form der Dachzeile eingeführt, die als graugerasterte Informationsleiste einerseits die optische Abtrennung eines Beitrags übernimmt und andererseits mit dem integrierten Stichwort eine thematische Einordnungshilfe bietet.

Die erweiterte Orientierungsfunktion hat auch Form und Funktion des Vorspanns verändert, optisch daran zu erkennen, daß er in modern gestalteten Tageszeitungen nur noch einspaltig und maximal mit 8 bis 10 Zeilen gestaltet wird. Traditionell wurde der Vorspann als Einleitung und Kurzfassung des Beitrags aufgefaßt und dementsprechend als relativ langes Textstück über mehrere Spalten hinweg aufgemacht. Während die *Süddeutsche Zeitung* bis heute diese alten Form der Vorspanngestaltung praktiziert, bestimmt ihn beispielsweise die *Frankfurter Rundschau* als Fortsetzung der Überschrift mit erweiterten Mitteln, also als Orientierungstext: „Der Vorspann ist als letzte differenzierte Stufe der Aufmachung, also der Überschrift zu werten, und nicht als erster, lediglich fettgedruckter Anfang des Textes“ (Frankfurter Rundschau, 24.12.1993). Optisch wird der Vorspann dadurch mit der Überschrift verklammert, daß dieselbe Typografie verwendet und die Spitzmarke mit Orts- und Quellenangabe nach dem Vorspann als Eröffnung des Haupttextes plaziert wird. In anderen Blättern wird die optische Abtrennung des Vorspannes vom Beitragstext durch eine Linie oder durch typografische Gestaltung wie Flattersatz, Zentrierung, andere Schrifttypen oder

Kasten vorgenommen. Anschluß- oder Wiederaufnahmeformulierungen wie pronominale Substitutionen, die den Haupttext mit dem Vorspann verbinden, kommen konsequenterweise in einem solchen Textmuster nicht mehr vor. Die sprachliche Gestaltung des Vorspanns ist durch die Kürzung insofern komplizierter geworden, als mit weniger Formulierungsfreiheiten Mehrfachaufgaben gelöst werden müssen, wie die inhaltlich-thematische Orientierung, die Lesermotivierung, die Einordnung des Themas oder die Markierung eines Beitrags als Fortsetzungsbeitrag einer vorausgegangenen Berichterstattung. Die Bedeutung, die dem Vorspann für die Orientierung des Lesers auf der Zeitungsseite beigemessen wird, kommt auch darin zum Ausdruck, daß die Schwäbische Zeitung sogar die kommentierenden Texte mit einem Vorspann versieht, der den nachrichtlichen Zusammenhang einer Kommentierung herstellen soll. Diese Vorspanntexte stehen sogar über den Kommentarüberschriften (*Schwäbische Zeitung* 2.4.97, Landesüberblick):

Kommentar:

Der neue Abfallwirtschaftsplan des Landes bringt viele Landkreise bei der Restmüllverwertung in Zugzwang.

Brennendes Problem

Von unserem Redakteur

Durch die Umkehrung der traditionellen Sequenzabfolge von Überschrift und Vorspann wird hier ganz deutlich, daß der Vorspann eine eigenständige, neue kommunikative Aufgabe übernimmt: die Orientierung des Lesers über den thematisch-nachrichtlichen Zusammenhang des Kommentars und damit dessen Einbettung in seine sequentielle Stellung als Folgebeitrag auf einen vorausgegangenen Informationsbeitrag.

5.4. Visuelle Texte: Synopsen und Übersichtstexte

Im Zuge der Ausrichtung der Zeitungsgestaltung an den Lesern ist auch das Standardbauprinzip für journalistische Texte, das Prinzip der umgekehrten Pyramide, problematisiert worden: „We need to get away from the tyranny of the inverted pryramid, an ancient and venerated device that is boring if not downright destructive" (Poynter Institute 1991, 45). Grundlage des Pyramidenprinzips sind ursprünglich übertragungs- und umbruchtechnische Gründe, die heute mit der Technik des Ganzseitenumbruchs und der verläßlichen Informationsübermittlung hinfällig geworden sind. Insofern gibt es keine zwingenden Gründe, Texte ausschließlich so aufzubauen, daß die relevantesten, wichtigsten Informationen am Textanfang plaziert werden, damit deren Übertragung gesichert bzw. die Texte von hinten gekürzt werden können, ohne daß der

Informationskern verloren geht.

Eine der Alternativen zum Pyramidenprinzip besteht darin, das Repertoire der linearen Organisationsmuster für journalistische Texte zu erweitern, beispielsweise um das Pro- und Contra-Prinzip, das Deduktive-, das Induktive- oder das Prinzip der Feature-Inseln. (Vgl. dazu Blum/Bucher 1997, Kp. 6). Eine zweite Alternative liegt in der Delinearisierung der Textstruktur. Dabei werden optische Gestaltungsmittel wie Typografie und Textdesign, so eingesetzt, daß die Textstruktur visualisiert wird. Man kann diese Texte deshalb als visuell bezeichnen: „Visual features take over the load of structuring and organizing the reader's processing. [...] the visible text relies on localization, on the heightening of the boundaries, edges, and divisions of the text. [...] In the visible text, the goal is to call readers' attention visually on semantically grouped information, *Focus*ing the reader's attention on discrete sections" (Bernhardt 1986, 73).

In modern gestalteten Printmedien lassen sich zwei Typen visueller Textformen unterscheiden: *synoptische Texte* und *Übersichtstexte.* In *synoptischen Formen* der Informationsaufbereitung ist die lineare Textgestaltung durch eine spaltenorientierte aufgebrochen. Der Beitrag besteht damit nicht mehr aus einem Fließtext sondern aus verschiedenen selbständigen Textmodulen, die spaltenweise unter einem bestimmten Ordnungskriterium angeordnet sind. So können in Textsynopsen beispielsweise Aussagen verschiedener Politiker zu bestimmten wahlkampfrelevanten Themen gegenüber gestellt werden, Testergebnisse zu bestimmten Produkten, oder die Leistungsbeurteilungen zweier Fußballmannschaften nach verschiedenen Beurteilungskriterien (Ein Beispiel aus der Sportberichterstattung ist in Bucher 1996 dokumentiert und besprochen). Textsynopsen sind von ihrer Struktur und ihrer Nutzung her mit Datenbanken vergleichbar. Sie bestehen aus einzelnen Informationsfeldern, die jeweils einem Datensatz und einem Feldtyp - den Spalten und Zeilen - zugeordnet werden. Wie bei einer Datenbankabfrage können die Leser diese tabellarische Informationsaufbereitung selektiv nutzen: Sie können spaltenorientiert vorgehen (Was sagt Politiker A zum Thema Müll, zum Thema kommunaler Haushalt, zum Thema Kulturförderung?) oder zeilenorientiert (Was sagen die Politiker A, B, C, D jeweils zum Thema Müll?). Die Navigation eröffnet somit jeweils unterschiedliche Vergleichsmöglichkeiten. Synoptische Texte sind deshalb als Darstellungsform für vergleichende Informationsaufgaben leserangemessener als lineare Formen, da sie dem Leser gewissermaßen eine interaktive Nutzung für das eigenständige Vergleichen eröffnen. Textsynopsen bieten dadurch dem Leser die Möglichkeit, eine eigene Beitragsstruktur aufzubauen. Er kann linear verfahren und den Beitrag als Fließtext durchlesen, wobei die Spaltenkennzeichnungen wie Zwischentitel gelesen werden können. Oder er kann die ihn interessierenden Datenfelder mit Hilfe der Datenbankkriterien in den einzelnen Zeilen und Spalten selbst auswählen und anordnen. Die synoptische Informationspräsentation hat unter Verständlichkeitsgesichtspunkten gegenüber einem linearen Text zwei Vorteile: Sie *zeigt* die Struktur des Informationsangebots im Überblick - zum Beispiel die gewählten Beurteilungsaspekte eines Kandidaten oder einer Fußballmannschaft - und sie ermöglicht eine vergleichende, selbstorganisierte Lektüre.

Eine zweite Form visueller Texte sind die Übersichtstexte. Ihre Struktur ist optisch durch typografische und textdesignerische Mittel, wie Aufzählungs- und Gliederungszeichen oder durch Numerierungen gekennzeichnet. Charakteristisch ist die serielle Verwendung dieser Mittel, an der ein Leser das entsprechende Gliederungsprinzip erkennen kann. Auf einer Überblicksseite mit dem Thema „Müll - das kommt auf die Emder zu" gibt die *Emder Zeitung* in einem visuell gestalteten Textelement eine Übersicht über die Systematik der künftigen Mülltonnen:

> Einiges wird sich mit der neuen Müllentsorgung in Emden verändern. Die Zahl der Mülltonnen erhöht sich, und auch die Abholzeiten sind neu.
> Die Mülltonnen:
> Ab 1. Januar sind drei Mülltonnen pro Haushalt vorgesehen:
> · **Graue** Tonne für den sogenannten Restmüll.
> **Braune** Tonne für den kompostierbaren Müll ("Biomüll")
> · **Gelbe** Tonne für mit dem "grünen Punkt" des dualen Systems versehene Verpackungen.
> Abholzeiten
> Die drei Tonnen werden alle 14 Tage geleert.
> (*Emder Zeitung*, 11.11.1992, Auszeichnungen aus dem Original übernommen)

Die Delinearisierung, nach der die ganze Zeitungsseite in der *Emder Zeitung* in einzelne Text- , Bild-, und Grafikmodule zerlegt ist („Das gehört in die Tonne"; „So kommt man an die Behälter"; „Das kostet künftig die Müllabfuhr") wird hier konsequent auf der Ebene der Textgestaltung fortgesetzt. Das Delinearisierungsmuster wird durch halbfette Schrifttypen und Auszeichnung visualisiert, wodurch der Aufbau für den Leser als Aufzählungszusammenhang erkennbar wird. Auch die syntaktische Struktur des Textes ist diesem seriellen Textdesign-Muster unterworfen, so daß eine Parallelität von optischer Gestaltung und sprachlicher Form vorliegt. Typische Anwendungsfälle für solche seriellen Überblickstexte sind Chronologien, Wochenrückblicke, Definitionen und Begriffsklärungen oder Kurzporträts von Personen, die als flankierende Beitragseinheiten aus größeren Texten ausgelagert sind.

Die Deutung visueller Formen der Textgestaltung als Kohärenzindikatoren läßt sich auf verschiedene optische Gestaltungsprinzipien zurückführen. So beruht die optische Kohärenz des Beispiels aus der *Emder Zeitung* darauf, daß folgende drei Gestaltungsprinzipien berücksichtigt wurden:

- *das Prinzip der Kontinuität*: die Punkt-Aufzählung und die Fettauszeichnung wird durchgehalten.
- *das Prinzip der Ähnlichkeit*: die Aufzählungselemente der nichtlinearen Abfolge sind gleich gestaltet, ebenso die beiden Themenaspekte „Mülltonnen" und „Abholzeiten". Durch die beiden verschiedenen Auszeichnungsweisen werden auch Texthierarchien ausgedrückt.
- *das Prinzip der Nähe*: zusammengehörende Einheiten stehen in unmittelbarer Nachbarschaft.

Die genannten Prinzipien sind graduierbar und können dementsprechend komplementär wirken (vgl. dazu Campbell 1995, 57-73). So sind die beiden folgenden visuellen Textkästen innerhalb ihres Bezugsbeitrags („Mit Billigflügen ans Urlaubsziel? Verbraucherzentralen kritisieren Umweltverschmutzung durch Charterflüge", *Südwest Presse*, 15.6.1996) relativ weit auseinander plaziert, ihre Ähnlichkeit in der

Gestaltung signaliert dem Leser aber trotzdem deutlich, daß zwischen ihnen ein Zusammenhang besteht.

Pro Fliegen

- Ein Urlaubsziel wird schnell erreicht.
- Billigflüge ermöglichen vielen Menschen weite Reisen.
- Ein dichtes Flugnetz ermöglicht hohe Mobilität.
- Der Reisende kommt weitgehend streßfrei ans Ziel.

Gegen Fliegen

- Eine Boing 727 benötigt die 17fache Energie eines D-Zuges.
- Ein Jumbo-Jet verbraucht stündlich 16 000 Liter Kerosin
- Der Flugverkehr wächst um etwa 5 Prozent jährlich an.
- die Ökobilanz eines Urlaubs fällt negativ aus.

Verstehensprobleme entstehen für den Leser, wenn die visuellen Kohärenzindikatoren und die textuellen miteinander in Konflikt geraten. Im folgenden Beispiel aus *Focus* signalisiert die optische Gestaltung einen thematischen Zusammenhang des Textes nach dem Aufbau-Muster „Thema und Unterthemen", der aber vom Textinhalt her nicht gegeben ist.

MATTHIAS WISSMANN

- **Der 47jährige**
  Bundesverkehrsminster warb auf einer einwöchigen PR-Tour durch Südamerika für Transrapid und Bahnprojekte
- **Milliardenaufträge**
  winken sowohl in Chile als auch in Brasilien
- **Die Zukunft**
  der deutschen Magnetbahntechnik hängt von einem Wirtschaftlichkeitsgutachten ab, das noch in diesem Monat veröffentlicht wird

(*Focus* 16/1997, S. 85)

Das *Focus*-Beispiel stellt eine optische Delinearisierung dar, die nicht mit einer Delinearisierung der Textstruktur korrespondiert. So ist ein kohärenter Übergang vom ersten zum zweiten Gliederungspunkt am ehesten bei einer linearen Lektüre der beiden Textteile erkennbar, und zwar als ein Fortsetzungszusammenhang. Der dritte Abschnitt der Aufzählung dagegen ist in keinen engeren Zusammenhang mit den beiden vorausgegangenen und der Hauptüberschrift „Matthias Wissmann" zu bringen. Die visuellen Mittel gaukeln dem Leser eine Textstruktur vor, die auf der sprachlichen Ebene der Textgestaltung gar nicht gegeben ist.

Die drei genannten Prinzipien der optischen Gestaltung können auch genutzt werden, um Strukturen größerer Gestaltungseinheiten zu visualisieren, wie zum Beispiel Beitragscluster, Themenseiten oder sogar Themendoppelseiten. Beispielsweise hat *Die Woche* eine Doppelseite zum Thema „Streit um Aids" so gestaltet, daß deren Pro- und Contra-Struktur durch die Berücksichtigung der drei genannten Prinzipien visualisiert wird. Grundlage der Visualisierung ist die nachbarschaftliche Plazierung der beiden Positionen („Es gibt kein Killervirus!" versus „Das Virus ist schuld") auf einer Doppelseite, die identische Aufmachung der modularen Einheiten wie der beiden Informationsgrafiken (Contra-Seite: Sterbefälle; Pro-Seite: Risikogruppen) oder der Kurzporträts (Contra-Seite: HIV-Ketzer; Pro-Seite: HIV-Papst), der identische thesenorientierte Aufbau des Haupttextes nach denselben thematischen Gesichtspunkten (Wirkungsweise, Infektion, Riskofaktoren usw.) sowie eine seitenverbindende Abbildung. Auch hier eröffnet die Visualisierung der Beitragsstruktur eine selektive und zugleich vergleichende Lektüre.

6. Vom Langtext zum Cluster: modulare Formen der Berichterstattung

6.1. Strategien der Modularisierung

Segmentierungstendenzen auf der Ebene der Blattgestaltung setzen sich auch innerhalb der einzelnen journalistischen Beitragseinheiten fort. Komplexe Themen werden nicht mehr ausschließlich als Langtexte aufbereitet, sondern in einem Cluster aus verschiedenen textuellen und visuellen Einheiten. Man kann diese Cluster insofern als modular bezeichnen, als die einzelnen Elemente eigenständige journalistische Funktionen erfüllen und oft auch isoliert rezipiert werden können. Insofern erfüllen diese Cluster auch Kriterien, wie sie für Hypertexte formuliert wurden: Sie bestehen aus einzelnen sogenannten informationellen Einheiten (vgl. dazu Kuhlen 1991, 79-98; Freisler 1994), die als Texte, Fotos und Grafiken multimedial sein können, zwischen denen Verknüpfungsrelationen bestehen, die ihrerseits durch textuelle Hinweise - Themenausdrücke oder explizite Verweise - und visuelle Zeichen - Typografie, Icons, Buttons, Layout - markiert sind. Im Vergleich zu einer komplexen, nicht-segmentierten Themenaufbereitung erspart eine modulare Aufbereitung mit mehreren Informationseinheiten dem selektiven Leser eine Alles-oder-nichts-Entscheidung: sie eröffnet ihm die Möglichkeit, die Nutzungstiefe des Informationsangebotes stufenweise zu bestimmen. Aus einem Cluster verschiedener Informationsangebote kann er sich sein Lektüre-Menü selbst zusammenstellen, analog zu den Navigationsangeboten in einem Hypertext.

Die Segmentierung eines Schwerpunktthemas auf ganzen Zeitungsseiten - gewissermaßen als Hyper-Cluster - findet sich zunehmend als regelmäßiges periodisches Angebot auch in regionalen Tageszeitungen wie den *Stuttgarter Nachrichten*, der *Südwest Presse*, dem *Reutlinger Generalanzeiger*, der *Berliner Zeitung* unter Rubriken wie „Das Thema der Woche" oder „Tagesthema", aber auch als Doppelseiten in der *Woche* und als „Brennpunkt" in *Focus*. Ein *Focus*-Kritiker hat den Einwand erhoben, daß die Berichterstattung des neuen Magazins „in Puzzleteile zerfalle, die nicht zueinander passen" und damit ein Grundproblem der modularen Berichterstattung angesprochen: Das *Problem der Cluster-Kohärenz*, das eigentlich in ein Doppelproblem zerfällt:

- in das *Segmentierungsproblem*: In welche Einheiten kann ein komplexes Thema portioniert werden?
- und in ein *Organisations- und Verständlichkeitsproblem*: Wie muß das Cluster präsentiert werden, damit sich der Leser darin orientieren und es selektiv nutzen kann?

Zunächst zum Segmentierungsproblem. Auf der Grundlage elementarer Ebenen der Kommunikationsorganisation, wie sie in der handlungstheoretischen Linguistik unterschieden werden (vgl. Bucher 1997b), kann man vier Typen von Modularisierungsverfahren unterscheiden (Beispiele für die einzelnen Modularisierungsverfahren sind dokumentiert in Bucher 1996):

a) die thematisch-inhaltliche Segmentierung

So könnte ein Redaktionsgespräch anstatt in einem einzigen Text in mehreren Informationseinheiten wiedergegeben werden, die nach verschiedenen Gesprächsthemen unterteilt sind. Modularisierungen nach thematisch-inhaltlichen Kriterien sind die häufigste derzeit anzutreffende Form.

b) die funktionale Segmentierung

Grundlage dieser Form der Modularisierung sind die journalistischen Darstellungs- und Handlungsformen. Zur Beschreibung funktionaler Segmentierungen kann man auf alle Kategorien zurückgreifen, die in Theorien zum sprachlichen Handeln entwickelt wurden: Handlungsmuster, Untermuster, Handlungsalternative, Spezifizierungen, Sequenzmuster, oder Indem-Relation. In einem Beispiel der *Vorarlberger Nachrichten* wird über eine Kette von Unfallereignissen mit ganz verschiedenen journalistischen Darstellungsformen berichtet:

Zwei Unfallberichte zu einer Unfallserie.

- Ein Augenzeugenbericht.
- Eine Beschreibung des Unfallortes nach dem Unfall.
- Eine Informationsgrafik, mit der der Unfallhergang erklärt wird.
- Eine Informationsgrafik (eingeklinkt), die zeigt, wo der Unfallort liegt.
- Eine Chronik früherer Unfälle an dieser Stelle.
- Vier Bilder, die den Unfallhergang dokumentieren.

c) die perspektivische Segmentierung

Ein Thema wird aus verschiedenen Blickwinkeln behandelt. So wird in der *Woche* beispielsweise das Thema Pflegefälle in der Familie („Prügel für Omi", *Die Woche*, 29.7.1993) vom selben Autor in einem Doppelbeitrag behandelt - einmal aus Sicht der Pfleger („Helfer: erschöpft und schikaniert") und zum anderen aus der Sicht der Pflegebedürftigen („Hilflose: abgemagert und geschunden"). Perspektivische Segmentierung wird auch praktiziert, wenn Kontrahenten im Blatt ihren Meinungsstreit austragen - wie beispielsweise in der festen Pro und Contra-Rubrik in *Focus* -, oder wenn redaktionelle Beiträge durch Gastkommentare und Begleitinterviews ergänzt werden.

d) prinzipiengeleitete Segmentierung

Wie strategische Prinzipien in Dialogen über Gesprächszüge entscheiden können, oder wie didaktische Prinzipien in den Textaufbau eingreifen können, so können auch journalistische Segmentierungsentscheidungen von allgemeineren Kommunikationsprinzipien geleitetet sein. Man kann eine Interviewpassage oder ein Zitat in einem Kasten präsentieren, um die entsprechenden Äußerungen zu fokussieren. Die Auslagerung von Zahlen in eine Tabelle oder eine numerische Grafik kann die Lesbarkeit des Basistextes verbessern. Separat aufbereitete Zusatzinformationen wie beispielsweise die Vorgeschichte, Personalangaben oder eine Übersichtschronologie sind Update-Angebote an die Leser, ihre unterschiedlichen Wissensvoraussetzungen in Bezug auf eine Berichterstattung auszugleichen.

Die vier vorgestellten Segmentierungstypen kann man auch als Strategien zur Erzeugung von Hypertexten auffassen. Insofern sind sie auch ein Vorschlag zur Beschreibung von Grundformen der Kohärenz zwischen informationellen Einheiten in Hypertexten. Die Einteilung in thematisch-inhaltliche, funktionale oder illokutionäre, perspektivische und prinzipienorientierte Formen der Kohärenz ist reichhaltiger als die in der Hypertext-Literatur gemeinhin gemachten Vorschläge zur Systematisierung von Relationen. So begnügt sich Kuhlen (1991) für die spezifizierten - sogenannten „typisierten" - Verknüpfungen mit einer Einteilung in semantische und kohärenzbezogene, wobei letztere nochmals in prädikativ-argumentative, rhetorisch-illokutive und thematische Verknüpfungen unterteilt werden. Dieser Vorschlag ist einerseits nicht konsistent hinsichtlich der verschiedenen Beschreibungsebenen einer funktionalen Texttheorie, andererseits vernachlässigt er die Vielfalt möglicher Handlungsmuster und -zusammenhänge zwischen kommunikativen Einheiten. Ein Grund für die eingeschränkte Sichtweise des Kohärenzproblems in der Hypertextforschung beruht auf der vorrangigen Orientierung an propositionalen Texttheorien, die Kohärenz als semantische Relation zwischen einzelnen Propositionen auffassen (vgl. Haake/Hannemann/Thüring 1991, 121ff.; Tergan 1993, 16).

Ein typisches Kommunikationsproblem, das sich bei der modularen Informationsaufbereitung für den Leser auftun kann, ist die unmotivierte Themen-Segmentierung: Werden Zusammenhänge hergestellt, die irrelevant oder irreführend sind? Hier hat der im Zusammenhang mit der Debatte um *Focus* erhobene Einwand des Häppchen- oder Designer-Journalismus seine Grundlage.

Für die Lösung des *Organisationsproblems*, dem zweiten Problembereich neben der Segmentierung, ist es hilfreich, wenn man sich die typischen Verstehens- und

Orientierungsprobleme vergegenwärtigt, die bei der Cluster-Lektüre, aber auch bei der Hypertext-Nutzung auftreten können:

1. Der Leser sieht nicht, was zum Cluster gehört, bzw. er sieht nicht, daß überhaupt ein Cluster vorliegt.
2. Der Leser sieht nicht, wie die einzelnen Elemente des Clusters zusammenhängen.
3. Der Leser findet keinen Lesepfad durch das Cluster, weiß also nicht, in welcher Reihenfolge die Elemente sinnvollerweise rezipiert werden.

Auf einige dieser Verstehens- und Navigationsprobleme will ich jetzt mit einer vergleichenden Analyse der Berichterstattung zum Thema „25 Jahre Konflikt in Nordirland", wie sie von der *ZEIT*, *Focus* und der *Woche* präsentiert wurde, näher eingehen. Die in den Abbildungen 4 bis 6 dokumentierten Berichtersstattungsbeispiele illustrieren zugleich auch die Segmentierungstypen für eine modularisierte Themenaufbereitung.

6.2. Fallanalyse: Probleme der Modularisierung

Eine klassische Themenpräsentation für den linearen Leser bietet *DIE ZEIT* mit zwei relativ langen Texten, jeweils rund 200 Zeilen lang, und mit jeweils einem optischen Element: einer Topografik zu Irland und einem Porträtfoto (Siehe Abb. 4). Das Selektionsangebot für den Leser beschränkt sich auf die Alternative zwischen den beiden Beiträgen oder dem Verzicht auf eine Lektüre. Für eine Teillektüre einzelner Beitragselemente werden keine Angebote gemacht, was beispielsweise durch Zwischentitel in den beiden Texten erreichbar wäre. Auf den ersten Blick sind die Beiträge optisch nicht als Module eines Clusters erkennbar. Daß die Dachzeile Integrationsfunktion hat und Hinweise zum Aufbau des Clusters enthält, wird erst nach ihrer Lektüre erkennbar.

> „Nach 25 Jahren Bürgerkrieg: Die IRA verzichtet auf Gewalt. Hat der Frieden in Nordirland eine Chance? Eine Reportage aus der Hochburg militanter Katholiken und ein Portrait des wichtigsten Führers der Protestanten". (*DIE ZEIT* 37/1994, S.2)

Mit dieser Dachzeile wird die Berichterstattung in die aktuelle Ereignislage eingebettet, was für eine Hintergrundberichterstattung typisch ist. Mit der Angabe der beiden Darstellungsformen, Reportage und Portrait, wird die funktionale Segmentierung des Cluster expliziert. Eine perspektivische Segmentierung gemäß den streitenden Konfessionen ist aufgrund der thematischen Angaben zu den Inhalten der beiden Hauptbeiträge („militante Katholiken" versus „wichtigster Führer der Protestanten") erschließbar. Ein weiterer Orientierungstext, die Dachzeile zum zweiten Beitrag, dem Porträt über Molyneaux, liefert durch den Relevanzhinweis ebenfalls ein Selektionskriterium für die Lektüre: „James Molyneaux, eine der Schlüsselfiguren im nordirischen Drama". Die Bildzeile unter seinem Foto („Spröder Mann mit angestaubtem Credo: James Molyneaux") erfüllt dieselbe Funktion. Während die Funktion des Fotos dadurch als optische Ergänzung zum Porträt verstehbar wird, ist die Funktion der Informationsgrafik im Reportagetext nicht auf Anhieb erkennbar. Daß sie den Ort zeigt, von dem die Reportage stammt, wird nur erkennbar durch die leicht übersehbare Ortsspitzmarke des Reportagetextes und durch die Nennung des Ortsnamens „Crossmaglen“ in der Reportage, allerdings erst im dritten Textabschnitt. Für eine orientierende Lektüre wäre es angemessen gewesen, diese Funktion der Grafik entweder in einer Grafikzeile zu explizieren oder in der Dachzeile den Reportageort nicht nur durch die Kennzeichnung „Hochburg militanter Katholiken“ zu identifizieren, sondern auch durch den Ortsnamen. Auch die Nennung des Namens „Molineaux“ in der Dachzeile hätte als Themenmarker kohärenzstiftend in Bezug auf den zweiten Beitrag gewirkt.

Im Gegensatz zur linearen Textkonzeption in der *ZEIT*, weist die Berichterstattung in der *Woche* mit ebenfalls zwei größeren Texteinheiten deutliche Delinearisierungsmerkmale auf (Siehe Abb. 5). Die Funktion des Hauptbeitrags „Die Spur der Bomben“ wird bereits in der Dachzeile explizit performativ als Erklärung angegeben: „Nordirland Konflikt: Nach 25 Jahren und 3170 Toten rückt eine Lösung näher. *Die Woche* erklärt, warum die Einigung so schwierig ist“. Diese komplexe Erkläraufgabe wird durch die in Frageform gehaltenen Zwischentitel des Textes funktional in Teilhandlungen zerlegt, beispielsweise: „Warum gehört Nordirland nicht zur Republik Irland?“ oder: „Was ist der Kern des Konfliktes?“, oder „Warum läßt die IRA sich auf einen Waffenstillstand ein?“. Diese Überschriften markieren aber nicht nur die funktionale Segmentierung des Erklärbeitrages sondern liefern dem Leser auch Anhaltspunkte für eine selektive Nutzung des Textangebotes. Auch in der Informationsleiste „Nordirland“, die die gesamte linke Spalte einnimmt, ist die Segmentierung, hier nach thematischen Kriterien, beitragsintern fortgesetzt: Die Zwischentitel, typografisch und durch Farbauszeichnung unterschieden, zeigen dem Leser die modulare Struktur des Zusatzinformationsangebotes. Die Informationsgrafik ist durch die Überschrift in der Legende „Anteil der Protestanten an der Bevölkerung“ als eigenständige Informationseinheit rezipierbar, ebenso die kleinen Fotos durch ihre Unterzeile. Im Gegensatz zur *ZEIT*-Berichterstattung drückt die Aufmachung der *Woche* auch eine klare Hierarchie der einzelnen Informationseinheiten aus. Die Themenmarker „Nordirland-Konflikt“ in der Dachzeile des Hauptbeitrags und „Nordirland“ als Überschrift für die Infospalten sichern optisch sowie thematisch-inhaltlich eine Verknüpfung der beiden Beitragseinheiten.

Am weitesten ist die Modularisierung auf der Brennpunkt-Doppelseite von *Focus* vorangetrieben, unter Nutzung der drei Informationskanäle Text, Foto und Grafik (Siehe Abb. 6). Die Berichterstattung setzt sich zusammen aus sieben größeren Einheiten: dem Basistext, einer Chronologie der Friedensbemühungen, einer bebilderten Balkengrafik zu den Zahlen der jährlichen Toten seit 1969, einer Topografik, die die Religionszugehörigkeit der nordirischen Bevölkerung zeigt, einem Informationsblock zu den paramilitärischen Organisationen auf Seiten der Protestanten und der Katholiken, einer Infoleiste, in der die wichtigsten Personen aus der politischen Arena vorgestellt werden, sowie einem Foto, das die beiden Seiten verklammert. Zusätzlich wird der Zusammenhang zwischen den verschiedenen Elementen durch den roten Brennpunkt-Balken visualisiert und durch die jeweils gleich gestalteten blauen Überschriftsbalken für die einzelnen Informationseinheiten: „Friedensbemühungen“ über der

2 POLITIK

Nach 25 Jahren Bürgerkrieg: Die IRA verzichtet auf Gewalt. Hat der Frieden in Nordirland eine Chance? Eine Reportage aus der Hochburg militanter Katholiken und ein Porträt des wichtigsten Führers der Protestanten

Für Friedensfeiern ist es noch zu früh

Worte der Woche

Zeitspiegel

James Molyneaux, eine der Schlüsselfiguren im nordirischen Drama

Hinter den Kulissen

Abb. 4

Chronik, „Bilanz des Terrors“ über der Balkengrafik, „Die Grenzen sind Glaubenssache“ über der Topografik, „Paramilitärische Operationen“ über den beiden Informationsblöcken und „Machtspieler“ über der Personalleiste.

Trotz unterschiedlicher Aufmachungsform haben die einzelnen Informationseinheiten alle eine ähnliche Funktion: Sie dienen der Präsentation von Fakten, die man durch die journalistischen W-Fragen abfragen kann: Wieviele Tote gab es seit 1969? Wann fanden Friedensverhandlungen statt? Wer sind die politischen Hauptpersonen der derzeitigen Auseinandersetzung? Welche Organisationen kämpfen in Nordirland gegeneinander? Wo leben die meisten Katholiken, wo die meisten Protestanten? Wo liegen die Hauptkonfliktzentren? Für die in der Unterzeile der Hauptüberschrift angesprochene Frage, warum britische Truppen bis heute den Konflikt zwischen Protestanten und Katholiken nicht beenden konnten, gibt es in dem Beitragscluster keine Erklärungsansätze. Die einzige erläuternde Passage zur historischen Entstehung des Konfliktes im 17. Jahrhundert findet sich im zweiten Absatz des Haupttextes. Die Leser dieser *Focus*-Doppelseite erfahren auch nicht, daß die IRA kurz zuvor den lange geforderten Gewaltverzicht erklärt hat.

Einwände gegen die *Focus*-Berichterstattung betreffen zum einen ihre journalistische Konzeption: Da das Heft keinen weiteren Beitrag zu Nordirland enthält, bleibt unklar, wofür der Leser die aufbereitete Fakteninformation nutzen könnte. Eine Funktion als Hintergrundinformation kann das modulare Cluster demnach nicht übernehmen, seine journalistische Relevanz bleibt offen. Diese externen Kohärenzprobleme korrespondieren mit einigen cluster-internen und betreffen die zweite kommunikative Schwäche der Brennpunktseite, ihre innere Logik: Das Foto „Erinnerung an den Osteraufstand“ paßt nicht in den Zusammenhang der nordirischen Ereignisse, da dieser Aufstand in Dublin stattgefunden hat. Die Fotos, die die Balkengrafik bebildern, scheinen mehr nach den Kriterien des Sensationsjournalismus ausgewählt zu sein als nach inhaltlichen oder funktionalen Relevanzkriterien. Wer die Geschichte vom „blutigen Sonntag in Derry“ nicht kennt, versteht auch nicht, ob mit dem so betexteten Bild Terror von protestantischer oder von katholischer Seite dokumentiert werden soll. Auch die Funktion der Informationsgrafik bleibt auf der *Focus*-Doppelseite im Vergleich zur Grafik in der *Woche* unklar. Während der Sinn der Grafik in der *Woche* darin gesehen werden kann, die unterschiedliche Konfessionsverteilung in der Republik und in Nordirland zu kontrastieren, gibt es für die geografische Verteilung der Konfessionen in der *Focus*grafik keine Deutungshinweise. Optisch scheint die Grafik sogar der im Grafiktext gemachten Behauptung zu widersprechen, daß die Protestanten in Nordirland die Mehrheit stellen. Der Unterschied zwischen der Grafik in der *Woche* und in *Focus* besteht darin, daß die Grafik in der *Woche* eine numerische Grafik, allerdings in topografischer Form, darstellt. Sie visualisiert verschiedene Stufen konfessioneller Verteilungsverhältnisse, also wo wieviele Protestanten, beziehungsweise Katholiken wohnen. Die *Focus*-Grafik, eigentlich eine Doppelgrafik für das gesamte Nordirland sowie für Belfast, ist jedoch eine reine Topografik, die zeigt, wo Protestanten und wo Katholiken wohnen, ohne daß der Leser weiß, wofür er diese Ortsangaben nutzen soll.

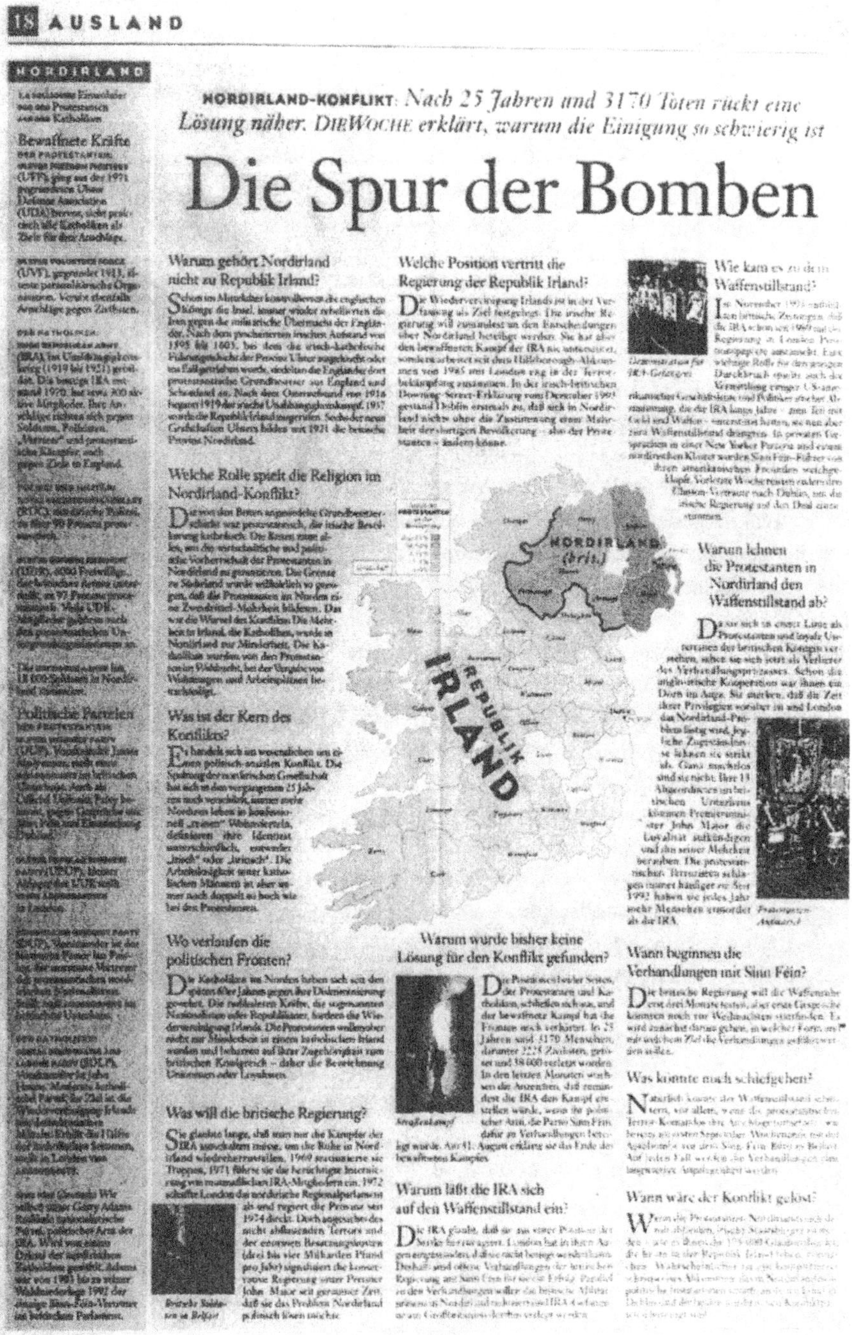
18 AUSLAND
NORDIRLAND
Bewaffnete Kräfte
Politische Parteien
NORDIRLAND-KONFLIKT: Nach 25 Jahren und 3170 Toten rückt eine Lösung näher. DIEWOCHE erklärt, warum die Einigung so schwierig ist
Die Spur der Bomben
Warum gehört Nordirland nicht zu Republik Irland?
Welche Position vertritt die Regierung der Republik Irland?
Wie kam es zu dem Waffenstillstand?
Welche Rolle spielt die Religion im Nordirland-Konflikt?
NORDIRLAND (brit.)
REPUBLIK IRLAND
Warum lehnen die Protestanten in Nordirland den Waffenstillstand ab?
Was ist der Kern des Konflikts?
Wo verlaufen die politischen Fronten?
Warum wurde bisher keine Lösung für den Konflikt gefunden?
Wann beginnen die Verhandlungen mit Sinn Féin?
Was könnte noch schiefgehen?
Was will die britische Regierung?
Warum läßt die IRA sich auf den Waffenstillstand ein?
Wann wäre der Konflikt gelöst?

Abb. 5

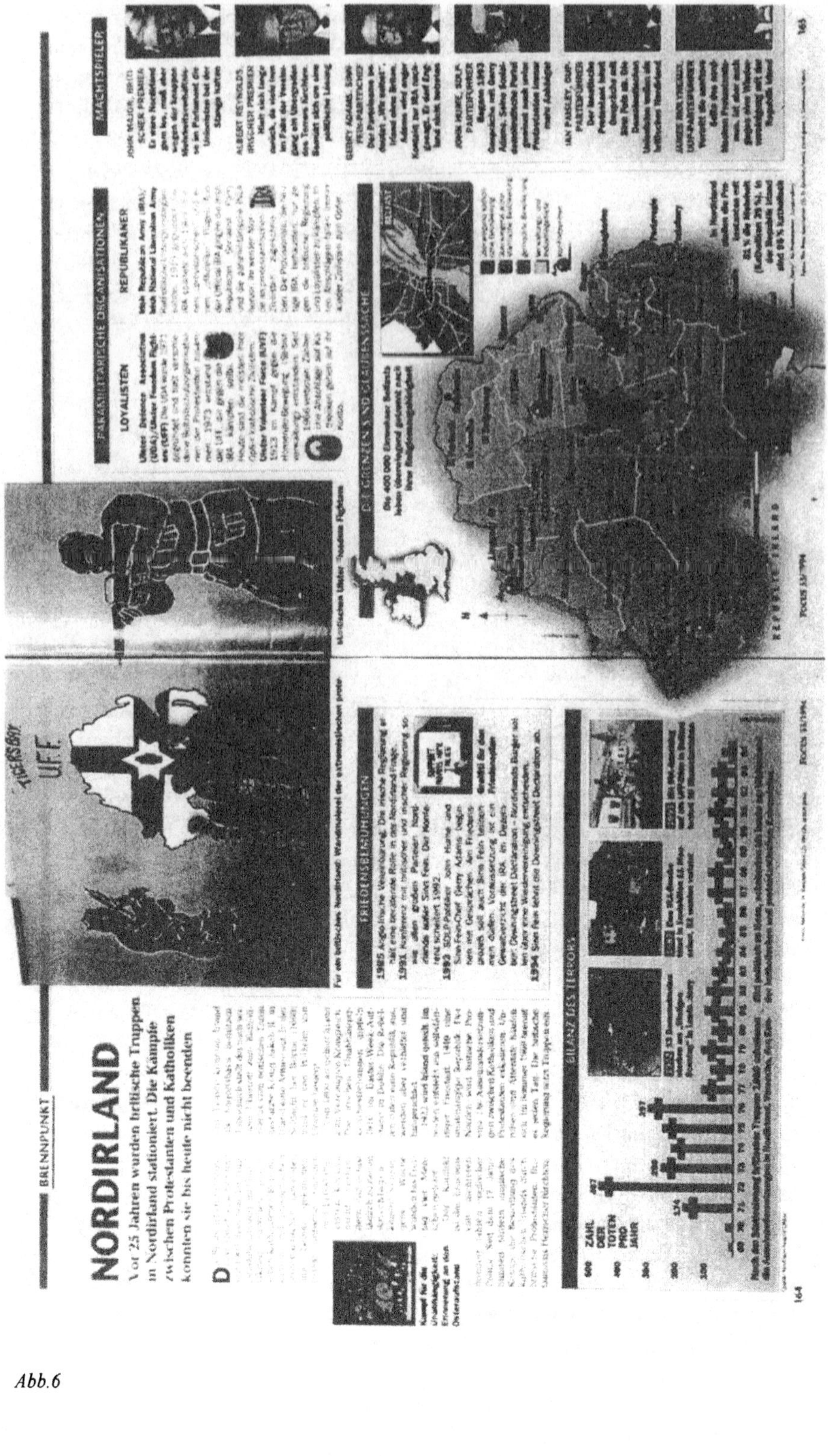
BRENNPUNKT
NORDIRLAND
Vor 25 Jahren wurden britische Truppen in Nordirland stationiert. Die Kämpfe zwischen Protestanten und Katholiken konnten sie bis heute nicht beenden
PARAMILITÄRISCHE ORGANISATIONEN
LOYALISTEN
REPUBLIKANER
MACHTSPIELER
FRIEDENSBEMÜHUNGEN
DIE GRENZEN SIND GLAUBENSSACHE
BILANZ DES TERRORS
ZAHL DER TOTEN PRO JAHR
REPUBLIK IRLAND

Abb.6

Vergleicht man die drei Spielarten einer modularisierten Berichterstattung, so hebt sich die *Woche* durch eine funktional geschlossene Konzeption von der *ZEIT* und von *Focus* ab. Hier sind alle präsentierten Informationsmodule in die übergeordnete Erkläraufgabe eingebettet. Das Cluster ist funktional kohärent. Die *ZEIT* expliziert zwar den Clusteraufbau, ein funktionaler oder ein thematischer Zusammenhang, der mehr wäre als eine Additionszusammenhang verschiedener Korrespondentenbeiträge, ist aber nicht erkennbar. Text, Bild und Grafik werden zwar eingesetzt, allerdings nicht nach den Prinzipien einer abgestimmten, dreikanaligen Wissensvermittlung. Der *Focus*-Brennpunkt ist zwar optisch kohärent präsentiert und bietet damit klare Navigationshinweise für eine selbstgesteuerte Lektüre. Die ausschließliche Faktenorientierung der journalistischen Wissensvermittlung hat aber interne und externe Kohärenzprobleme des modularen Clusters zur Folge.

7. Textdesign und Hypertext: Zur Gestaltung von Online-Zeitungen

7.1. Verstehensprobleme in Online-Zeitungen

Von der Kommunikationslogik her betrachtet, ist der Übergang von der gedruckten Zeitung zur virtuellen Zeitung naheliegend. Zum einen ist jede Tageszeitung durch ihre Produktion bereits ein digitales Produkt, das erst über den Druck und die Auslieferung wieder zur papierenen Real-ware in den Händen des Lesers wird. Und zum zweiten setzen sich alle bislang aufgezeigten Entwicklungstendenzen konsequent in den elektronischen Tageszeitungen fort (als Überblick zu Online-Zeitungen: Brössler 1995; Riefler 1995). Die Mehrkanaligkeit der Informations- und Wissensvermittlung aus Text, Bild und Grafik findet ihre Fortsetzung in der Multimedialität der Online-Präsentation. Die Modularisierung der Berichterstattung wird in der virtuellen Zeitung als Hypertext-Struktur umgesetzt und für die selektive Lektüre haben sich spezielle Navigationshilfen und Verlinkungstechniken ausgebildet.

Skeptiker reden angesichts der Vervielfältigung des Informationsangebotes von einem Informations-Overkill und der Science-Fiction-Autor und Futurologe Stanislav Lem befürchtet bereits, daß wir uns zu Tode informieren. Eine der am häufigsten verwendeten Metaphern zur Beschreibung der Nutzerprobleme von Hypertext- und Hypermedia-Angeboten ist der Ausdruck „lost in hyperspace“. Das Orientierungs- und Verständlichkeitsproblem eines Text-Lesers hat damit gewissermaßen eine dritte Dimension erreicht. So ist die Nutzung einer elektronischen Tageszeitung gegenüber der Lektüre einer gedruckten Zeitung aus zwei strukturellen Gründen erschwert:

1. Die gedruckte Zeitung ist zweidimensional, die elektronische aber dreidimensional, da sich auch *hinter* den sichtbaren Texten, Bildern und Grafiken, weitere Informationsangebote befinden können, die man über markierte Verknüpfungsstellen - sogenannte Links - anklicken kann. Sie können als Buttons, Icons, sensitive Ausdrücke und Bilder oder als WWW-Adressen realisiert sein und stehen als operative Zeichen für die Kanten des Hypertext-Graphen, dessen Knoten von verschiedenen Informationseinheiten gebildet werden.

2. Ein zweites Nutzungshandicap der elektronischen Zeitung ist bedingt durch das Interface des Bildschirms: Die gedruckte Zeitung präsentiert dem Leser auf einer Seite simultan ein vielfältiges Informationsangebot, das er für seine Lektüreentscheidung überfliegen kann. Die elektronische Zeitung kann dagegen auf dem Bildschirm nur einen räumlich sehr begrenzten Ausschnitt präsentieren, der nur eingeschränkte Hinweise enthält, wie der Lektürepfad weitergeht und was hinter der nächsten Abzweigung wartet. Dieses Verstehensproblem wird als „informationelle Kurzsichtigkeit" bezeichnet (Kuhlen 1991, 125).

Die beiden Orientierungsprobleme bei der Nutzung virtueller Printprodukte stellen sich an zwei Stellen der Lektüre: Erstens beim Einstieg auf der Homepage, wo trotz informationeller Kurzsichtigkeit grundlegende Lektüreentscheidungen gefällt werden müssen. Und zweitens bei der Navigation im Hypertext, wenn es darum geht, unterwegs ein „lost in hyperspace" zu vermeiden.

Unter dem Gesichtspunkt der Verständlichkeit sind deshalb zwei Aspekte von hypertextuellen Online-Zeitungen von besonderer Bedeutung: das Orientierungsangebot (7.2.) und die Navigationshilfen (7.3.). Unter diesen beiden Gesichtspunkten sollen im folgenden einige Aspekte einer „Rhetorik und Stilistik des Hypertextes" behandelt werden (vgl. dazu auch Landow 1992).

7.2. Die Einstiegsseite: Advance Organizer für Hypermedia

Selektion setzt Übersicht voraus. Im Falle der gedruckten Zeitungen hat sich zwischen Blattmachern und Lesern ein gemeinsames Strukturwissen über den Aufbau von Printmedien etabliert, so daß diese Bedingung in der Regel gegeben ist. Dieses Wissen ist auch in vielen Punkten nicht an eine bestimmte Zeitung gebunden, sondern generalisierbar. Im Falle von Online-Zeitungen hat dieser Prozeß der Etablierung eines gemeinsamen Strukturwissens erst begonnen. So sind die Titelseiten von Online-Zeitungen sehr unterschiedlich gestaltet. Betrachtet man sie unter dem Aspekt der Orientierungshilfe und der Vorstrukturierung der Hypertext-Nutzung, dann lassen sich folgende Gestaltungsstrategien unterscheiden:

(1) die *Sparvariante*, wie sie bei der *ZEIT* (*http://www.zeit.de*), *Germany live* (*http://www.germany-live.de*), dem *Sonntagsblatt* (*http://www.sonntagsblatt.de*) und begrenzt auch bei der *tageszeitung* (*http://www.taz.de*) und der *Hannoverschen Allgemeinen* (*http://www.niedersachsen.com/MOL/HAZ*) zu finden ist. Im Extremfall bietet die Homepage hier nur strukturelle Information und keine inhaltliche. Der Online-Leser kann sich nur für bestimmte Ressorts und Abteilungen entscheiden. Die Sparvariante ist übersichtlich, die Homepage hat tatsächlich auf einer Bildschirmseite Platz, verrät aber dem Neuankömmling wenig über die Angebote hinter den Buttons und Links. Die Hierarchien solcher Online-Zeitungen sind steil und vielstufig, so daß mehrere Schritte, also Navigationsoperationen, erforderlich sind, um auf die Textebene zu kommen. Querverbindungen zu andern Informationsfeldern sind in der *ZEIT* oder bei *Germany-Live* aber nicht gebaut, so daß der Leser immer wieder zur Homepage zurückkehren muß – streng hierarchisch und übersichtlich, dafür aber

bedeutend weniger flexibel als das Vor- und Zurückblättern in der Papierzeitung.
(2) die *Boulevard-Variante* praktizieren der *Express* (*http://www.express.de*), *Bild* (*http://www.bild.de*), *Focus* (*http://www.focus.de*), aber auch das *Handelsblatt* (*http://www.handelsblatt.de*). Die Homepage dieser Blätter ist mit einer Vielzahl von Links gespickt, so daß sich die Architektur der virtuellen Zeitung kaum erschließen läßt: Da drängeln sich auf engstem Raum Icons, Buttons, Stichwörter, Rubriken und Überschriften, oft noch eingeklemmt durch Werbung und Eigenwerbung. Das Nebeneinander verschiedener Strukturprinzipien erschwert bei dieser Gestaltungsstrategie ein zielgerichtetes Navigieren. (Siehe Abb. 7).
(3) die *Listenvariante* ist bei der *Frankfurter Rundschau* (*http://www.fr-aktuell.de*), der *Süddeutschen Zeitung* (*http://www.sueddeutsche.de*) oder der *jungen welt* (*http://www.jungewelt.de*) zu finden. Diese Sorte von Homepage ist eigentlich ein Hometext: Der Leser muß zur Orientierung eine Arte Textrolle abwickeln, auf der er listenförmig die Überschriften zu einzelnen Beiträgen finden kann. Unbequem beim Navigieren ist das Scrollen, der Vorteil aber besteht darin, daß man während der Überblicksorientierung nicht warten muß, bis neue Seiten aufgebaut sind. Im Gegensatz zur Sparstrategie ist für den Listenaufbau eine flache Hierarchie charakteristisch. In der Regel führt die Überschrift aus der Übersichtsliste direkt zur entsprechenden Informationseinheit, beispielsweise zum Text.
(4) Eine vierte Variante zur Gestaltung der Einstiegsseite ist die sogenannte *Schalttafel*. Die Hypertext-Struktur wird in einer Art Tabelle präsentiert, deren einzelne Felder sensitiv sind und somit direkt als Links zu den entsprechenden informationellen Einheiten führen. Der Vorteil einer solchen Übersicht, wie sie beispielsweise die *Canadian Broadcast Company* (*http://www.cbc.ca*) anbietet, besteht darin, daß der Leser das Gesamtangebot und seine Struktur auf einen Blick erkennen kann (siehe Abb. 8).

Verschiedene Techniken des Screen-Designs haben zur Folge, daß verschiedene der angeführten Gestaltungsverfahren kombiniert werden könnnen. So lassen sich durch die Verwendung sogenannter Frames die Ressortvariante und die Listen- oder Schaufenster-Variante kombinieren. Beispiele hierfür sind die *Berliner Morgenpost* (*http://www.berliner-morgenpost.de/bm/inhalt/index.html*) und der Wiener *Standard* (*http://www.DerStandard.at*). In einem feststehenden, vertikalen Rahmen wird für den Leser die Ressorteinteilung der Online-Ausgabe ständig präsent gehalten, so daß er sich an ihr von jeder Stelle der Hyperzeitung aus orientieren kann. Eine zweite Gestaltungsform, mit der sich eine zusätzliche Orientierungsebene präsentieren läßt, sind die Pull-Down-Menüs, wie sie beispielsweise in der *Frankfurter Rundschau* und bei *Berlin-Online* (*http://www.berlin-online.de*) verwendet werden. Kombiniert man diese Form mit einer ressortorientierten Strukturierung, so bietet sie dem Leser Einblick in die nächste Gliederungsebene, ohne daß er eine neue Seite aufrufen muß. Auf diese Art lassen sich Sparsamkeit in der Gestaltung und Reichhaltigkeit der Orientierungsinformation kombinieren.

7.3. Navigationshilfen: Die Orientierung unterwegs

Neben der Einstiegsorientierung auf der Homepage ist die Unterwegs-Orientierung das zweite zentrale Verstehensproblem bei der Rezeption nicht-linearer Informationsangebote (vgl.Hannemann/Thüring/Friedrich 1992). Rubrikenköpfe, Seitenzählungen, Querverweise, Inhaltsangaben, das Vor- und Zurückblättern ermöglichen dem Leser in der Papierzeitung jederzeit eine Standortbestimmung, wo er sich befindet, die Rekonstruktion der bisherigen Lektüre und die Planung der künftigen. Hypertextsysteme müssen diese Möglichkeiten der Orientierung und der Navigation mit ihren spezifischen Mitteln simulieren. Analog zur textlinguistischen Unterscheidung zwischen lokaler und globaler Kohärenz, zwischen Mikrostrukuren und Makrostrukturen von Texten, kann man im Falle von Hypertexten zwei Organisationseben unterschieden: Die Verbindung zwischen zwei benachbarten Knoten ist die lokale, der Bauplan des gesamten Hypertextes die globale Kohärenz. Demzufolge ergeben sich für den Leser zwei Navigationsprobleme: Erstens: Wie kann man erkennen, wie zwei Knoten, also zwei informationelle Einheiten zusammenhängen? Dieses Wissen ist die Grundlage für seine lokale Navigationsentscheidung. Und zweitens: Wie kann er sich einen Überblick über die Makrostruktur des Hypertextes verschaffen? Dieses Überblicks-

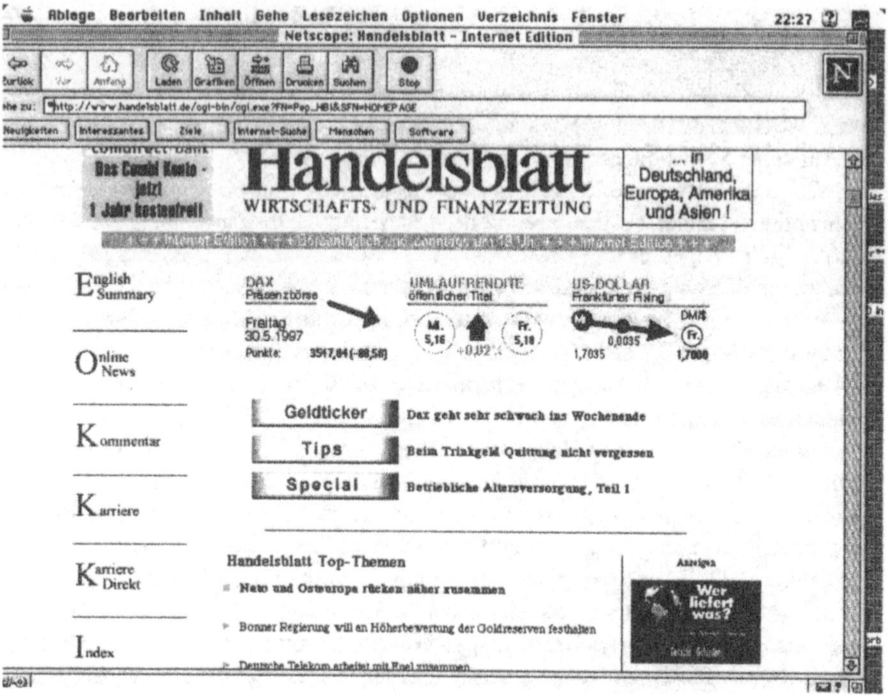

Abb.7 ***Handelsblatt:*** *Lost in Hyperspace schon auf der Einstiegsseite. Die Kombination verschiedener Gliederungssysteme aus Leisten, Rubriken, Themenangaben und Bauttons läßt die Struktur des Online-Angebotes nicht erkennen.*

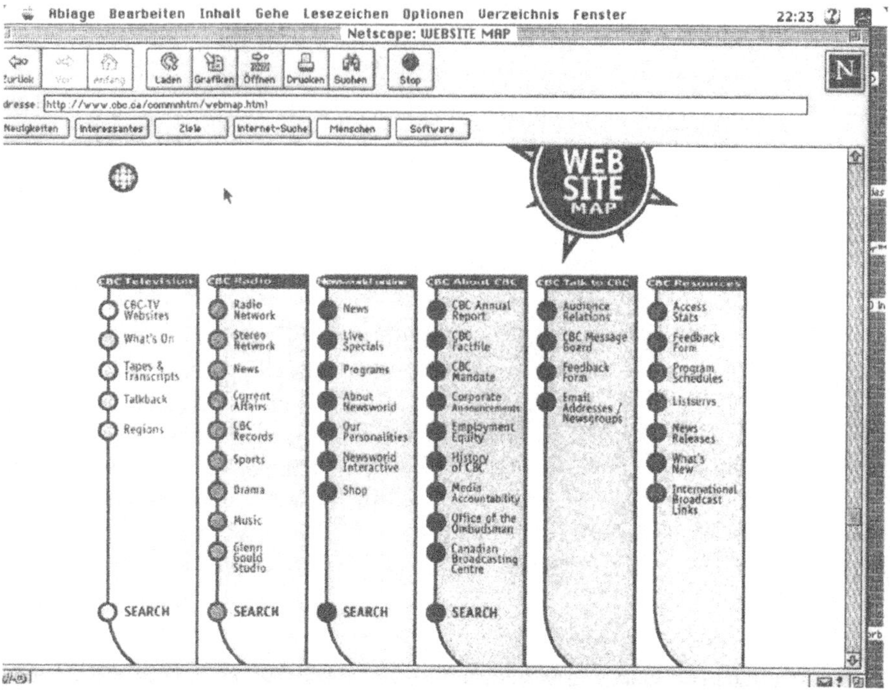

Abb. 8

wissen ist Basis für seine jeweils aktuelle Standortbestimmung im Hypertext aber auch für seine Selektionsentscheidungen.

Links oder Verweisstellen zeigen dem Leser zwar, *daß* ein Zusammenhang zu einem anderen Knoten besteht, aber nicht, welcher Art dieser Zusammenhang ist. Die amerikanische Tageszeitung *USAtoday* (*http://www.usatoday.com*) hat für dieses Problem eine Lösung gefunden, die als getypter Link bezeichnet wird: Durch einen kurzen Text unterhalb eines Buttons, wird erklärt, wohin ein Mausklick führt: „Click here for complete NBA playoff coverage“. Linguistisch gesprochen könnte man dieses Verknüpfungsart als explizit performativ bezeichnen. Eine an der Art des Zieldokumentes orientierte Link-Kennzeichnung findet sich bei *GEO* (*http://www.geo.de*): In Randglossen, parallel zum Haupttext plaziert, werden die im Text markierten Links erläutert. So wird in einem Beitrag über anthropologische Forschung in China der verlinkte Ausdruck „Xinjiang“ kommentiert mit „Daten zur Geschichte der chinesischen Provinz Xinjiang (engl.)“ oder der Ausdruck „Oetzi“ mit „3-dimensionale Rekonstruktion des Eismannes Ötzi aus Computertomografiebildern“. Eine dritte Präsentationsform getypter Links wird in der Online-Ausgabe des Magazins für Netzkultur *telepolis* (*http://www.heise.de/tp*) verwendet. Dort sind die Link-Ausdrücke im Text jeweils mit einem Icon versehen, das jeden Link charakterisiert, beispielsweise als externen oder internen Link, als Link zu einer Begriffsklärung in einem Glossar, zu einem Kommentar, zu einer Filmkritik, zu einer Video- oder Audiodatei oder zu einem entsprechenden Leserbrief. Die Funktion der verschiedenen Icons ist in einem Glossar beschrieben. Link-Kennzeichnungen der beschriebenen Art sichern die Hypertext-Kohärenz, indem sie angeben, welcher Zusammenhang zwischen der Absprungstelle und dem angebotenen Ankunftsdokument bestehen.

Auch für das Problem der globalen Kohärenz lassen sich bereits Lösungsansätze finden: Die bereits erwähnte Rahmen-Präsentation einer Übersichtsdarstellung, beispielsweise in der *Hamburger Morgenpost* (*http://www.mopo.de*) oder dem *Schwarzwälder Boten* (*http://www.swol.de*), gibt dem Leser an jeder Stelle seiner Hypertext-Lektüre eine Orientierungsmöglichkeit, wo er sich gerade befindet. Er kann aber auch mit Hilfe dieses Frames andere Informationsregionen des Hypertextes erreichen, ohne zur Ausgangsseite zurückkehren zu müssen. Eine zweite Lösung für globale Orientierungsprobleme bietet die Fenstertechnik wie sie die *Neue Westfälische* (*http://www.owl-online.de*) praktizierte. Weil alle geöffneten Fenster sichtbar blieben, konnte der Leser auf seinen Lekürepfad zurückblicken, den Standort bestimmen, und zu beliebigen Knoten auf seiner Navigationsroute zurückkehren. Inzwischen hat dieses Blatt eine Art Reitersystem für die Orientierung eingeführt, wie es aus der Anordnung hintereinanderstehender Karteikarten bekannt ist. Auch diese Präsentationsform zeigt dem Leser sowohl auf welcher Ebene der Hyperzeitung er sich aktuell befindet, als auch deren Globalstruktur.

Für die Unterwegsorientierung des Lesers werden in Hypertext-Clustern auch spezielle Textformen verwendet, die eine ähnliche Funktion übernehmen, wie die Orientierungstexte in den gedruckten Zeitungen. Die *Nürnberger Zeitung* (*http://www.nz-online.de*) präsentiert den Online-Lesern auf ihrer Titelseite nicht nur Überschriften, sondern auch Kurztexte in Form der Vorspänne aus der gedruckten Ausgabe:

> **Zigarettenschmuggler-Paar muß hinter Gitter**
> Das Schmuggler-Ehepaar, das über 20 Millionen Zigaretten verschoben hat, ist am Donnerstag in Nürnberg wegen gewerbsmäßiger Steuerhehlerei zu Freiheitsstrafen von viereinhalb Jahren (er) und 18 Monaten auf Bewährung (sie) verurteilt worden. Mehr über das Urteil lesen sie in der Fortsetzung (http://www.nz-online.de/mainz_nz.htm, 6.6.97)

Das Magazin *telepolis* verwendet diese textbasierte Navigationshilfe in einem gestuften System: Überschriften auf der sogenannten „Rubrikenebene“ eröffnen Links zu Abstracts auf der „Abstractebene“ und diese dann zum vollständigen Text auf der „Artikelebene“.

Telepolis hat als eines der wenigen Online-Medien eine leserfreundliche Navigationshilfe geschaffen, die man angesichts der Neuheit des Mediums eigentlich öfters erwarten könnte: eine reflexive Beschreibung des Aufbaus von *telepolis* sowie der implementierten Navigationshilfen. In einem „guide“, der von allen Knoten des Hypertextes aufgerufen werden kann, werden die Hypertextstruktur, Seitenstrukur, die Funktion der Icons, der Logos und Buttonleiste beschrieben, wobei die Struktur des Guide die Struktur des Gesamtclusters abbildet.

8. Fazit: Der Stand der Dinge

Angesichts der Möglichkeiten einer Hypertext- und Hypermedia-Zeitung stehen die derzeitigen elektronischen Angebote noch ganz am Anfang. Im Grunde genommen wird das neue Medium Hypertext zumeist als Textdatenbank für die gedruckte Zeitung verwendet - ohne den informationellen Mehrwert auszuschöpfen. Dementsprechend dominieren referentielle Verknüpfungen und hierarchische Strukturierungsmuster, wie sie aus der gedruckten Zeitung bekannt sind. Netzartige Verknüpfungen zwischen den site-internen Informationseinheiten sowie zu andern Dokumenten im WWW sind seltene Ausnahmen. Selbst die in den gedruckten Zeitungen zu findenden Clusterkonzepte aus Foto, Text und Grafik werden kaum in Hypertextstrukturen übertragen. Auch naheliegende Möglichkeiten, den Leser selbst zum Kommunikator zu machen, also die Nutzungsinteraktivität zu einer Aktionsinteraktivität zu transformieren, werden nur sehr eingeschränkt genutzt. Eine Ausnahme, die das journalistische Potential einer Hypermedia-Zeitung veranschaulichen kann, ist die mutlimediale Aufbereitung der *New York Times* zum Thema „Bosnia: uncertain paths to peace" (*http://www.nytimes.com/specials/bosnia/*). Im Zentrum steht eine Fotoausstellung über Sarajewo und die Vororte, die in einer Schalttafel-Präsentation im Überblick gezeigt wird. Über die sensitiven Fotominiaturen können die einzelnen Fotos mit Begleit-Text ausgerufen werden, es gibt Links zur Geschichte hinter dem Foto, zu Ton- und Videodokumenten aus dem bosnischen Bürgerkrieg, zu einem Leserforum und zu einer Abteilung, die als „Context" bezeichnet wird. Hier sind Hintergrunddokumente wie der Text des Dayton-Abkommens, Infografiken zur Entwicklung des Bürgerkrieges, Chronologien und Literaturhinweise zusammengestellt. Der Aufbau des Hypermedia-Angebotes wird durch Navigationshilfen erläutert, die Schalttafel-Übersicht ist durch verschiedene Listenübersichten ergänzt, beispielsweise zu allen abrufbaren Video- und Tondokumenten, zu den Beiträgen im Forum oder den Hintergrunddokumenten. Wie schwer es Hypermedia- und Hypertext-Angebote haben, als journalistische Produkte Anerkennung zu finden, wird daran ersichtlich, daß dieses Angebot der *New York Times* als Bewerbungsbeitrag um den Pulitzer Preis abgelehnt wurde.

In der Mediengeschichte sind neue Medien in der Startphase zunächst immer als neue Verbreitungswege für bekannte und bereits etablierte Darstellungsformen genutzt worden: So hat das neue Medium Zeitung im 17. Jahrhundert die bislang *geschriebenen* Zeitungen verarbeitet, der Hörfunk in den 20er Jahren die auditiven Ereignisse wie Konzerte und Vorträge, das Fernsehen in den 50er Jahren die Kinowochenschauen und Spielfilme. Erst im Laufe der Zeit haben sich jeweils medienspezifische, neue Darstellungsformen entwickelt. Auch heutige Online-Zeitungen kopieren vielfach die Präsentations- und Textformen der gedruckten Zeitung, bis zur Imitation von Zeitungsseiten als Bildschirm-Miniaturen. Hypertext- und hypermediaspezifische Darstellungsformen sind erst in Ansätzen erkennbar. Die heutigen Printmedien haben sich zwar Formen der nicht-linearen Information- und Wissensvermittlung zu Nutze gemacht. Sie haben den Weg vom Textdesign zum Hypertext aufgenommen, angekommen sind sie aber noch nicht.

Literatur

Barnhurst, Kevin G. (1994): Seeing the newspaper. New York.

Barnhurst, Kevin G./ Nerone, John C. (1991): Design Trends in U:S. front pages 1885-1985. In: Journalism Quarterly, Vol. 68, No.4, 796-804.

Bayer, Kurt/Toulmin, Stephen (1952): On describing. In: Mind 61, 13-38.

Bernhardt, Stephen A. (1986): Seeing the text. In: College Composition and Communication, 37, (1), 66-78.

Blum, Joachim/Bucher, Hans-Jürgen: (1994 ff.): Textdesign in der Tageszeitung (9 Folgen). In: Sage & Schreibe 7/1994 bis 1/1996.

Blum, Joachim/Bucher, Hans-Jürgen (1997): Multimedium Zeitung. Textdesign als ganzheitliche Gestaltungslehre für die Printmedien. Konstanz.

Brössler, Daniel (1995): Zeitung und Multimedia. Was Leser und Journalisten erwartet - Visionen aus Amerika. München.

Bucher, Hans-Jürgen (1996): Textdesign - Zaubermittel der Verständlichkeit? Die Tageszeitung auf dem Weg zum interaktiven Medium. In: Hess-Lüttich, E.W.B./ Holly, W./ Püschel, U. (Hg.): Textstrukturen im Medienwandel. Frankfurt, Berlin, Bern, New York, Paris, Wien.

Bucher, Hans-Jürgen (1997): Zeitungsentwicklung und Leserinteressen. Neue Formen der Informations- und Wissensvermittlung in den Printmedien. In: Der Deutschunterricht 3/1997, 66-78.

Bucher, Hans-Jürgen (1997b): Sprachwissenschaftliche Methoden der Medienforschung. In: Medienwissenschaft. Media: Technology, History, Communication, Aesthetics. Ein Internationales Handbuch. Hrsg. von Wolfgang Krank, Joachim Felix Leonhard, Hans-Werner Ludwig, Erich Straßner. Berlin, New York (im Druck).

Campbell, Kim Sydnow (1995): Coherence, continuity and cohesion. Theoretical foundations for document design. Hillsdale, N.J..

Demske-Neumann, Ulrike (1996): Bestandsaufnahme zum Untersuchungsbereich „Syntax". In: Fritz, Gerd/Straßner, Erich (Hg.): Die Sprache der ersten deutschen Wochenzeitungen im 17. Jahrhundert. Tübingen, 70-140.

Freisler, Stefan (1994): Hypertext - Eine Begriffsbestimmung. In: Deutsche Sprache 1 / 1994, 19-50.

Gans, Herbert J. (1992): Mulitperspectival news, In: Cohen, Elliot, D. (ed.): Philosophical issues in journalism. New York/ Oxford, 196.

Gloning, Thomas (1996): Verständlichkeit und Verständnissicherung in den frühen Wochenzeitungen. In: Fritz, Gerd/ Straßner, Erich (Hg.) Die Sprache der ersten deutschen Wochenzeitungen im 17. Jahrhundert. Tübingen, 315-340.

Grice, Herbert Paul (1975): Logic and conversation. In: Cole, P./ Morgan, J. (eds.): Syntax and Semantics, Vol. 3, New York, 41-58.

Grice, Herbert Paul (1989):Retrospective Epilogue. In: Grice, Herbert Paul: Studies in the way of words. Harvard, 339-385.

Hannemann, Jörg/Thüring, Manfred/Friedrich, Norbert (1992): Hyperdocuments as user interfaces: Exploring a browsing semantic for coherent hyperdocuments In: Cordes/Seitz (Hg.): Hypertext und Hypermedia. 87-102.

Haake, Jörg M./Hannemann, Jörg/Thüring, Manfred (1991): Ein Ansatz zur Organisation von Hyperdokumenten. In: Maurer, H. (Hg.): Hypertext / Hypermedia. Tagung der GI, SI und OCG, Graz 27./ 28. Mai 1991. Berlin, 119-134.

Knieper, Thomas (1995): Infographiken: Das visuelle Informationspotential der Tageszeitung. München.

Kuhlen, Rainer (1991): Hypertext. Ein nicht-lineares Medium zwischen Buch und Wissensbank. Berlin, Heidelberg.

Landow, George P. (1992): The Rhetorik of Hypermedia: some rules for authors. In: Delany, Paul/ Landow, George, P. (eds.): Hypermedia and literary studies. Cambridge, 81-103.

Nerone, John /Barnhurst, Kevin G. (1995): Visual mapping and cultural authority: Design changes in U.S. newspapers, 1920-1940. In: Journal of Communication 45 (2), 9-43.

Postman, Neil (1992): Das Technopol. Die Macht der Technologien und die Entmündigung der Gesellschaft, Frankfurt.

Poynter Institute for Media Studies (1991): Eyes on the News. St. Petersburg FL.
Prabu, D. (1992): Accuracy of visual perception of quantitative graphics: An exploratory study. In: Journalism Quarterly, Vol. 69, No.2, 273-292.
Riefler, Katja (1995): Zeitungen Online. Neue Wege zu Lesern und Anzeigenkunden. Bonn.
Sandbothe, M./W C. Zimmerli (Hg.) (1994): Zeit - Medien - Wahrnehmung. Darmstadt.
Schnibben, C. (1994): Reklamerepublik. Seltsame Berichte zur Lage der vierten Gewalt. Hamburg.
Schnotz, Wolfgang (1993): Wissenserwerb mit logischen Bildern. In: Weidenmann, Bernd (Hg.): Wissenserwerb mit Bildern. Instruktionale Bilder in Printmedien, Film/Video und Computerprogrammen. Bern, 94-147.
Schnotz, Wolfgang (1994): Aufbau von Wissensstrukturen. Untersuchungen zur Kohärenzbildung bei Wissenserwerb mit Texten. Weinheim.
Spiegel Spezial 1/1995: Die Journalisten.
Stieler, Kaspar (1969). Zeitungs Lust und Nutz. Vollständiger Neudruck der Originalausgabe von 1695. Hg. von Gert Hagelweide. Bremen.
Tergan, Sigmar-Olaf (1993): Zum Aufbau von Wissensstrukturen mit Texten und Hypertexten In: Nachrichten für Dokumentation (nfd), Vol. 44, Nr.1.
Ward, Douglas (1992): The effectiveness of sidebar graphics. In: Journalism Quarterly 1992, Vol. 69, No.2, 318-328.

Boulevardisierung in TV-Kulturmagazinen?[1]

Josef Klein

1. Informations- und Unterhaltungskategorien

Bevor ich zu der Entwicklung im Genre „Kulturmagazine im Fernsehen" komme, werde ich mich zunächst mit den Merkmalen von Boulevardisierung, Informationskommunikation und Unterhaltungskommunikation beschäftigen. Bei der Vorbereitung des Vortrags hat sich nämlich gezeigt, daß die komplexen Verhältnisse in dem Genre ohne eine theoretische Reflexion auf die Grundbegriffe nicht zu klären sind.

Merkmale von Boulevardisierung sind wohl im Wesentlichen, wie auch in anderen Beiträgen herausgearbeitet worden ist:

- Emotionalisierung
- Personalisierung
- Dramatisierung
- Ästhetisierung bis zur Verkitschung
- Verminderung von Distanz (z.B. von formaler Haltung oder Ehrfurcht).

Im negativen Falle geht dies auf Kosten der klassischen Ansprüche für Informationskommunikation, die sich recht gut in Kategorien fassen lassen, die den Maximen von Herbert P. Grice (1979) entsprechen:

- Informativität (Aktualität/Neuigkeitswert)[2]
- Fundiertheit (Objektivität)
- Wahrhaftigkeit (Zuverlässigkeit)
- Relevanz (Nachrichtenwert)
- Klarheit (Verständlichkeit)

Die drei erstgenannten Merkmale der Boulevardisierung (Emotionalisierung, Personalisierung, Dramatisierung) entsprechen in hohem Maße dem, was in der antiken Rhetorik und Poetik als „movere", als „bewegen", im Sinne von „Rezipienten bei den Gefühlen packen", bezeichnet wird. Es gibt da allerdings eine wichtige Differenz: Boulevardisierung wird immer in Zusammenhang mit Unterhaltung gebracht, u.U. auch der Unterhaltung subsumiert. Das ist in der klassischen Tradition anders: In der Rhetorik steht „movere" weitgehend genrespezifisch getrennt neben den beiden anderen Funktionen der Rede: „delectare" („erfreuen", „Gefallen erzeugen") – wir würden heute sagen „unterhalten" – und „docere" („belehren") – wir würden heute sagen „informieren". Und in der Poetik des Aristoteles dient das Mobilisieren von Emotionen durch die im wörtlichen Sinne dramatischen Konflikte zwischen den Personen der griechischen Tragödie zur quasi-religiösen Reinigung der Psyche der Zuschauer.

Was ist anders, wenn im Kontext von Boulevardisierung das Packen bei den Gefühlen Unterhaltung erzeugen soll, d.h. wenn „movere" zu „delectare" nicht in der Relation des bloßen Nebeneinander, sondern in einer indem-Relation – man unterhält, indem man emotionalisiert, dramatisiert, personalisiert – steht? Dazu müssen wir uns die Merkmale von Unterhaltung anschauen. Aus Gründen, auf die ich hier nicht näher eingehen kann und die ich an anderer Stelle darlege[3], behandele ich als grundlegende Kategorien der Unterhaltung: Abwechslung, Unbeschwertheit, Interessantheit und Eingängigkeit.

Andere im Zusammenhang mit Unterhaltung immer wieder genannte Kategorien sind dazu Unterkategorien – oft genrespezifische Ausprägungen (vgl. Übersicht 1).

Grundlegende Kategorien	Unterkategorien/Ausprägungen der grundlegenden Kategorien
Abwechslung	Tempo, Überraschung, Vielfalt, ...
Unbeschwertheit	Amüsanz, Fiktionalität, Lockerheit, ...
Interessantheit	Emotionale u./o. erotische Animation, Spannung, Spektakularität, ...
Eingängigkeit	Konventionalität, simple Struktur, sympathisch-vertrauenerweckende Präsentation, ...

Übersicht 1 (Kategorien der Unterhaltung)

Wenn wir die eingangs genannten Boulevardisierungsmerkmale Emotionalisierung, Personalisierung und Dramatisierung auf die grundlegenden Kategorien der Unterhaltung beziehen, so fallen sie primär in die Kategorie Interessantheit. Was muß dazukommen, damit Medienangebote Unterhaltungscharakter in einem vollständigen Sinne annehmen? Es muß Abwechslung garantiert sein. Es muß garantiert sein, daß die Rezipienten nicht wirklich und nicht langfristig bedrückt oder traurig werden, daß sie sich z.B. auch kurz nach einem möglichen Schrecken wieder unbeschwert fühlen. Und schließlich muß das Angebot möglichst eingängig sein.

Die Forderung nach Abwechslung wird erfüllt durch die Kürze der Beiträge, das Tempo, die schnellen Schnitte – und damit wird auch gleich das zweite Merkmal von Unterhaltung vermittelt: Unbeschwertheit als Folge der Abwesenheit von nachhaltiger Ernsthaftigkeit. Denn, was schnell durch das Nächste abgelöst wird, das hat wenig Chancen, haften zu bleiben, langfristig zu wirken und aufzuwühlen. Dazu kommt die unterschwellige Botschaft jedes Kurzbeitrags, die heißt: „Es ist vielleicht schrecklich, was wir zeigen – aber du brauchst dich damit nicht länger zu beschäftigen – wenn nicht mal wir, das Fernsehen, das tun." Die Boulevardisierungsmerkmale Ästhetisierung und Verminderung von Distanz stehen im Dienste der vierten Grundkategorie, der Eingängigkeit, vor allem insofern die Modi der Ästhetisierung überwiegend konventionell sind und die Verminderung von Distanz Atmosphären der Vertrautheit schafft.

2. Zur Spezifik der Kulturmagazine

Nun zur Spezifik der Kulturmagazine. Da die großen Privatsender RTL und SAT 1 kein Sendungsangebot machen, das als etabliertes „Kulturmagazin" bezeichnet werden kann, konzentriere ich mich auf Kulturmagazine der öffentlich-rechtlichen Sendeanstalten. Der Begriff „Boulevardisierung" impliziert eine Entwicklung oder zumindest eine oder mehrere Änderungen innerhalb eines Genres innerhalb einer bestimmten Zeit. Ideal wäre daher, das Thema im Rahmen einer möglichst vollständigen Genre-Geschichte zu behandeln. Das kann ich allerdings nicht einmal annähernd leisten. Es sind zwei Folien, vor deren Hintergrund ich die aktuellen Befunde in TV-Kulturmagazinen behandele:

1. das Feuilleton der großen überregionalen deutschen Zeitungen
2. TV-Kulturmagazine aus den 80er Jahren, als die öffentlich-rechtlichen Anstalten noch nicht unter dem Quotendruck von heute standen.

Darüber hinaus werde ich in gewisser Weise idealtypisch vorgehen.

2.1. Feuilleton-Tradition und traditioneller Kulturbegriff

Die Feuilleton-Tradition in Deutschland war vor allem vor dem Ende der 60er Jahre - und das gilt auch für frühere sogenannte „Kultursendungen" im Fernsehen - geprägt durch die Kombination von vier Funktionen:

- zu informieren über das kulturelle Geschehen,
- Meinungen zu kulturellen Ereignissen und Strömungen zu präsentieren,
- eine prinzipielle Haltung der Ehrfurcht gegenüber der Kultur als einer Art höherer Sphäre oder - wenn man die Richtung der direktionalen Metaphorik umdreht - als einem Hort tiefen Sinns zu propagieren,
- sich und dem Publikum die Möglichkeit der Selbstvergewisserung als Gebildete und/oder Intellektuelle zu geben. Dazu dien(t)en ein feuilleton-spezifischer elitär-hermetischer Jargon und Texte, deren Verstehen von einem Bildungswissen abhing/abhängt, über das nur eine relativ kleine Zahl möglicher Rezipienten verfügt(e).

Abgeschworen haben heutige Feuilletons und Kulturmagazine vor allem der Ehrfurchtshaltung – und die TV-Kulturmagazine (nicht die Print-Feuilletons) zumindest tendenziell auch dem Hang zur Rezipienten-Ausgrenzung per traditionellem Bildungsjargon. Die Hintergründe dieser Entwicklung sind zum einen Änderungen des Kulturbegriffs im Anschluß an die 68er-Bewegung, zum anderen die Änderung massenmedialer Bedingungen infolge der Einführung des Privatfernsehens.

Die Änderung des Kulturbegriffs bedeutet zweierlei:

1. Vor dem Hintergrund der ab Ende der 60er Jahre verbreiteten Reflexion auf die gesellschaftliche Bedingtheit und Verwobenheit von Kultur verliert diese ihre Ehrerbietung heischende Position sogenannter „höherer Geistigkeit“, wie es in den 50er/60er Jahren gerne hieß. Damit hängt zusammen:
2. die Ausweitung des Kulturbegriffs auf Teile der sogenannten „Massenkultur“, im Bereich der Musik insbesondere auf Rock- und Pop-Musik, im Bereich der darstellenden Künste auf den Film.

Und was die massenmedialen Bedingungen betrifft: Mit der Konkurrenz der Privaten zog auch in die öffentlich-rechtlichen Anstalten das Diktat der Einschaltquoten ein – und damit das Abschwören gegenüber elitären Attitüden gerade auch in den Kulturmagazinen.

2.2. TV-Kulturmagazine

Die Kulturmagazine heute bieten hinsichtlich unseres Themas kein einheitliches Bild. Die Uneinheitlichkeit zieht sich oft durch eine Sendung – in Abhängigkeit vom Thema, vom Autor/von der Autorin und vom Moderator/von der Moderatorin. Gegenüber solcher Uneinheitlichkeit ist der Sendungstyp, dem das Genre angehört, das ‘Magazin’, seiner Tradition nach ziemlich robust (vgl. Rosenstein 1993, 17 ff.). Vielfältig sind auch die bekundeten Einstellungen zu den behandelten Gegenständen. Es finden sich neutral-sachliche, ironisch-kritische, ärgerlich-kritische, engagiert ablehnende, freundlich bis begeistert zustimmende Darstellungen – nur die ehrfurchtsvolle, die fehlt oder ist nur noch verblaßt erkennbar.

In der vorhandenen Gemengelage findet sich manches – gemessen an der apostrophierten Tradition – Neue. Es betrifft etliche Aspekte im komplexen Gesamtgefüge einer solchen Sendung. Die wichtigsten will ich hier vorstellen, zunächst die nichtsprachlichen, dann – breiter – die sprachlichen.

2.2.1. Nicht-sprachliche Phänomene

Kontext: Sponsoring („Focus“ für „aspekte“, ZDF)
Textsorten/Darbietungsformen: Kurzmeldungen, Video-Clip-Formate
Themen: Neben den klassischen Themen (Literatur, bildende Kunst, E-Musik, Architektur) Massenkulturelles, vor allem Film und Pop, auch Politisches, das nur lose mit traditionellen Kulturthemen zusammenhängt: z.B. ein kritischer Beitrag zur Veröffentlichung eines Kochbuches durch Markus Wolf, dem ehemaligen Spionage-Chef der DDR, im Juni 1995 in „Titel, Thesen, Temperamente“ (ARD); selbst typische Yellow-Press-Themen finden sich, z.B. ein Beitrag zur Identität von Anastasia, der angeblichen Zarentochter (aspekte, ZDF, 30.9.1994).

Bildinhalt: In mancherlei Hinsicht wird gezeigt, was weder feierlich noch künstlerisch ist: von der in Jeans auf einer ZAK-Treppen-Adaption locker hingefläzten Moderatorin, über die schwitzenden, johlenden Fans bei Rolling Stones-Auftritten bis zu ulkigen Zeichentrick-Elementen als optischer Hintergrund für eine Stimme aus dem Off. Manchmal ist eine Vorliebe für Krassheiten und Schrilles zu beobachten – oft in Kombination mit harten Schnitten.
Bildtechnik: Hier wird z.T. handwerklich Ambitiöses geboten: Überblendungen, extreme Kürzestschnitte und andere Elemente des Video-Clip-Repertoires. In „WDR-Kulturszene" gibt es einen schrillen Bild-Trenner zwischen Beiträgen.
Ton: Vor allem Musik wird immer öfter als affekt-gezielter Hintergrund-Stimulus eingesetzt.
Personal (Moderatoren/innen): Auch hier begegnen Personentypen, die gemessen an der Tradition untypisch sind: von sich als locker stilisierenden jungen Frauen wie Luzia Braun (aspekte) oder Karin Sarholz (WDR-Kulturszene) bis zum polternd-schrillen Marcel Reich-Ranicki.

2.2.2. Sprachliche Phänomene

Die sprachlichen Tendenzen in unserem Genre wollen wir anhand typischer Beispiele erläutern. Zunächst der erste Abschnitt eines Artikels über die Berlinale aus einem Zeitungsfeuilleton („De Hadelns Waagschale", FAZ, 13.2.1997):

> Ungewöhnlich ist es schon, daß der Eröffnungsfilm eines international bedeutenden Festivals, als das sich die Berlinale verstehen darf, am selben Tag landesweit im Kino startet – daß also, wer will, außer in Berlin selbst nachmittags schon erleben kann, was abends im Zoo-Palast zum Ereignis werden soll. Mit dieser Wahl, die einer Verbeugung vor Bernd Eichinger gleichkommt, habe das Festival das gesamte Schaffen des Produzenten würdigen wollen, ließ der verantwortliche Moritz des Hadeln dazu verlauten. Der Auftakt zugleich des Wettbewerbs mit *Fräulein Smillas Gespür für Schnee* unter der Regie von Bille August ist nur der erste einer Reihe von Filmen nach literarischen Vorlagen, wobei selbst Shakespeares Ingenium nicht verschont wird, einer besonders poppig-schrillen Romeo-und Julia-Paraphrase gefügig gemacht zu werden. Gewichtiges narratives Kino sieht de Hadeln in der einen Waagschale seiner Auswahl, brisant verfilmte Zeitgeschichte in der anderen.

Typische Merkmale 'gehobener' Schriftlichkeit (relativ lange komplexe Sätze, insbesondere der artifiziell gebaute Eröffnungssatz) und eines 'gehobenen' Bildungswortschatzes („zum Ereignis werden", „Ingenium", „Romeo-und-Julia-Paraphrase", „narratives Kino") sind unverkennbar. Wenn man damit den Stil von TV-Magazinen aus Zeiten des (Beinahe-) Monopols der öffentlich-rechtlichen Anstalten vergleicht, ist der Unterschied gar nicht so groß – obwohl der Zuschauer/die Zuschauerin die Präsentation als mündliche erlebt. Dazu ein Beispiel aus einer Anmoderation des ZDF-Kulturmagazins „Bücher im Gespräch" (Moderatorin: Beate Pinkerneil) aus dem Jahr 1988:

> Guten Abend meine Damen und Herren. Eine der wirklich großen französischen Schriftstellerinnen ist Marguerite Yourcenar. Einige von Ihnen erinnern sich vielleicht an ihr Buch „Ich zähmte die Wölfin", das in den 50er Jahren enorm verbreitet war. Danach geriet Marguerite Yourcenar bei uns – trotz internationaler Ehrungen und Erfolge – in Vergessenheit. Daß die heute 83-jährige Erzählerin alles andere als das verdient hat, beweist ihr gerade im Hanser-Verlag neu aufgelegter Roman „Der Fangschuß". Mit ihm möchte ich heute Abend unseren Streifzug durch den Bücherherbst beginnen.
> Der Roman – in den Jahren unmittelbar nach dem ersten Weltkrieg angesiedelt und übrigens vor genau zehn Jahren von Volker Schlöndorff verfilmt – ist ein seltenes erzählerisches Dokument. Man kann ihn auffassen als Zustandsbild einer Generation, die ins Räderwerk der Geschichte gerät und durch Irrtümer, Lügen, falsche Ideale sich selbst entfremdet wird. Aber auch eine andere, psychologische Lesart ist durchaus schlüssig: „Der Fangschuß" als Schilderung einer extremen, widersprüchlichen Leidenschaft, die den Einzelnen in die Falle treibt. Meisterhaft ist der Roman gerade dadurch, daß in ihm die psychologische Wahrheit von der historischen Wirklichkeit nicht zu trennen ist. Genau diese Spannung verdeutlicht Ihnen der Bericht von Peter Reichelt und Gudrun Ziegler.

Der höflichen – von Jüngeren vielleicht als förmlich empfundenen – Anrede folgen zehn vollständige Sätze, davon sechs komplexe mit mindestens einem Gliedatz oder einer satzwertigen Parenthese. Das Vokabular ist standardsprachlich, allerdings in einer bildungssprachlich gehobenen Variante („neu aufgelegt", „erzählerisches Dokument", „Zustandsbild einer Generation", „Räderwerk der Geschichte", „sich selbst entfremdet", „psychologische Lesart", „psychologische Wahrheit"). Thematisiert werden die Autorin und ihr neuer Roman, erstere unter dem Aspekt der Geschichte ihrer Resonanz, letzterer im Modus der Literaturdeutung. Gegenüber beiden nimmt die Moderatorin wie selbstverständlich die Rezensentenperspektive ein mit dem Anspruch auf Beurteilungsautorität gegenüber Autorin und Werk (formuliert in traditionellen Bewertungsbegriffen: „groß", „meisterhaft") und auf Interpretationsautorität, dies allerdings in der 'aufgeklärten' Form alternativer Deutungsangebote.

Wie typische Beispiele aus der Mitte der 90er Jahre zeigen, verläuft der Schnitt zwischen den Sprachstilen nicht mehr zwischen den Medien Zeitung und Fernsehen, sondern zwischen literal-formell geprägtem Stil, wie wir ihn in den beiden eben präsentierten Beispieltexten gesehen haben, und oral geprägtem, als informell inszeniertem Kommunikationsmodus, der heute die TV-Kulturmagazine, insbesondere die Moderationsteile prägt. Dazu zwei Beispiele.

Sendung: „aspekte", ZDF, 2.6.1995, Moderation: Luzia Braun. Anmoderation des ersten Beitrags:

> Hallo und willkommen bei 'aspekte'. Es gibt viele Anlässe, über das Alter zu reden. Einer heißt „Rolling Stones". „Time is on my side" lautete einer ihrer ersten Titel. Und recht hatte der Song. Nach über 30 Jahren rocken die Rolling Stones noch immer. Mick Jagger, inzwischen zweifacher Großvater, hat längst sex and drugs durch Jogging und Tee ersetzt – schreit aber immer noch recht glaubwürdig nach satisfaction. Und mit ihm die Fünfzigjährigen im Publikum – allesamt unbefriedigt – gieriger denn je nach Rock'n'Roll.
> Im Juni geht die dienstälteste Rock-Band der Welt in Deutschland auf Tournee, und nur einer ist nicht dabei: Bill Wyman, der 30 Jahre lang am Baß stand. Er hat die Band verlassen. An seiner Stelle schrummt nun Darold Jones. Er ist mit 32 Jahren der Jüngste und somit so alt wie die Band.

> Männern kann man ab einem gewissen Alter das Autofahren verbieten, den Rock'n'Roll aber nicht. Das sagte mal die Frau des Schlagzeugers Charly Watts. Und Helmut Biewend, der den folgenden Beitrag zusammenstellte, ist damit schwer einverstanden.

Der jugendlich-locker klingenden Anrede „Hallo", ergänzt um das höflichere „willkommen bei", folgt ein Text, dessen syntaktische Struktur nicht dem primär literalen Prinzip des komplexen Satzbaus verpflichtet ist, sondern den primär oralen Prinzipien der additiven Reihung (viermaliger Satzbeginn mit „Und") und der adversativen Beiordnung durch „aber" (zweimal). Die Lexik ist bunt gemischt aus Standardvokabular, Umgangssprache („schrummte", „schwer einverstanden"), Anglizismen und englischen Originalzitaten. Nicht traditionelles Bildungswissen wird in den Anspielungen, die der Text enthält, vorausgesetzt, sondern das Insider-Wissen von Rock-Liebhabern.

Der lockere Stil macht auch nicht Halt vor Kultur-Ikonen wie Bachs Goldberg-Variationen, wie das folgende Beispiel zeigt:

Sendung: „Kulturszene", WDR, 1.6.1995, Moderation: Karin Sarholz. Anmoderation zum Schlußbeitrag „Goldberg-Variationen im Computernetz":

> Eigentlich sind die Goldberg-Variationen einer Schlafstörung zu verdanken. Der russische Graf von Kayserlinck konnte nachts keine Ruhe finden und hörte in diesen langen Stunden gerne Klaviermusik. Da es noch keine Plattenspieler gab, mußte ihm sozusagen jemand live etwas vorspielen. Und das war sein Schützling Goldberg. Eines Tages bat er Johann Sebastian Bach, doch etwas für diese Gemütsberuhigung zu komponieren. Das geht am besten mit Variationen, dachte sich Bach. Und so sind sie entstanden, die berühmten Goldberg-Variationen, die jetzt im Computer-Netz zu haben sind, für die, die ein passendes Modem haben. Eine schöne Spielerei der Compu-Surfer und Internet-Fans, die ja auch so oft unter Schlafstörungen leiden. Gute Nacht, und Danke für Ihr Interesse.

Lauter Einfachsätze, standardsprachliches Vokabular, Anglizismen aus dem Computer-Jargon, vor allem aber respektlos lockerer Umgang mit dem als „berühmt" apostrophierten kulturellen Gegenstand: Per Anekdote wird er in einen trivialen Zusammenhang („Schlafstörung") gestellt, der gleichzeitig als Brücke zur bevorzugten Adressatengruppe genutzt wird.

Einiges spricht dafür, daß dieser Stil mittlerweile auch in den Printmedien Schule macht – weniger in den Feuilletons der Tages- und Wochenzeitungen, als in deren Sonderseiten zu Rock-, Pop- und Filmthemen und Blättern wie dem „Kultur-Magazin Spiegel 'Extra'", das Spiegel-Abonnenten einmal monatlich erhalten. Daraus eine kurze Kostprobe:

> Nebenrollen, okay, wie gerade im Thriller „Kopfgeld", in dem Taylor eine Kidnapperin spielt. Denn klafterweise Talent hat die sonderbare Kleine ja, das hat Taylor in Filmen von Edeldrehern wie Robert Altman („Short Cuts", „Prêt-à-Porter"), Emir Kusturica („Arizona Dream") und Abel Ferrara („The Addiction") gezeigt.
> (aus: Susanne Weingarten: „Brennende Leinwand". In: Spiegel. Extra. Das Kulturmagazin. H. 2, 1997, S. 10.)

3. Schlußfolgerungen

Was bedeutet das alles im Hinblick auf unser Thema? Vor allem die primären Merkmale von Boulevardisierung Emotionalität, Personenzentriertheit und dramatische Struktur sind mit Kulturmagazinen weniger qua Gestaltung als qua Gegenstand eng verknüpft: In Kulturmagazinen stehen traditionell nicht nur die Werke, sondern auch Autor und Künstler als Personen im Mittelpunkt, und die Werke selbst thematisieren und evozieren vielfach Emotionen und/oder beinhalten dramatische Konflikte. Auch heute lassen sich auf der Ebene der Magazin-Gestaltung nur selten Versuche ausmachen, ein Thema emotional aufzupeppen oder einen Konflikt, etwa einen Kunststreit, deutlich anzuheizen (wie dies mittlerweile z.B. in Sportmagazinen geschieht) – es bleibt meist bei Berichten mit höchstens vorsichtigen Meinungstendenzen zu Strittigem. Reich-Ranicki ist eine Ausnahme, was das Zuspitzen und Dramatisieren angeht. Was wir feststellen können, ist die Zunahme von Merkmalen, die zu den Unterhaltungskategorien gehören:

- mehr Abwechslung, z.B. durch Verwendung von Kurz- und Kürzestbeiträgen (so in „Kulturszene", WDR), durch härtere und schnellere Schnittfolge und durch sprachstilistisches Switching zwischen unterschiedlichen Stilebenen und Jargons;
- mehr Unbeschwertheit durch „leichtere" Themen, durch Ablösung der Ehrfurchtshaltung gegenüber der 'Geisteshöhe' (oder der 'Sinntiefe') des Kulturellen und durch freundlich-lockeren Adressatenbezug in den Moderationsteilen;
- mehr Interessantheit durch Verlust der Scheu vor Schrillem und Schrägem und durch offenere Berichte über Personalkonflikte in der Kulturszene;
- mehr Eingängigkeit durch popularkulturelle Themen, durch weniger formelle Selbstpräsentation der Moderatoren/-innen und – damit in engem Zusammenhang – durch geschmeidigere, (scheinbar) alltagsnahe Sprachverwendung.

Dies mit „Niveauverlust" gleichzusetzen, wäre nur dann plausibel, wenn sich gleichzeitig ein Verlust bei den eingangs vorgestellten Kategorien der Informationskommunikation nachweisen ließe. Das aber ist in den Kulturmagazinen durchweg nicht der Fall. Im Gegenteil: Die Entlastung von der Pseudo-Gewichtigkeit des bildungsbürgerlichen Kulturbegriffs schafft z.T. überhaupt erst die Möglichkeit relevanter, sachlich fundierter, ein breites kulturelles Spektrum erfassender Information – wobei die unterhaltungskategorialen Ingredienzien primär der Erregung und Erhaltung von Aufmerksamkeit und/oder der besseren Verständlichkeit dienen. Da dem Begriff „Boulevardisierung" die Konnotation eines Verlustes an seriöser Information eignet, dies aber aus dem betrachteten Befund nicht verifiziert werden kann, halte ich den Begriff „Modernisierung" für die Entwicklung innerhalb des Genres der Kulturmagazine für angemessener. Unter dem Aspekt der Sprachentwicklung ist interessant, daß der in den TV-Kulturmagazinen üblich gewordene Sprachstil im Umgang mit sogenannten 'Kulturthemen' mittlerweile auf die Printmedien zurückwirkt. Hier läßt sich eine Tendenz beobachten, die auch in der Alltagskommunikation breitere Räume für ein unbefangeneres, weniger mit bildungsbürgerlichen Obligationen belastetes Kommunizieren über kulturelle Gegenstände öffnet.

Anmerkungen

1 In diesem Beitrag ist der Vortragsstil beibehalten.
2 In Klammern gesetzt sind gängige journalistische u./o. publizistikwissenschaftliche Begriffe, die in etwa den Griceschen Kategorien entsprechen.
3 „Kategorien der Unterhaltsamkeit". Erscheint in: Rolf, E. (Hg.): Pragmatik (= Linguistische Berichte, Sonderheft 8) 1997. Vgl. auch Klein (1996).

Literatur

Grice, Herbert Paul (1979): Logik und Konversation. In: Meggle, G. (Hg.): Handlung, Kommunikation, Bedeutung. Frankfurt a.M., 243-265.

Klein, Josef (1996): Unterhaltung und Information: Kategorien und Sprechhandlungsebenen. Medienlinguistische Aspekte von TV-Akzeptanzanalysen mit dem Evaluationsrekorder. In: Hess-Lüttich, Ernest W. B./Holly, Werner/Püschel, Ulrich (Hg.): Textstrukturen im Medienwandel. Frankfurt a.M. u.a., 107-119.

Rosenstein, Doris (Hg.) (1993): Magazine – von morgens bis mitternachts. Beiträge zur Untersuchung einer flexiblen Sendungsform. Siegen.

Schumacher, Heidemarie (1993): Die Kulturmagazine des bundesdeutschen Fernsehens in den sechziger und siebziger Jahren. In: Dies. (Hg.), 94-115.

Schwarze, Christoph (1980): Thesen und Empfehlungen zum Sprachgebrauch der Medien. In: Deutsche Akademie für Sprache und Dichtung (Hg.): Der öffentliche Sprachgebrauch. Bd. 1 (Die Sprachnorm-Diskussion in Presse, Hörfunk und Fernsehen). Stuttgart, 25-37.

Boulevardisierung in der TV-Nachrichtenberichterstattung

Manfred Muckenhaupt

1. Einführung

Von der Boulevardisierung der TV-Nachrichten spricht man seit Mitte der 80er Jahre. Eine der ersten Belegstellen findet sich in den Programmanalysen von Krüger (1985).[1] Krüger vergleicht in seinen Inhaltsanalysen die neuen Nachrichtensendungen von SAT.1 (*APF blick*) und RTL plus (*7 vor 7*) mit dem Stil von Boulevardblättern und Illustrierten. Das Ergebnis seiner Analysen mündet in die Befürchtung, die kommerziellen Sender leiteten eine Entwicklung ein, die sich mit dem Schlagwort kennzeichnen läßt: "Die Zuschaueroptimierung bestimmt den Nachrichtenwert". Das Nachrichtenverständnis ändere sich weg von der Herstellung politischer Öffentlichkeit hin zur Alltagsberichterstattung, den sog. Soft news, die den Harmoniebedürfnissen breiter Publikumsschichten entgegenkomme.[2]

Die Kritik liegt im Trend der medienkritischen Diskussion am Gesamtprogramm der privat-kommerziellen Veranstalter. Es sind aber weit weniger die Nachrichtensendungen, sondern in erster Linie die Reality-TV-Sendungen und die Infotainmentprogramme, die den Boulevardisierungsvorwurf auf sich ziehen.[3]

In der Diskussion wird der Begriff der Boulevardisierung eher metaphorisch gebraucht, das Vergleichsobjekt bleibt implizit. Der Vergleich bezieht sich in erster Linie auf die Nachrichtenauswahl (Stichwort: Entpolitisierung) und die Nachrichtenpräsentation (Stichwort: Emotionalisierung). Auffällig ist, daß der für Boulevardblätter typische lockere Umgang mit Fragen journalistischer Korrektheit weit weniger thematisiert wird. Das hängt damit zusammen, daß das Boulevardisierungsthema primär inhaltsanalytisch oder feuilletonistisch oder in rezipientenorientierten Studien behandelt wird.[4]

Was die aktuelle Betrachtung schwierig macht, ist die Expansion der Nachrichtensendungen, einmal durch die Entstehung neuer Programme seit Mitte der 80er Jahre, dann aber auch durch die zunehmende Frequenz des Nachrichtenangebots innerhalb des Tagesprogramms der einzelnen Sender.[5] Was die historische Einordnung der Nachrichtenentwicklung angeht, tut man sich schon allein deshalb schwer, weil vor allem bei den privat-kommerziellen Sendern Programme und Formate oft schnell geändert werden. Die Geschichte der Nachrichtensendungen zeigt uns, daß Phasen relativ langer Konstanz mit oft kurzfristigen Experimentierphasen wechseln. Die Frage ist, ob Erscheinungen, die in einem Zeitraum von zehn Jahren auftreten, schon als Tendenz oder Trend zu kennzeichnen sind.

Vieles, was heute zur Boulevardisierung der TV-Nachrichten gerechnet wird, ist keine Erfindung unserer Tage. Vor allem der "Unterhaltungs- und Soft-news-Trend" zeichnet schon die frühen Nachrichtensendungen aus. Anfang der 50er Jahre tradiert die *Tagesschau* das publikumswirksame Konzept der Wochenschau. Die erste *heute*-Sendung startete 1963 mit einem "Unterhaltungskonzept". Für die BBC-Nachrichtensendungen der frühen 50er Jahre galt die Regel, daß Meldungen über die königliche Familie an erster Stelle stehen mußten, und CBS erfreute schon 1949 das Publikum mit Meldungen, die man aus heutiger Sicht in einer Nachrichtensendung nicht vermuten würde: "Und nun ein paar ganz neue Bilder vom kleinen Prinzen Charles, dem zukünftigen König von England. Er wächst ganz schön. Er ist nun 19 Monate, ich meine 19 Wochen alt und sieht auch nett aus, wie er da mit seinem Hasen spielt."

Ich kann die Boulevardisierungsdiskussion hier nur in Ansätzen in den größeren Rahmen der Fernsehnachrichtengeschichte einordnen. Aber die wenigen Beispiele verdeutlichen doch, daß eine fundierte Einschätzung der Boulevardisierungstendenzen erst auf dem Hintergrund einer sendungsgeschichtlichen Betrachtung möglich ist.[6]

Im Folgenden konzentriere ich mich auf die letzten zehn Jahre der Nachrichtengeschichte, also auf das privat-kommerzielle Zeitalter, das Mitte der 80er Jahre beginnt. Unter Punkt 2 skizziere ich Boulevardisierungstendenzen in den TV-Nachrichtensendungen. Im Mittelpunkt steht die Hauptnachrichtensendung von RTL. VOX, n-tv, Pro7 und RTL2 spielen am Nachrichtenmarkt nur eine untergeordnete Rolle, und SAT.1 verändert seit 1985 die Nachrichtensendungen schneller, als man sie analysieren kann. Im dritten Teil geht es um eine allgemeine Einschätzung des Boulevardisierungstrends einschließlich der Frage, wieweit die Boulevardisierungsmetapher trägt und worauf die Boulevardisierungstendenzen zurückzuführen sind. Zum Schluß werde ich in einem kurzen Fazit die Boulevardisierungstendenzen in die aktuelle Entwicklung der Nachrichtenformate einordnen.

2. Nachrichten im Boulevardstil

Die kommerziellen Sender SAT.1 und RTL plus haben Mitte der 80er Jahre (Programmstart 1984 und 1985) eine relativ überschaubare Situation angetroffen. Auf der einen Seite gab es die klassischen Nachrichtenformate der *Tagesschau* und der *heute*-Sendung, auf der anderen die beiden Nachrichtenmagazine *Tagesthemen* und *heute journal*. Das erste Format verkörpert den Faktenjournalismus, das zweite die Idee der journalistischen Vertiefung. Die Verwandtschaft zwischen den beiden Formaten zeigt sich schon allein darin, daß das Magazinformat das klassische Format als Sendungsbestandteil enthält.[7] Schon die öffentlich-rechtliche Konkurrenzsituation in den 60er Jahren hat gezeigt, daß es im Prinzip zwei Strategien bei der Entwicklung von Nachrichtenformaten gibt:

- die Konkurrenz durch Abgrenzung (also die Entwicklung eines neuen Formats) und
- die Konkurrenz durch Annäherung (also die Kopie eines bewährten Musters).

Abb. 1: ZDF heute vom 1. April 1963 - Sendungsprofil

Länge	Text-/Bildsorte	Thema
0:20		Sendungskennung/ Schlagzeilen
0:32		
4:19		Rheinland-Pfalz: Landtagswahlen
0:29		Österreich: Lawinenunglück in den Alpen
0:20		Berchtesgaden: Skifahrer vermißt
0:06		Deutschland: Eierpreis
0:56		
0:57		Berlin: Bauernsiedlung angelegt
0:42		Kopenhagen: Schutzbote bewachen dänische Fischgründe
0:32		Brüssel: 100. Sitzung des Ministerrats der EWG
0:51		Brüssel: Interview mit Erhard
0:29		Bayern: Schneemassen
0:25		Berlin: Zero-Kunstausstellung
0:26		Florida: Alligatorenfarm
0:30		Bielefeld: Neuer Zigarrenkasten erfunden
0:12		Tokyo: Hallenleichtathletikmeisterschaften
1:00		
0:13		Deutschland: Lufthansa-Airbus
3:01		
0:22		New York: Vorbereitungen für die Weltausstellung 1964
2:54		
0:11		Anmoderation Nachrichtenblock
0:11		IG-Metall lehnt Sachverständigengremium ab
0:20		Deutsch-französischer Vertrag
0:11		Brasilien: Einreisevisum für antigull. Widerstandsführer
0:11		Moskau: Irakische Studenten verlassen Moskau
2:27		Wetter
0:03		Ende

Legende		Wortnachricht
		Filmnachricht/ -bericht

Das Paradebeispiel für eine Entwicklung von der Abgrenzung zur Annäherung liefert die Geschichte der *heute*-Sendung. Sie beginnt 1963 mit einem Kontrastformat zum Sprecherkonzept der *Tagesschau*, das 1960 entstanden war, und mündet nach zehn Jahren in eine Kopie des Tagesschauformats.

Die allererste *heute*-Sendung erinnert in manchem an die Pionierjahre der *Tagesschau* Anfang der 50er Jahre, die sich am Vorbild der Wochenschau orientiert. Wie in der frühen *Tagesschau* steht der Filmbericht und nicht die Wortnachricht im Mittelpunkt der Sendung. Ein kurzer Block von Wortnachrichten wird an das Ende der Sendung verbannt. Mediengerechte Themenwahl, d.h. Auswahl von Themen, die im Film gezeigt werden können, geht vor nachrichtenrelevanter Themenwahl.

Der Mehrzahl der *heute*-Themen würde man aus heutiger Sicht keinen Nachrichtenwert mehr zubilligen ("In diesen vorösterlichen Tagen interessiert die Hausfrau vor allem der Eierpreis", "Schnee noch nach der Starkbierzeit", "Ausgewachsene Alligatoren an Land zu ziehen, ist nicht jedermanns Sache", "Der Zigarrenabschneider, wichtigster Westentascheninhalt gewichtiger Herren, bekommt Konkurrenz", vgl. die Beispiele 1-3).

Ein Moderator führt im Plauderton durch die Sendung. In der Sendungsdramaturgie wird das Moment der Abwechslung betont. Zwischen den politischen Schwerpunktthemen wird Unterhaltsames mit musikalischer Untermalung präsentiert (vgl. Abb. 1).

(1) ZDF heute vom 1. April 1963

[Themenübersicht im Film]
Heute. Regierungsbildung in Mainz mit Fragezeichen.
Heute. Jubiläumssitzung in Brüssel ohne Optimismus.
Heute. Die Eierpreise bis Ostern stabil.
[Moderation]
Guten Abend, meine Damen und Herren.
In Rheinland-Pfalz wird bereits über eine neue Regierungskoalition gesprochen. Die Sozialdemokraten, die gestern bei den Wahlen sechs Sitze gewonnen hatten, haben den Freien Demokraten noch vor der CDU, der stärksten Fraktion, ein Angebot gemacht. Sie wollen der FDP vier Kabinettsposten bieten, darunter das Kultusministerium, wenn sie ihre zwölfjährige Zusammenarbeit mit der CDU löst. Über das Ergebnis der Wahl und die ersten Überlegungen bei den Parteien informiert Sie unser Film.

(2) ZDF heute vom 1. April 1963 - Filmberichte aus Deutschland und aller Welt

[Filmbericht]
In diesen vorösterlichen Tagen interessiert die Hausfrau besonders der Eierpreis. Rund 50 Mio. Hennen stehen in der Bundesrepublik für die Eierproduktion zur Verfügung. In mehr als drei Mio. Stallungen werden die Eier gesammelt und gelangen, wie diese Markeneier, frisch zum Verbraucher [...].

(3) ZDF heute vom 1. April 1963 - Kurz berichtet

[Film]
Kein Aprilscherz sind diese Schneemassen, die in der vergangenen Nacht den Straßenverkehr im bayerischen Oberland und besonders in München behinderten. Schnee noch nach der Starkbierzeit ist auch für die Bayern ein starkes Stück. Oft hilft ein Zugpferd weiter, wo viele Pferdestärken wirkungslos unter der Haube verpuffen.
[Film]
Zero heißt die neueste Kunstrichtung. Unter dem Zeichen "Zero Berlin" stellen 55 Künstler in Berlin ihre Schöpfungen vor. Bizarre Formen mischen sich mit elektronischen Klängen zum Zero-Effekt [...]
[Film]
Ein echter Cowboy trifft mit seinem Lasso auch auf dem Wasser. Ausgewachsene Alligatoren an Land zu ziehen, ist nicht jedermanns Sache. 250 Dollar wert ist das lebendige Rohmaterial für Handtaschen und Damenpumps [...]
[Film]
Der Zigarrenabschneider, wichtigster Westentascheninhalt gewichtiger Herren, bekommt Konkurrenz. Das meist silberne Herrenspielzeug, das der "Import" die Spitze nimmt, soll der Erfindung eines Bielefelder Bastlers weichen. Als Schloß der Zigarrenkiste getarnt, muß sie die aromatischen Brasils und Havannas nicht nur behüten, sondern auch deckblattschonend anschneiden. Diese Neuheit, versichert der Erfinder, würde den blauen Dunst nicht verteuern.

Ich kenne keine einzige privat-kommerzielle Nachrichtensendung aus unserer Zeit, die nur näherungsweise den Soft-news-Anteil der ersten *heute*-Sendung erreicht. Zwei politischen Schwerpunktbeiträgen ("Regierungsbildung in Mainz mit Fragezeichen", "Jubiläumssitzung in Brüssel ohne Optimismus") stehen elf unterhaltsame Themen gegenüber. Anders als in den Boulevardisierungskonzepten unserer Tage wird unterhaltsame Information vor allem aus dem Stoff und mit filmischen Mitteln gemacht.

Das Unterhaltungskonzept der ersten *heute*-Sendung hat keine Nachrichtengeschichte geschrieben. Schon nach einem Jahr wurde das Format geändert - die Nachrichten werden an den Anfang der Sendung gestellt, dann folgen die *Themen des Tages*. Der wichtigste Grund für das Scheitern des Unterhaltungskonzepts war die fehlende Publikumsresonanz. Die *heute*-Sendung hat nicht einmal neun Prozent der Zuschauer erreicht, die *Tagesschau* wurde dagegen von knapp 60 Prozent der Zuschauer gesehen. Der Redakteur im Studio hat nicht annähernd die Sympathie des Tagesschausprechers erzielt. Der Stil der *Tagesschau* hatte schon so sehr die Wahrnehmungsgewohnheiten geprägt, daß ein anderes Format nicht mehr konkurrenzfähig war.

Zehn Jahre später hat die *heute*-Sendung das erfolgreiche Sprecherkonzept der *Tagesschau* kopiert. Seit 1973 präsentieren uns die beiden Hauptausgaben der öffentlich-rechtlichen Anstalten das im wesentlichen Gleiche in gleicher Form. Kennzeichnend sind die Mischung aus Sprechermeldungen und Filmberichten, die Dominanz politischer Themen, die komprimierte Ereignisdarstellung und die Sprache des Faktenjournalismus, die sich um Neutralität und Sachlichkeit bemüht.

Beide Strategien, Abgrenzung und Annäherung, werden im dualen System aufs Neue erprobt. Der Anfangstrend der kommerziellen Nachrichtensendungen zielt auf Abgrenzung. Im Laufe von zehn Jahren verliert dieser Trend seine Konturen, nicht ohne die eine oder andere Spur auch in den öffentlich-rechtlichen Nachrichtensendungen zu hinterlassen.

Für die Strategie der Abgrenzung stelle ich hier ein Beispiel von *RTL aktuell* aus dem Jahre 1992 vor. Die Strategie der Annäherung erläutere ich unter Punkt 3 an einem Beispiel von *RTL aktuell* aus dem Jahre 1995.

(4) RTL aktuell vom 23. Oktober 1992
[Themenübersicht]
Verwirrspiel. Der Fall Stolpe wird immer undurchschaubarer.
Kriegsgreuel. Neue erschütternde Bilder aus Bosnien.
Abpfiff. DFB-Chefankläger Kindermann nimmt seinen Hut.
Heute abend im Nachrichtenstudio von RTL aktuell: Brigitte Reimann, Ulrike von der Groeben und Peter Kloeppel.

[Moderation]
Guten Abend und herzlich willkommen bei RTL aktuell. Der Fall Stolpe wird immer undurchsichtiger. Ehemalige Stasileute nutzen den Untersuchungsausschuß als Schlachtfeld, um alte Rechnungen zu begleichen. Heute traten Stolpes früherer Führungsoffizier Klaus Roßberg und dessen Chef Joachim Wiegand vor das Gremium, und das, was die beiden Zeugen aussagten, konnte kaum widersprüchlicher sein.

Das Beispiel ist sichtbar und hörbar privat-kommerzieller Natur, die elektronische Bildzeitung hält Einzug in die bundesdeutsche Nachrichtenlandschaft. Aus dem distanzierten Beitrag der *Tagesschau* über den Stolpe-Untersuchungsausschuß (vgl. Beispiel 5) wird die dramatisierte Story "Verwirrspiel. Der Fall Stolpe wird immer undurchschaubarer". Aus der anklagenden Dokumentation von Amnesty International über Menschenrechtsverletzungen im jugoslawischen Bürgerkrieg wird der emotionalisierte Filmbericht "Kriegsgreuel. Neue erschütternde Bilder aus Bosnien". Aus der schlichten Pensionierung eines Fußballfunktionärs wird schließlich die skandalträchtige Schlagzeile "Abpfiff. DFB-Chefankläger Kindermann nimmt seinen Hut".

Der wichtigste Trend im privat-kommerziellen Zeitalter: Nachrichten werden in schrilleren Tönen, lauteren Schlagzeilen und kleineren Portionen verkauft. Die Strategien des Nachrichtenmarketings lauten: Personifizierung, Dramatisierung und Emotionalisierung des Nachrichtenstoffs. Journalistische Kriterien werden also Kriterien untergeordnet, die man für publikumswirksamer hält.

Das Konzept einer elektronischen Bildzeitung ist redaktionell gewollt. *RTL aktuell* verwendet den Begriff zur Selbstkennzeichnung des eigenen Nachrichtenformats. Der damalige Chefredakteur von RTL, Dieter Lesche, nennt als Kriterien der Nachrichtenpräsentation:

> "In einem modernen, attraktiven Fernsehen müssen die Informationen kitzlig und hautnah sein [...] mit einem Kick der Unmittelbarkeit [...] Politische Information muß sinnlich sein, sie muß uns anmachen [...] Was uns bewegt, das muß gezeigt werden [...] Es muß Tempo haben und darf nicht eine Sekunde langweilig sein [...]."[8]

Zumindest in der Zielsetzung haben sich die Maßstäbe der Nachrichtenberichterstattung verändert, weg von einem sachorientierten hin zu einem publikumswirksamen Konzept. Die alten Attribute des Nachrichtenbegriffs („wahrheitsgemäß“, „sorgfältig“, „korrekt“, „verständlich“, „ohne persönliche politische Motivation oder redaktionelle Einfärbung“) werden durch Attribute ersetzt, die bis dahin vor allem „sinnlich“ „anmachen“.

Wie in der Werbung geht es zunächst einmal um die Verpackung und die Präsentation und erst in zweiter Linie um die relevante Information. Die privat-kommerziellen Sender imitieren den amerikanischen Trend zu den sog. Soft news, zur anrührenden Story, die den Fakten oft den Rang abläuft. Die Zauberformel heißt Häppchen statt Hintergrund, Nachrichtenfutter in immer kleineren Dosen und immer kürzerer Form.

Die auffälligsten Veränderungen im Nachrichtenformat vollziehen sich im Erscheinungsbild, in der Dramaturgie, der Visualisierung der Nachrichtenthemen, der Präsentation, im Tonfall und der Sprache, in der Themenwahl und in den Strategien der Nachrichtendarstellung.

2.1. Dramaturgie

Bei der *Tagesschau* ist die Sendungsdramaturgie journalistischen Kriterien untergeordnet, bei *RTL aktuell* ist das genau umgekehrt. Ich kann hier nur die auffälligsten dramaturgischen Maßnahmen nennen, die das Konzept der Sendung bestimmen (vgl. Abb. 2).

RTL aktuell weist die höchste Beitragszahl unter den Nachrichtensendungen auf, arbeitet mit der kürzesten Beitragslänge und der höchsten Schnittfrequenz. Fast jede Nachricht wird mit bewegten Bildern präsentiert. Sogar die Nachrichtenfilme, die traditionell von einem Nachrichtensprecher im Off gesprochen werden, stellt *RTL aktuell* mit jeweils eigener Stimme vor. Ziel dieser Maßnahmen sind Reiz- und Rhythmuswechsel fast wie im Videoclip.

In früheren Zeiten hat man sich kaum vorstellen können, daß die Beitragszahl der *Tagesschau* zu überbieten und die Beitragslänge zu verkürzen sei. *RTL aktuell* hat die Kritiker "der Scherbenwelt des Augenblicks" eines Besseren belehrt. Die *Tagesschau* bringt es im Tagesvergleich am 23. Oktober 1992 auf 20 Nachrichteneinheiten bei 14 unterschiedlichen Themen (vgl. Abb. 3), *RTL aktuell* erhöht die Frequenz bei fünf Minuten mehr Sendezeit auf 32 Nachrichteneinheiten bei 16 verschiedenen Themen.[9]

Die berühmten 1´30", die früher als NIF-Grenze praktiziert wurden (die sog. Kurznachrichten im Film), werden in der *Tagesschau* noch bei vier Filmbeiträgen erreicht. Dieser zeitliche Umfang ist bei der *Tagesschau* inzwischen das Maß der Reporter- und Korrespondentenbeiträge. Bei *RTL aktuell* gibt es gerade noch einen Beitrag, der diese Schallmauer erreicht (ein Schaltgespräch über den Stolpe-Untersuchungsausschuß).

Die *Tagesschau* beschränkt sich auf zwei Kurznachrichten im Film. Das sind die 20- bis ca. 60-Sekunden-Filmfragmente, die bevorzugt aus Eurovisionsmaterial hergestellt werden. *RTL aktuell* bietet von dieser Beitragsform 13 Einheiten. Davon liegen allein acht in der Größenordnung zwischen 30 bis 50 Sekunden.

Abb. 2: RTL aktuell vom 23. Oktober 1992 - Sendungsprofil		
Länge	Text-/Bildsorte	Thema
0:38		Sendungskennung/ Schlagzeilen
0:20		Berlin: Stolpe-Untersuchungsausschuß
0:54		
1:30		Schaltgespräch: U. Engelkes zu Stolpe
0:21		Bonn: Steuererhöhung
1:08		
0:32		Bosnien: Bürgerkrieg
0:43		
0:24		Frankreich: Aids-Prozeß
0:35		
0:15		Peking: Besuch von Kaiser Akihito
0:38		
0:39		Irak: Türkische Offensive
0:27		USA: Bill Clintons Herkunft
1:02		
1:12		Schaltgespräch: P. Klein zu Bill Clinton
0:21		Potsdam: Queenbesuch
0:55		
0:19		Bonn: Neuer Plenarsaal
1:07		
0:13		Remscheid: Kindermord
0:50		
0:21		Brighton: Grand Prix Tennis
0:50		
0:25		Fußball: Hans Kindermann
1:42		
0:16		Fußball: UEFA-Cup
0:47		
0:18		München: Maradona spielt einmal für München
0:21		Susuka: Motorrad-Training
0:46		
0:34		Versuchte Anmoderation Wetterbericht
0:05		Abspann

Legende		
		Wortnachricht
		Filmnachricht/ -bericht
		Interview/ Schaltgespräch
		Sendungskennung/ Abspann

Abb. 3: ARD Tagesschau vom 23. Oktober 1992 - Sendungsprofil

Länge	Text-/Bildsorte	Thema
0:13		Sendungskennung
0:39		Bonn: Pläne zur Steuererhöhung
1:48		
0:29		Bonn: Kritik gegen Kohls Pläne zur Steuererhöhung
0:35		Bonn: Finanzierung der Umweltlasten Ostdeutschlands
0:25		Berlin: Stolpe-Untersuchungsausschuß
1:30		
0:38		Bonn/ London: Gatt-Gespräche
0:20		Berlin/ Potsdam: Abschluß Queenbesuch
1:48		
0:16		China: Staatsbesuch des japanischen Kaisers
1:30		
0:13		
0:21		Bosnien-Herzegowina: Treffen der Kriegsgegner
0:23		New York: UN-Hilfsprogramm für Irak
0:32		Irak: Angriff türkischer Truppen gegen PKK
0:33		Paris: Aids-Prozeß gegen Garetta
0:35		Ravensbrück: Anschlag auf KZ-Gedenkstätte
0:22		Greifswald: Ausschreitungen gegen Ausländer
0:06		Wetterbericht
1:20		
0:12		Abmoderation der Sendung
0:05		Abspann

Legende		
		Wortnachricht
		Filmnachricht/ -bericht
		Sendungskennung

(5) ARD Tagesschau vom 32. Oktober 1992

[Sprechermeldung]
In der Auseinandersetzung um die Verleihung der DDR-Verdienstmedaille an den brandenburgischen Ministerpräsidenten Stolpe steht weiter Aussage gegen Aussage. Im Untersuchungsausschuß des Landtages in Potsdam wurden heute der Ministerpräsident selbst und die beiden ehemaligen Stasioffiziere Wiegand und Roßberg gehört. Wiegand, der die Kirchenabteilung der Stasi leitete, stellt sich dabei erneut hinter Stolpe.

Ein ganz ähnliches Bild zeigt sich bei SAT.1 mit noch stärkeren Verkürzungstendenzen. Sprechermeldungen, vorzugsweise zum Auslandsgeschehen, werden dort Filmeinspielungen in der Größenordnung zwischen 10 und 20 Sekunden unterlegt.

Dem Visualisierungstrend in der Nachrichtenpräsentation haben sich auch die öffentlich-rechtlichen Anstalten angeschlossen. Am deutlichsten zeigt sich das in den neuen Sendungen *heute nacht* (ZDF, seit 1994) und *Nachtmagazin* (ARD, seit 1995). Die Nachrichtenblöcke werden dort fast ausschließlich mit bewegten Bildern präsentiert.

Symptomatisch für das Videoclip-Verfahren ist die Sendekennung von *RTL aktuell.* Sie konfrontiert den Zuschauer innerhalb weniger Sekunden mit einer Flut bewegter Bilder. Der Bildschirm wird in kurzer Folge in horizontale und vertikale Fenster unterteilt, in denen jeweils unterschiedliche Ereignisausschnitte zu sehen sind. Gestaltungsprinzipien sind der dynamische Aufbau der Bildfenster, die permanente Variation der Bildformate und der Bildinhalte. Angedeutet wird die Ereignisflut, die Gleichzeitigkeit des Geschehens, die thematische Vielfalt, aber auch die Ordnung, die am Ende durch neun gleich große Fenster zur Welt entsteht.

Ein weiteres Indiz für ein verändertes Nachrichtenverständnis ist die Gestaltung der Bildfenster bei den Moderationen. Die Hintergrundbilder und die thematischen Schlagworte werden anders als bei der *Tagesschau* nicht mehr nach Verständlichkeitskriterien gestaltet. Eine Vogelspinne über dem Kopf von Stolpe mit der Aufschrift "Stasi" und der Schlagzeile "Widersprüche" ist vor allem auf Attraktivität und Spannung und nicht auf Verständnis angelegt. Bei der *Tagesschau* steht an dieser Stelle die rein sachorientierte Information: eine Hintergrundkarte von Brandenburg mit Potsdam, ein Bild von Stolpe mit seinem Namen und die Schlagzeile "Untersuchungsausschuß" (vgl. Beispiel 5).

Sendekennungen und Layout sind die bevorzugten Spielplätze der Formatreformen. Angesagt sind dynamische Sendungseröffnungen, Bildeffekte aller Art (gestauchte Bilder, Kipp-, Flug- und Drehbilder, Variationen der Bildformate, Bild-in-Bild-Darstellungen, Farbvariationen, Geräusch- und Musikeffekte). Auffällig ist, daß die lange Zeit verpönten Reizstrategien der privat-kommerziellen Sender auch Eingang in die öffentlich-rechtlichen Nachrichtensendungen gefunden haben. Die 1994 dynamisierte Sendekennung der *Tagesschau* (bis 1997) und die Musiktrenner im Nachrichtenblock der Nachtmagazine *heute nacht* und *Nachtmagazin* sind nur zwei Beispiele dafür.

Die Präsentation der Nachrichten wird personifiziert; drei Moderatoren sind in *RTL aktuell* für unterschiedliche Themenbereiche zuständig, die sich im Verlauf der Sendung die Bälle zuspielen. Verbunden damit ist ein Clustering der Sendung, das im Sportblock am deutlichsten zutage tritt. Das Wichtigste in der Ablaufdramaturgie der Sendung: Punkt 19 Uhr muß der Sport die Einschaltquote sichern. Da beginnt nämlich das ZDF mit seiner *heute*-Sendung.

2.2. Themen

Symptomatisch für das vermittelte Weltbild sind die "Bilder des Tages". Sie führen die Schwerpunktthemen der Sendung ein. Ich nenne hier die Hitliste einer Woche, die *RTL aktuell* in den Intros der Themenübersicht formuliert:

(6) RTL aktuell: Intros der Themenübersicht vom 21. bis 28. November 1992

21.11.92
Alleingang: Verteidigungsminister Rühe will deutsche Soldaten in UNO-Kampfgebiete schikken.
Giftalarm: Serben bombardieren diese bosnischen Chlortanks.
Triumphzug: Gold-Franzi krault zum ersten EM-Titel.
22.11.92
Seuche: Jetzt grassiert der Typhus in Bosnien.
Erfolg: Erste Festnahme nach Gütersloher Millionenraub.
Triumph: Boris Becker ist neuer Weltmeister.
23.11.92
Nazi-Terror: Drei Türkinnen bei Brandanschlägen in Mölln ermordet.
Dauerfeuer: Waffenstillstand von Sarajevo zerbricht im Granatenhagel.
Sparpläne: Koalition will Autofahrer schon vor '95 zur Kasse bitten.
24.11.92
Fahndung: Ganz Deutschland sucht die Mörder von Mölln.
Strahlengefahr: Im Nordmeer tickt eine Zeitbombe.
Tonstörung: Der neue Bundestag blieb heute stumm.
25.11.92
Schmusekurs: Koalition und SPD wollen Probleme gemeinsam lösen.
Angst: Immer mehr Ausländer meiden Deutschland.
Kriegselend: 1.500 Flüchtlinge sitzen bei klirrender Kälte in Sarajevo fest.
26.11.92
Verdacht: Polizei nimmt mutmaßlichen Mörder von Mölln fest.
Verbot: Innenminister Seiters will rechtsradikalen Gruppen ans Leder.
Verwüstung: Sechs Tote und Millionenschäden durch Orkan in Norddeutschland.
27.11.92
Trauerfeier: 10.000 nehmen Abschied von den ermordeten Türkinnen.
Härtekurs: Innenminister Seiters verbietet rechte Nationalistische Front.
Flammenmeer: 100 Millionen Mark Schaden in der berühmten Wiener Hofburg.
28.11.92
Strassenschlacht: Randalierende Autonome verwüsten Leipzigs Innenstadt.
Trauermarsch: Zehntausende demonstrieren friedlich gegen Ausländerhaß.
Erfolgsserie: Dreifachsieg der deutschen Rodlerinnen.

Das Bedrohliche, das Erschreckende und das Erfreuliche, ganz selten auch das Sachliche vermischen sich in diesen Schlagzeilen zur Medienrealität. Natürlich halten die Schlagzeilen oft nicht das, was sie versprechen. Das ist auch gar nicht ihre Funktion. Sie sollen Aufmerksamkeit wecken, neugierig machen und Spannung erzeugen. Und wer erinnert sich beim Anschauen der Filmberichte noch an die Headlines, die zum Dranbleiben animiert haben?

Die "kassandrischen Schlagzeilen" sind nur eine Variante der Nachrichtenvermarktung. SAT.1 hat es in den 80er Jahren mit einer Personifizierung des Nachrichtenstoffs versucht:

(7) SAT.1 Blick vom 28. November 1989

[Moderation]
M: Guten Abend, liebe Zuschauer. Herzlich willkommen zu den Nachrichten hier in SAT.1.
F: Und das haben wir Ihnen heute unter anderem zu bieten.
[Schlagzeilen mit Filmeinspielungen]
M: Die Politikerin, die weniger Aussiedler will. Ein überraschender Vorschlag von Anke Fuchs.
F: Der Oberstleutnant, der zuviel weiß. Die Probleme des Richters mit Oli North.
M: Der Forscher, der mit den Graugänsen sprach. Konrad Lorenz ist tot.
[Moderation]
Über kaum ein anderes Thema wird in diesen Tagen so heftig diskutiert wie über das Thema Aussiedler. Und wirklich, Reizpunkte gibt es ja genug. Unklarheit und Unmut über die Renten für Aussiedler, die bundesweite Wohnungsnot, die dadurch ja keinesfalls geringer wird, und die Konkurrenzsituation auf dem deutschen Arbeitsmarkt. Das alles heizt natürlich die Stimmung an, und die Frage ist, was machen die Politiker. Nun, sie versuchen die Wogen zu glätten. So besuchte der Bundesbeauftragte für Aussiedlerfragen Horst Waffenschmidt heute die kleine Stadt Espelkamp bei Minden. Die Stadt gilt seit 1945 als Vorbild für die Aufnahme von Aussiedlern. Aber selbst dort steigert sich der Unwillen bei der Bevölkerung.

Die apostrophierte Politikerin, die angeblich weniger Aussiedler will, kommt bei der Ausführung des Themas nicht mehr vor (weder in der Anmoderation noch in dem Filmbericht). Ich bin mir nicht sicher, ob Strategien wie die Personifizierung des Nachrichtenstoffs, die ja durchaus Sinn machen können, nur als bloße Masche, als Aufhänger eingesetzt werden oder ob solche Strategien zwar gewollt sind, dann aber doch das journalistische Vermögen überfordern.

Die Themenauswahl der kommerziellen Nachrichtensendungen erinnert bisweilen an die allerersten Bilderzeitungen in der zweiten Hälfte des 16. Jahrhunderts. In Nürnberg und Augsburg gab es damals eine erstaunlich große Anzahl bildgeschmückter Zeitungen, die als Neue Zeitungen erschienen sind. Sie wurden auf Messen und Märkten verkauft. Bevorzugte Themenbereiche waren:

- Schlachten und Kriegsgreuel
- Katastrophen und Unglücke
- menschliche Leidensgeschichten
- Sensationen und Verbrechen
- Geschichten aus dem Leben berühmter Persönlichkeiten.[10]

Man ist fast versucht zu sagen, daß die Themen und offenbar auch die Interessen des Publikums in vieler Hinsicht gleich geblieben sind. Auch heute gilt, daß das Ungewöhnliche, die Ausnahme, die Abweichung von der Norm das Interesse der Medien und des Publikums weckt.

Die kommerziellen Sender befolgen weit konsequenter als die öffentlich-rechtlichen Anstalten die Strategien publikumswirksamer Themenwahl, die Jerry Mander ganz pauschal als Strategien des Fernsehens herausgestellt hat. Danach ist Krieg fernsehgerechter als Frieden, Gewalt fernsehgerechter als Gewaltlosigkeit, Parteien mit herausragenden Führerpersönlichkeiten sind fernsehgerechter als führerlose Weltanschauungen, kurze Themen mit einem eindeutigen Ergebnis sind fernsehgerechter als lang andauernde, nicht abgeschlossene Prozesse, Konflikte, Leidenschaften, Gewalt und Angst sind leichter darzustellen als Übereinstimmung, Ruhe und Gelassenheit.

Das Laute, Große und Nahe ist besser als das Leise, Kleine und Ferne. Und schließlich: der Tod ist fernsehgerechter als das Leben.[11] Nicht ganz so dramatisch formuliert, stellten die Befunde inhaltsanalytischer Untersuchungen einen Trend zur Entpolitisierung der Nachrichten fest:[12]

- Die privat-kommerziellen Nachrichtensendungen von RTL und SAT.1 fahren den Anteil politischer Berichterstattung zurück und setzen statt dessen verstärkt auf Themen aus den Bereichen Sport, Alltag und Human Interest. Der Aufmacher der Sendungen bemißt sich in der Regel mehr am Spannungswert eines Themas als am klassischen Nachrichtenwert. (Auf öffentlich-rechtlicher Seite findet sich diese Tendenz am deutlichsten im *heute journal* und neuerdings in *heute nacht.*)
- Politische Akteure kommen weniger zu Wort als in den öffentlich-rechtlichen Nachrichtensendungen. Dafür räumen die kommerziellen Sendungen Prominenten und Bürgern mehr Medienpräsenz ein.
- Dem geringeren Gewicht der politischen Berichterstattung entspricht eine geringere Positionsvielfalt in der kontroversen politischen Inlandsberichterstattung, die ihre höchsten Ausprägungen in der *Tagesschau* und in den *Tagesthemen* hat.

Generell betrachtet, ist nach den Programmstrukturanalysen von Krüger/Zapf-Schramm (1992) bei ARD und ZDF der Anteil des Informationsangebots am Gesamtprogramm mit je 40 Prozent doppelt so hoch wie bei den großen kommerziellen Anbietern RTL und SAT.1. Gleiches gilt für die Nachrichtensendungen. Mit ca. 10 Prozent Sendezeit am Gesamtprogramm bieten ARD und ZDF ein etwa doppelt so umfangreiches Nachrichtenangebot wie die beiden großen Privaten. Was die Themen der Nachrichtensendungen angeht, unterscheiden sich die Ergebnisse inhaltsanalytischer Untersuchungen zum Teil erheblich (abhängig vom Untersuchungszeitraum, z.T. auch von der Kategorisierung).

Spitzenwerte der Solidität ermitteln Kepplinger/Staab 1992 für *RTL aktuell* im Jahr 1989. Politischen Ereignissen im weitesten Sinne werden danach von *RTL aktuell* 60 Prozent der Sendezeit eingeräumt, nichtpolitischen Themen 40 Prozent. Diese Rubrik enthält eine Mischung aus Beiträgen über Verbrechen, Unglücke, Gesellschaftsereignisse und über das Sportgeschehen. Zur politischen Berichterstattung heißt es:

> "Die politische Berichterstattung von RTL aktuell besaß eine relativ hohe Relevanz. Die weitaus meisten politischen Beiträge betrafen Ereignisse, die auch die Süddeutsche Zeitung oder die Frankfurter Allgemeine auf ihren Titelseiten herausgestellt hatten. Zugleich fanden sich fast alle politischen Ereignisse, die die beiden Qualitätszeitungen gemeinsam auf ihren Titelseiten hatten auch in der Berichterstattung von RTL aktuell wieder."[13]

Im Tagesvergleich vom 23. Oktober 1992 erzielt man diese freundliche Sicht allenfalls dann, wenn man bei *RTL aktuell* den Aids-Prozeß in Frankreich, Bill Clintons Herkunft, den Queen-Besuch in Potsdam und den neuen Plenarsaal in Bonn zu den politischen Themen zählt. In der *Tagesschau* entfallen bei dieser Zählweise von 20 Beiträgen 18 auf die Politik, bei *RTL aktuell* wären von 32 Beiträge 19 diesem Themenbereich im weitesten Sinne zuzuordnen. Allein 9 Beiträge sind dem Sport gewidmet, und einer beschäftigt sich mit einem Kindermord.

Das Schlagwort der Entpolitisierung trifft die Entwicklung in der Tat nur ungenau. Es kommen ja durchaus die sog. Pflichtthemen vor (die Pläne zur Steuererhöhung, der Stolpe-Untersuchungsausschuß, wenn man so will, der Queen-Besuch in Potsdam). Nur sind es nicht mehr die Ereignisfakten, die im Mittelpunkt der Darstellung stehen, sondern ihr "publikumswirksamer" Aspekt. Pointiert formuliert, wird die Sprache des Faktenjournalismus - Was ist passiert? - zur Sprache der Nachrichtenstory - Was kann man aus der Geschichte machen? Ein typisches Beispiel ist die Berichterstattung über den Stolpe-Untersuchungsausschuß. Der Lead-Satz der *Tagesschau* zu diesem Nachrichtenthema lautet: "In der Auseinandersetzung um die Verleihung der DDR-Verdienstmedaille an den Brandenburgischen Ministerpräsidenten Stolpe steht weiter Aussage gegen Aussage" (vgl. Beispiel 5), *RTL aktuell* macht aus den Aussagen vor dem Untersuchungsausschuß ein "Schlachtfeld", auf dem alte Stasi-Rechnungen beglichen werden.

2.3. Journalistische Qualität

Erscheinungsbild, Dramaturgie, Präsentation, Themenwahl, Verpackung sind nur die eine Seite, journalistische Qualität ist die andere. Es liegt mir daran, festzustellen, daß das Problem journalistischer Sorgfalt kein spezifisches Problem der privat-kommerziellen Nachrichtensendungen ist, aber der Hang zur Dramatisierung und Emotionalisierung verschärft den ohnehin schon schwierigen Umgang mit Ereignissen und Nachrichtenquellen.[14] Ich will zumindest ein Beispiel vorstellen, das das Problem journalistischer Sorgfalt in Grundzügen vor Augen führt. Das Thema sind Menschenrechtsverletzungen im jugoslawischen Bürgerkrieg. Mit diesem Beispiel will ich keine Diskussion über die Gewaltdarstellung im Fernsehen eröffnen. Ich beschränke mich vielmehr auf drei Problembereiche der Nachrichtendarstellung: die vorgetäuschte Aktualität, die voyeuristische Haltung und den Verlust an journalistischer und sprachlicher Distanz.

(8) RTL aktuell vom 23. Oktober 1992 - Bosnien

[Sprechermeldung]
Im zerfallenen Jugoslawien soll Anfang November eine Woche lang eine Waffenruhe gelten, das sagte eine Sprecherin des Kinderhilfswerks UNICEF heute. Einzelheiten sind bis jetzt noch nicht bekannt. In Bosnien-Herzegowina gingen die Kämpfe zwischen Kroaten und Moslems auch heute weiter. Die Bilanz: mehrere Dutzend Tote. Inzwischen hat Amnesty International erschütternde Bilder von Menschenrechtsverletzungen in Bosnien veröffentlicht - Bilder, die wir Ihnen aber trotzdem nicht vorenthalten wollen.

[Nachrichtenfilm]
Bosanskibrot im Norden Bosniens. Amateuraufnahmen vom April. Leichen, zum Teil schrecklich verstümmelt. Wahrscheinlich Kroaten, die in die Hände von Serben gefallen waren und sterben mußten, eben weil sie Kroaten waren. Die 15jährige Jasmina war dabei, als serbische Tschetniks auf ihren Vater losgingen. "Ich dachte zuerst, der ist nur verwundet", sagt sie, "aber er war tot. Sie haben ihm mitten ins Gesicht geschossen." Seneka, auch in Bosnien. Ein Mann, dem die Kehle durchgeschnitten wurde. Die Ärzte kämpfen um sein Leben. Ob er durchkam,

wissen wir nicht. Diese Moslems wurden aus einem serbischen Lager freigelassen, überlebten mit Folterverletzungen. Sie haben Quetschungen und Blutergüsse und Erinnerungen, unter denen sie noch viele Jahre leiden werden.

Zur vorgetäuschten Aktualität:
Schon in der Schlagzeile wird Aktualität vorgetäuscht: "Kriegsgreuel. Neue erschütternde Bilder aus Bosnien". Dieser Eindruck wird in der Anmoderation bestärkt. Der Zuschauer kann nur an einer Stelle im Film erkennen, daß die Bilder des Filmberichts bereits sechs Monate alt sind.

Zur voyeuristischen Haltung:
Das Nachrichteninteresse von *RTL aktuell* gilt vor allem den vorzeigbaren Grausamkeiten. Es interessiert nicht, wie es zu den Aufnahmen kam, keine Rede davon, daß es sich um den Bericht einer Amnesty-Menschenrechtskommission handelt, die im Kriegsgebiet war und dort über einen Zeitraum von fünf Monaten Augenzeugenberichte gesammelt hat, kein Wort darüber, welche politische Aktion und welche Botschaft Amnesty mit diesem Bericht verbindet. Symptomatisch für den Unterschied zwischen voyeuristischer Haltung und journalistischer Distanz ist, glaube ich, wie mit der Darstellung von Grausamkeiten umgegangen wird. Während *RTL aktuell* das Auf- und Zuklappen einer durchgeschnittenen Kehle hemmungslos zeigt, friert die *Schweizer Tagesschau* mit einem Standbild genau an dieser Stelle die bildliche Darstellung ein.

Zur journalistischen Distanz:
Dem bildlichen Distanzverlust entspricht der sprachliche Distanzverlust. Der Inhalt von Augenzeugenberichten wird als Tatsache verbreitet, und die Nachrichtenquelle selbst, also die Amnesty-Dokumentation, wird faktiziert. Selbst das direkte Zitat des bosnischen Mädchens stimmt nicht mit den anderen Nachrichtendarstellungen überein. In der folgenden Passage stelle ich den *RTL aktuell*-Aussagen die Aussagen aus anderen Nachrichtensendungen gegenüber, deren Beiträge insgesamt distanzierter und informativer sind.[15]

- Aus „Amnesty glaubt, daß es sich um Kroaten handelt" (*SRG Tagesschau*) wird „wahrscheinlich Kroaten" (*RTL aktuell*).
- Aus „die angeblich von serbischen Truppen ermordet worden sind" (*SRG Tagesschau*) wird „die in die Hände von Serben gefallen waren" (*RTL aktuell*).
- Aus „fifteen year old Bosnian Moslem Jasmina Hodzic said her father was shot in a massacre of more than 83 men, women and children by Serbian irregulars [...]" (*ITN World News*) wird „Die 15jährige Jasmina war dabei, als serbische Tschetniks auf ihren Vater losgingen" (*RTL aktuell*).
- Und aus „They fired first at his legs. He jumped. Then they fired at his body" (*ITN World News*) wird „'Ich dachte zuerst, der ist nur verwundet', sagt sie, 'aber er war tot. Sie haben ihm mitten ins Gesicht geschossen'" (*RTL aktuell*).

Die Beschreibung des Boulevardisierungstrends schließe ich mit zwei weiterführenden Überlegungen ab. Bisher habe ich vor allem die Strategie der Abgrenzung beschrieben. Hier stellt sich die Frage, wieweit die Boulevardisierungsmetapher trägt und worauf Boulevardisierungstendenzen zurückzuführen sind. Zu fragen ist aber auch nach der Strategie der Annäherung und nach dem Stellenwert der Boulevardisierungskonzepte in der aktuellen Geschichte der Nachrichtenformate.

3. Reichweite und Kontext der Boulevardisierung

Ich habe ganz am Anfang gesagt, daß der Boulevardisierungsbegriff in der Literatur vor allem metaphorisch verwendet wird, das Vergleichsobjekt, die Boulevardpresse, bleibt implizit. Der Vergleich hat eine gewisse Berechtigung, wenn man sich auf folgende Merkmale bezieht:

- die auf Massenattraktivität ausgerichtete Nachrichtenauswahl, vor allem die Zunahme nichtpolitischer Themen
- das auf Attraktivität und Spannung getrimmte Erscheinungsbild der Sendungen
- den Tonfall und die Sprache der Informationsvermittlung („in reißerischem Tonfall geschmetterte Headlines", „kassandrische Schlagzeilen")
- die Beschleunigung in der Nachrichtendarstellung (die Fragmentierung des Nachrichtenstoffs und die Verkürzung in der Nachrichtendarstellung)
- die auf Emotionalisierung der Zuschauer ausgerichteten Strategien der Nachrichtenpräsentation.

Bei allen Ähnlichkeiten darf man andererseits nicht vergessen, daß ganz entscheidende Merkmale der Boulevardblätter in Nachrichtensendungen des Fernsehens fehlen:

- die völlige Vermischung von Nachricht und Meinung
- der hohe fiktionale Anteil in der Ereignisdarstellung und nicht zuletzt
- der Tendenz- und Kampagnenjournalismus.

Zum Boulevardjournalismus gehört es, daß man eine Geschichte aufreißt, den latent vorhandenen Konflikt forciert, aus moralischer Perspektive zum Handeln auffordert und von den publizistischen Folgen der eigenen Geschichten in neuen Geschichten profitiert.

Ein entscheidender Unterschied zwischen einem Boulevardblatt und einer Nachrichtensendung mit Boulevardisierungstendenzen liegt, glaube ich, darin, daß Boulevardblätter Geschichten machen, während sich Nachrichtensendungen heutiger Prägung in der Regel darauf beschränken, Geschichten zu vermitteln. Ein großer Teil der Berichterstattung besteht in der Vermittlung vermittelter Information, geht also auf sprachliches und bildliches Fremdmaterial zurück. Dabei sind die kommerziellen Sender weit mehr als die öffentlich-rechtlichen in hohem Maße nicht nur auf die Meldungen der Wortagenturen, sondern vor allem auf das Filmangebot der Eurovision angewiesen. Die Boulevardisierung des Nachrichtenstoffs konzentriert sich deshalb auf die Auswahl der Themen, ihre Gewichtung und die Strategien der Nachrichtendarstellung: die Versuche, im Normalen das Abweichende herauszustellen, das Ungewöhnliche, das Aufsehenerregende.

Die Boulevardisierungstendenzen können als Ausdruck einer ganzen Reihe langfristiger Entwicklungen gesehen werden, die Michael Tracey in einem Beitrag über die Zukunft des öffentlich-rechtlichen Fernsehens formuliert hat, überschrieben mit dem Titel „Für das Überleben einer Idee von gesellschaftlicher Kommunikation".[16] Tracey beklagt den "Verfall der Idee von öffentlicher Kultur", der in den meisten Industriegesellschaften zu beobachten sei. Er führt diesen Verfall im wesentlichen auf vier historische Veränderungen zurück:

- den "neuen kulturellen Diskurs des Marktes", der in den achtziger Jahren dominant geworden sei und das Publikum nicht mehr als "Bürger", sondern als "Konsumenten" betrachte,
- die "neue Idee von Kommunikation", die auf "Effizienz- und Profitkategorien" und nicht mehr auf "philosophischen Postulaten" (Sinn- und Wertkategorien) beruhe,
- die "Kultur des Selbst", die das "Ich" gegenüber dem "Wir" favorisiere und vor allem Kollektiven, also auch dem öffentlichen Raum und seinen Institutionen, Interesse und Sympathie entziehe und
- die Durchsetzung einer audiovisuellen Technologie, die sich unseren Erfahrungen „in den Weg" stelle, sich „vor unsere Erfahrungen" schiebe.

Ich glaube, daß diese Beobachtungen zutreffen. Vor allem das effizienz- und konsumentenorientierte Denken steckt den Rahmen ab, in dem sich Programm- und Formatänderungen der letzten zehn Jahre bewegt haben. Das effizienz- und konsumentenorientierte Denken ist andererseits nicht so zielsicher, wie es auf den ersten Blick scheint. Die populären Strategien der Nachrichtenvermarktung sind weit kurzlebiger als die sachorientierten Strategien der Nachrichtendarstellung. Die Boulevardisierungstendenzen, die ich hier vor allem am Beispiel von *RTL aktuell* beschrieben habe, sind schon wieder Makulatur. Nach zehn Jahren elektronischer Bildzeitung hat *RTL aktuell* das Format 1995 modifiziert.

(9) RTL aktuell vom 2. Juni 1995

[Themenübersicht]
Eskalation. Bosnische Serben schießen amerikanisches Kampfflugzeug ab. Parteienstreit. Panne bei Haushaltsabstimmung sorgt für Eklat im Bundestag. Tollhaus. Chaos-Club HSV wirft Torwart-Oldie Uli Stein raus.

[Moderation]
Guten Abend und herzlich willkommen bei RTL aktuell. Mit mir im Studio, zuständig für den Sport in der Sendung, Ulrike von der Groeben. Die Nato wird immer tiefer in den Krieg in Bosnien hineingezogen. Zum dritten Mal seit Kriegsbeginn wurde heute nachmittag ein Nato-Flugzeug abgeschossen. Zum ersten Mal war es eine amerikanische Maschine. Der einsitzige Kampfbomber vom Typ F16 war vom italienischen Luftwaffenstützpunkt Aviano aus gestartet, um das Flugverbot über Bosnien zu überwachen. Bei Banja Luka im serbisch kontrollierten Norden Bosniens wurde er von einer Rakete getroffen. Sie soll von bosnischen Serben abgefeuert worden sein. An Bord der F16 war ein Pilot, über sein Schicksal ist zur Stunde nichts bekannt. Die Amerikaner überwachen schon seit längerem mit ihren Jets den Flugraum über Bosnien, um damit die Serben an Luftangriffen zu hindern. Damit direkt weiter zu unserem USA-Korrespondenten Peter Klein.

Die Sendung ist weit moderater geworden. Fast ist man versucht zu sagen, *RTL aktuell* hat für sich die neue Sachlichkeit entdeckt. Alle dramaturgischen Maßnahmen des veränderten Formats sind darauf ausgelegt, das Image der elektronischen Bildzeitung abzulegen oder zumindest abzuschwächen. Die auffälligsten Veränderungen sind:

- Leisere Töne, weniger dynamisierende Bildeffekte in der Sendekennung, sachlichere Schlagzeilen in der Themenübersicht.
- Die Konzentration auf einen Nachrichtenmoderator in der Sendung. Nur noch für den Sport ist eine weitere Moderatorin vorgesehen.
- Die Bildfenster werden eher ästhetisch als dynamisch gestaltet.
- In den Kurznachrichten entfallen die besonderen Effekte, die auf Reiz- und Rhythmuswechsel ausgerichtet sind (der Nachrichtenblock wird durchgängig hart geschnitten und nur noch von einer Off-Stimme vorgestellt).

Die sachlichere Ausrichtung hat, glaube ich, nichts damit zu tun, daß man sich wieder an Sinnkategorien orientiert, sich auf journalistische Kriterien bezieht, sondern eher damit, daß die sachlichere Nachrichtendarstellung zumindest in Deutschland die größere Publikumsresonanz erzielt. Der Witz der Formatänderungen im privat-kommerziellen Zeitalter ist, daß das kommerzielle Denken zur Leitmaxime der Programmentwicklung wird. Das 40jährige Jubiläum der *Tagesschau* kommentierte der Geschäftsführer von RTL, Helmut Thoma, mit den Worten: "Die können die Nachrichten in Latein verlesen mit zwei brennenden Kerzen, und die Sendung hätte immer noch gute Einschaltquoten".[17] Ich bin mir sicher, er selbst würde die Nachrichten in Latein verlesen lassen, wenn er damit auch nur näherungsweise den Erfolg der *Tagesschau* erzielen könnte. Tatsache ist, daß sich der überwiegende Teil der privat-kommerziellen Konkurrenz (n-tv, VOX, SAT.1 und neuerdings RTL) zunehmend bei den klassischen Nachrichtenformaten bedient.

Was bleibt, ist die elektronische Beschleunigung innerhalb der Nachrichtensendungen, die auch Ausdruck der zunehmenden Geschwindigkeit in den Übertragungstechniken ist. Die Privatsender haben das Tempo angezogen. Unter ihrer Regie wird die Medienrealität beschleunigt. Diesem Trend haben sich auch die öffentlich-rechtlichen Nachrichtensendungen angeschlossen.

Die Frage, ob die neuen Kanäle die Form der Nachrichtenpräsentation revolutioniert haben, stellt sich angesichts der Annäherungstendenzen nicht. Eher stellt sich die Frage, wie es zur Angleichung der Nachrichtenformate kommt. Ich kann hier nur in Schlagzeilen andeuten, welche Aspekte dabei zu berücksichtigen sind:

- die Kosten: Ein gut gemachtes Boulevardkonzept setzt nicht nur besondere journalistische Fähigkeiten, sondern auch hohe Produktionskapazitäten voraus, ist also teuer
- die nämliche Ereignislage (der Mangel an exklusiven Storys)
- die Abhängigkeit von gleichen Nachrichtenquellen (von den Meldungen der Wortagenturen und dem Filmangebot der Eurovision)
- die Publikumsresonanz, in der Erwartungshaltungen an Nachrichtensendungen und traditionelle Sehgewohnheiten zum Ausdruck kommen.

Historisch betrachtet, ist der innovative Beitrag der privat-kommerziellen Nachrichtensendungen nicht besonders bemerkenswert. Von Boulevardisierung kann nur in Teilstrategien, von unterhaltsamer Information eigentlich nicht die Rede sein. Unterhaltsam gemachte Information setzt mehr Anstrengung voraus als Verpackung und das Spiel auf dem dramaturgischen Klavier.

Ohne dichterische Freiheit funktioniert die Boulevardisierung nicht, wie die Geschichte der Bildzeitung zeigt. Das Grunddilemma der privat-kommerziellen Sender ist, daß es zu wenig Nachrichtenstoff gibt, der sich attraktiv und möglichst exklusiv vermarkten läßt. Nicht umsonst haben RTL und SAT.1 das amerikanische Reality-TV kopiert. "Kein Trick der Welt kann Magermilch in Sahne verwandeln", klagte schon Swoboda in den Anfangszeiten der *Tagesschau*, als ihm zuwenig Filmmaterial der Wochenschau zur Verfügung stand.[18] Die Attraktivität der Nachrichtensendungen, der Versuch, die Welt publikumswirksam darzustellen, scheitert offenbar doch immer wieder daran, daß sich die sog. Wirklichkeit nicht nach den Wunschvorstellungen vermarktbarer Medienrealität verhält.

Anmerkungen

1 Die Belegstellen finden sich in Krüger (1985a) und (1985b).
2 Krüger (1985a, 239), Krüger (1985b, 480).
3 Angesprochen werden in erster Linie Reality-TV-Sendungen wie „Auf Leben und Tod", „Notruf", „Polizeireport", „Akut", „Retter", „Augenzeugenvideo", „SK 15", die sog. Infotainment-Sendungen wie „Explosiv", „Einspruch", neuerdings „Die Reporter", „TAFF" und nicht zuletzt die ständig zunehmenden Talkshows. vgl. z.B. Lilienthal (1993).
4 Vgl. Krüger (1985a), Krüger (1985b), Krüger (1996), Pfetsch (1991), Kepplinger/Staab (1992), Naeher (1993), Medium spezial 23 (1993), ARD-Forschungsdienst 9 (1993).
5 Inzwischen gibt es in der Bundesrepublik auf öffentlich-rechtlicher Seite zwei nationale Hauptprogramme (ARD, ZDF), ein nationales Satellitenprogramme (3sat) und acht regionale Dritte Programme (Bayern 3, Hessen 3, Nord 3, Südwest 3, West 3, MDR, ORB, B1). Hinzu kommt der deutsch-französische Kulturkanal arte. Ihnen stehen sechs nationale privat-kommerzielle Programme gegenüber, die Nachrichtensendungen anbieten (RTL, SAT.1, PRO 7, n-tv, VOX, RTL2). Das Tagesangebot der Fernsehnachrichten reicht vom Frühstücksfernsehen bis zu den Nachtjournalen.
6 Vgl. Muckenhaupt (1994), Ludes (1994).
7 Das heutige Format der *Tagesschau* ("die Tagesschau der Nachrichtensprecher", eine Mischung aus Sprechermeldungen und Filmberichten) ist bereits 1960 entstanden. Es ist ein "Nachrichtenstreich der Wortredakteure" gegen ein filmisches Konzept, das die Anfangsjahre der *Tagesschau* geprägt hat. Die Nachrichtenmagazine sind von ARD und ZDF im Gleichklang 1978 eingeführt worden. Die Wurzeln reichen allerdings weiter zurück in die Geschichte der *heute*-Sendung. Bereits 1969 war das erste *heute*-Nachrichtenmagazin zu sehen, präsentiert von einem Moderator und einem Nachrichtensprecher mit allen Elementen der späteren Magazinformate.
8 Zitiert nach Wember (1993, 33).
9 Kepplinger/Staab (1992) kommen für ihren Untersuchungszeitraum 1989 auf 36 Nachrichteneinheiten.
10 Vgl. Stiewe (1933, 22 ff.).
11 Vgl. Mander (1979, 274 ff.).
12 Vgl. Krüger (1985a), Krüger (1985b), Pfetsch (1991).
13 Kepplinger/Staab (1992, 49).
14 Vgl. Muckenhaupt (1990).
15 Vgl. die folgenden Beispiele aus der *Schweizer Tagesschau* und aus *ITN World News* vom selben Tag:

(10) SRG Tagesschau vom 23. Oktober 1992 - Bosnien

[Moderation] Guten Abend, meine Damen und Herren. Daß Kriege nie ohne Greuel abgehen, weiß man. Daß in den jugoslawischen Kriegsgebieten alle Parteien mit Grausamkeiten nicht zurückhalten, dringt immer mal wieder an die Weltöffentlichkeit. Aber jedes Mal, wenn neue Berichte, neue Bilder nach außen gelangen, erschrickt man über den Terror, dem dort Menschen Menschen aussetzen. Amnesty International hat den Bericht einer Kommission veröffentlicht, die die Kriegsgebiete bereist hat. Der Bericht ist voll von Zeugnissen über Menschenraub, Folter und Mord. Er stützt sich zum Teil auf Bildmaterial, das Zeugen der Untaten aufgenommen haben.

[Nachrichtenfilm] Bosanskibrot im April. Eine Gruppe von Zivilisten, die angeblich von serbischen Truppen ermordet worden sind. Amnesty glaubt, daß es sich um Kroaten handelt. Akatovici, in der Nähe von Sarajevo. Die Opfer eines Überfalls auf einen Bus. Irgendwo auf offenem Feld sind sie am 15. Juni begraben worden. Angegriffen wurde der Bus von Serben, die Opfer: moslemische Zivilisten. Jasmina Hodzic, ein 15jähriges Mädchen moslemischer Herkunft. Im Juni ist ihr Vater von serbischen Soldaten abgeholt und vor dem Dorf zusammen mit 82 anderen Männern und Frauen erschossen worden. Zenizarten, Bosnien. Ärzte versuchen das Leben eines Mannes zu retten, dessen Kehle durchschnitten worden ist. Täter unbekannt. Opfer von Folterungen und Mißhandlungen. Die Männer sind in serbischen Konzentrationslagern gefangen gehalten worden. Die Wunden wurden ihnen nach eigenen Angaben von serbischen Lagerwachen zugefügt.

(11) ITN World News vom 23. Oktober 1992 - Bosnien

[Moderation] A report from the human rights group Amnesty International says thousands are still being tortured and murdered in the former Jugoslav republic of Bosnia. Refugees, who fled from Bosnia, gave first hand accounts to Amnesty, which call them horrific. In Sarajevo fighting has continued while members of Bosnia's three warring communities try to set up talks over conditions with civilians in the country.

[Nachrichtenfilm] Amnesty International compiled its report after a five-month fact-finding tour of Serbia, Croatia and Hungary this summer. Many of those it talked to were victims of human rights abuses by Serbs, others were victims of mistreatment by Bosnian government forces. In Bosanskibrot, Northern Bosnia, it found a group of civilians, believed to be Croatians, reportedly killed by retreating Serbian forces. In the village of Akadovici near Sarajevo a bus full of Moslem civilians was ambushed by Serbian forces and all were killed at close range before being buried in a mass grave. Fifteen year old Bosnian Moslem Jasmina Hodzic said her father was shot in a massacre of more than 83 men, women and children by Serbian irregulars in Sadla Paca, Eastern Bosnia. "They fired first at his legs, he jumped, then they fired at his body", she said. Ismilia Husic said her husband and two elder sons were killed by Serbian irregulars, the elder son strangled with wire. Many of those interviewed by Amnesty were Moslem detainees, released from Serbian controlled detention camps and displayed injuries consistent with widespread allegations of torture and ill treatment. Norma Johnston: "There are more than eight and a half thousand still in prison. The violations are continuing as we speak. We have certainly no room for complacency, nor indeed hope". Amnesty´s report coincides with the detailed study of human rights violations in Bosnia sent by the US State Department to the United Nations Security Council. Richard Boucher: "[There are] frankly a lot of the things and they make your blood blood boil and your stomach turn." It's now time says Amnesty for all parties to investigate human rights abuses and to ensure those responsible are brought to justice.

16 Vgl. Tracey (1994).

17 Zitiert nach Focus 9 (1993, 108).

18 Swoboda (1983, 130).

Literatur

ARD-Forschungsdienst (1993): Die emotionale Qualität von (Fernseh-)Nachrichten. Zuschauerinteresse und Wirkung. In: Media Perspektiven 9 (1993), 445-449.

Kepplinger, Hans M./Staab, Joachim F. (1992): Das Aktuelle in RTL plus. Analysemethoden - Untersuchungsergebnisse - Interpretationsmuster. München.

Krüger, Udo M. (1985a): Aspekte der Nachrichtenpräsentation in SAT.1, ARD und ZDF. In: Media Perspektiven 3 (1985), 232-239.

Krüger, Udo M. (1985b): „Soft news" - kommerzielle Alternative zum Nachrichtenangebot öffentlich-rechtlicher Rundfunkanstalten. SAT.1, RTL plus, ARD und ZDF im Vergleich. In: Media Perspektiven 6 (1985), 479-490.

Krüger, Udo M. (1988): Infos - Infotainment - Entertainment. Programmanalyse 1988. In: Media Perspektiven 10 (1988), 637-663.

Krüger, Udo M./Zapf-Schramm, Thomas (1992): Formen, Inhalte und Funktionen des Fernsehens. Öffentlich-rechtliche und private Hauptprogramme im Vergleich. In: Media Perspektiven 11 (1992), 713-732.

Krüger, Udo M. (1993): Kontinuität und Wandel im Programmangebot. Programmstrukturelle Trends bei ARD, ZDF, SAT.1 und RTL 1986-1992. In: Media Perspektiven 6 (1993), 246-266.

Krüger, Udo M. (1996): Boulevardisierung der Information im Privatfernsehen. Nichttagesaktuelle Informations- und Infotainmentsendungen bei ARD, ZDF, RTL, SAT.1 und PRO SIEBEN 1995. In: Media Perspektiven 7 (1996), 362-374.

Lilienthal, Volker (1993): Gieriges Kameraauge. Der Virus des Reality-TV infiziert alle Programmsparten. In: Medium Spezial (1993): Sonderheft "Nachrichten- und Informationsprogramme im Fernsehen", Frankfurt, 17-20.

Ludes, Peter (1994): Vom neuen Stichwortgeber zum überforderten Welterklärer und Synchron-Regisseur. Nachrichtensendungen. In: Ludes, Peter/Schumacher, Heidemarie/Zimmermann, Peter (Hg.): Geschichte des Fernsehens in der Bundesrepublik Deutschland. Bd. 3: Informations- und Dokumentarsendungen. München, 17-90.

Mander, Jerry (1979): Schafft das Fernsehen ab! Eine Streitschrift gegen das Leben aus zweiter Hand. Reinbek.

Medium spezial (1993): Sonderheft „Nachrichten- und Informationsprogramme im Fernsehen". Frankfurt.

Muckenhaupt, Manfred (1981): Spielarten des Informierens in Nachrichtensendungen. In: Heygster, Anna-Luise/Hermann, Ingo (Hg.): Sprache im Fernsehen. Mainz, 211-245.

Muckenhaupt, Manfred (1990): Kommunikationsgeschichte und Medienrealität. Der Umgang mit Quellen als Prüfstein für journalistische Qualität. In: Charlton, Michael/Neumann, Klaus (Hg.): Spracherwerb und Mediengebrauch. Tübingen, 221-249.

Muckenhaupt, Manfred (1994): Von der „Tagesschau" zur „Infoshow". Sprachliche und journalistische Tendenzen in der Geschichte der Fernsehnachrichten. In: Heringer, Hans Jürgen/Samson, Gunhild/Kauffmann, Michael/Bader, Wolfgang (Hg.): Tendenzen der deutschen Gegenwartssprache. Tübingen, 81-120.

Naeher, Gerhard (1993): Mega-Schrill und Superflach. Der unaufhaltsame Aufstieg des Fernsehens in Deutschland. Frankfurt.

Pfetsch, Barbara (1991): Politische Folgen der Boulevardisierung des Rundfunksystems in der Bundesrepublik Deutschland. Konzepte und Analysen zum Fernsehangebot und zum Publikumsverhalten. Baden-Baden.

Reimers, Karl F./Lerch-Stumpf, Monika/Steinmetz, Rüdiger (Hg.) (1983): Zweimal Deutschland seit 1945 im Film und Fernsehen. Bd. I: Von der Kino-Wochenschau zum aktuellen Fernsehen. München.

Sassmann, Eva/Wille, Sophie (1991): Ein Nachrichtentag in Europa. Studie der Hörer- und Sehervertretung. Teil 1 und 2. Wien.

Swoboda, Martin S. (1983): Vom Standfoto zur "Tagesschau". In: Reimers, Karl F. /Lerch-Stumpf, Monika/Steinmetz, Rüdiger (Hg.): Zweimal Deutschland seit 1945 im Film und Fernsehen. Bd. I: Von der Kino-Wochenschau zum aktuellen Fernsehen. München, 123-140.

Teichert, Willi: Das Beschleunigungskarussell. Der Wettbewerb um Aktualität. In: Medium Spezial (1993): Sonderheft „Nachrichten- und Informationsprogramme im Fernsehen". Frankfurt, 25-28.

Tracey, Michael (1994): Eine parteiliche Rede zur weltweiten Krise des öffentlich-rechtlichen Rundfunks. Für das Überleben einer Idee von gesellschaftlicher Kommunikation. In: Media Perspektiven 3 (1994), 145-148.

Wember, Bernward (1993): Die Bauch-Kopf-Schere. Oder: Was machen Menschen mit Information? In: Medium Spezial (1993): Sonderheft „Nachrichten- und Informationsprogramme im Fernsehen". Frankfurt, 31-36.

Lokalfernsehen - ein neues Medium? Nachrichtensendungen als Probe aufs Exempel

Harald Burger

1. Das Neue im Lokalfernsehen

Es ist von vornherein klar, daß das Lokalfernsehen nicht ein gänzlich neues Medium ist, so wie man bei e-mail von einem neuen Medium sprechen kann (vgl. Günther/ Wyss 1996). Mit „neu" meint man in dieser Perspektive in erster Linie die technischen Aspekte, und erst in zweiter Linie die daraus resultierenden neuen Formen des Kommunizierens. Das Lokalfernsehen hat unter technisch-medialen Gesichtspunkten Aspekte von Neuartigkeit (s.u.), doch ist es zweifellos eine Form von Fernsehen und insofern allenfalls eine neue Variante eines alten Mediums.

Wenn hier die Frage nach dem Neuen dieses Mediums gestellt wird, so zielt dies nicht primär auf technische, sondern auf im weitesten Sinne kommunikative Aspekte. Konkret sollen die spezifischen Erwartungen, die von der Öffentlichkeit an dieses Medium gerichtet werden, und die Versprechungen, die vonseiten der Macher als Antwort auf diese Erwartungen zu lesen und zu hören sind, mit dem konfrontiert werden, was als Bild-Text-Produkt faktisch dem Rezipienten zu Augen und zu Ohren kommt.

Wenn man dabei zu linguistisch operationalisierbaren Kriterien gelangen will, bietet es sich an, einen Vergleich anzustellen zwischen sonstigem Fernsehen und Lokalfernsehen innerhalb eines bestehenden Sendegefäßes. Ich wähle als Probe aufs Exempel Nachrichtensendungen, die für das öffentlich-rechtliche wie das private überregionale Fernsehen gut erforscht sind (vgl. etwa Straßner 1982 und zahlreiche spätere Arbeiten, fürs Privatfernsehen Püschel 1992). Der Nachteil dieser Auswahl ist, daß nicht alle Lokalfernsehsender tagesaktuelle Nachrichtensendungen anbieten. Doch fällt diese Einschränkung nicht sehr ins Gewicht, da dadurch nur die kleineren Sender durch die Maschen fallen, deren Profil sich ohnehin nur schwer auf einen Nenner bringen läßt. Mein Material stammt aus der deutschen Schweiz, und hier insbesondere aus Zürich mit seinem sehr erfolgreichen Stadt-Sender Tele Züri. Tele Züri startete im Oktober 1994 und preist sich selbst als „Europas modernstes City-TV" an. Der Sender ist vollständig selbsttragend, d.h. primär durch Werbung finanziert, darum in jeder Hinsicht marktwirtschaftlich orientiert (im Gegensatz zum Stadtkanal Basel, vgl. Löffler in diesem Band). Neben Tele Züri habe ich auch Sendungen vom Stadtkanal Basel und TeleBärn (Bern) beigezogen. (TeleBärn startete im März 1995, Stadtkanal Basel im Juni 1993). Schließlich wird für einige Gesichtspunkte auch ein Sender mit Wochenprogramm (ohne tagesaktuelle Sendungen) beigezogen: Hasli TV (sendet im Kanton Zürich, besteht seit Mai 1984 und ist der älteste Lokalsender der Schweiz).

Die Erwartungen der Öffentlichkeit an das Lokalfernsehen sind programmatisch im Rundfunkgesetz formuliert:

> Bundesgesetz über Radio und Fernsehen, Art. 21 (Kapitel: Lokale und regionale Radio- und Fernsehprogramme)
> Auftrag
> Lokale und regionale Veranstalter berücksichtigen in ihren Programmen vorrangig die Eigenheiten des Versorgungsgebietes. Sie leisten einen besonderen Beitrag:
> a. zur Meinungsbildung über Fragen des lokalen und regionalen Zusammenlebens;
> b. zur Förderung des kulturellen Lebens im Versorgungsgebiet.

Hier kommen drei Aspekte zur Geltung: Erstens das Lokale bzw. Regionale in thematischer Hinsicht (komplementär zum Überregionalen), zweitens die Meinungsbildung im lokalen Kontext, drittens die lokale Kultur. Ich werde mich vor allem mit den beiden ersten Aspekten befassen.

Eine öffentliche Erwartung, die immer wieder in der Presse formuliert wird und die im Text des Rundfunkgesetzes implizit mitgemeint ist (unter a.), besteht auch darin, daß die Bürger stärker am Medium partizipieren als in den überregionalen Sendern. Größere Nähe zum Rezipienten verlangt in sprachlicher Hinsicht eine Sprache, die nahe derjenigen des Alltags ist, die sich also nicht von den oft kritisierten journalistischen Sprachmustern (Nominalstil der Agentursprache, verdeckt komplexe Syntax usw.) leiten läßt, sondern eine umgangssprachlichere Diktion zumindest anstrebt. Damit ist - entsprechend der Schweizer Diglossie-Situation - auch impliziert, daß Mundart die dominierende Sprachform ist (und darüber hinaus: daß auch Wert gelegt wird auf die lokalen Mundarten).

Für die Macher von Tele Züri ist es vor allem der „Video-Journalismus“, mit dem man den Erwartungen der Öffentlichkeit gerecht werden könne und der zu neuen Formen der Berichterstattung führen soll. In einer PR-Broschüre von Tele Züri (1994) liest man:

> **Was ist Video-Journalismus?**
> Neue Grammatik fürs Fernsehen
> Video-Journalismus ist, vereinfacht gesagt, die „Vermählung“ des Journalisten mit der Kamera. Ein Video-Journalist arbeitet mit seiner kleinen handlichen Kamera in ähnlicher Weise wie ein Zeitungsreporter mit Block und Kugelschreiber. Alleine. Der Video-Reporter lernt die Kamera in einer Weise einzusetzen, wie es ein Zeitungsreporter mit dem Kugelschreiber tut - um Notizen aufzunehmen, um Beobachtungen zu registrieren, um Interviews zu führen. Das herkömmliche Fernsehen arbeitet so, daß die meisten Reporter „nicht direkt involviert mit dem wirklichen Prozeß des Fernsehmachens“ sind. „Das ist stückhaftes Denken und führt zu formelhaften und stückweisen TV-Produkten. Der Video-Journalist arbeitet anders - in direkter Abstimmung mit seiner technischen Hardware, also der Kamera. Er *denkt* in Bildern und Tönen. Er wendet eine neue Grammatik für TV-Journalismus an - eine Grammatik mit viel persönlicherem und direkterem Reportieren.“
> Vom Videoteam heißt es, sie seien „jung und dynamisch“, „Allround-Talente und völlig auf

> sich selbst gestellt". Eine VJ sagt von sich selber, daß sie „die Portion Frechheit" besitze, „die für gute Interviews gebraucht wird. Und mit den kleinen Kameras können wir menschlich viel näher an die Leute herantreten."

Aus diesen Vorgaben leite ich die folgenden Fragen für meine Untersuchung ab:
1. Inwieweit kommt das Lokale zur Geltung?
2. Dient die Sendung der Meinungsbildung auf lokaler Ebene?
3. In welchem Maße partizipieren die Bürger an der Sendung?
4. Wie nahe ist die Sprache an derjenigen der Alltagssprache der Rezipienten?

Ich gebe zunächst einen Überblick über Aufbau und Inhalte der Nachrichtensendung bei Tele Züri und gehe anschließend die Hauptelemente der Sendung durch.

2. Struktur und Inhalte einer Nachrichtensendung bei Tele Züri

Die Nachrichtensendung von Tele Züri ist in zwei Blöcke geteilt, die durch einen Werbeblock voneinander abgehoben sind. Die Blöcke tragen verschiedene Namen („News" und „Info"), womit der Eindruck erweckt wird, es handle sich um zwei verschiedene Sendungen. Auf diese Weise wird der Artikel des Rundfunkgesetzes umgangen, der an sich für Nachrichtensendungen keine Werbung zuließe:

> Bundesgesetz über Radio und Fernsehen Art. 18:
> [2]In sich geschlossene Sendungen dürfen nicht, solche von über 90 Minuten Dauer höchstens einmal durch Werbung unterbrochen werden.

Die Unterteilung erfolgt gänzlich willkürlich und ist durch keine inhaltlichen oder formalen Kriterien gerechtfertigt.

Innerhalb der beiden Blöcke erfolgt die weitere Gliederung nach thematischen und formalen Gesichtspunkten. Unterschieden werden „Berichte" (von VJs = Videojournalisten) und „Meldungen" (auf der Basis von Agenturmaterial getextet und visualisiert). („Bericht" und „Meldung" werden in der Sendung in der Regel als Termini verwendet, z.T. finden sich aber auch Paraphrasen oder verwandte Ausdrük-ke. Wir übernehmen hier undiskutiert den journalistischen Sprachgebrauch, insofern er auch im Rahmen linguistischer Terminologie vertretbar ist.) Berichte beziehen sich fast ausschließlich auf lokale Themen, während bei den Meldungen sowohl regionale als auch überregionale (nationale und internationale) Themen berücksichtigt werden. Es ergibt sich folgendes Ablaufschema, bei dem Varianten der Abfolge von Berichten und Meldungen vorkommen:

I „News“

Anmoderation

M Begrüßung
Schlagzeilen
Vorankündigung „Talk Täglich“

Erster Bericht

M Einführung
VJ Bericht
M Abschluß

Zweiter Bericht
(...)

Meldungen (In-/Ausland)

M Text zu Nachrichtenfilmen

[Werbeblock]

II „Info“
[gleiches oder in der Reihenfolge abgewandeltes Schema wie bei „News]

In thematischer Hinsicht ergibt sich nach einer Inhaltsanalyse von Heinz Bonfadelli (unpublizierter Vortrag auf der Tagung der Schweizerischen Gesellschaft für Kommunikations- und Medienwissenschaft vom April 1995), daß lokale Themen eindeutig im Vordergrund stehen. Doch verhalten sich die Lokalberichte nach Bonfadelli lediglich „additiv“ zur Lokalpresse, d.h. es sind im wesentlichen dieselben Themen, die auch in der Lokalpresse behandelt werden.

3. Moderation

Die Moderatorin/der Moderator erfüllt die für alle moderierten Nachrichtensendungen typischen Arten von Funktionen:

- mehr strukturelle Funktionen:
  Begrüßung, Verlesen der Schlagzeilen, Ansage der Blöcke, Verknüpfung von Beiträgen, Verabschiedung
- mehr inhaltliche Funktionen:
  Inhaltsüberblick, Einführung in die einzelnen Nachrichtenthemen

Außerdem führt der Moderator Studio-Interviews und liest - im Gegensatz zu vielen anderen Nachrichtensendungen - die visualisierten Meldungen und den Wetterbericht.

Zu den Aktivitäten des Moderators im einzelnen:

Ansage und Begrüßung sind weitgehend ritualisiert, wobei die Moderatorin/der Moderator ihre je individuellen Rituale der Begrüßung kultivieren:

[Alle schweizerdeutschen Texte sind im folgenden ins Hochdeutsche übersetzt, mit Ausnahme derjenigen, bei denen es auf den genauen Wortlaut ankommt. Zu den nicht übersetzten Texten wird im Anhang eine Übersetzung gegeben. Hochdeutsche Elemente im schweizerdeutschen Kontext sind durch *...* markiert. Die Beispiele von Tele Züri stammen vom 8. 2., 11. 2., 25. 2., 26. 2., 29. 4. 1996. Bei den übrigen Beispielen sind die Daten einzeln verzeichnet.]

> M: Das isch Tele Züri, s Fernsee vo Züri.(MUSIK) Donnschtig achte Februaar, News und Infos Tele Züri. Gueten Aabig, herzlich willkomme heisst Si de Hugo Bigi.
>
> M: Das isch Tele Züri, s Fernsee vo Züri. (MUSIK). Sunntig de elfti Februaar, es isch Ziit für News, zu de Sändig begrüesst si häärzlich d Eva Wannemacher.[1]

Die Schlagzeilen sind in der Regel zweiteilig, was den Praktiken bei vielen überregionalen Sendern entspricht. Der erste Teil ist eher stichwortartig-elliptisch-plakativ formuliert, während der zweite Teil ausführlicher, oft auch syntaktisch vollständiger ausfällt, vergleichbar dem Verhältnis von Hauptzeile und Ober-/Unterzeile bei Zeitungsschlagzeilen. Der erste Teil hat dementsprechend eher rhetorische Merkmale (affektbetontes Vokabular, Metaphorik usw.) und ist ohne den zweiten Teil oft nicht verständlich.

> Dramatische Wende in der Polizeiaffäre - Rita Fuhrer will den suspendierten Kommandanten Eugen Thomann entlassen.
> Nach einem tragischen Flugzeugabsturz vor Santo Domingo - warum auch bei Charterflügen aus der Schweiz das Risiko mitfliegt.
> Eine Stadt kommt ins Rutschen - die eindrücklichsten Bilder vom großen Schnee in Zürich.
> Große Show und hohe Ziele - das Sauberteam präsentiert die neuen Boliden.
>
> Kampfansage - wieso die Zürcherin Elisabeth Kistler für die Erhaltung des Traditionshotels Sonnenberg kämpft.
> Abschiedsvorstellung - Beat Breu am letzten Radrennen seines Lebens, ab heute gibt es nur noch seine Komikerkarriere.
> Schlappe total - die Schweizer verlieren im Daviscup null zu fünf gegen Deutschland.
> Spektakuläre Stürze und Spitzengeschwindigkeiten von fünfundvierzig Stundenkilometern - Tele Züri an der Ferse des Schweizermeisters im Shorttrack.

Die Moderationstexte bedienen sich der gleichen rhetorischen Mittel (vor allem ein sehr bewußter, z.T. spielerischer Umgang mit Metaphern und Phraseologismen), wie sie in der Moderation bei den meisten heutigen Nachrichtensendungen der öffentlich-rechtlichen und privaten Sender gängig sind:

Der Flugzeugabsturz gestern in der Karibik wenige Kilometer vor der Dominikanischen Küste hat weltweit für Schrecken und Trauer gesorgt. Der *Ferientraum* endet abrupt im *Alptraum*, eine Boeing siebenfünfsieben mit hundertsechzig deutschen Touristen an Bord stürzt ins offene Meer.

Auch wenn *der Schnee von heute morgen* schon wieder *Schnee von gestern* ist, bietet Zürich noch eine weitere Märchenlandschaft - im Hallenstadion.

Ein harter Fight morgen im Hallenstadion. Auch für Kloten und Rapperswil *gehts* morgen abend *um die Wurst oder besser gesagt ums Weiterkommen in den Playoffs*.

Auch die Verknüpfung von Sendungsbausteinen wird häufig durch solche rhetorischen Mittel geleistet:

Drei Silber- und zwei Bronzemedaillen, das die Edelmetallbilanz aus Schweizer Sicht nach der Ski-WM in der Sierra Nevada. Heute sind in Kloten die Männer angekommen, die für die Schweizer Nationalmannschaft *die Kohlen aus dem Feuer oder eben die Medaillen heimholen*, Urs Kählin und Michael von Grünigen. Die zwei sind zwar leider keine Goldbuben, aber sie sind am Flughafen Kloten immerhin so begrüßt worden. Michael Gassner.
[Bericht]
Wenn's *blitzt*, dann ist es meistens schon zu spät. Ich meine nicht das *Lächeln des Michael von Grünigen* vor der Journalistenmeute, sondern den Fuß vom Gas nach der Radarkontrolle. Aber ärgern Sie sich nicht über *den letzten Blitz im Rückspiegel*, freuen Sie sich. Seit heute nämlich stehen die *Radarwarner* am Straßenrand. Ein Dienst für alle, die auf der Straße unterwegs sind, gratis und erst noch legal. Dani Pünter.
[Bericht]
Der Radarwarner, dein Freund und Helfer [hochdeutsch!] [Dem] Bruno Kistler, Pressesprecher der Stadtpolizei, gefällt der abgeänderte Slogan vielleicht nicht so gut. Herzlich willkommen im Studio, Bruno Kistler, guten Abend.
[Studio-Interview]

Zur Meinungsbildung der Rezipienten trägt der Moderator insofern bei, als er in der Regel Informationen zur Vorgeschichte eines Ereignisses und ein wenig Hintergrund vermittelt. Explizite Bewertungen, politische Stellungnahmen usw. finden sich jedoch selten. Ein Beispiel wie das folgende, in dem der Moderator durch die Wortwahl (Repressionslobby) eindeutig Stellung bezieht, ist die Ausnahme:

Nach der Letten-Schließung [d. h. die Schließung der offenen Drogenszene auf dem Letten-Areal] hat sie die *Repressionslobby* lautstark gefordert und jetzt steht sie leer - die erste geschlossene Anstalt für den fürsorgerischen Freiheitsentzug FFE als eigenständige Institution in Egg. Die verwahrlosten Süchtigen hätten dort nach einer körperlichen Entgiftung wieder ans normale Leben gewöhnt werden sollen. Nur - die Süchtigen, die sind ausgeblieben. Ganze fünf Drogenabhängige sind in Egg in der Therapie gewesen. Der letzte Patient tritt in zwei Wochen aus und dann wird die Station geschlossen, das hat heute der Stiftungsrat entschieden. Die Fakten jetzt von Iwana Imoli.

Dialogische Formen der Informationsvermittlung sind weitgehend auf die VJ-Berichte beschränkt. Studio-Interviews kommen zwar vor, sind aber kein integraler Bestandteil des Konzepts. Wenn Gäste live in der Sendung sind, dann sind es in der Regel Experten oder Prominente, wie im folgenden Beispiel:

M: Die Nasa Weltraumforschung ist gestern nacht einen großen Schritt rückwärts [gegangen]. Ein spektakulärer Versuch, ein Seiltrick mit einer Satellitenkugel ist gescheitert. Der italienische Fesselsatellit, der am Sonntagabend von der US Raumfähre Columbia ausgesetzt worden ist, hat sich von seiner Leine losgerissen und ist verlorengegangen. (...) Bei uns im Studio ist jetzt Meinrad Schmid, Raumfahrtexperte. Guten Abend Herr Schmid.
S: Guten Abend.
M: Herr Schmid, das ist sehr kompliziert das Ganze, können Sie *uns Laien* nochmal kurz erklären, was gestern nacht im All passiert ist?
S: Angefangen hat alles planmäßig ähm Viertel vor zehn unsere Zeit hat sich die Kugel vom Mast gelöst (...)
M: Jetzt eben *laienhaft gefragt* nochmal, das Kabel ist glaub ich nicht einmal so dick im Durchmesser wie ein Spaghetti, hätte man da nicht einfach ein dickeres Seil nehmen müssen, es hat ja gar nicht halten können sag ich jetzt mal.
S: Das ist natürlich von den Experten schon berechnet worden, wie stark es sein sollte (...)

Unverkennbar ist hier die Attitüde des Moderators, die Fragen aus der Perspektive des Laien-Rezipienten zu stellen.

Der Moderator verliest auch den Wetterbericht, was in heutigen Nachrichtensendungen keine Selbstverständlichkeit mehr ist. Viele Sender präsentieren das Wetter als eigene Sendung mit starker Tendenz zum Infotainment (vgl. Wittwen 1995), die extern produziert und vielfach gesponsert wird. In dieser Hinsicht verhält sich das Lokalfernsehen traditionell. Auch in sprachlicher Hinsicht sind die sonst zu beobachtenden Infotainment-Elemente nur spärlich vertreten. Ein bißchen Metaphorik lokkert den sonst nüchternen Text gelegentlich auf:

Aprilwetter heute in Zürich, darum da nur gerade eine Momentaufnahme von einem abwechslungsreichen Sonntag am Zürichsee. Prognose für den Wochenanfang: Ein stürmischer Montag steht uns bevor. Am Morgen *hält sich das Sturmtief Kirsten noch zurück.* Temperaturen am Vormittag bei minus ein Grad. Am Nachmittag aber kommt Regen und Wind auf uns zu. Temperaturen bis vier Grad. Die Schneefallgrenze steigt dann auf achthundert Meter. Die weiteren Aussichten: dicke Wolken anfangs Woche, am Dienstag *schlägt der Winter wieder zu,* das Thermometer sinkt.

Im Stadtkanal Basel gibt man sich etwas persönlicher, die Moderatoren sprechen von sich als direkt Betroffenen:

Heute ist es weiter grau und trüb geblieben, ab und zu hat es auch leicht geschneit, *an der Austraße [Ort des Studios] haben wir über Mittag genau null Grad gemessen.* Auch morgen wird die Wetterlage nicht groß ändern, es kann allerdings wieder leicht kälter werden. Die Temperaturen sinken auf minus zwei Grad. Am Freitag dann lockert die Bewölkung endlich ein bißchen auf und die Sonne kann durchdrücken, es bleibt aber kalt bei minus zwei Grad. Auch am Samstag bleibt das Wetter freundlich und trocken, es wird ein bißchen wärmer, die Temperatur steigt auf plus ein Grad.

Ein Vergleich der Stadtsender (von Zürich, Bern und Basel) mit einem kleineren Lokalsender wie Hasli TV macht deutlich, wie stark sich die Moderatoren der Stadtsender an der Professionalität der Kolleginnen und Kollegen beim überregionalen Fernsehen orientieren. Die Moderation bei Hasli TV ist demgegenüber bieder bis dilettantisch. Oft wird Doppelmoderation mit einer schematischen Rollenverteilung praktiziert: Bei der Anmoderation kündigt die/der eine an, daß nun ein Beitrag kommt, die/

der andere kündigt den Beitrag selber an. Oder die/der eine leistet die Überleitung zum neuen Beitrag, die/der andere führt den Beitrag ein.

M:	Grüezi mitenand und rächt herzlich willkome bim Magaziin. Im Studio begrüesset si d Monika Essler
M'in:	und de Michael Hutter.
M:	Guet, ich würd säge mir lönd grad loos mit em erschte Biitraag, Monika
M'in:	Genau. Uf de Frohbüelwise im Züri Seebach entstaat im Momänt en Überbouig, wo in ere Dokumentatioon vom Hoochbaudepartement vo de Stadt Züri als äis vo zwänzg heruusraagende Bouprojekt bezäichnet wird. I öisem eerschte Bricht stellet mir ine die Überbauig nööcher voor.[2]

Besonders dilettantisch wirkt die Anrede *Monika*, die als Übergabe der Sprecherrolle fungiert, wie auch die Partikel *genau*, mit der die Moderatorin den Beitrag einleitet.

Insgesamt kann man festhalten, daß die Leistungen der Moderation in bezug auf unsere Leitfragen eher bescheiden sind. Die Moderation erreicht qualitativ durchaus das Niveau des öffentlich-rechtlichen Fernsehens, aber sie bleibt in struktureller, inhaltlicher und sprachlicher Hinsicht im Rahmen des auch sonst Üblichen.

4. VJ-Bericht

Ein typischer VJ-Bericht verläuft nach dem folgenden Schema:

M Anmoderation

VJ Bericht

Einstieg/Orientierung
(O-Bild/Ton)
Hauptteil mit „Quoten" und verbindendem Text
Schlußwort
(O-Bild/Ton)

M Abmoderation

Das Zentrum des Berichts sind die im journalistischen Jargon so genannten „Quoten" (= quotes), d. h. O-Ton-Äußerungen von Interviewten. Oft bleibt es bei einem Statement, manchmal spielen sich auch Kurzinterviews mit zwei (im Ausnahmefall auch mehreren) turns ab. Bei den Statements wird meist die Frage des Interviewers weggelassen. Die Quoten holt der Reporter teils auf der Straße ein, von Passanten, Augenzeugen, Betroffenen, teils in Ämtern, Institutionen usw. In der Regel sieht und hört man den Reporter beim Einstieg und Schlußwort innerhalb der Original-Szene. An das Schlußwort fügt sich oft der ritualisierte Schlußsatz „für Tele Züri XY" an.

Der Videojournalist erfüllt mehrere Funktionen, die bei der herkömmlichen Produktion von Fernseh-Berichten personell aufgeteilt sind. Das hat auf den ersten Blick vor allem Vorteile, insofern Möglichkeiten eröffnet werden, die sich sonst kaum anbieten. So sieht der Dokumentarfilmer Felix Karrer von TV DRS (auch der öffentlichrechtliche Sender arbeitet in bestimmten Bereichen mit der Video-Technik) das Positive darin, daß der Videojournalist unauffälliger ist als eine ganze Filmequipe und daß er dadurch die Chance hat, eine „unwahrscheinliche Nähe mit einem Gegenüber" zu erreichen. „Dies war nur deshalb möglich, weil ich allein war." Im herkömmlichen Fernsehen mache man schöne Bilder, handwerklich perfekt, aber dafür sei auch alles sehr kompliziert, aufwendig, bürokratisch (ein Aufnahmeteam kostet etwa 1500 Franken pro Tag). Mit der Hi-8 kann „(ich) einfach losziehen, von einem Moment auf den anderen, ohne eine Bestellung auszufüllen und mich mit der Bürokratie herumschlagen zu müssen. Ich muß mich nicht an die Arbeitszeiten halten (...) Wenn ich eine Langzeitbeobachtung mache, kann ich dann gehen, wenn es sein muß, und nicht erst, wenn ich zufällig gerade wieder die richtige Equipe bekomme." (Forumedia 1/1995). Diese Chancen hat aber nur derjenige, der Zeit hat, z.B. für eine ausführliche Reportage. Der Videojournalist beim Lokalfernsehen aber hat keine Zeit, er ist grundsätzlich gehetzt, immer auf der Jagd nach Berichtenswertem - denn so viel offensichtlich Berichtenswertes bietet sich im lokalen Rahmen nun mal nicht an.

Somit weicht die Praxis der Videojournalisten z.T. drastisch ab von dem Idealbild, das die zitierte Werbebroschüre entwirft. Die Situation ist im Grunde paradox: Der Videojournalismus ist fürs Lokalfernsehen vor allem deshalb attraktiv, weil er schnell und billig ist, weil er also tagesaktuelle Berichterstattung mit geringstmöglichem Aufwand realisieren kann. Seine innovativen Potenzen kann er aber unter den gegebenen Produktionsbedingungen gerade nicht entfalten. Wenn gesagt wird, der Videojournalist solle sich nicht am „großen" Fernsehen orientieren, sondern eigenständige Bildersprache und experimentelle Darstellungsformen entwickeln, so ist dies momentan nicht mehr als ein frommer Wunsch. Daß mit einiger Phantasie neuartige Formen möglich wären, zeigten Versuche beim Zürcher Lokalsender Züri 1 (der allerdings nach kurzer Sendezeit seinen Betrieb wieder einstellen mußte): Dort gab es zum Beispiel Berichte aus einem fahrenden Taxi, bei denen die Kamera ungewohnte, verfremdende Bilder von vertrauten Orten vermittelte. Die Produzenten sind sich der Diskrepanz zwischen Anspruch und Wirklichkeit durchaus bewußt, doch ziehen sie meines Erachtens noch nicht die richtigen Schlüsse. Vorerst behelfen sie sich mit der Ausrede, für innovative Darstellungsformen gebe es bei den Rezipienten keine Akzeptanz. Dazu der Programmleiter von Tele Züri, Ueli Frei: „Wenn wir den Zuschauern und Zuschauerinnen schwerpunktmäßig News, ein Bild von Zürich vermitteln wollen, dann können wir unmöglich mit experimentellen „schrägen" Formen arbeiten. Einen solchen Schritt könnte im Moment niemand nachvollziehen. Wir können zwar den Spielraum verbreitern und ab und zu neue Formen ausprobieren. Aber grundsätzlich verstehen wir uns als News-Journalisten." (Forumedia 1/1995).

Schauen wir uns die Machart der Berichte genauer an, zunächst anhand eines vollständigen Beispiels:

Bei der Transkription muß man hier konsequent zwischen *on*, *off* und *over* unterscheiden, da es der gleiche Sprecher (Reporter) ist, der in der Szene spricht, ohne daß man ihn sieht (*off*), der zwischen den Interviewausschnitten zu den Filmbildern nachgetextete Passagen außerhalb der Szene spricht (*over*) und der am Schluß selbst im Bild zu sehen ist (*on*).

Es handelt sich, mit herkömmlichen Kategorien ausgedrückt, um eine Reportage zu einem typischen lokalen Ereignis, ein Stimmungsbild mit einem Maximum an Lokalkolorit. Im Bild ist der Skihang eines Vorortes von Zürich zu sehen, bei strahlendem Wetter, Kinder, die mehr oder weniger gekonnt die Skipiste hinunterfahren, Kinder, die zuschauen, Eltern, Funktionäre des Skiclubs und die aus der Gemeinde stammende ehemalige Profi-Skirennfahrerin Brigitte Oertli.

Die Anmoderation leistet eine launige Einordnung des lokalen Ereignisses in die Welt der großen Skiereignisse, was sich durch die Anwesenheit von Brigitte Oertli zwanglos ergibt. Der Bericht selber beginnt mit einer Quote, dann erst hört man die Stimme des Reporters (jeweils im *Off* oder *Over*). Am Schluß erbringt der Reporter, nun im On, noch eine kleine Dienstleistung für die Rezipienten, und der Moderator rundet das Ganze mit einer wiederum launigen Kürzest-Bemerkung ab.

M:	Jetzt nochmal zurück zum Skifahren. Was für die Spanier die Sierra Nevada, ist für die Egger die Schattenseite vom Pfannenstiel oder der Haushang von Brigitte Oertli. Dank der guten Schneeverhältnisse hat Egg heute wieder mal eine eigene Dorf-Ski-WM durchführen können. Dani Pünter ist für Tele Züri ausspionieren gegangen, ob der Skiweltmeister zweittausendsechs gar am Ende in Egg trainiert.
Mann 1 [on]:	einen Bogen ein (UNVERST.) Tor fahren, da wo ich stehe, dadurch und nachher
Reporter [over]:	Letzte Instruktionen eines Profis an seine Schützlinge am Fuß des Pfannenstiels. Seit drei Jahren findet die Egger Skimeisterschaft endlich wieder mal am Hausberg statt.
Mann 1 [on]:	Fürs ganze Dorf ist es speziell, für den Skiclub ist es speziell. Es ist ein Dorffest, es ist ein Großanlaß fast für uns Egger, wenn wir es da am Pfannenstiel haben können.
Mann 2 [on]:	Und ich finde es noch gut für die Neuzuzüger, es gibt ein paar gute und hübsche Episoden (UNVERST.), wo ist denn das Skirennen? ist gestern einer dagewesen, es sei das erste Mal, daß er sich anmelde, sag ich, ja - da, sag ich und der Start, sag ich, ja da oben, ja wie komme ich da hinauf, sag ich, ja, also die guten Egger die laufen hinauf.
Reporter [over]:	In schneearmen Jahren muß das Rennen jeweils nach Unteriberg verlegt werden. Dort habe es zwar im Gegensatz zum Pfannenstiel einen Skilift und es gebe dort weniger zu tun, aber es sei halt nicht das gleiche wie im Dorf selber.
Mann 1 [off]:	Angefangen haben wir am letzten Samstag an und für sich, wo wir gemerkt haben, daß es soviel Schnee hat da herum, haben wir ein Pistenfahrzeug organisiert, haben das mit einem Lastwagen eingeflogen vom (UNVERST.) auf der anderen Seite und habe da während etwa drei Stunden den vierzig Zentimeter schweren Schnee abgefräst. Zum Glück haben wir das gemacht, denn zu Fuß hätten wir das gar nie geschafft. Wir sind dann die ganze Woche jeden Abend von unten bis oben unten bis oben Arm in Arm rauf und runter gelaufen und haben den Schnee richtig „verrückt gemacht" und zusammengetrampelt.
Reporter [over]:	Die Piste ist dann auch in tadellosem Zustand gewesen und hätte gut zweihundertsiebzig Paar Ski und dreißig Snowboards durchstehen können. Nicht alle Rennfahrer und Rennfahrerinnen haben aber das Glück auf ihrer Seite gehabt.
Brigitte Oertli [off]:	Für mich ist es natürlich Spaß [on] und ich hoffe, auch für die Leute ist es ein

	bißchen Spaß, wenn ich da runterfahre, und ich weiß auch, daß sie meine Zeit genommen haben, und ich nehme an, daß mancher Mann sehen will, ob er schneller gewesen ist als ich. Aber äh ich bin natürlich auch nicht mehr so, ich fahre nicht mehr so, mein Material ist auch nicht mehr so gewachst wie vielleicht von manchem von da, von den Männern, die da jetzt da noch oben runterfahren, aber es macht Spaß.
Reporter [over]:	Umwege sind erlaubt gewesen, sofern man alle Tore erwischt hat. Und die ganz Schnellen haben manchmal die ganz Langsamen überholen müssen. [off, Brigitte Oertli im Bild] Was hast du für ein Gefühl, jemand der heute da gestartet ist, vielleicht bei den ganz Kleinen, wird mal ganz groß herauskommen?
Brigitte Oertli [on]:	Wer weiß, ich meine, ich habs auch geschafft, ich bin da aufgewachsen, bei dem Skiclub groß geworden und habs auch geschafft, äh ich hoffe, daß vielleicht der eine oder andere es wieder mal schaffen wird.
Reporter [on]:	Übrigens für alle, die gratis skifahren wollen, die Skipiste da in Egg ist ab heute Nachmittag für alle offen, aber ein kleines pikantes Detail, der Aufstieg in die Hochwacht dauert zirka dreiviertel Stunden. Für Tele Züri aus Egg am Pfannenstiel, Dani Pünter.
M [on]:	Dafür muß man nicht am Skilift warten.

Der größte Teil des Berichts besteht aus Quoten (ohne die Fragen VJ), unterbrochen durch *over*-Texte des VJ. Nur einmal ist die Frage des Reporters an die Interviewte erhalten. Die zwei befragten Männer sind lokale Funktionäre/Prominente und Frau Oertli ist der nationalen bzw. internationalen Prominenz zuzurechnen. Auf der Bild-Seite ist die Video-Technik hier sinnvoll genutzt, wenn auch nicht in der intensiven Weise, wie es sich ein Dokumentarfilmemacher vorstellen könnte (s. o.): Der Reporter geht mit seiner Kamera nahe an das Geschehen und die Personen heran, die Kameraführung ist unprätentiös (Gegner der Video-Technik würden sagen: unprofessionell), und damit entfallen die üblichen Verfahren der „Inszenierung" des Bildes. Als Rezipient hat man in hohem Maße den Eindruck von Authentizität, von unmittelbarem Dabeisein.

Das krasse Gegenstück bilden vielfach Berichte von Konferenzen oder Prozessen. Da Konferenzen oder Prozesse häufig nicht oder nur partiell der Öffentlichkeit zugänglich sind, eignen sie sich eigentlich oft nicht für einen VJ-Bericht. Dennoch bringt man solche Berichte, auch wenn es dabei gar nichts zu sehen und zu hören gibt. Im folgenden Beispiel für Prozeßberichterstattung findet sich geradezu eine Orgie von Hinweisen darauf, *daß* es nichts zu sehen und zu hören gibt und warum (vgl. die kursiven Passagen):

M:	Vor gut einem Jahr hat das Bezirksgericht Zürich einen heute sechsundvierzigjährigen Mann zu fünf Jahren Zuchthaus verurteilt. Der Vater von zwei Kindern soll in den achtziger Jahren minderjährigen Mädchen Opium gegeben und sie dann sexuell mißbraucht haben. Der gebürtige Iraner hat in Zürich ein Teppichgeschäft, die Opfer waren Lehrtöchter. Der Teppichrestaurateur hat das Urteil nicht akzeptiert und den Fall weitergezogen. Steffen Riedl.
Reporter [over]:	Vor dem Zürcher Obergericht hat heute *unter Ausschluß der Öffentlichkeit, hinter verschlossenen Türen* also, der Berufungsprozeß gegen den iranischen Teppichrestaurateur stattgefunden. Der Iraner ist in der Schweiz verheiratet und betreibt in Zürich ein Teppichgeschäft. Über mehrere Jahre habe er dort vier Lehrtöchtern Drogen gegeben und die benebelten Frauen dann jeweils sexuell mißbraucht. (...)

Der in erster Instanz bereits verurteilte Iraner hält sich selber für unschuldig. *Vor der Kamera wollte er allerdings keine Stellung nehmen.*
Ein bißchen außergewöhnlich am Prozeß gegen den iranischen Teppichhändler ist, daß er *unter Ausschluß der Öffentlichkeit*, also auch *unter Ausschluß der Medien* stattfindet. Beantragt haben diesen Geheimprozeß die mißbrauchten Frauen. *Was also im Gerichtssaal abläuft* und wie die Berufungsverhandlung herauskommt, *weiß man nicht*. Die Behörden und alle Beteiligten halten sich mit Informationen zurück. Informieren will man erst morgen vormittag um elf. Für Tele Züri Steffen Riedl.

Wie man es aus herkömmlichen Nachrichtensendungen kennt, hört man den Reporter (*over*) und man sieht optische Versatzstücke wie das Gerichtsgebäude, Türen, Treppen, die Straße usw. Die potentiellen Möglichkeiten der Video-Technik bleiben hier in extremer Weise ungenutzt. Man sieht an diesem Beispiel auch, daß eine solche Berichterstattung ganz oder weitgehend gerade auf das Element verzichten muß, das die Würze der VJ-Berichte ausmacht: die Quoten.

Das Hauptelement der meisten Berichte sind die Quoten. Auf diese Weise kommen viele Bürger zu Wort. Von den Bürgern aber machen die Nicht-Prominenten nur ca. ein Drittel aus (nach den Erhebungen von Bonfadelli, vgl. oben 2., und meinen eigenen Beobachtungen). Insofern ist das obige Beispiel einer Reportage geradezu prototypisch.

Doch gilt die Verteilung nicht nur für reportage-artige, sondern auch für problemorientierte Texte (die man in herkömmlicher Terminologie tatsächlich als „Berichte" bezeichnen würde), und das hat natürlich Konsequenzen für die Frage nach der meinungsbildenden Qualität der Sendung.

Meinungsbildung erfolgt nicht in erster Linie durch den Reporter, sondern durch die interviewten Personen. Der Reporter selbst gibt allenfalls am Schluß einen kleinen kommentierenden Akzent. Das hat durchaus Methode, wie der Programmleiter von Tele Züri bestätigt. Er findet es allenfalls akzeptabel, einen Beitrag „mit einer pointierten, leicht kommentierenden Schlußfolgerung der verantwortlichen Journalistin abzuschließen. Damit grenze ich mich klar ab von der Sonntagspredigt, wie sie die Kommentare im Stil der Tagesschau sind. (...) Es soll bei uns nicht zum Grundsatz und zur Regel werden, daß sich die Zuschauer am Ende jedes Beitrags noch die Meinung des Journalisten anhören müssen." Ein „Meinungsflash" statt herkömmlicher Formen des Kommentierens - das wird dem VJ zugestanden (Forumedia 1/1995).

Im übrigen delegiert der Reporter, wie auch der Moderator (s. o. 3.), die Funktion des Kommentierens ganz explizit an die Bürger selbst, insofern sie sich bemühen, die Probleme aus der Sicht der Bürger zu formulieren. Im Idealfall sind es die direkt Betroffenen, denen das Wort gegeben wird:

M: Wieviel Abfall verträgt Ihr Portemonnaie? Die Stadtzürcher sollen für ihren Abfall noch mehr an die Kasse kommen. Der Gemeinderat hat gestern beschlossen, die Sackgebühren von eins fünfundzwanzig auf eins fünfundsechzig anzuheben (uezschnüüre). Die SVP hat denn auch prompt für das Volk Partei eingenommen und gegen den Entscheid das Referendum angekündigt. Jetzt einmal von den politischen Hahnenkämpfen abgesehen, was bedeutet denn die Erhöhung von vierzig Rappen pro Sack zum Beispiel für eine Stadtzürcher Familie mit vier Kindern? Andrea Telen hat bei Schwab's im Seefeld angeklopft.

Reporterin [over]: Cornflakes Package, Plastikfolie, Möhrenschalen und Salatreste, das ist nur ein Teil des Abfalls von Familie Schwab aus dem Zürcher Seefeld. Der Abfall der Familie Schwab füllt pro Woche etwa sechs Säcke à fünfunddreißig Liter. Das sind dreihundertsechsunddreißig Säcke im Jahr, Kostenpunkt rund fünfhundert Franken. Drei Jahre nach der Einführung der Sackgebühr will der Gemeinderat die Gebühren um weitere zwanzig Rappen pro Sack erhöhen. Für Iren Schwab ist das unverständlich.

Frau Schwab: Also ich finde die Erhöhung der Sackgebühren ist ein Degout gegenüber all den Familien, die heute noch kleine Kinder haben. Es geht einfach massiv ins Geld, es sind einmal mehr wieder/ auf die Familien wirds ausgetragen. (...)

Ebenso oft aber sind es nicht die eigentlich Betroffenen, die zu Wort kommen, sondern Vertreter von Behörden, Institutionen usw. D. h. die im Journalismus so genannte „Hofberichterstattung" wird auch hier keineswegs vermieden, sondern ausgiebig praktiziert. Das gilt nicht nur für Tele Züri, sondern auch für Stadtkanal Basel. Ein Beispiel von diesem Sender:

Der Beitrag von mehr als 6 Minuten wird großenteils durch Statements des Basler Erziehungsdirektors bestritten:

M: Gerade ungefähr ein Jahr alt ist das offizielle Kulturleitbild für Basel-Stadt. In der Zeit bis heute ist eine Vernehmlassung zu dem Kulturleitbild durchgeführt worden. Der Meinungsaustausch hat sich vor allem auf eine direkte mündliche Diskussion an den Kulturtagen in der Kulturwerkstadt Kaserne konzentriert. Die Antworten, inklusive die schriftliche Stellungnahme, sind jetzt ausgewertet.

Reporter: Regierungsrat Stefan Corna hat es so zusammengefaßt: die Vernehmlassungsantworten haben ein kreisrundes Spektrum von dreihundertsechzig Grad umfaßt. Damit ist klar geworden, ein zu detailliertes Kulturförderungsleitbild ist sinnlos. Darum sollen jetzt für die Kulturförderung *nur Leitplanken* gesetzt werden. In der Folge wird das Kulturleitbild *nur auf die allerwichtigsten Punkte konzentriert.* Die endgültige Fassung soll bis zum Herbst vorliegen. Ein Kulturleitbild light?

Corna: Das soll nicht heißen, daß die Kulturförderung weniger Gewicht kriegt, sondern es ist unsere Absicht, das Leitbild *auf ein paar wenige, klare Grundsätze zu reduzieren*, und zusammen mit dem Museumsleitbild, das bereits von der Regierung beschlossen ist, äh zu einem einheitlichen geschlossenen Kulturleitbild für Basel umzuarbeiten.

Die redaktionellen Texte dieses Berichts sind in bezug auf die Statements zudem noch stark redundant (vgl. die kursiven Passagen).

Bei problemorientierten Berichten könnte durch die Quoten eine multiperspektivische Darstellung des Themas erreicht werden, die nicht nur auf den Argumentationen von Funktionären basieren, sondern verschiedene Sehweisen von Betroffenen erkennbar machen würde. Dazu müßte freilich auch eine intensivere redaktionelle Verarbeitung der eingeholten Meinungsäußerungen gehören. Das wäre eine durchaus innovative Form des Berichtes. Doch habe ich in meinem Material keinen Anhaltspunkt dafür gefunden, daß dies zum Konzept des VJ-Berichts gehören würde. Somit bleibt es in der Regel bei der Berücksichtigung einer Perspektive, bestenfalls der Konfrontation zweier entgegengesetzter Meinungen.

Das Fazit dieser Beobachtungen ist:

- Der Video-Journalismus nutzt seine technischen Möglichkeiten, wenn überhaupt, dann nur in Berichten, die die Merkmale der herkömmlichen Reportage haben.
- Die Eigenleistung der Video-Journalisten ist in punkto Kommentieren minimal.
- In den VJ-Berichten kommen Bürger in hohem Maße zu Wort, doch sind es überwiegend Prominente bzw. Vertreter von Institutionen, die befragt werden und die ungehindert ihre Meinung bekanntgeben können.
- Die Quoten werden nicht oder zu wenig dazu genutzt, die verschiedenen möglichen Aspekte eines Themas zu beleuchten.

5. Meldungen

Die Sprache der Meldungen unterscheidet sich kaum von dem, was man von nachgetexteten Filmberichten her auch sonst kennt. Die Texte basieren auf (natürlich hochdeutschem) Agenturmaterial, die wichtigsten Transformationen dürften in syntaktischen Vereinfachungen mit den notwendigen Anpassungen an mundartliche Syntax und einer leichten Tendenz zu umgangssprachlichem Vokabular (innerhalb der Mundart) bestehen. Ein Beispiel:

> Jerusalem - mindestens sechsundzwanzig Tote bei zwei Bombenattentaten in Israel. Bei der Explosion in einem vollbesetzten Bus in Jersulam und an einer Bushaltestelle im südisraelischen A[...] sind auch gegen achtzig Menschen verletzt worden. Die radikale palestinensische Hamas-Bewegung hat sich zu diesen zwei brutalen Anschlägen bekannt, bezeichnet sie als Rache für den Tod ihres Mitglieds A[...] (...)
> Wales - die Bergung von fünfzigtausend Tonnen Rohöl aus den Tanks des lecken Supertankers S[...] gehen weiter. Nach Angaben der Küstenwache wirds noch einige Tage dauern, bis der Tanker völlig geleert ist. Die Zahl der ölverschmutzten Seevögel hat sich laut Umweltschutzorganisationen dramatisch erhöht. (...)
> Washington - der Verleger Steve Forbes ist Überraschungssieger bei den republikanischen Vorwahlen im US-Bundesstaat Delaware. Der Multimillionär hat über dreißig Prozent der Parteiwählerstimmen erhalten. Der Mehrheitsführer im Senat, Bob Dole, der als Favorit gehandelt worden ist, ist auf siebenundzwanzig Prozent gekommen. Mit neunzehn Prozent ist der ultrakonservative Fernsehkommentator Pat Buchanan auf Platz drei gelandet. (25. 2. 96)

Nur die letzte der drei Meldungen zeigt einen leichten Trend zu umgangssprachlicher Diktion (*als Favorit gehandelt worden...*, *auf Platz drei gelandet*).

6. Die Sprache zwischen Mündlichkeit und Schriftlichkeit

Neben den sprachlichen Merkmalen der einzelnen Teil-Textsorten, wie sie bis jetzt beschrieben wurden, gibt es einige sprachliche Charakteristika, die sich durch alle redaktionellen Texte hindurchziehen. Sie lassen sich unter den Aspekten Mundart vs. Hochdeutsch und Mündlichkeit vs. Schriftlichkeit bündeln. In der heutigen Sprachsituation der deutschen Schweiz mit ihrer ausgeprägten (medialen) Diglossie sind diese Aspekte jedoch kaum voneinander zu isolieren.

Im Fernsehen DRS ist die Hauptausgabe der Abendnachrichten, die „Tagesschau" (19.30 Uhr), noch durchwegs eine Domäne der Standardsprache. In der stärker magazinartigen zweiten Abend-Nachrichtensendung („10 vor 10") sind die redaktionellen Texte hochdeutsch, während die Interviews in Mundart geführt werden. Das Regionaljournal des Fernsehens DRS verwendet nur Mundart (ebenso wie die Regionaljournale des Radios DRS). Die Sprache der Nachrichten in den Lokalsendern ist ebenfalls die Mundart, mit kleinen Resten von Hochdeutsch.

Die hochdeutschen Residuen finden sich bezeichnenderweise primär in den Inserts, also den schriftlichen Einblendungen. Für geschriebene Sprache, die visuell realisiert ist, wird in der Deutschschweiz immer noch im wesentlichen die Standardsprache gewählt.

Die Verwendung von Inserts entspricht einer weit verbreiteten Praxis bei Nachrichtensendungen. Bei Tele Züri kommen sie vor in den Schlagzeilen und in den Meldungen, aber auch in den Berichten. Ein Beispiel für Inserts in den Meldungen:[3]

Inserts	*Gesprochener Text*
	M:Jetzt zu de internationaale Churznachrichte. Hüüt vo de Janine Urech zamegschtellt.
Verurteilung gefordert	New York - d USA *forderet d Verurtäilig* vo Kuuba. Nach em Abschuß vo zwäi Chliiflugzüüg dur kubaanischi Kampfjets händ die veräinigte Staate hüt de Wältsicherhäitsraat namaal uufgforderet Kuba z verurtäile.
	(...)
Weltweites Entsetzen	Jerusalem - *wältwiits Entseetze* über die zwäi bluetige Aaschleeg in Israel. Di internationaali Gmäinschaft hät mit Beschtürzig reagiert, forderet aber gliichzitig d Wiiterfüerig vom Fridensprozäss.
	(...)
Evakuierung begonnen	Sarajevo - d *Evakuierig* vo de uusräisewillige Bevölkerig i de serbische Stadttäil vo Sarajevo hät *aagfange*.
	(...)
Rückzug	Moskau - die russische Truppe händ hüt nach Aagabe vo russische Nachrichtenagentuure mit em *Rückzuug* us de Kaukasusrepublik Inguschezie aagfange.

Die Inserts sind hier in lexikalischer Hinsicht nur eine „Übersetzung" von Mundartwörtern ins Hochdeutsche. Dabei ist in den meisten Fällen eine bloß phonologische und morphologische Umsetzung möglich, gelegentlich (im Beispiel: *aagfange*) wird eine solche Umsetzung vermieden, weil die an sich existierende hochdeutsche Entsprechung im schriftlichen Kontext für weniger passend gehalten wird als ein Synonym (im Beispiel: *begonnen*) oder - seltener - weil kein phonologisch entsprechendes hochdeutsches Wort existiert.

Ganz anders die Inserts in den Berichten: Hier finden sich Inserts in den Quoten. Das zeigt tendenziell, daß Tele Züri sich in diesem Punkt Verfahren bei den privaten Fernsehsendern anzunähern bemüht, wie man sie z.B. aus Diskussionssendungen bei Privatsendern kennt („Der heiße Stuhl" bei RTL z.B.). Bei den Interviewten wird nicht nur Name und Funktion (*Rita Fuhrer - Gesundheitsdirektorin*) vermerkt, sondern man gibt eine ausführlichere Formulierung zu ihrer Rolle im Interview, zu Merkmalen der Person oder auch eine Kurzfassung ihrer Hauptthesen, die dann in Anführungszeichen vermittelt werden (ohne daß im gesprochenen Text eine wörtliche Entsprechung vorhanden sein müßte):[4]

Remo Tauber - Verdient Geld mit Radar-Warnungen	I'ter 1:	Asso persöönlich würd i mee mitti rächts iistuefe, asso nid nid unbedingt bi de Autopartei. Asso bi gwüsse Themene hätte mer sicher Paralleele, aber insgesamt wär s nid miini Partei.
	Reporter:	Eer isch nur äine vo insgesamt driissg offizielle Radaarwarner i de Schwiiz, wo sit hüt de Polizei e guets Gschäft wänd vermiise. Die mäischte Waarner sind Arbetsloosi und Räntner.
„Es macht Spaß, was wir machen“	I'ter 2:	Dass si Lüt , die Radaarwarner und mir ou sälber äigentlich, wo sich äh e chli unter Druck füület dür die steetig zuenämende Radaarbuesse, wo äh wetten es persöönlichs Opfer bringe, dass ebe nit so vil Lüüt i die Radaarfalle inneraase.
	Reporter:	D Polizei isch abzottlet, wie füülsch di jetzt?
Michael Bolliger „Ich mache meinen Job gerne“	I'ter:	Seer guet, seer guet, ich hann en Dienscht gmacht ich has, ich ha seer Fröid gha, s sind dankbar gsii, gwüssi hend gwunke, die wo uff d Bräms gange sind, isch ä guet gsii, ich muss säge, super.

Weitere Reste des Hochdeutschen finden sich punktuell in mundartlichem Kontext, in Fällen von Code-Switching. Wie sonst im Fernsehen und Radio der deutschen Schweiz wird auch hier gelegentlich das Code-Switching ganz bewußt und zu rhetorischen Zwecken eingesetzt:

> Nie mee profimäässig i de Pedaale stoo, nie mee dräckverschmiirt is Ziil iifaare, nie mee *das Interview danach* [hochdeutsch!]. Für de Raadproofi Beat Breu heisst s Abschiid nää.
>
> Für de Valentinstaag am vierzäänte Februaar, de Lieblingstaag vo allne Bluemeläde hät de Nico [bekannter Karikaturist] d Schaufänschter vom Edelbluemegschäft Marsano verziert. *Sag s durch die Blume* [hochdeutsch!].
>
> [Wetterbericht Einleitung] En früeriife Früelig hüt namitaag am Zürcher Utoquai. Spaziere mit Chind und Chegel *wie einst im Mai* [hochdeutsch!].
>
> En Satellit hät sich vo sinere Läine loosgrisse und isch dademit warschiinlich für immer verloore. E schweeri Niderlaag für de Schwiizer Aschtronaut Claude Nicollier, wo de Versuech gläitet hätt. *Keine Freude herrscht.* [hochdeutsch!] Mir wänd vom ene Ruumfartsexperte no chli gnöier wüsse, wie das hät chönne passiere.[5]

Typischerweise sind es phraseologische Verbindungen, insbesondere die modernen Varianten von „Geflügelten Worten“ (Werbeslogans, Liedtitel usw.) oder Anspielungen darauf, die in hochdeutscher Form erscheinen.

Im übrigen ist alles Mundart. Was für eine Mundart aber? Die bei Tele Züri, Tele Bärn und Stadtkanal Basel verwendeten Mundarten entsprechen im allgemeinen den lokalen Stadtmundarten. Bei den Quoten ist das Spektrum der Mundarten breiter, auch die Palette der vorkommenden Stilniveaus ist größer.

Das entscheidende Merkmal aller redaktionellen Texte ist ihre hochgradige Schriftlichkeit: Die Texte sind nicht nur aufgeschrieben (in Mundart) und werden wörtlich abgelesen, was die Merkmale einer spontan gesprochenen Mundart von vornherein ausschließt, sondern sie sind auch in einer weitgehend von der Standardsprache überschichteten Mundart verfaßt. Das gilt besonders deutlich für die Meldungen, in etwas geringerem Ausmaß aber auch für Moderation und Reporter-Texte.

Orale Sprachformen - und zwar „primäre Oralität" - findet man durchaus in den Quoten. Die redaktionellen Texte weisen hingegen - abgesehen vom generellen Gebrauch der Mundart - wenig Elemente von Mündlichkeit auf. Nach meiner Einschätzung - die allerdings genauer zu dokumentieren wäre - gehen sie weniger weit auf dem Weg zu einer „sekundären Oralität" als etwa die Nachrichtensendungen von RTL oder die im Rahmen des Frühstücksfernsehens angebotenen Nachrichtenmagazine der öffentlich-rechtlichen Sender.

Die schriftsprachliche Überschichtung zeigt sich am deutlichsten in der Syntax: Es kommen hier syntaktische Phänomene gehäuft vor, die in der Mundart nicht bekannt oder nicht üblich sind: Partizipien des Präsens (neben den auch mundartlichen Partizipien des Perfekts), Passivkonstruktionen, Nominalisierungen mit der für die Agentursprache charakteristischen Blockbildungen (mit genitivischen oder präpositionalen Attributen).

Diese Erscheinungen finden sich auch in den mundartlichen Regionaljournalen von Radio und Fernsehen DRS (fürs Radio vgl. Ramseier 1988). Für unsere Fragestellung ist aber interessant, daß sich das lokale Fernsehen nicht stärker um eine gesprochensprachliche Mundart bemüht.

Einige Beispiele aus ein und derselben Sendung (8. 2. 96):[6]

Part. Präs.:

> Reporter: Isch jetzt daas de usschlaggebendi Täil gsi (...)?

Passiv:

> M: De sibenezwänzgjeerigi Maa us em Vorarlbeerg wo geschter verhaftet worden isch, hät es Gschtändnis abgläit.

> Reporterin: D Boeing sibeföifsibe isch vo de Dominikanische Fluggesellschaft Alas gmietet gsi und für Charterflüüg uf Europa iigsetzt woorde.

Nominalisierung:

> Reporter: Für de Eugen Thomann isch s Wiitergee vom Schufer-Bricht käi Amtsverletzig.

Konjunktionen (hypotaktisch und parataktisch) und Präpositionen sind häufig aus dem Hochdeutschen übernommen. In drei Nachrichtensendungen habe ich die Konjunktionen *falls, obwohl, inwiefern, damit, denn* angetroffen (z.T. mehrfach belegt) sowie die Präpositionen *laut (Umweltschutzorganisationen)* und *dank (künstlichen Niere)*.

Charakteristisch für die Orientierung an Schriftlichkeit ist auch die Tatsache, daß die typische Nachrichtenphraseologie (*nach jüngsten Meldungen, nach Angaben der russischen Nachrichtenagentur* usw.) beibehalten ist.

Der thematische Bereich 'Wirtschaft', für den es in der Mundart kein fachsprachliches Vorbild gibt, wird mit seiner Terminologie und Metaphorik tale quale aus dem Hochdeutschen „übersetzt“:[7]

> Und do sin di aktuelle Wirtschaftsdaate mit em Deviisekommentaar vom Schwiizerische Bankveräin. (...) D Schwiizer Böörse het bi ruhigem Gschäft über em Taagestief schwächer gschlosse, daas vor allem wääge de tiefere Voorgobe us de USA und em tiefere US Dollar.

Diese Beobachtungen treffen nicht nur für Tele Züri, sondern auch für die anderen Stadtsender zu. Als Beispiel dafür sei ein Bericht des Stadtkanals Basel zitiert, in dem sich z.B. die genannten syntaktischen Phänomene auf engstem Raum zeigen:[8]

> D Ciba und s amerikaanische Pharmaunternääme Isis hänn beschlosse iiri *Zämmenarbet uff em Gebiet vo der Anti-Sense-Technik z erwiitere*. Anti-Sense-Technik *wird* vo dr Ciba hauptsächlich *für d Kräbsbekämpfig iigsetzt*. Via Medikamänt will me e Geen esoo beiiflusse, dass d *Produktioon vo Kranketsusslööser gschtoppt wird*. Die *erwiitereti Zämmenarbet* vo Ciba und Isis umfasst *e bräit aaglegts Geenforschigsprogramm*, aber au d *Entwicklig vo zwäi Subschtanze für d Kräbsbehandlig* und vo andere Präparaat. Us dr fünfjäärige Zämmenarbet vo Ciba und Isis sin bishär zwäi Entwickligsprogramm für Anti-Sense-Kräbsmittel entstande. D Mittel mien no am Mensch *teschtet wäärde*. D *Finanzierig vo dääne Programm* übernimmt d Pharmadivisioon vo dr Ciba, d Isis läischtet d Forschigsaarbet. *Falls* uss dären Arbet märtriiffi Subschtanze *entwicklet wäärde könne*, wurd d Ciba dr Isis d Lizänzgebüüre zaale, am Aafang d *Produktioon übernää* und s Produkt vermaarkte.

Die Berichte dieses Senders erheben von vornherein allerdings nicht die gleichen hochfliegenden Ansprüche wie die VJ-Berichte von Tele Züri (vgl. den Beitrag von Löffler in diesem Band), doch würde die Forderung nach Alltagsnähe natürlich auch für diesen Lokalsender gelten. Beim Basler Sender finden sich - im Gegensatz zu Tele Züri - auch Berichte, die eine starke redaktionelle Eigenleistung erkennen lassen, zum Beispiel ein Bericht, in dem die Argumente der Gegner und Befürworter einer Vorlage bei einer Volksabstimmung einander argumentativ gegenübergestellt werden. Ein solcher Text, der sich wohl stark auf schriftliche Quellen abstützt (Flugblätter und dergl.), hat dann freilich mit gesprochener Mundart wenig mehr gemein, sondern ist durchgehend an Schriftlichkeit orientiert:[9]

[Es geht um die Frage, ob auf dem Dach des Kantonsspitals Rettungshelikopter stationiert werden sollen.]
Reporter: D Volksinitiative „Rega auf s Spitaldach“ verlangt vom Kanton Baasel Stadt im wäässentliche, är miessi d *Vorussetzige* für e definitiivi Regabaasis uf em Dach vom Kantoonsspitaal *schaffe*. Es goot bi dere Voorlaag also nuur um dr Standoort vo dr Iisatzbaasis.
(...)
Zur zaalemässige Bedüütig. Insgsamt het d Rega im vergangene Joor vom Fluughaafe uss sägshundertvieresibzig Iisätz gflooge. Dr Helilandeplatz Spitaal isch vo dr Rega fünfhundertvierzig Mol aagflooge worde. Doodervo sin guet zwanzig Prozänt Nachtflüüg gsee, das häisst si hänn zwüsche em achti am oobe und em sägsi am morge stattgfunde. Für s Initiatiivkomitee vo dr IG Rega Reegio isch vor allem s Pick-up-Syschteem stöörend. D Initiante argumentiere, *mit em Abhoole vom Nootarzt* giengi in Nootfäll wäärtvolli Zit verloore. Zuedäm bringi dä Abholdienscht au unnöötig vil *Fluugbeweegige* und dodermit e zuesätzlichi *Läärmbelaschtig*. Au *d Mööglichkäit vo nere Stationierig vom Nootarzt im Helifluughaafe* haltet s Initiativkomitee für wenig sinnvoll. Nach Aasicht vo de Initiante ghööre Nootärzt in s Spitaal, vor allem au doorum wil si gliichzitig au für Iisätz mit em Rettigswaage *zur Verfüegig stoo* müen. D Geegner vo deeren Initiatiive sin hauptsächlich unter de Aawoonerschaft vom Kantoonsspitaal z finde. See weere sich gege die *befürchteti Zuenaam vo Fluugbewegige*, wenn d Iisatzbaasis vo dr Reega uf s Spitaaldach kunnt. Ir Hauptargumänt isch, dass rund zwäi Drittel vo allne Rettigsflüüg s Kantoonsspitaal gar nit beträffe. Dr Helikopter würd aber in jedem Fall vom Spitaaldach uss staarte und zwaar unabhängig dervo, öb e Baasler Nootarzt mitfliegt und welles Ziilspitaal aagflooge wird. *Zuedäm, so d Geegner witer, würdi bi n ere Zuenaam vo de Heliflüüg nit nur d Lärmbelaschtig, sondern au s Sicherhäitsriisiko aastiige*. D Rega sälber will zur Initiatiive *käi Stellig nää*. See plant zur Ziit e definitiivi Baasis uf em Fluughaafe usse. Es isch bi dr Rega allerdings no *käi definitiive Entschäid gfalle*, was dr Standoort vo dr Iisatzbaasis aagoot. *Im Fall von ere Aanaam vo dr Initiatiive* „Rega aufs Spitaldach“ isch me bi dr Rega aber beräit d Laag neu z beuurtäile. Allerdings verpflichtet die Initiatiive d Rega nit derzue d Iisatzbaasis denn ä taatsächlich uf s Spitaaldach z verleege. Dooderfür miesst me im übrige *e neus Bewilligungsgsuech* bim Bundesamt für Ziviilluftfaart *iiräiche* und au e *Baubewiligung* vom Kantoon miesst d Rega denn no *iihoole*. Soo gsee isch also die Abstimmig nit mee als e *Willensüsserig vom Stimmvolk*. Öb und wie däm Wille aber überhaupt *Folg gläischtet wärde* ka, isch e völlig offeni Froog.

Man muß natürlich akzeptieren, daß in der heutigen schweizerischen Sprachsituation solche standardnahen Mundart-Texte durchaus ihr Recht haben. Nur von einem puristischen Standpunkt aus könnte man sie als „schlechte“ Mundart kritisieren. Diese Art Kritik liegt mir fern. Worauf es mir ankommt, ist die Tatsache, daß eine solche Mundart nicht die Erwartungen erfüllt, die man gerade an dieses Medium in sprachlicher Hinsicht stellen kann.

7. Fazit

Für den Zürcher Lokalsender Tele Züri läßt sich zusammenfassend festhalten:

1. Die Moderation orientiert sich strukturell und sprachlich am überregionalen öffentlich-rechtlichen Fernsehen und sie bleibt im Rahmen der dort abgesteckten Spielräume.
2. In den Berichten der Videojournalisten findet eine starke Partizipation von Bürgern statt. Dabei handelt es sich aber überwiegend um Prominente und Vertreter von Institutionen, viel weniger um Menschen „wie du und ich“.

Die Äußerungen der Bürger werden meist nur präsentiert und aneinandergereiht, aber nicht eigentlich redaktionell verarbeitet. Eine multiperspektivische Darstellung von Problemen kommt auf diese Weise nicht zustande.
Oft hat man den Eindruck, daß die „Quoten" der Bürger nur Alibi sind für billiges Produzieren.

3. Der Video-Journalismus böte neue Möglichkeiten der Bild- und Tontechnik. Doch sind diese Möglichkeiten im tagesaktuellen Berichten offenbar nicht auszunützen, so daß Experimente erst gar nicht versucht werden. (Im übrigen sind die Lokalsender, die sich durch experimentelle Sendeformen - außerhalb der Nachrichten - versucht haben, jeweils nach einiger Zeit wieder eingegangen. Und auch beim Lokalradio konnte man parallele Entwicklungen beobachten: Nach experimentellen Anfängen lief bald alles wieder nach den gewohnten Mustern ab.)
4. Durch die „Quoten" gelangt viel Alltagssprachliches und Spontansprachliches in die Sendung, durchaus im Sinne einer primären Oralität. In den redaktionellen Texten aber herrschen - im besseren Fall - die heute gängigen rhetorischen Formulierungstechniken mit einem leichten Trend zu „sekundärer Oralität" vor, oder - im schlechteren Fall - setzen sich die schriftsprachlichen Muster des (Agentur-)Nachrichtenstils auch in der Mundart durch. Insofern hier Mundart als völliges Äquivalent zum Hochdeutschen eingesetzt wird - die Mundart kann alles, was das Hochdeutsche auch kann -, könnte man von „sekundärer Mundart" sprechen. Man kann und muß das auch ökonomisch deuten: Bei Tele Züri ist die Verwendung der Mundart als marktwirtschaftlicher Faktor der Zuschauerbindung zu sehen, der sich andernorts - vor allem bei den Lokalradios - schon bewährt hat. Erst in zweiter Linie - wenn überhaupt - geht es dem Sender darum, auf sprachlicher Ebene innovatives Fernsehen zu machen, ein Fernsehen etwa, das sich an mündlicher Alltäglichkeit orientieren würde.

Anmerkungen

Übersetzungen der schweizerdeutschen Texte:

1	M:	Das ist Tele Züri, das Fernsehen von Zürich. Donnerstag achter November, News und Infos Tele Züri. Guten Abend, herzlich willkommen heißt Sie [der] HugoBigi.
	M:	Das ist Tele Züri, das Fernsehen von Zürich. Sonntag der elfte Februar, es ist Zeit für News, zur Sendung begrüßt Sie herzlich [die] Eva Wannenmacher.
2	Moderator:	Grüezi miteinander und recht herzlich willkommen zum Magazin. Im Studio begrüßt Sie Monika Essler -
	Moderatorin:	und Michael Hutter.
	Moderator:	Gut. Ich würde sagen, wir lassen gerade los mit dem ersten Beitrag, Monika.
	Moderatorin:	Genau. Auf der Frohbühlwiese in Zürich Seebach entsteht im Moment eine Überbauung, die in einer Dokumentation des Hochbaudepartementes der Stadt Zürich als eines von zwanzig herausragenden Bauprojekten bezeichnet wird. In unserem ersten Bericht stellen wir ihnen die Überbauung näher vor.

3 (Übersetzung des gesprochenen Textes:)
Jetzt zu den internationalen Kurznachrichten. Heute von Janine Urech zusammengestellt. New York - die USA fordern die Verurteilung von Kuba. Nach dem Abschuß von zwei Kleinflugzeugen durch kubanische Kampfjets haben die Vereinigten Staaten heute den Weltsicherheitsrat nochmal aufgefordert, Kuba zu verurteilen. (...) Jerusalem - weltweites Entsetzen über die zwei blutigen Anschläge in Israel, die internationale Gemeinschaft hat mit Bestürzung reagiert, fordert aber gleichzeitig die Weiterführung des Friedensprozesses. (...) Sarajevo - die Evakuierung der ausreisewilligen Bevölkerung in den serbischen Stadtteil von Sarajevo hat angefangen. (...) Moskau - die russischen Truppen haben heute nach Angaben der russischen Nachrichtenagenturen mit dem Rückzug aus der Kaukasusrepublik Inguschezien angefangen.

4 (Übersetzung des gesprochenen Textes:)

I'ter 1: Also persönlich würde ich mich Mitte rechts einstufen, also nicht unbedingt bei der Autopartei. Also bei gewissen Themen hätten wir sicher Parallelen, aber insgesamt wäre es nicht meine Partei.

Reporter: Er ist nur einer von insgesamt dreißig offiziellen Radarwarnern in der Schweiz, die seit heute der Polizei ein gutes Geschäft vermiesen wollen. Die meisten Warner sind Arbeitslose und Rentner.

I'ter 2: Das sind Leute, die Radarwarner und wir auch selber eigentlich, die sich ein bißchen unter Druck fühlen durch die stetig zunehmenden Radarbußen, die ein persönliches Opfer bringen wollen, daß eben nicht soviele Leute in die Radarfallen hineinrasen.

Reporter: Die Polizei ist abgezottelt, wie fühlst du dich jetzt?

I'ter: Sehr gut, sehr gut, ich habe einen Dienst gemacht ich habs, ich habe sehr Freude gehabt, sie sind dankbar gewesen, gewisse Leute haben gewinkt, die auf die Bremse gegangen sind, ist auch gut gewesen, ich muß sagen, super.

5 Nie mehr profimäßig in den Pedalen stehen, nie mehr dreckverschmiert ins Ziel einfahren, nie mehr „das Interview danach". Für den Radprofi Beat Breu heißts Abschied nehmen.
Für den Valentinstag am vierzehnten Februar, den Lieblingstag aller Blumenläden, hat [der] Nico die Schaufenster des Edelblumengeschäftes Marsano verziert. Sags durch die Blume.
Ein frühreifer Frühling heute Nachmittag am Zürcher Utoquai. Spazieren mit Kind und Kegel wie einst im Mai.
Ein Satellit hat sich von seiner Leine losgerissen und ist damit wahrscheinlich für immer verloren. Eine schwere Niederlage für den Schweizer Astronauten Claude Nicollier, der den Versuch geleitet hat. Keine Freude herrscht. Wir wollen von einem Raumfahrtexperten noch ein bißchen genauer wissen, wie das hat passieren können.

6 Reporter: Ist das jetzt der ausschlaggebende Teil gewesen?

M: Der siebenundzwanzigjährige Mann aus Vorarlberg, der gestern verhaftet worden ist, hat ein Geständnis abgelegt.

Reporterin: Die Boeing siebenfünfsieben ist von der Dominikanischen Fluggesellschaft Alas gemietet gewesen und für Charterflüge nach Europa eingesetzt worden.

Reporter: Für [den] Eugen Thomann ist das Weitergeben des Schufer-Berichtes keine Amtsverletzung.

7 Und da sind die aktuellen Wirtschaftsdaten mit dem Devisenkommentar des Schweizerischen Bankvereins. Die Schweizer Börse hat bei ruhigem Geschäft über dem Tagestief schwächer geschlossen, das vor allem wegen der tieferen Vorgaben aus den USA und dem tieferen US Dollar.

8 Die Ciba und das amerikanische Pharmaunternehmen Isis haben beschlossen, ihre Zusammenarbeit auf dem Gebiet der Anti-Sense-Technik zu erweitern. Anti-Sense-Technik wird von der Ciba hauptsächlich für die Krebsbekämpfung eingesetzt. Via Medikament will man ein Gen so beeinflussen, daß die Produktion der Krankheitsauslöser gestoppt wird. Die erweiterte Zusammenarbeit von Ciba und Isis umfaßt ein breit angelegtes Genforschungsprogramm, aber auch die Entwicklung zweier Substanzen für die Krebsbehandlung und anderer Präparate. Aus der fünfjährigen Zusammenarbeit von Ciba und Isis sind bisher zwei Entwicklungsprogramme für Anti-Sense-Krebsmittel entstanden. Die Mittel müssen noch am Menschen getestet werden. Die Finanzierung dieser Programme übernimmt die Pharmadivision der Ciba, die Isis leistet die Forschungsarbeit. Falls aus deren Arbeit marktreife Substanzen entwickelt werden können, würde die Ciba der Isis die Lizenzgebühren zahlen, am Anfang die Produktion übernehmen und das Produkt vermarkten.

9 Die Volksinitiative „Rega auf's Spitaldach" verlangt vom Kanton Basel-Stadt im wesentlichen, er müsse die Voraussetzungen für eine definitive Regabasis auf dem Dach des Kantonsspitals schaffen. Es geht bei der Vorlage also nur um den Standort der Einsatzbasis. (...) Zur zahlenmäßigen Bedeutung: Insgesamt hat die Rega im vergangenen Jahr vom Flughafen aus sechshundertvierundsiebzig Einsätze geflogen. Der Helilandeplatz Spital ist von der Rega fünfhundertvierzig Mal angeflogen worden. Davon waren gut zwanzig Prozent Nachtflüge, das heißt sie haben zwischen acht Uhr abends und sechs Uhr morgens stattgefunden. Für das Initiativkomitee der IG Rega ist vor allem das Pick-up-System störend. Die Initianten argumentieren, mit dem Abholen des Notarztes ginge in Notfällen wertvolle Zeit verloren. Zudem bringe der Abholdienst auch unnötig viel Flugbewegung und damit eine zusätzliche Lärmbelastung. Auch die Möglichkeit einer Stationierung des Notarztes im Heliflughafen hält das Initiativkomitee für wenig sinnvoll. Nach Ansicht der Initianten gehören Notärzte ins Spital, vor allem auch darum, weil sie gleichzeitig auch für Einsätze mit dem Rettungswagen zur Verfügung stehen müssen. Die Gegner dieser Initiative sind hauptsächlich unter der Anwohnerschaft des Kantonsspitals zu finden. Sie wehren sich gegen die befürchtete Zunahme der Flugbewegung, wenn die Einsatzbasis der Rega auf das Spitaldach kommt. Ihr Hauptargument ist, daß rund zwei Drittel aller Rettungsflüge das Kantonsspital gar nicht betreffen. Der Helikopter würde aber in jedem Fall vom Spitaldach aus starten und zwar unabhängig davon, ob ein Basler Notarzt mitfliegt und welches Ziel angeflogen wird. Zudem, so die Gegner weiter, würde bei einer Zunahme der Heliflüge nicht nur die Lärmbelastung, sondern auch das Sicherheitsrisiko ansteigen. Die Rega selber will zur Initiative keine Stellung nehmen, sie plant zur Zeit eine definitive Basis auf dem Flughafen draußen. Es ist bei der Rega allerdings noch kein definitiver Entscheid gefallen, was den Standort der Einsatzbasis angeht. Im Falle einer Annahme der Initiative „Rega aufs Spitaldach" ist man bei der Rega aber bereit, die Lage neu zu beurteilen. Allerdings verpflichtet die Inititiative die Rega nicht dazu, die Einsatzbasis dann auch tatsächlich aufs Spitaldach zu verlegen. Dafür müßte man im übrigen ein neues Bewilligungsgesuch beim Bundesamt für Zivilluftfahrt einreichen und auch eine Baubewilligung beim Kanton müßte die Rega dann noch einholen. So gesehen ist also die Abstimmung nicht mehr als eine Willensäußerung des Stimmvolkes. Ob und wie diesem Willen aber überhaupt Folge geleistet werden kann, ist eine völlig offene Frage.

Literatur

Günther, Ulla/Wyss, Eva Lia (1996): E-Mail-Briefe - eine neue Textsorte zwischen Mündlichkeit und Schriftlichkeit. In: E. W. B. Hess-Lüttich/ W. Holly/ U. Püschel (Hrsg.), Textstrukturen im Medienwandel. Frankfurt a. M., 61 - 86.

Püschel, Ulrich (1992): Von der Pyramide zum Cluster. Textsorten und Textsortenmischung in Fernsehnachrichten. In: E. W. B. Hess-Lüttich (Hrsg.), Medienkultur - Kulturkonflikt, Massenmedien in der interkulturellen und internationalen Kommunikation. Opladen, 233 - 258.

Ramseier, M. (1988): Mundart und Standardsprache im Radio der deutschen und rätoromanischen Schweiz. Aarau, Frankfurt a. M. (= Reihe Sprachlandschaft 6).

Straßner, Erich (1982): Fernsehnachrichten. Eine Produktions-, Produkt- und Rezeptionsanalyse. Tübingen (= Medien in Forschung + Unterricht A/8).

Wittwen, Andreas (1995): Infotainment. Fernsehnachrichten zwischen Information und Unterhaltung. Bern (= Zürcher Germanistische Studien 43).

Lokalfernsehen aus der Macherperspektive

Heinrich Löffler

1. Das Basler Lokalfernsehen, Trägerschaft und Redaktion

Es ist nicht gerade alltäglich, dass Medien- und Kommunikationswissenschaftler ihr Objekt von der Macherseite aus beschreiben. Warum dies so ist, und wie es dazu kam, sollen zunächst ein paar einleitende Bemerkungen erläutern.

1.1. Die Stiftung Kabelnetz Basel

Die Stadt Basel wird seit dem Jahre 1988 verkabelt. Ende dieses Jahres (1996) soll die Aktion abgeschlossen sein. Die Verkabelung wurde erst sehr spät beschlossen, weil man im Dreiländereck am Rheinknie zwischen der Schweiz, Deutschland und Frankreich auch ohne Kabel schon 12 Fernsehprogramme in drei Sprachen empfangen konnte. Die technische Verkabelung wurde von der Regierung des Kantons Basel-Stadt einer Firma („Balcab") übertragen. Alles Inhaltliche, die Programmaufschaltung und alle anderen Aktivitäten und Dienste, die das Glasfasernetz zulässt, gehören in die Zuständigkeit einer Stiftung. Das Kabelnetz wird nach seiner Fertigstellung überdies der Stiftung als Eigentum gewidmet. In der Stiftung sind 32 gesellschaftliche Gruppierungen vertreten. Der Stiftungsrat hat einen Ausschuss eingesetzt, der aus 7 Personen besteht, der die eigentlichen Geschäfte führt, Reglemente erlässt und Verträge schliesst. Seit 1989 bin ich als Vertreter der Universität und der Medienwissenschaften im Stiftungsrat und Präsident des Ausschusses. Zu den Aufgaben der Stiftung gehören die Genehmigung der aufzuschaltenden Radio- und Fernseh-Programme und die Entwicklung und Förderung eigener innovativer Programme und Dienste.

Die Stiftung erhält von der Kabelgesellschaft 8% der Gebühreneinnahmen. Das sind zur Zeit etwa 1,4 Millionen jährlich. Die Kabelfirma ist auch verpflichtet, für die Aktivitäten der Stiftung ein Kabelstudio zu unterhalten. Insgesamt belaufen sich die Mittel, die der Stiftung so jährlich zur Verfügung stehen, auf 2,2 Millionen Franken.

Heute sind mit Genehmigung der Stiftung 54 Fernsehprogramme, davon 25 fremdsprachige, und 50 Radioprogramme aufgeschaltet. Als Kompensation für die irritierende Fülle an internationalen Programmen hatte der Ausschuss von Anfang an einen lokalen Dienst geplant, der nicht eigentlich ein Fernsehprogramm sein sollte, denn vor dem Jahre 1992 waren lokale Fernsehstationen in der Schweiz nicht erlaubt. Nur tageweise waren Versuchssendungen möglich. Der Ausschuss erhielt damals eine Konzession für 10 einzelne Fernsehversuchstage auf ein Jahr verstreut. Diese legten wir zusammen und probierten einen sogenannten “Rollenden Dienst“ aus, eine 20minütige CD-Platte mit täglichen Neuigkeiten und kleinen Filmen. Das erwies sich aber für einen täglich aktualisierten Betrieb als zu teuer und technisch nicht ausgereift.

Stiftung Kabelnetz Basel

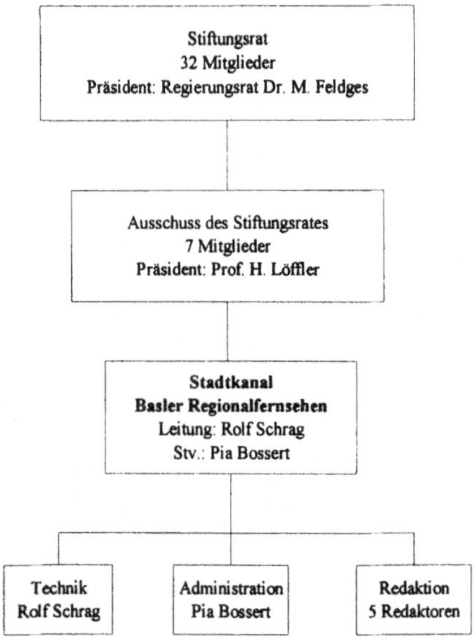

1.2. Der „Stadtkanal“

In der Zwischenzeit war 1992 das neue Fernsehgesetz in Kraft getreten, und wir beantragten eine Konzession für eine eigene lokale Fernsehstation, die Ende 1992 auch erteilt wurde. Träger dieses „Stadtkanals“, wie er sich nannte, ist der Ausschuss der Stiftung (s. Graphik). Der Ausschuss bildet eine Art Verwaltungsrat des Senders. Aus einer Konkursmasse konnte sehr günstig ein professionelles Studio erworben werden. Leiter des Studios ist ein gelernter Fernsehmacher (Hochschule für Film und Fernsehen München). Die Administration liegt in Händen einer einzigen Person, die gleichzeitig auch die Geschäftsstelle des Ausschusses betreut. Mit einem finanziellen Volumen von zur Zeit 2,2 Millionen Franken jährlich werden 15 Planstellen von annähernd 40 Personen besetzt.

Neben dem Leiter sind fünf volle Redaktionsstellen vorhanden, allerdings ohne weitere Schreib-Hilfen. Die Redaktoren schreiben alle Texte selbst. Für die Studio-Technik sind zweieinhalb Stellen vorhanden. Daneben gibt es Teilzeitstellen für Computergraphik, Bild- und Ton-Regie sowie die Produktionsleitung. In die live-

Präsentation teilen sich zwei Sprecherinnen und zwei Sprecher. Kurznachrichten werden von den Redaktoren selbst präsentiert.

Am 14. Juni 1993 ging die Station auf Sendung und hat seitdem ohne Unterbrechung oder Pannen schon über 1000 mal ein tägliches Nachrichten-Magazin und anderes mehr gesendet.

Seit November 1995 hat die Stiftung vom Schweizerischen Bundesamt für Kommunikation (BAKOM) nach langem Hin und Her eine erweiterte Konzession erhalten für die Verbreitung des Senders über die Stadt Basel hinaus auf die Region der Nordwestschweiz. Somit können 85 000 Haushalte in der Stadt Basel und noch einmal ca. 100 000 in der Region, also ca. 185 000 Haushalte, den Stadtkanal empfangen Seitdem nennt er sich Stadtkanal/Basler Regionalfernsehen und wird im kommenden Jahr (1997) seinen Namen in TELE BASEL ändern. Eine terrestrische Frequenz besteht nicht.

1.3. Das Prinzip der Polyfunktionalität

Zu den offenen „Betriebsgeheimnissen" des Stadtkanals gehört ein extrem niedriger Minutenpreis bei den Produktionskosten. Dieser liegt zwischen 100 und 250 Franken. Grund dafür ist unter anderem der optimale Einsatz aller Beteiligten. Jeder und jede der hier Angestellten beherrscht noch eine zweite Funktion links oder rechts von der eigenen. Der Kameramann kann Regie führen, der Bildregisseur kann vertonen. Redakteure können moderieren und Interviews führen und auch als Off-Sprecher fungieren. Alle schreiben ihre Texte selbst, und chauffieren können die Kamerateams natürlich auch selber.

Der Leiter kann fast überall selber einspringen. Die Geschäftsstellenleiterin macht die gesamte Administration und Arbeitseinteilung, betreut die Telefonzentrale und unterhält die Aussenkontakte. Gleichzeitig führt sie noch das Sekretariat der Stiftung und des Ausschusspräsidenten.

In den ersten drei Jahren war ein regelmässiger Wechsel in der Redaktion zu verzeichnen, jedoch nicht aus Unzuträglichkeiten, sondern weil diese Posten sich in der Medienszene immer mehr zu Durchlauf- und Aufstiegsstellen entwickelt haben. Man kommt in der Regel aus dem lokalen Journalismus und zieht weiter zu den grossen Radio- und Fernsehstationen. Unsere Technik ist trotz der Teilzeitarbeit professionell. Alle Angestellten arbeiten in der Regel noch in anderen grossen Studios oder beim offiziellen Schweizer Fernsehen.

Die Rekrutierung der Journalisten ist nicht einfach. Lokalfernsehen ist die anspruchsvollste Form des Lokaljournalismus und verlangt grossen Einsatz: streng termingebundenes Arbeiten zu ungewohnten Tageszeiten, seit Oktober 1996 im Sieben-Tage-Betrieb; täglich aktuelle Programmarbeit mit Aussen- und Innendienst gleichzeitig; gute lokale Kenntnisse über Einrichtungen und Personen, Kontaktfreude und Zugang zu Betroffenen und Entscheidungsträgern als potentielle Interviewpartner. Dazu kommt die erwartete Fähigkeit, rasch formulieren und umformulieren zu können. Die Tagesredaktoren sind in Bezug auf Mehrfunktionalität am meisten gefordert. Arbeitsteilung ist nur beschränkt vorgesehen.

1.4. Funktionen des Ausschusses

Der Beitrag des Ausschusspräsidenten zum Sender liegt in der Trägerschaft, d.h in der Aufsicht und in den der Programmarbeit übergeordneten Leitungsfunktionen. Im Durchschnitt sind zweimal pro Woche Rechnungen und Zahlungen vor allem auch die Lohnzahlungen gegenzuzeichnen, Arbeits- und andere Verträge zu unterschreiben. Der Ausschusspräsident ist auch Anlaufstelle oder Klagemauer für dies und jenes und vor allem Verbindungsstelle zum Ausschuss der Stiftung und von dort auch hin zur Kabelfirma und zu den Behörden.

Auf die Programm- oder Redaktionsarbeit nimmt der Ausschuss keinen Einfluss. Man kann jedoch mit Lob und Kritik aus der Zuschauerperspektive schon das eine oder andere bewirken. Insbesondere werden die programmlichen und strategischen Leitplanken und natürlich auch die personelle Besetzung vom Ausschuss bzw. dessen Präsidenten bestimmt.

Die Macherperspektive ist also eine indirekte. Der Titel für das Folgende würde also korrekter lauten: „Stadtfernsehen aus der Nähe oder der Funktionärsperspektive gesehen“.

2. Ideal und Wirklichkeit der Programmgestaltung

Die Intentionen des Stadtfernsehens sind zwar nirgends schriftlich festgelegt, jedoch Gegenstand dauernder Gespräche, insbesondere zwischen dem Studioleiter, dem Redaktionsteam und dem Ausschusspräsidenten. Auch haben sich Studierende im Rahmen von Seminar- und Examensarbeiten schon des öfteren mit Ideal und Wirklichkeit des lokalen Fernsehens am Beispiel des Stadtkanals beschäftigt.

2.1. Die nicht statuarisch festgelegten Generalintentionen sind:

1. Informationen aus der Stadt für die Stadt/aus der Region für die Region aus Politik, Wirtschaft, Kultur jeweils vom Tage und live
2. Sprachrohr für Gruppen, Institutionen, Regierung, Kirchen, Polizei u.a.
3. Identifikationsmöglichkeit der Zuschauer mit der Stadt/Region durch Information und Wiedererkennung bekannter Personen, Orte, Themen - als Alternative zu den 54 Fernsehprogrammen im Kabelnetz
4. Gegenseitiges Kennenlernen/Integration verschiedener Gruppen in Stadt und Region
5. Verstärkung der lokalen Identität/Ortsloyalität
6. Professionalität der Produktionen und der Präsentation

7. Neues Berufsfeld (Durchlauf und Sprungbrett) für junge Journalisten/-innen
8. Werbe-Effekt für die Verkabelung (Erhöhung der Anschlussquote = Erhöhung der verfügbaren Mittel aus der 8%-Abgabe)

2.2. Programmschema eines Sendetages

Aus den Generalintentionen ergibt sich unter Berücksichtigung der finanziellen Möglichkeiten das derzeitige Schema für den täglichen Programmablauf:

01.00 Uhr („Teppich"- Programme)
- Schwenkkamera Marktplatz (= Stadt Basel)
- Schwenkkamera Chrischonaturm (= Region Nordwestschweiz)
- Tramfahrt quer durch die Region 24 km hin und zurück = 2,5 Std.
- Stadtrundfahrt mit Bus mit oder ohne Kommentar (= 2 Std.)

Tonteppich: Radio Basilisk/Basler Lokalradio

17.00 Uhr	1. Regio-Kurznachrichten mit Filminserts
18.00 Uhr	2. Regio-Kurznachrichten mit Filminserts
18.53 Uhr	„7 vor 7": News-Magazin - Börse - Wetter - TIP (täglich)
19.52 Uhr	1. Wiederholung
20.15 Uhr	Music live
21.00 Uhr	2. Wiederholung
22.00 Uhr	3. Wiederholung
23.00 Uhr	4. Wiederholung
24.00 Uhr	5. Wiederholung
01.00 Uhr	6. Wiederholung (jeweils computergesteuert/automatisch)

In unregelmässiger Folge gibt es Live-Übertragungen:
Sport: Fussball/Judo/Tennis,
Basler Fasnacht: 3 x 24 Std. nonstop (das Schweizer „Markenzeichen" des Senders),
Konzerte aus der Stadt und der Region,
Abstimmungsergebnisse 4 x jährlich aus den Rathäusern von Basel und Liestal (Baselland).

2.3. „Local News" als redaktionelle Herausforderung

Ein Lokalsender mit der Devise „aus der Region für die Region" stellt an die Redaktionsarbeit besondere Anforderungen. Nachdem die vormittägliche Redaktionskonferenz die Schwerpunktthemen bestimmt hat, werden die Ausgangsmaterialien und Quellen wie z.B.
- SDA (Presseagenturmeldungen; regional)
- Presse-Mitteilungen (lokal/regional)
- Medien-Konferenzen (lokal/regional)

- Zeitungen (lokal/regional)

gesichtet und sofort schwerpunktbezogen bearbeitet. Hierzu sind folgende Schritte erforderlich:

(1) Text(-sorten) - Transformationen (Kürzen, Längen):

Ausgangstexte werden transformiert zu:

Lokalen Nachrichten, Kurzmeldungen,
Anmoderationen/Off-Texten für Filmberichte
Fragen für Interviews

(2) Sprachliche Transformation:

Geschriebene Ausgangstexte werden transformiert in

sprechbare Lokalsprache (= Basler Dialekt)
auf Papier-Formularen und auf Computer für den Tele-Prompter im Studio zur Präsentation durch die Moderatoren/-innen

(3) Mediale Transformation:
Da Fernsehen ein Wort-Bild-Ton-Medium ist, werden die Ausgangs-Informationen auf verschiedene „Kanäle" verteilt. So werden:

(Ausgangs-)Texte	zu	Nachrichten + Bild-Sequenzen	
Berichte	zu	Nachrichten + Film-Sequenzen	
Nachrichten	zu	Film-Berichten	
Kommuniqués	zu	Live-Interviews	transformiert.

Dazu kommen als Original-Materialien täglich neue „Roh"-Filme und -Bilder aus der Stadt und der Region, die im Studio sofort bearbeitet, geschnitten und vertont werden.

2.4. Der tägliche Produktions-Ablauf

Im einzelnen sieht der normale Ablauf der Tagesproduktion des Basler Lokalsenders folgendermassen aus:

9.00 Uhr: 1. Redaktionskonferenz: Manöverkritik des Vortages/Festlegen der Hauptthemen (mit Filmberichten/Aussenaufnahmen)/Interviewthema und -partner

11.00 Uhr: 2. Redaktionskonferenz: Überprüfung der Machbarkeit/Ausrükken der Filmequipen I und II (jeweils 1 Kameramann, 1 Techniker, 1 Redaktor), Einladung an Interviewpartner

15.00 Uhr: 3. Redaktionskonferenz: Schneiden, Vertonen der Filmberichte, Herstellen der Grafik-Inserts/Schlussredaktion der Nachrichtentexte für die Formulare und Computer-Teleprompter durch die Redaktoren (Es gibt keine „Sekretärinnen")

17.00 Uhr: Eintreffen der Präsentatoren/-innen für das „7 vor 7" - Magazin.
1. Kurznachrichten und Bilder (live) präsentiert durch Tagesredaktor/-in
18.00 Uhr: 2. Kurznachrichten und Bilder (live) durch Tagesredaktor/-in
18.10 Uhr: Generalprobe 1:1 des News-Magazins „7 vor 7" (täglich)
18.53 Uhr: 7 vor 7 Live (Dauer ca. 20-30 Minuten)
19.30 Uhr: Abtreten des Präsentations-Teams (ca. 8 Personen: Moderatorin; Interview-Redaktor, 2 Kameraleute, 3 Studioleute, 1 Produktionsleiterin)

3. Das News-Magazin „7 vor 7"

Fester Bestandteil des Programms und Hauptsendegefäss ist, wie aus dem Programmschema und dem Tagesablauf ersichtlich ist, das tägliche Nachrichtenmagazin „7 vor 7".

3.1. Ein konkretes Programmraster von „7 vor 7"

Wie diese Sendung konkret aussieht, zeigt das folgende Programm-Beispiel vom Mittwoch, 19. Juni 1996:

WERBUNG
ANFANGSTRAILER
1. Begrüssung/Ankündung der Hauptthemen:
   1. Siedlungsentwässerung Baselland
   2. Informatik-Neuausrichtung im Kanton Basel-Stadt
2. Siedlungsentwässerung
   Anmoderation
   Film vertont (200 Sec.)
3. Nachrichtenblock (mit Filminserts und Tonunterlage)
   Überleitung zur Kurzmeldung: Brandstiftung in Kleinhüningen
   1. BastA (= Basels starke Alternative): Strafanzeige gegen Regierungsrat
   2. Zolli GV: Zoo-Generalversammlung
   3. Petition: Kleinere Schulklassen
   4. Chemspec: Chemiemesse in Basel
   5. Tierversuche: Symposium für Tierversuche
   6. Kirchensynode Basel: Verbot von nicht-christlichen Riten
4. Informatik-Neuausrichtung
   Anmoderation
   Film vertont (120 sec.)
5. Live-Interview: Georges Hatt, Projektleiter Informatik
6. Insert WIRTSCHAFT
   Theater: Ende der Ära Doll

7. Wirtschaftsmeldungen (Devisenkurse vom Schweizerischen Bankverein/ Basel)
   1. Diskont-Erhöhung Japan
   2. Notenkurse der Nachbarländer
   3. Kilo Gold
   4. Schweizer Börse
   5. Swiss Market Index (SMI)
8. Wetter (Film)
   Wetter Do
   Wetter Fr
   Wetter Sa
9. Ozonwerte (Vollbild)
10. ABSPANN-
    -Totale -VHS Vollbild -TIP-Trailer
11. TIP 1: live Pfarrer Felber
12. TIP 2: Band Ankündigung Schüleraufführung des Humanistischen Gymnasiums

WERBUNG
END-TRAILER
MOVIE-TIME

3.2. Das „Script" eines News-Magazins

Die folgenden Seiten vermitteln einen Eindruck vom Ergebnis der Tagesarbeit der Redaktion und der Kamerateams. Die Blätter sind Kopien der Formulare, wie sie für den Sendeablauf, die Moderation, die Regie und die Produktionsleitung am Mittwoch, den 19.6.1996, vorlagen. Die Sprechtexte werden zusätzlich noch auf einem computergesteuerten Teleprompter abgespult. Der Präsentator oder die Präsentatorin können somit wahlweise ab Blatt oder „auswendig" ab Bildschirm moderieren.

Anmoderation 7 vor 7	Red ab	vis	Sendung vom 19.6.96	No 1

STADTKANAL/ Basler Regionalfernsehen

	Text	Video
P3	WERBUNG	
P1	ANFANGS-TRAILER	
	Gueten Obe zum 7 vor 7. Das sin unseri Theme:	
	1. Zrugg zur Natur: D'Baselbieter Bau- und Umwältschutzdirektion goht neui Wäg in dr Siedligsentwässerig.	Zurück zur Natur: Die Baselbieter Bau- und Umweltschutzdirektion geht neue Wege in der Siedlungsentwässerung
	und	
	2. Neuussrichtig vo dr Informatik im Kanton Basel-Stadt: failt s'Amt für Informatik em Outsourcing zum Opfer?	Neuausrichtung der Informatik im Kanton Basel-Stadt: fällt das Amt für Informatik dem Outsourcing zum Opfer?
	3.	

Nachricht 7/7 Siedlungsentwässerung	Red ch	vis	Sendung vom 19. Juni 1996	No 2

Text	Video
Rund 63 Millione Kubikmeter Wasser fliesse jöhrlich durch d'Baselbieter Kanalisation. Do drvo wärde guet 48 Millione Kubikmeter Wasser in de Kläralage greinigt. Dämentsprächend hoch sin d'Koschte für dr Unterhalt vo Kläralage und Kanalisation. So het dr Kanton Basel-Landschaft elai 1994 rund 83 Millione Franke für Unterhaltskoschte miesse uffbringe. Das allerdings miessti nit sii: Rund zwei Drittel vom Wasser in dr Kanalisation und guet ei Drittel in dr Kläralag isch nämlig unverschmutzts Rägewasser, wo eigentlich gar nit dört aane ghört. Us däm Grund schriibt dr Kanton Basel-Landschaft im neue Gwässerschutzgsetz vor, dass für unverschmutzts Wasser in Zuekunft Versickerigsalaage baut wärde mien. D'Baselbieter Gmeinde hän jetzt 10 Joor Ziit, im Rahme vo dr sogenannte "Generelle Entwässerigsplanig" GEP für d'Umsetzig vo dere Bestimmig z'sorge. Wie sone natürlichi Siedligsentwässerig in Zuekunft usgseh könnti, het d'Baselbieter Bau und Umwältschutzdirektion hüt anhand vo drei Biispiel uffzeigt.	INSERT Siedlungsentwässerung "Kostbares Wasser"
Film vertont Credits: Brian, Christoph	

P3

News-Block 7/7	Red ws	vis	Sendung vom 19.6.96	No 3

Text	Video
Brandstiftig in Glaihünige: Zwai Jugendligi im Alter vo 9 und 12 Joohr hänn Ziitige aazündet und dänn brennend ine Milchchaschte gworfe. D'Füürwehr het Huusbewoohner us de oobere Stöck mit de Drehlaitere miesse rette. Ai Bewohneri isch wäge Verdacht uf Rauchvergiftig ins Spital ieglieferet woorde. Dr Sachschade betrait mehrerei 10'000 Franke. Und jetzt zum erschte Nochrichteblock.	
	NB vertont
1 Basta	WAPPEN: BS SZ: «Strafanzeige gegen Stutz»
2 Zolli GV	WAPPEN: BS SZ: «Krach an Zolli GV»
3 Petition	WAPPEN: BS SZ: « Nur 20 Schüler pro Klasse»

P1

Nachricht 7/7 Theater	Red ab	vis	Sendung vom 19.6.96	No 6

Text	Video
Die Wuche isch die letschte Wuche für dr Hans Peter Doll, wo s'Theater Basel während zwei Übergangsspiilzytte gleitet hett. Es folgt die letschti Erfolgsmäldig vom Papa Doll:	INSERT Theater "Bilanz Doll"
Är hett in de letschte zwei Joor zwei Millione Frangge mehr iignoo als plant und ei Million Frangge weniger ussgää. D'Sparufflaag vo dr Regierig hett dr Hans Peter Dolll drmit erfüllt. d'Zahl vo de Abonnema isch um 26 Prozänt gstiige, dr Gsamtbsuech um 10 Prozänt.	VOLLBILD Theater

Wetter 7/7	Red ab	vis	Sendung vom 19.6.1996	No 8

Text	Video
Hütt isch es am sunnig und windig gsi. Gwittertendänz nimmt zue. Am Mittag hetts 27 Grad gha.	WETTER Film
--	----------------------
D'Nacht uff morn kiehlt bis uff 13 Grad ab. Morn am Daag isch es bewölggt und es rägnet oder gwitteret immer wieder. D'Höchschttemperatur liggt bi 20 Grad.	WETTER Do Tag 20 Nacht 13
--	----------------------
E Tiefdrugg-Ussläaufer sorgt am Frittig für unbeständigs Wätter. Viel Bewölggig, oft Rääge und singgendi Temperatuure sinn prägend.	WETTER Fr Tag 18 Nacht 12
--	----------------------
Am Samschtig und uff's Wuchenänd aane blibbt's wäxelnd bewölggt und rägnerisch. Temperatuure beweege sich witters in kiehleri Richtig.	WETTER Sa Tag 17 Nacht 11
--	----------------------

Nachricht [redacted] und 7/7 **Ozon**	Red ab	vis	Sendung vom 17.6.96	No 9

Text	Video
Trotz Wind: d'Ozonwärt sinn au hütt wieder über de Gränzwärt:	
In Basel am Sanit Hans Platz plus 8 Mikrogramm pro Kubikmeter gegenüber geschter Lieschtel plus 3 und uff dr Chrischone hett's 11 meh.	VOLLBILD Ozon Basel-Stadt 128 Liestal 133 St.Chrischona 164

Abmoderation **7 vor 7**	red ab	vis	Sendung vom 19.6.96	No 10

	Text	Video
	Mir sinn am Änd vom 7 vor 7. Grad aaschliessend erwartet Si dr Peter Felber zum theologische Biitrag und nach ihm erfahre Si meh über 12 Gschworeni. Mir sehn uns morn wieder, e schöne Oobe, uff Wiederluege.	
	TOTALE / ABSPANN	
	VHS-VOLLBILD	
	TIPTRAILER	EINBLENDER 1
P3	TIP 1 live mit Einspielung Feuer (Film)	"Peter Felber Theologe"
P2	TIP 2 Band	EINBLENDER 2 "Michael Felber"
	WERBUNG	EINBLENDER 3 "Dieter Vischer" EINBLENDER 4
P3	END-TRAILER	"Bettina Brückner"
P2	MOVIE TIME	

4. Lokalfernsehen – ein neues Medium?

Bedenkt man, dass im Basler Kabelnetz 54 Fernsehsender verbreitet werden, so fällt es einigermassen schwer, dem bescheidenen Lokalsender in dieser illustren Gesellschaft den Status einer Innovation zuzugestehen. Bei genauerem Hinsehen, vor allem aus der Rezipientenperspektive, aber auch aus der Innensicht der Programmintentionen und der aufgezeigten Abläufe muss man jedoch feststellen, dass hier das Medium Fernsehen doch erste Schritte auf ein Medium „Nah-Sehen" vollzieht. Bedingung hierfür ist die Beschränkung in der Auswahl aller Programmteile auf das Verbreitungsgebiet. In der Region Basel ist dies kein Problem, da auf Grund historischer, kultureller, wirtschaftlicher und demographischer Konstellationen die Themen selbst für tägliche Sendungen nicht ausgehen.

Hauptfunktion des lokalen Programms ist die Identifikationsmöglichkeit und damit auch ein Orientierungsangebot im Dschungel der über 50 Weltprogramme. Die zunächst ganz lokale Information über tägliche Neuigkeiten und auch andere, vielen nicht bekannten Abläufe und Ereignisse hat auch eine Orientierungsfunktion im weiteren Sinne. Wie man in der Politik neuerdings die Regionalisierung als Korrektiv zur Globalisierung pflegt und wieder zulässt, so müssen auch im Medienbereich die local news als Kompensation und Korrektiv zu den global news angesehen werden.

Dass hiermit ganz spezielle journalistische Ansprüche verbunden sind, sollte mit dem Insiderbericht aus dem Basler Stadtkanal aufgezeigt werden. Da gerade auch für die Schweizer Verhältnisse, wo das Lokalidiom (Dialekt) unverzichtbarer Bestandteil der lokalen Information sein muss, keine Vorbilder existieren, hat der Sender zusammen mit den anderen lokalen Stationen Pilotcharakter im Sinne des Auftrages an die Stiftung, auch innovative Programme und Dienste zu entwickeln und zu fördern. Da der Stadtkanal im Gegensatz zu den anderen vergleichbaren Sendern für die Basisfinanzierung nicht auf Werbemittel und private Geldgeber angewiesen ist, kann er die ihm gestellten Aufgaben etwas unabhängiger und mit gesteigertem journalistischen Ethos angehen.

Metaphern als Mittel der Sinnzuschreibung in der 'Computerwelt'

Jo Reichertz

Gemeinhin verleihen wir unseren Vorstellungen vom Unbekannten die Farbe unserer Vorstellungen vom Bekannten.
Fernando Pessoa

Where do you want to go today?
Microsoft

1. Metaphern als Medien des Denkens und des Handelns

"Wenn Sie mir (...) sagen, daß es an einer bestimmten Stelle, von der ich noch nie gehört habe und von deren Standort ich nicht die geringste Ahnung habe, eine Diamantenmine gibt, so teilen Sie mir nichts mit; wenn Sie mir aber sagen, daß ich sie finden kann, wenn ich einem bestimmten Weg folge, dessen Anfang ich gut kenne, so ergänzen Sie einfach meine Kenntnis dieses Wegs." (Peirce 1990, 242f.)[1] Diese Worte richtete vor gut neunzig Jahren der amerikanische Philosoph und Semiotiker Charles Sanders Peirce nicht an bärtige Pioniere, die sich auf die mühevolle Suche nach Diamanten begaben, sondern Peirce adressierte diese Worte an seine akademischen Fachkollegen. Ihnen wollte er damit seine Behauptung plausibilisieren (d.h. anschaulich darstellen *und* für die Akzeptanz werben), daß „ein vollkommen neues Zeichen niemals durch einen Akt der Kommunikation erzeugt werden kann, sondern höchstens ein schon existierendes Zeichen weiter ergänzt und verbessert werden kann" (vgl. ebd.).

Mit seiner Behauptung unterstellte Peirce, daß Wissenschaftler mit Entdeckern einer Diamantenmine zumindest in gewisser Hinsicht einige Gemeinsamkeiten aufweisen würden. Beide seien sich nämlich - so kann der Interpret folgern - darin ähnlich, daß sie etwas Neues entdeckt hätten - die ersten bislang unbekanntes Wissen, die zweiten einen bislang unbekannten Ort. Und beide stünden nach der Entdeckung vor dem Problem, den Auffindungsort des Neuen denen mitzuteilen, die nicht bei der Entdeckungsreise dabei waren. Will der glückliche Schatzfinder anderen mitteilen, wo die wertvollen Steine zu finden sind, dann hilft die Ortsangabe, die Mine befände sich genau dort, wo ihm vor drei Tagen vier Igel begegnet seien, wohl nicht besonders weit. Und auch die Aussage des Wissenschaftlers, er habe entdeckt, daß 'PETYR' sich immer nur mit den Mitteln des 'AGBA' darstellen läßt, wird die Kollegen nur schwerlich dazu bewegen, ihm zu folgen. Aber wenn beide Entdecker dem Rat von Peirce folgen, dann tun sie gut daran, das bislang Unbekannte an das bereits Bekannte anschließen, indem sie den Weg bzw. die Operationen angeben, wie man von dem bereits Vermessenen zu dem noch Unvermessenen gelangt.

Gewiß hätte Peirce seinen Rat auch in „gerader Sprache“ formulieren können, und er hat es in der Tat auch mit folgenden Worten getan: „Ein vollkommen neues Zeichen kann niemals durch einen Akt der Kommunikation erzeugt werden, sondern höchstens ein schon existierendes Zeichen kann weiter ergänzt und verbessert werden“. Doch dieser Textversion seiner Sachverhaltsdarstellung hat Peirce eine ‘Bildversion’ beigegeben. In Anlehnung an eine Unterscheidung von Wittgenstein könnte man sagen, Peirce hat nicht nur etwas mithilfe eines Textes *gesagt*, sondern auch etwas mithilfe eines Bildes *gezeigt*, so als überzeugte uns das Gezeigte mehr als das Gesagte.

Logisch gesehen haben wir es bei der Peirceschen Bebilderung mit einem *Analogieschluß*[2] zu tun. Ausgehend von der (nicht zur Diskussion gestellten) Behauptung, zwei Dinge oder Vorgänge seien sich *in ihrer Struktur* in gewisser Hinsicht gleich (und in anderer Hinsicht ungleich), wird nämlich die Folgerung gezogen (bzw. nahegelegt), diese Dinge oder Vorgänge seien sich auch *in bezug auf bestimmte Handlungsprobleme* gleich.

Rhetorisch gesehen haben wir es jedoch bei der Peirceschen Formulierung mit *Metaphern* zu tun. D.h. Zeichen (in der Regel sind das Lexeme oder Gruppen von Lexemen) werden wider ihre ‘normalen’, ‘einfachen’ und ‘geraden’ Verwendung (meist in einem ‘übertragenen’ Sinne) gebraucht. Würde man Metaphern beim Wort nehmen, ergäbe das Gesagte keinen Sinn und man könnte nur ‘unsinnig’ reagieren. Der Gebrauch von Metaphern legt dagegen nahe, die Lexeme nicht wörtlich zu nehmen, sondern sie als Reduktion eines abstrakten Sachverhalts auf ein sinnlich wahrnehmbares, konkretes Bild aufzufassen und auch so zu behandeln. Der Hörer wird aufgefordert, sich in gewisser Weise das unvertraute Abstrakte so vorzustellen wie das vertraute Konkrete. Metaphern sagen nichts, sie zeigen vor allem.

Jeder Metapher liegt ein Analogieschluß zugrunde. Metaphern resultieren notwendigerweise aus Denkakten, also aus der gedanklichen Erstellung von Ordnung zum Zwecke des sinnvollen Weiterhandelns. Und deshalb sind Metaphern *Medien des Denkens* und *Medien des Handelns* - wenn auch im Medium der Sprache.[3]

Versteht man dagegen Metaphern allein als eine Besonderheit der Sprache, dann übersieht man die Leistungen der Metaphern. Zudem läuft man noch Gefahr, sich in die fruchtlosen Debatten zu verstricken, z.B. in die Debatte, aufgrund welcher syntaktischen oder semantischen Markierer Metaphern erkennbar sind, oder in die Debatte, wie es zu welcher Bedeutung von Metaphern kommt.

Metaphern sind also - so die Behauptung - Medien des Denkens, die vor allem (also nicht nur) dann Verwendung finden, wenn angesichts neuer Entwicklungen und Phänomene die geltende Ordnung in alter Form nicht mehr gilt, in gewisser Weise sogar problematisch[4] geworden ist, da (noch) unbekannt ist, welche Handlungsfolgen das Neue mit sich bringt. Metaphern, verstanden als sprachlich materialisierte Teile der Kultur einer Gesellschaft, fassen das Unbekannte in die Begriffe des Vertrauten, werden also verwandt, wenn gedanklich eine (bestimmte) Ordnung (wieder)hergestellt werden soll und muß, damit ‘sinnvoll’ weitergehandelt werden kann, weshalb Metaphern zugleich auch *Medien des Handelns* sind. Deswegen wundert es nicht, daß es im Gefolge der Entwicklung neuen technischen Fortschritts immer wieder zum Aufblühen einer Vielzahl von Metaphern kam und natürlich immer noch kommt, um ebendieses Neue zu benennen, und damit einzuordnen. Gut beobachten läßt sich dieses Phänomen zur Zeit an den Formulierungen, die benutzt werden, um zum einen die Besonderheiten der neuen, technisch erzeugten 'Sinnprovinz' (Schütz) INTERNET zu beschreiben und zum anderen die Art des *Agierens* in dieser (noch) unbekannten Welt zu erfassen.[5]

2. Sinnstiftende Metaphern für das Internet

Die Bezeichnung 'Internet' ist eine Abkürzung für den englischen Begriff 'internetworking', was mit 'untereinander vernetzt arbeiten' übersetzt werden kann. Hatte man anfangs die Besonderheit dieses neuen 'ETWAS', nämlich dieses weltweiten dezentralen Verbunds von Millionen von Rechnern und mehreren Teilnetzen, darin gesehen, daß es wie ein (Fischer)Netz aus vielen Knoten (und Verbindungen zwischen diesen) besteht und so die Welt umspannt, wird seit einigen Jahren eine andere Metapher bemüht und erprobt - diese Verbindungen und Knoten werden nämlich heute oft als *Datenautobahn* oder *(Super)Datenhighway* adressiert.[6] 'Autobahn' nicht nur, weil sich dieser Begriff sehr gut als Vorlage für Metaphern eignet. "Autobahnen sind etwas lange Bekanntes, Vertrautes. Durch ihre unübersehbare, unüberhörbare physische Beschaffenheit und massenhafte Nutzung eignen sie sich als anschauliches Funktionsmodell für Dinge, die noch unbekannt oder noch nicht realisiert sind oder sich aufgrund ihrer physischen Beschaffenheit der direkten Anschauung entziehen." (Canzler/Helmers/Hoffmann 1995, 7). Allerdings ist der Begriff der Autobahn wegen der Verbindungen zur Geschichte des Dritten Reiches einerseits und der Kritik von Seiten engagierter Umweltschützer andererseits nicht nur durchgängig durch das Merkmal 'Schnelligkeit' gekennzeichnet. Zwar appelliert er auch an die "positiven Attribute der erfolgreichen Verbreitung einer technischen Infrastruktur. Er evoziert Eigenschaften wie Schnelligkeit, Gradlinigkeit, Effizienz und Leistungsvermögen. Gleichzeitig provoziert der Begriff skeptische und ablehnende Assoziationen, weil die Autobahn zum Symbol des ökologisch, sozial und funktional problematisch gewordenen Automobilismus geworden ist" (ebd. 6). Hinzufügen muß man aufgrund des neuen Bedeutungsraumes neuerdings auch noch die negative Assoziation 'langes Warten'. Gerade die Nutzer, die aus ihrer Hardware immer schnellere Zeiten herausholen, mußten schmerzlich feststellen, daß im Internet auch 'rush-hours' und natürlich ebenfalls die sie begleitenden nerv- und zeitaufreibenden 'jams' existieren.

Das Reden von der Datenautobahn thematisiert das Internet *als System* und als Angebot. Dabei wird das Netz grundsätzlich *topologisch* (als Raum) gedeutet: das Internet ist als 'Autobahn' vor allem etwas, das zwischen zwei Orten liegt und diese verbindet. Es wird mithin als Verkehrsweg angesprochen. Optimistische Hersteller nennen diesen Verkehrsweg 'Highway' oder 'Kanal', verärgerte Nutzer neuerdings auch gerne 'Feldweg'.[7] Eine andere topologische Metapher für das Internet ist die *menschliche Siedlung*: das Internet wird in dieser Variante gern als 'globales Dorf' oder 'digitale Stadt' oder gar als 'Cyber-Space' vorgestellt. Dort kann man dann (je nach Gusto) Punks, Freaks und Kuriositäten aller Art finden und treffen. Eine andere topologische Metapher begreift das Internet als ein großes *Kaufhaus*, das für einen globalen Markt ein riesiges Warenangebot bereithält. Dieses Warenhaus lädt (ohne auf lästige Öffnungszeiten achten zu müssen) jeden Weltbürger zu einem mühelosen und auch kostengünstigen Shopping ein.

Alle diese Metaphern versuchen, das System 'Internet' als Raum zu begreifen, genauer: als einen bestimmten Ort. Der Ort 'Internet' wird dabei je nach Interessenlage eine jeweils recht unterschiedliche, aber bekannte und bewährte Garderobe gekleidet. Spricht man miteinander jedoch nicht über das Internet als System, sondern darüber, auf welche Weise im Internet *agiert* wird, dann bleibt die horizontstiftende Metapher zwar im Topologischen, aber sie verlagert sich vom festen Land ins *Maritime*.

Allerdings ist man sich zur Zeit noch uneins darüber, welcher Art die Fortbewegung im Maritimen ist. Die Hersteller von soft-ware, welche dem Nutzer hilft, sich im Internet zu bewegen, bieten vor allem zwei Bewegungsformen an: '*surfen*' oder '*navigieren*'. Und auch die Nutzer bezeichnen die eigene Tätigkeit im Internet mit diesen Begriffen. Einige sagen, sie würden 'im Internet surfen', andere behaupten, sie würden 'durch das Internet navigieren'. Im INTERNET wird (glaubt man den Herstellern, Betreibern und Nutzern) also vor allem gesurft oder navigiert. Zwar hört man auch von Cybernauten, doch die beiden zur Zeit vorherrschenden Metaphern erzählen vom Meer und den unterschiedlichen Arten, sich auf und in ihm fortzubewegen. Manche surfen ("You click - we do the rest") und andere navigieren (begeben sich auf eine Vergnügungs- oder Geschäftsreise) - beides Tätigkeiten, für die in dieser Kultur vor allem Männer zuständig sind.[8]

So titelt etwa die WAZ angesichts des Umstandes, daß Hunderte von Menschen sich für das WAZ-eigene City-Netz interessierten, vollmundig: "Surfer stürzen sich in die Wellen von cityweb" (WAZ vom 1. Nov. 1996). Und die Deutsche Telekom bietet seit Mai 1996 allen *Netsurfern* "für Ihre persönliche Surf-Tour durch das Internet" schon ein virtuelles "Internet-Surfbrett" (http://www.dtag.de/dtag/hotlist.html) an. Visualisiert wird das Sprechen von Surfern in der Regel durch Grafiken oder Fotos, auf denen (meist männliche) Surfer auf einem Surfboard stehend das Meer oder Teile der PC-Hardware durchpflügen. Manchmal wird jedoch diese Metapher auch mit Wind- oder Airsurfern bebildert.

Auf der anderen Seite gibt es auch *Netz-Navigatoren*. Von einem 'Heimathafen' (mit Leuchtturm) aus kann man in See stechen und mithilfe von Navigationsprogrammen ausgewählte und selbstbestimmte Ziele ansteuern. Visualisiert wird die Navigation meist durch ein stilisiertes Schiffssteuerrad, einen Kompaß, einen Sextanten oder durch ein gleitendes Schiff, unter sich die See und über sich das Firmament, auf dem einige Sterne (zur Orientierung) blinken (Netscape). Beliebt ist auch für diesen Zweck die Darstellung der Instrumententafel innerhalb eines Flugzeugcockpits.

3. Das Meer als Metapher

Das Meer hat nun seit Jahrhunderten immer wieder für Analogien und Metaphern herhalten müssen. Zwei Beispiele aus der jüngeren Zeit mögen das verdeutlichen. So hat z. B. Otto Neurath die (wie man heute weiß: vergebliche) Suche nach den gesicherten und reinen Protokollsätzen in folgendes Bild übersetzt: "Wie Schiffer sind wir, die ihr Schiff auf offener See umbauen müssen, ohne es jemals in einem Dock zerlegen und aus seinen besten Bestandteilen neu errichten zu können." (Neurath 1975, 206). Einfache Menschen, Seeleute nämlich, kämpfen in diesem Bild ständig mit den Unbillen des Meeres. Das Meer selbst ist die Quelle steter Gefahr und Bedrohung! Vor dem Untergang bewahrt werden die Schiffer lediglich von einem (offensichtlich nicht besonders meerestauglichen) Schiff, das immer wieder auf's Neue ausgebessert und umgebaut werden muß. Einen Heimathafen oder einen Zufluchtsort scheint es für die Mannschaft nicht zu geben. Wie einst Sisyphus sind sie dazu verurteilt, nie das Werk vollenden zu können. Auf dem Schiff zu leben, heißt, sich (ohne Aussicht auf Erlösung) immer und unwiderruflich gegen den Untergang anstemmen zu müssen.

Auch der bereits erwähnte Peirce sprach gern und oft vom Wasser. Allerdings sind seine Verweisungen völlig anders. So kleidet er seinen Rat an alle, die nach neuer Erkenntnis streben, in folgendes Bild: *"Betrete Dein kleines Boot der Versenkung, stoß Dich ab in den See Deiner Gedanken und lasse den Atem des Himmels Deine Segel füllen!"*[9] Es ist in dieser Metapher nicht der Atem eines Gottes, der das Boot vorantreibt, sondern der Atem stammt von etwas unterhalb des Göttlichen und zugleich oberhalb des Menschlichen, es ist der Atem des Himmels. Dieser ist Teil der Natur, wenn auch deren (buchstäblich) höherer Teil. Der Atem ist einerseits Lebensäußerung der Natur, und er bringt andererseits (neues) Leben, indem er das Segelboot in Fahrt bringt. Um dies zu tun, bedarf es der Muße, d.h.: die Befreiung von dem aktuellen Handlungsdruck ist die grundlegende Bedingung, ohne die das Boot nicht in Fahrt kommt: der *bewußt arbeitende*, mit logischen Regeln vertraute *Verstand* soll ausmanövriert werden. Der Tagträumende schaltet das logische Urteilsvermögen aus, indem er sich dem 'Atem des Himmels' anvertraut - was immer das auch sein mag. Der geistige Prozeß der Versenkung soll ein Zustand des 'Getriebenseins' sein, verlustig der eigenen, bewußten Steuerung.

Die Metaphern von Neurath und Peirce sprechen teilweise explizit, teilweise implizit *drei* Weisen der klassischen Nutzung des Meeres als erklärendes Bild an. Konstitutiv für das stets bewegte Meer ist, daß es keinen festen Untergrund zur Verfügung stellt. Auf dem Meer ist die Geborgenheit des festen Heims dahin, statt dessen bringt es uns dorthin, "wo zwar alle Festigkeit aufhört, wir aber nicht ins Bodenlose versinken." (Jaspers zitiert nach Böhmer 1995, 122). Das Meer gewährt keine Sicherheit, es ist ein eher tückisches Element. Insofern galt das Meer (nicht nur den Europäern) vorrangig als *Bedrohung* und *Gefahr*. Auf dem Meer endet die Berechenbarkeit, die bekannte Ordnung, das menschliche Gesetz, hier herrscht undurchschaubare Willkür, die sich mit übermenschlicher Macht unterschiedslos gegen die Guten wie die Schlechten richten kann. Seefahrt ist untrennbar immer auch mit Schiffbruch verbunden. "Unter den elementaren Realitäten, mit denen es der Mensch zu tun hat, ist ihm die des Meeres - zumindest bis zur Eroberung der Luft - die am wenigsten geheuere. Für sie sind Mächte und Götter zuständig, die sich der Sphäre bestimmbarer Gewalten am hartnäckigsten entziehen. Aus dem Ozean, der den Rand der bewohnbaren Welt umgibt, kommen die mythischen Ungeheuer, die von den vertrauten Gestalten der Natur am weitesten entfernt sind und von der Welt als Kosmos nichts mehr zu wissen scheinen.“ (Blumenberg 1979, 9).

Aber das Meer als die Versinnbildlichung des Nicht-Festen und doch nicht Bodenlosen ist zugleich der ideale Untergrund für die Entwicklung und Entdeckung des Neuen. Das Meer und vor allem das (vielleicht Verderben, vielleicht großen Gewinn bringende) Unbekannte jenseits des sichtbaren Horizonts haben Generationen von Seefahrern und Abenteurern auf die (teils wackligen) Planken gelockt. Auf große Fahrt zu gehen, ins Meer zu stechen eröffnete einen Freiheitsraum. Die bekannte und (manchmal zu) enge Ordnung konnte so verlassen werden. Deshalb galt die hohe See den Europäern über Jahrhunderte hinweg nicht allein als Bedrohung, sondern zugleich als *Freiheitsverheißung*. Menschen, die (aus welchem Grund auch immer) erfüllt waren von dem Wunsch nach einem besseren Leben, bot das Meer eine beachtliche Herausforderung und die Möglichkeit zur persönlichen Bewährung.

Zum dritten - und hier spreche ich eine andere Großverwendung der Metapher ‘Meer’ an - treiben die Wellen des Meeres (für den normalen menschlichen Blick) scheinbar end- und zeitlos dem Ufer entgegen. Wohl deshalb konnotiert das Meer für viele Kulturen mit ‘Ewigkeit’. Das Meer selbst scheint grenzenlos zu sein: es kommt aus einem nicht sichtbaren Jenseits und ufert in dem sichtbaren Diesseits. Mit diesen Eigenschaften bildet das Meer eine besonders handgreifliche Veranschaulichung des Unendlichen im Diesseits und ermöglicht so die Verbindung zum Transzendenten (Gott, Tod, Weisheit etc.). Das Meer galt deshalb auch als gangbarer, wenn auch gefährlicher *Weg zu einem ‘göttlichen’ Jenseits.*[10] Wer das Meer befährt, begibt sich in die Hand göttlicher Gewalt. So war das von Gott durch alle Gefahren gelenkte Schiff innerhalb des christlichen Glaubens von Beginn ein Ursymbol. “Die Kirchenväter wußten ebenfalls, daß das Schiff der Bibel das Kirchenschiff, das Staatsschiff, das Lebensschiff in seiner Universalität symbolisiert. Das Symbol Schiff weist auf den, der als Schöpfer der Welt die Weltgeschichte lenkt. Im Schiff sind die Fische, also die Menschen, die Jesus Christus als Gottes Sohn und Heiland bekennen.” (Kettenbach 1994, 27)[11]

In alle hier genannten Sinnschichten ist jedoch ein Merkmal (mehr oder weniger deutlich sichtbar) eingewoben: das Meer als Sinnbild des Chaos galt als Urquell der Angst, von ihm ging unvermeidbar eine permanente und nicht zu tilgende Bedrohung aus. Schutzschild gegen diese Bedrohung ist vor allem die menschliche Gesellschaft, sie ist Hort und Hüterin der Ordnung. Oder mit den Worten Blumenbergs: “Der Mensch führt sein Leben und errichtet seine Institutionen auf dem festen Lande. Die Bewegung seines Daseins im ganzen jedoch sucht er bevorzugt unter der Metaphorik der gewagten Seefahrt zu begreifen.” (Blumenberg 1979, 9)

4. Internetnutzung als Sport - Surfen

Zumindest zwei der drei hier angesprochenen Bedeutungsschichten der Meeresmetapher (nämlich die beiden ersten) klingen nun auch bei den 'Surfern' und den 'Navigatoren' an. Das soll die folgende Betrachtung plausibilisieren. *Surfen* (alt: *surfriding*; vom englischen *surf* = Brandung) bezeichnet die in den ersten Jahren vor allem an der amerikanischen Westküste ausgeübte Wassersportart 'Wellenreiten'. Kenntnis erhielt die Welt von dieser Sportart, als in den 60er Jahren ein Teil der amerikanischen West-Coast-Jugend ihr Lebensgefühl im Wellenreiten verkörpert sah. Für sie war und ist surfen mehr als ein Sport, surfen ist demnach auch und vor allem eine besondere 'fun-orientierte' Einstellung zum Leben. Die Leitbarden dieser Jugendbewegung - nämlich die Beach-Boys - brachten das Programm der meist angepaßten Kinder wohlhabender Eltern auf folgende Forderungen: 'Surfin USA' und 'Fun, Fun, Fun'.

Bei dieser (mittlerweile bei enorm vielen Jugendlichen sehr beliebten) Sportart nähert sich der Surfer (auf seinem Surf-Board liegend) einer möglichst hohen Brandungswelle. Wichtig ist, sich dann im richtigen Augenblick auf das Brett zu stellen und von der Brandungswelle (am liebsten im Wellentunnel) an Land treiben zu lassen. Dabei gleitet der Surfer (scheinbar leicht) über das Wasser und nutzt die Wellengewalt für seine Zwecke aus. (Er reitet die Welle oder anders: er domestiziert eine der Ur-Gewalten). Da Surfer nie dieselben Wellenverhältnisse antreffen, gibt es keine festen Regeln, sondern je nach Lage muß improvisiert werden. Die Unwägbarkeiten der Brandung pariert der Surfer mit einer intuitiven und inkorporierten Technik, den Körper auszubalancieren. Der Surfspaß selbst dauert meist nicht lange: manchmal nur wenige Sekunden, wenn alles gut geht ein, zwei Minuten. Dann muß der Surfer erneut hinein ins Meer und seine nächste Welle suchen.

Allerdings ist dieses 'Reiten der Welle' nicht ungefährlich. Anfänger werden regelmäßig vom Brett geschleudert und ziehen sich dabei teils erhebliche Blessuren zu. Amateure tun deshalb gut daran, die Höhe der Brandungswelle auf ihr Können abzustimmen, und selbst Profis stellen sich nicht jeder Welle entgegen.

Sehr viel körperliche Geschicklichkeit, Kraft und (wegen der nicht geringen Gefährlichkeit) eine gehörige Portion Mut gehören dazu, ein Surf-Board zu besteigen und sich dort oben zu behaupten. Der Surfer kämpft mit den Wellen, nutzt deren Gewalt für seine Zwecke aus, vermag es also, sich gegenüber der Meeresbrandung zu behaupten und deren gewaltige Macht zu bändigen. Ohne Training und ohne Mut kann niemand eine Welle besteigen. Aber da das gute Gefühl sich auch schon dann einstellt, wenn man auf kleinen Wellen reitet, hat sich das Surfen schnell als Freizeitsport etabliert.

Surfen kann man jedoch nicht an jeder Küste. Sandiger Flachstrand und sehr viel Sonne sorgen dafür, daß die Gefahren und die Unbequemlichkeiten sich in Grenzen halten. Und natürlich braucht man Wind. Ohne Wind keine Welle. Bestimmte Kleidung und eine besondere Ausrüstung (beides fest in der Hand nicht billiger Markenartikler) braucht man ebenfalls. Die Kleidung läßt vom Körper viel sehen: Badeshorts oder Badeanzug lassen den Betrachter schnell erkennen, daß der Surfer über einen gut gebauten und gestylten Body, eine durchtrainierte Muskulatur und eine nahtlos gebräunte Hautoberfläche verfügt. Surfen ist ein Sport der Jugendlichen. Ältere Erwachsene und schlecht gebaute können sich auf dem Board nicht halten. Am Strand sind die jugendlichen Funsportler unter sich.

Obwohl man allein auf dem Brett steht, betreibt man das Wellenreiten in der Regel nicht alleine. Meist surft man gemeinsam mit Freunden in einer Clique. Außer zu surfen, feiert man noch zusammen Parties. Und glaubt man der Surf-Folklore, dann sind die gutaussehenden jungen Mädchen dort meist schnell bereit, sich mit einem ebenfalls gutaussehenden jungen Surfer zu vergnügen.

Zusammenfassend kann man sagen, daß Surfen heute vor allem mit folgenden Verweisungen konnotiert: Abenteuersport, Jugend, Clique, schöne Mädchen, Freizeit, Wohlstand, Musik, Schönheit, Sonne, Strand, Fun und ein bißchen (sauberer) Sex.[12]

5. Internetnutzung als berufsmäßige Erarbeitung von Reiserouten - Navigieren

Navigieren (vom lateinischen navigare = schiffen, steuern, segeln; subst. Schiffahrt) bezeichnet die Aufgabe und auch die Handlung, ein Fahrzeug (gebräuchlicherweise ein Schiff oder Flugzeug) auf einem (vor)bestimmten Weg von einem Ausgangsort zu einem Ziel zu steuern. Die Navigation ist stets zielgerichtet. 'Navigatoren' gehören bei Langstreckenflügen zu jeder Flugzeugbesatzung und sind für die Ortsbestimmung und die Routenauswahl zuständig. 'Navigation' heißt dann auch die Lehre von der exakten und methodisch kontrollierten Technik der Standort- und Routenbestimmung.

Während 'Surfer' sich stets in der Nähe von flachen Sandküsten aufhalten, also nie den Sichtkontakt mit dem sicheren Land aufgeben, müssen Navigatoren sich auf das weite Meer wagen, müssen also ihre bekannte Heimat verlassen. Der Navigator ist gefragt, wenn das menschliche Auge zur Orientierung nicht mehr ausreicht. Der Navigator kämpft dann unentwegt gegen den Orientierungsverlust, gegen die Irrfahrt und damit auch gegen den Untergang und den Tod - egal, ob die Menschen, die sich auf seine Fertigkeit verlassen, auf Vergnügungs- oder Geschäftsreise sind.

Weil der rechte Weg meist nur schmal ist und zudem durch Schikanen unterschiedlichster Art erschwert wird, ist Navigation überlebensnotwendig. Dem Navigator stehen bei seiner Aufgabe oft keine (oder nur wenige) feste und sichtbare Anhaltspunkte zur Verfügung. Meist ist er genötigt, ohne Sichtkontakt und nur mit Hilfe von Instrumenten seine Route und sein Ziel zu finden. Deshalb müssen die Instrumente des Navigators (Tools) genau und zuverlässig sein. Navigieren meint also die Technik des Orientierens.

Dabei bedeutet 'Navigieren', einer gelernten Regel zu folgen. Wissen und die Anwendung von Erlerntem bestimmen die Güte der Navigation. Navigation besteht aus der Anwendung von Geometrie und Arithmetik. Der intelligente Kopf entscheidet darüber, ob man gut navigiert, nicht der gestählte Körper. Der Körper selbst taucht bei der Navigation nicht auf, er wird nicht gebraucht - auch wenn es überwiegend Männer sind, die den Navigationsberuf ausüben.

Navigieren lernt man an einer Institution der Erwachsenen. Die Institution stellt auch nach einer Prüfung eine Kompetenzbescheinigung aus. Navigieren lernt man nicht nur von Erwachsenen, sie ist auch eine Tätigkeit von (männlichen) Erwachsenen. Gut navigieren zu können ist eine gesellschaftlich angesehene Berufstätigkeit, also kein Sport. Strukturell ist der Navigator ein Ingenieur, der wissenschaftliche Erkenntnisse in seinem beruflichen Tun anwendet, jedoch keine neuen systematisch erzeugt oder prüft. Navigation stützt sich auf Wissenschaft, sie bedarf jedoch nicht des wissenschaftlichen Genies. Der Navigator pariert die Gefahren und die Unwägbarkeiten der Elemente nicht mit Intuition, sondern dem geballten Einsatz wissenschaftlicher Rationalität. Navigieren ist eine zielgerichtete und kalkulierte Tätigkeit. *Exaktheit* und *Kontrolle* sind Leitwerte, nicht Fun, Kurzweil oder Eingebung.[13]

6. Das Ende der Bedrohung?

Betrachtet man die Metaphern vom Netznutzer als Surfer und/oder als Navigator zusammen, dann findet man *Gemeinsames*, aber auch *Trennendes*: Gemeinsam ist den beiden Bildern der schwankende und unberechenbare Untergrund, was angesichts der digitalen und absolut berechenbaren Basis der heutigen Rechner (auf den ersten Blick) ein wenig überrascht. Verständlich wird jedoch der bedrohliche und unberechenbare Untergrund, stellt man die subjektiven Erfahrungen der Nutzer in Rechnung: jeder User hat nämlich (und meist oft) die unangenehme Erfahrung gemacht, daß Dateien auf unerklärliche Weise verschwinden oder ganze Programme scheinbar unmotiviert 'abstürzen'. Die Meeresmetapher und die an sie angelagerte Konnotation des nichtfesten Bedrohlichen knüpft also an die subjektiv erlebten Aneignungsprozesse der Computerhard- und -software an - sowohl von Surfern als auch von Navigatoren.

Trotz dieser Gemeinsamkeit kann man bei etwas näherer Betrachtung jedoch schnell erkennen, daß in den beiden Metaphern ein sehr unterschiedlicher Gebrauch von dem schwankenden Untergrund gemacht wird: Surfen als Freizeitsport (mit nicht nur sportlichem Erlebnispotential) ist mit der präzisen und zielgerichteten Navigation (als Teil des beruflichen Tuns von gut ausgebildeten Ingenieuren) nur schwer kompatibel - im übrigen auch dann nicht, wenn man diese beiden Umgangsweisen in unterschiedliche 'Sozialzeiten' verlegt. Zwar könnte man vermuten, daß der Internetnutzer sich in seiner Arbeitszeit als 'Navigator' versteht, in seiner Freizeit jedoch als 'Surfer', doch diese Vermutung erscheint mir nicht plausibel.

M.E. liegen diese beiden Gebrauchsweisen (und ihr implizites Weltverständnis) nämlich so weit auseinander, daß man sie mit guten Gründen als konkurrierende, möglicherweise einander ausschließende Deutungen der Internet-Nutzung ansehen kann. Netsurfer benutzen das weltweite Netz (so das von der Metapher und den Metapherseinführenden Nahegelegte), um virtuos von einem rasanten Bildschirmerlebnis zum nächsten zu springen, Navigatoren suchen und halten dagegen einen sicheren Kurs in einem fast grenzenlosen und unüberschaubaren Meer an Informationen und Optionen, auf daß sie sich und das Ziel nicht aus den Augen verlieren. Für die einen wird das Internet als erlebnisreicher Freizeitspaß typisiert, für die anderen als kühl zu kalkulierende Orientierungsarbeit.

Interessant ist, daß in beiden Metaphern das Bedrohliche der Urgewalt 'Meer' gelöscht zu sein scheint. Zwar klingt bei der 'Navigation' das Gefahrvolle des Meeres noch an, doch diese Gefahr ist (mit Hilfe technischer Instrumente) prinzipiell beherrschbar geworden. Der Alptraum von der willkürlichen Bodenlosigkeit des Wassers ist dem modernen Traum (bzw. dem Traum der Moderne) von der Beherrschbarkeit der Welt gewichen. Der Navigator hat die unberechenbare Urgewalt gebändigt. Für den 'Surfer' birgt das tobende Meer scheinbar keinerlei Gefahren mehr (wohl auch, weil er seinem Sport nur an flachen Sandküsten nachgeht, sich also nicht auf das endlose Wasser begibt). Die Gefahren und Unsicherheiten der Meeresbrandung verwandeln sich für den Surfer in Möglichkeiten lustvoller Überraschungen. Das Bedrohliche des Meeres gerät so zu einer Quelle endloser und wiederholbarer positiver Erlebnisse. 'Surfer' wie 'Navigator' nutzen beide das Meer für ihre Zwecke: der erste benutzt es, um sich erlebnisreich tragen zu lassen, der zweite, um Macht und Ansehen zu erlangen.

7. Gesellschaftlicher Kampf um die Leitmetapher

Surfen und Navigieren sind jedoch nicht nur Erklärungen des Neuen mit alten Bildern, sondern auch Vorschläge dazu, wie man / frau *in Zukunft* mit diesem Neuen umgehen, wie man es verwenden soll. Metaphern schließen also nicht nur einfach das Neue an etwas *beliebiges* Bekanntes an (und 'erklären' es damit als ein Fall von etwas), sondern sie schließen das Neue an etwas *bestimmtes* Bekanntes an. Damit behaupten sie eine Analogie, interpretieren das Neue als eine Fortsetzung bzw. eine Variante eines bestimmten Vertrauten. Dies tun sie, indem sie einige Aspekte des Neuen betonen, andere Merkmale ausblenden, andere dramatisieren - kurz: *Metaphern deuten das Neue als Teil einer gemeinsamen Welt, Metaphern versehen das Neue mit (Handlungs-)Sinn.* Und nur aufgrund dieser Sinngebung legen Metaphern Lesarten, Umgangsweisen, Wertigkeiten und auch Anschlußforschungen nahe. Die Diskussion über die 'passende' Metapher ist deshalb stets ein gesellschaftlicher Disput der an dem Neuen 'Interessierten' (Erfinder, Produzenten, Nutzer, Pädagogen, Soziologen etc.) darüber, welche Bedeutung, also welche praktischen Folgen, das mit der Metapher Belegte hat bzw. haben soll. Deshalb sind Metaphern nicht nur Medien zur Erarbeitung einer kognitiven Ordnung (also Medien des Denkens), sondern auch und vor allem *Medien zur gesellschaftlichen Produktion von Wirklichkeit* (also Medien des Handelns). Deshalb ist auch verständlich, wenn es immer wieder zu Auseinandersetzungen über die 'treffende' Metapher kommt.

Es ist hier bewußt nicht diskutiert worden, welche der behandelten Metaphern mehr 'Empirieverbundenheit' aufweist. Diese Frage ist m. E. auch nicht von großem Belang, da die Durchsetzbarkeit von Metaphern nicht von deren Wirklichkeitsnähe abhängt. Die Durchsetzung oder Etablierung einer bestimmten Metapher ist nämlich (wie bereits oben gesagt) Ergebnis eines gesellschaftlichen Aushandlungsprozesses, an dem viele Parteien mit recht unterschiedlichen Interessen und in unterschiedlichen Koalitionen beteiligt sind.

Dennoch - erlauben Sie mir zum Schluß eine vorsichtige Prognose - scheint mir, daß der aktuellen und boomenden 'Surf-Metapher' keine rosige Zukunft beschieden sein wird: vor allem angesichts der Millionen von fast unbewegt vor den Bildschirmen Hockenden, die täglich darauf warten, daß endlich eine Verbindung zu und in der 'Wüste Internet' (Stoll 1995)[14] zustande kommt, scheint mir die Kluft zwischen dem Versprechen der Hersteller und Betreiber und der eigenen Körpererfahrung allzu groß zu sein. Deshalb ist die Surf-Metapher in diesem (noch anhaltenden und noch nicht entschiedenen) Kampf um die richtigen Symbole und Kampfbanner (zumindest für mich) kein großer Favorit - vor allem wenn es zutrifft, daß fast 78,7 % der Internet-Nutzer am liebsten im Netz 'stöbern' (Quelle: GVU, Stern 29/96, 124), zugleich aber 80,9 % der Nutzer die zu geringe Geschwindigkeit als größtes Netz-Problem ansehen (Quelle: GVU, FOCUS 36/96, 172).[15] Dieses Problem, daß Metaphern-Anspruch und 'real life' nicht kompatibel sind, scheinen in neuerer Zeit auch einige Protagonisten der Surf-Metapher bemerkt zu haben. So verlagert z.B. die Zigarettenfirma WEST bei ihrer Einladung zu einem virtuellen Rollenspiel den Ort des Surfens vom Meer in den menschlichen Schädel: "Der größte Raum zum Surfen ist Dein Kopf". Doch das ist eine neue und sehr interessante Metapher, die ich hier nicht interpretieren werde.

Anmerkungen

1 Meine Deutung der Peirceschen Vorstellung vom 'Neuen' wird gut illustriert durch einen Metalog, in dem ein Vater seiner Tochter auf die Frage: "Was ist ein Klischee?" u.a. folgendes antwortet: "Wir alle haben eine Menge fertiger Redewendungen und Vorstellungen, und der Drucker hat fertige Druckstöcke, die alle in Redewendungen angeordnet sind. Wenn aber der Drucker etwas Neues drucken will - sagen wir mal, irgendwas in einer neuen Sprache, dann muß er die alte Ordnung der Buchstaben aufbrechen." (Bateson 1983, 47). Im übrigen arbeitet auch die von Peirce gebrauchte Metapher von dem Weg zur Diamantenmine mit dem Argument, daß Neues immer an bereits Bekanntes anschließbar sein muß. Ähnlich argumentiert auch Stern: "Alles Schließen ist ein Fortgehen des Denkens von gegebenen Urteilen zu neuen." (Stern 1921, 262). Weitere Ausführungen zum Begriff des 'Neuen' bei Peirce siehe Reichertz (1991).

2 In der Terminologie von Peirce hat diese Analogie die Struktur einer qualitativen Induktion. Sie ist somit deutlich von einer Abduktion, die Neues hervorbringt, abgegrenzt. Metaphern gliedern also schon aufgrund ihrer logischen Form das Noch-Nicht-Bekannte, das Unvertraute in das Bekannte ein. Zur Bestimmung der Leistungen von Induktion, Deduktion und Abduktion bei Peirce siehe Reichertz 1991.

3 Vergleiche dazu auch die durchaus als wissenssoziologisch zu verstehende Arbeit von Lakoff/Johnson, die in Bezug auf das Verhältnis von Metapher und Sprache zu folgendem Ergebnis kommt: "Metaphor is primary a matter of thought and action and only derivately a matter of language." (Lakoff/Johnson 1980, 153). Zu der sprachwissenschaftlich geführten Debatte über Formen und Funktionen der Metapher siehe u. a. Jakobsen/Halle (197: Bedeutung der Metapher substituiert 'eigentliche' Bedeutung), Black (1963: Bedeutung der Metapher tritt in Wechselwirkung mit der 'eigentlichen' Bedeutung') und Lakoff/Johnson (1980: Denken operiert vor allem metaphorisch). Vgl. hierzu auch Nierrad (1977) und Hülzer-Vogt (1987).

4 Der Begriff 'Problem' benennt an dieser Stelle ganz formal die Situation, daß angesichts neuer Entwicklungen für Akteure meist mehrere Möglichkeiten zum Handeln (mit unterschiedlichen Kosten und Nutzen) bestehen. Weil dies so ist, müssen Akteure sich immer wieder entscheiden bzw. sich (zwecks Entlastung) vorab entschieden haben, die Handlungssteuerung eingeschliffenen Routinen zu überlassen. Dabei können sie einerseits auf Traditionen, bewährte Rezepte, Routinen und auch auf Metaphern zurückgreifen (mit den in diesen 'Lösungen' eingelassenen Kosten und Nutzen), sie können aber andererseits auch neue Verfahrensweisen schaffen - mithin eine 'neue Lösung' entwerfen. Gesellschaftlich etablierte und tradierte Handlungsmöglichkeiten und deren Einordnung sind immer nur Lösungen zurückliegender Problemlagen. Ob sie auch für neue Problemlagen tauglich sind, muß sich erst noch zeigen. Insofern ist die ständige (weitere) Prüfung und Revision bewährter und neuer Metaphern alltägliche Praxis bei Jugendlichen und Erwachsenen.

5 Damit ist auch die historisch wohl einmalige Tatsache angesprochen, daß Kinder und Jugendliche 'unkontrollierten' Zugang zu zwei zentralen Medien unserer Kultur haben (Fernsehen und Computer). Gingen frühere Medien (Schrift, Buch) von der Hand der Erwachsenen in die Hand der nachfolgenden Generation über (nachdem die Erwachsenen die Medien erst geprüft, sie dann für die Jugend lizensiert und schließlich die Jugend in den angemessenen Umgang mit ihnen eingeübt hatte), so hat der Markt der Waren Kindern und Jugendlichen das Fernsehen (und den Computer) in die Hand gegeben, ohne sie vorher via Mediensozialisation in den Gebrauch dieser Medien einzuweisen. Erst langsam bieten die klassischen Sozialisationsagenturen (Schulen) unter dem Druck der Kinderzimmer pädagogisch reflektierte Formen der Mediennutzung an (Medienerziehung, Internetzugang in der Schule). Insofern sind diese Medien zu großen Teilen für die Kinder 'bedeutungsoffen' - d.h. sie können und müssen sich sowohl auf das *Medium selbst* als auch auf die versendeten *Medieninhalte* ihren Reim machen.

6 Zur Entstehung und erhellenden Ausdeutung dieser Metapher siehe Canzler/Helmers/Hoffmann (1995).

7 Dieser Verkehrswegmetapher korrespondiert (gewiß nicht zufällig) das aus der alten Informations- und Kommunikationswissenschaft bekannte Modell, nach dem ein Sender über einen Kanal einem Empfänger Informationen übermittelt. Seit etwa einem Jahrzehnt glaubt man dagegen zu wissen, daß weder Informationen auf diese Weise 'übertragen' werden noch Kommunikation so zustande kommt.

8 Mit dieser Sprachverwendung deuten die Metaphern 'Surfen' und 'Navigieren' (bei aller Unterschiedlichkeit) das Medium 'Internet' geschlechtsspezifisch, d.h. sie legen nahe, daß dieses Medium in der Tradition männlicher Aktivitätsformen steht. Deshalb ist es vielleicht auch kein Zufall, daß der Anteil der Frauen im Netz sehr gering ist. So kommen Fittkau und Maaß bei ihrer Untersuchung zu dem Ergebnis, daß nur 6% der Internet-User Frauen sind (Fittkau/Maaß 1996, 25), während nach einer andere Studie es 1996 bereits 31,5% waren (Quelle: GVU WWW User Survey, STERN 29/96, 124). Allerdings sehen die Verhältnisse völlig anders aus, wenn die Gesamtzahl der ComputernutzerInnen betrachtet wird. Da mittlerweile fast alle Büros mit PC's ausgerüstet sind, beträgt der Anteil der Frauen 80%.

9 "Enter your skiff of musement, push off into the lake of thought, and leave the breath of heaven to swell your sail. With your eyes open, awake to what is about or within you, and open conversation with yourself: for such is all meditation! It is, however, not a conversation in words alone, but is illustrated, like a lecture, with diagramms and with experiments." (1908, 6.461). Betreibt man das Spiel allerdings zu zielstrebig, wird aus dem Spiel schnell (unguter, weil hastiger) Ernst: "If one's observations and reflections are allowed to spezialize themselves to much, the Play will be converted into scientific study." (1908, 6.459).

10 Daß die hier herausgearbeiteten Sinnverweisungen der Metapher 'Meer' auch im anglo-amerikanischen Sprachraum präsent sind, belegt z. B. Vries (1974: hier vor allem die Einträge zu 'sea', 405f., zu 'water', 493 und 'wave', 495).

11 Vgl. zu den hier vorgetragenen drei Sinnschichten der Metapher 'Meer' auch: Frank (1995); Barnes (1990); Held (1985); Sloterdijk (1995), Böhmer (1995).

12 Diese Mischung aus Jugend, Sport, Strand, Abenteuer und korrekter Sexualität wurde besonders gut in der erfolgreichen ARD Surf-Serie 'Gegen den Wind' in Szene gesetzt.

13 Diese Sicht der Dinge findet sich auch explizit in der "Unternehmensphilosophie" von Netscape Corporation: die Anbieter des Netscape Navigators wollen mit ihrer Softwareplattform "Menschen

und Unternehmen über Netzwerke hinweg" verbinden. "Diese Softwareplattform ist interoperabel, unabhängig von allen System- und Hardwareplattformen und integriert alle Datenbanken oder bestehenden, früheren Systeme. Sie weist höchste, heutigen Industriestandards entsprechende Sicherheitsmerkmale auf, ist skalierbar und verläßlich." (Netscape Corporation 1996, 12).

14 An dem deutschen Titel des Buches von Stoll kann man erkennen, daß auch Buchverlage daran interessiert sind, sich in die Auseinandersetzung um die 'richtige' Metapher einzumischen. Möglicherweise auf die verkaufsfördernde Wirkung provokativer Titel hoffend, hat sie den amerikanischen Originaltitel 'Silicon Snake Oil. Second thoughts on the Information Highway' in den Gegenentwurf einer 'Wüste' Internet umgedeutet und damit eine neue Metapher ins Spiel gebracht.

15 Besonders schön hat Nürnberger diese Kluft zwischen Hoffnung und Erfahrung bebildert: "Und auf Dauer kann den Netsurfern dieser Welt auch kaum verborgen bleiben, daß sie nach stundenlangem Surfen weder Sonne, noch Wind, noch Wasser und schon gar nicht den Geschmack von Freiheit und Abenteuer abbekommen, sondern nur 1001-mal mit der Maus geklickt haben. (...) Wer morgens seine Maus sattelt, um ins Internet einzufahren, hockt vor einer maximal 17 Zoll in der Diagonale messenden Glotze und verläßt diese am Abend mit Kreuzweh, tränenden Augen und steifen Gliedern." (Nürnberger 1996).

Literatur

Barnes, J. (1990): Eine Geschichte der Welt in 10,5 Kapiteln. Zürich.

Bateson, G. (1983). Ökologie des Geistes. Frankfurt am Main.

Black, M. (1963): Models and Metaphors. Ithaka/New York.

Blumenberg, H. (1979): Schiffbruch mit Zuschauer. Frankfurt am Main.

Böhmer, O. (1995): Sternstunden der Philosophie. München.

Canzler, W./Helmers, S./Hoffmann, U. (1995): Die Datenautobahn - Sinn und Unsinn einer populären Metapher. http://duplox.wz-berlin.de/docs/caheho.

Fittkau, S./Maaß H. (1996): Das deutschsprachige World Wide Web. Hamburg.

Fleck, Ludwik (1983): Erfahrung und Tatsache. Frankfurt am Main.

Frank, M. (1995): Die unendliche Fahrt. Die Geschichte des fliegenden Holländers und verwandte Motive. Leipzig.

Held, J. (1985): Antoine Watteau. Einschiffung nach Kythera. Frankfurt am Main.

Helm, G. (1992): Metaphern in der Informatik. Arbeitspapiere der Gesellschaft für Mathematik und Datenverarbeitung MBH. Bd. 652. Sankt Augustin.

Helmers, S. (1995): Internetdschungel - Überall/Jederzeit. http://duplox.wz-berlin.de/docs/ding.

Hülzer-Vogt, H. (1987): Die Metapher: kommunikationssemantische Überlegungen zu einer rhetorischen Kategorie. Münster.

Jakobsen, R./M. Halle (1971): Fundamentals of Language. The Hague.

Kettenbach, G. (1994): Einführung in die Schiffahrtsmetaphorik der Bibel. Frankfurt am Main.

Kügler, W. (1984): Zur Pragmatik der Metapher. Frankfurt am Main.

Kuhn, Thomas (1976): Die Struktur wissenschaftliche Revolutionen. Frankfurt am Main.

Kuhn, Thomas (1978.) Die Enstehung des Neuen. Frankfurt am Main.

Lakoff, G./Johnson M. (1980): Metaphors We Live By. Chicago.

Mambrey, P./Tepper A. (1992): Metaphern und Leitbilder als Instrument. Arbeitspapiere der Gesellschaft für Mathematik und Datenverarbeitung MBH. Bd.651. Sankt Augustin.

Neurath, O. (1975): Über Protokollsätze. In: H. Schleichert (Hg.), Logischer Empirismus - der Wiener Kreis. München. 70 - 80.

Netscape Corporation (1996): Das Intranet. Vision und Produkte. München

Nieraad, J. (1977): "Bildgesegnet und Bildverflucht". Forschungen zur sprachlichen Metaphorik. Darmstadt.

Nürnberger, Ch. (1996): Klickt euch selbst! In: Süddeutsche Zeitung vom 30. 08. 1996.

Peirce, Ch. S. (1990): Semiotische Schriften Bd. 2, Herausgegeben und übersetzt von Christian Kloesel und Helmut Pape, Frankfurt am Main.

Pessoa, F. (1995): Das Buch der Unruhe des Hilfsbuchhalters Bernando Soares. Frankfurt am Main.

Pielenz, M. (1993): Argumentation und Metapher. Tübingen.
Reichertz, J. (1991): Aufklärungsarbeit. Kriminalpolizisten und Feldforscher bei der Arbeit. Stuttgart.
Ricoeur, P./Jüngel E. (1974): Metapher. Zur Hermeneutik religiöser Sprache. München.
Sebeok, Th. (Hrsg.) (1971): Style in Language. Boston.
Sloterdijk, P. (1995): Im selben Boot. Frankfurt am Main.
Stern, W. (1921): Psychologie der frühen Kindheit. Leipzig.
Stoll, C. (1995): Die Wüste Internet. (Engl. Originaltitel: Silicon Snake Oil. Second thoughts on the Information Highway) Frankfurt am Main.
Vries, A. de (1974): Dictionary of Symbols and Imagery. Amsterdam.

Mediale Wechsel und Sprache
Entwicklungsstadien elektronischer Schreibwerkzeuge und ihr Einfluß auf Kommunikationsformen[1]

Eva-Maria Jakobs

1. Gegenstand und Ausgangsthesen

Als sich Friedrich Nietzsche 1882 eine Schreibmaschine nach Genua schicken ließ, veranlaßte dies das *Berliner Tageblatt* zu einer Reportage. Der Tatbestand erregte Aufsehen. Er wurde als Ausdruck für die sich vollziehende Mechanisierung des Schreibens gewertet: Der Philosoph dachte nicht mehr in die Feder, sondern in die Maschine. Die Bitte um Zusendung des neuen Schreibgerätes wird bis heute gern als Beispiel für den Eingriff sogenannter „neuer Medien"[2] in tradierte Kommunikationsformen bemüht. Was dagegen kaum Erwähnung findet, ist der Umstand, daß Nietzsches Versuche an der Schreibmaschine zunächst erfolglos endeten. Aufgrund des feuchten Wetters verklebten Farbband und Tasten. Der hinzugerufene Mechaniker sah sich außerstande, den Schaden zu beheben.[3]

Im 20. Jahrhundert haben sich die Schreibgeräte in einem geradezu atemberaubenden Tempo weiterentwickelt und dabei ständig verfeinert. Elektronische Schreibumgebungen ermöglichen heute nicht nur perfekt gestylte Texte, sondern mit Hypertext und Multimedia auch neue Darstellungsformen. Zur Kehrseite der Medaille gehört, daß sich nicht nur die Möglichkeiten der Textproduzenten verändert haben, sondern auch ihre Abhängigkeit vom Schreibmedium und von Fähigkeiten in seiner Bedienung. Moderne Textproduktion setzt unterschiedliche Kompetenzen voraus, die als *electronic literacy* umschrieben werden und über die Fähigkeit zum schriftsprachlichen Darstellen von Inhalten hinausgehen: Gefragt sind auch Können und Wissen im Umgang mit elektronischen Schreibumgebungen, ein Aspekt, dem in der Vermittlung von Schreibkompetenz heute noch zuwenig Rechnung getragen wird.[4]

Die Einführung neuer Schreibmittel hat immer wieder zu heftigen Auseinandersetzungen um ihre Auswirkungen geführt. Dies gilt in besonderem Maße für den Einfluß elektronischer Schreibumgebungen auf Formen der schriftlichen Kommunikation. Die Diskussion um ihre Folgen bewegt sich auf einer breiten Skala von Meinungen, deren Pole einerseits überaus hochgesteckte Erwartungen und andererseits die Sorge um den Verfall von Sprach- und Kommunikationskultur bilden. Zu den extremen Positionen gehört unter anderem die Erwartung, daß die elektronischen Medien die Art und Weise des Sprachgebrauchs vollkommen verändern werden. Diese Annahme soll im folgenden für den Bereich der schriftsprachlich realisierten Kommunikation kritisch hinterfragt werden. Was verändert sich? Wie verändert es sich? Von welchen Faktoren ist abhängig, ob sich etwas verändert? Was von diesen Veränderungen ist erwünscht und was nicht? Mich interessieren dabei vor allem textlinguistisch relevante Aspekte des Themas.

Die Betrachtung stützt sich auf drei Ausgangsthesen:

- Die Auswirkungen elektronischer Medien steigen mit ihrem Anteil an der Produktion, Repräsentation, Distribution und Rezeption sprachlich-textueller Äußerungen. Sie nehmen in dem Maße zu, in dem ausschließlich in einer neuen medialen Umgebung kommuniziert wird und neue, dem Medium angemessene Formen der Kommunikation entstehen, die dem Rezipienten veränderte Formen des Zugangs zu sprachlich vermittelter Information ermöglichen.
- Die Einflußnahme elektronischer Medien auf den Sprachgebrauch variiert auf einer breiten Skala ihrer Nutzung, deren Pole sich mit Ausdrücken wie Imitation und Innovation umschreiben lassen. Dies schließt ein, daß neue Medien zunächst immer an alte anknüpfen und damit Stadien des Übergangs zwischen alten und neuen Formen schaffen.
- Die im Kontext elektronischer Medien beobachtbaren Veränderungen basieren zwar auf den Möglichkeiten elektronischer Produktions- und Rezeptionsumgebungen, ihre Herausbildung und breite Akzeptanz sind jedoch erst vor dem Hintergrund entsprechender gesellschaftlicher Bedürfnisse und Tendenzen möglich und/ oder plausibel.

Für die Diskussion werden drei Situationen der Verwendung elektronischer Medien in der schriftsprachlichen Kommunikation herangezogen, die qualitative Stadien des medialen Umbruchs repräsentieren:

- die Produktion linear strukturierter Printtexte in elektronischen Umgebungen (Textverarbeitungsprogramme),
- die Kommunikation mittels linear strukturierter Äußerungen in elektronischen Netzen (Internet) und
- Hypertext als neue, medienspezifische Darstellungsform in elektronischen Umgebungen.

2. Stadien des medialen Umbruchs in der Kommunikation

2.1. Die Produktion traditioneller Texte in elektronischen Umgebungen

Aus der Sicht der Sprachwissenschaft sind neue Medien nach Lenke und Schmitz (1995, 119) immer dann interessant, „wenn sie sich in wichtigen kommunikativen Eigenschaften von den bisherigen Medien unterscheiden“, denn dann sei auch zu erwarten, daß sich aus ihnen entscheidende Veränderungen für die Gesellschaft ergeben.

Unter dieser Prämisse ist der Einfluß neuer Medien auf den Sprachgebrauch eher gering einzuschätzen, wenn sich ihr Einsatz darauf beschränkt, Bestehendes zu simulieren und/oder zu perfektionieren, wie etwa im Falle der elektronischen Erzeugung traditioneller Texte für tradierte Verwendungssituationen. (Als traditionell betrachte ich linear strukturierte Printtexte, die raum-zeitlich versetzt produziert und rezipiert werden.)

Obwohl sich der Computer als Schreibmedium mittlerweile durchgesetzt hat, ist eher wenig über seine Auswirkungen auf den Schreibprozeß und dessen Produkt bekannt. Insgesamt zeichnet sich jedoch ab, daß rein medial bedingte Auswirkungen eher den Bereich der Texterzeugung betreffen als den Bereich des Sprachgebrauchs selbst.

Hinsichtlich der Auswirkungen elektronischer Schreibwerkzeuge auf das Textprodukt gibt es mehr Vermutungen als empirisch gesicherte Ergebnisse. Rein medial bedingte Effekte auf den Sprachgebrauch, wie z.B. geringere Kohärenz durch Verlagerung des Denkens auf die Tasten, konnten bisher lediglich für eher ungeübte Schreiber nachgewiesen werden (ausführlicher dazu Jakobs/Knorr 1995, 89ff.).[5]

Viele der postulierten Auswirkungen elektronischer Texterzeugung – etwa der Vorwurf, das Schreibmedium Computer befördere Nachlässigkeiten im Schreiben und reduziere die Produktion von Texten auf das Zusammenfügen fertiger Versatzstücke – sind weniger dem Medium als seiner Nutzung zuzuschreiben. Als Beispiel sei das Vermeiden bzw. Ausmerzen von Tipp- und Rechtschreibfehlern genannt. Moderne Textverarbeitungsprogramme bieten sowohl die Option, häufig wiederkehrende Tippfehler einzugeben und automatisch korrigieren zu lassen als auch die Option der automatischen Rechtschreibkontrolle. Beide Möglichkeiten sind lediglich als Hilfsinstrument gedacht und entheben den Nutzer nicht von der persönlichen Verantwortlichkeit für sein Produkt. Daß in der Textpraxis Tippfehler zunehmend zur Tagesordnung gehören, ist nicht dem Computer anzulasten, sondern seinem Nutzer und den äußeren Bedingungen, unter denen produziert wird. Letztere werden – nicht nur im Bereich der Massenmedien – zunehmend durch einen Zeitgeist geprägt, der auf Schnelligkeit setzt und dabei Oberflächlichkeit in Kauf nimmt.[6] Weitere Merkmale sind eine allgemeine Produktionswut und der Rückgang von Selektionskriterien.[7] Texte werden unter Zeitdruck produziert und rezipiert. An die Stelle des Lesens tritt das Überfliegen von Texten; Tippfehler werden übersehen, toleriert oder ignoriert.

Auch das Herstellen von Texten aus vorgefertigten Bausteinen (Versatzstücken) orientiert sich am Streben nach Zeitgewinn und Arbeitseinsparung. Die Idee an sich ist nicht neu, sondern kann sich auf eine lange Tradition berufen. Ihre Nutzung in Textverarbeitungsprogrammen ist nicht mehr als eine konsequente Fortsetzung der Idee der Briefsteller, die im Übergang vom 19. zum 20. Jahrhundert entstanden, um die Realisierung sich wiederholender Schreibaufgaben zu erleichtern.[8] Elektronische Textverarbeitungsprogramme zeichnen sich in dieser Hinsicht denn auch weniger durch gänzlich neue Lösungen aus als vielmehr dadurch, daß sie eine „universelle Kombination simulatorischer Subsysteme" bereits bestehender Lösungen darstellen (vgl. Spinnen 1992, 42). Das neue Schreibmedium setzt konsequent auf alten und bewährten Produktionstechniken auf, die verfeinert und perfektioniert werden.

Zu den Vorteilen elektronischer Textverarbeitungsprogramme gehören vor allem ihre komfortablen Möglichkeiten zur Überarbeitung und Gestaltung von Texten. Sie erleichtern den Schritt vom Textentwurf zum perfekt gestylten Dokument (das heute zunehmend vom Leser erwartet wird) und kommen dem allgemeinen Trend zur Visualisierung entgegen, der sich in fast allen Bereichen der Kommunikation abzeichnet. Dazu gehört sowohl die Anreicherung von Text um Bild und Graphik als auch die Ausformung der Textgestalt selber oder der Trend zur Bildung von Textclustern auf einer gemeinsamen visuellen Bezugsfläche, der von Bucher (1996) und Püschel (im Druck) für Zeitungen als Printmedien beschrieben wird und sich in der Welt der World-Wide-Web-Pages fortsetzt. Weitere Vorteile bestehen in den Optionen, die sie für Formen des kooperativen Textproduzierens bieten (vgl. Jakobs, im Druck). Programme, die speziell für diesen Zweck entwickelt wurden, ermöglichen, daß mehrere Personen gleichzeitig auf ein und dasselbe Dokument zurückgreifen und daran arbeiten können, wie auch, Begleiterscheinungen kollektiv verfaßter Texte (unterschiedliche Formulierungsstile, terminologische Inkonsistenzen etc.) zu ermitteln und zu reduzieren (vgl. dazu Glover/Hirst 1996; Gemert/Woudstra, im Druck).

Nachteile des Schreibmediums erwachsen unter anderem aus der Bindung an den Bildschirm. Sie erschwert dem Textproduzenten – vor allem bei längeren Textproduktionen – Überblick über den bisher produzierten Text zu wahren. Daraus resultierende Probleme zeigen sich bei Vertextungsprozeduren wie dem Herstellen globaler Kohärenz durch die sprachliche Vernetzung von Textteilen.

Ein anderer Problembereich betrifft die Anforderungen, die der gezielte Einsatz elektronischer Textverarbeitungsmöglichkeiten an den Nutzer stellt. Wie die Praxis zeigt, bestehen – nicht nur im semiprofessionellen Bereich der Textproduktion – oft erhebliche Diskrepanzen zwischen den Möglichkeiten elektronischer Programme und ihrer gegenstandsadäquaten Anwendung. Sie betreffen einmal die zur Nutzung der Möglichkeiten erforderlichen technischen Kenntnisse, zum anderen inhaltliche Kompetenz. Viele Textproduzenten sind mit den Möglichkeiten, die ihnen moderne Programme bieten, sowohl technisch als auch inhaltlich überfordert. Dies gilt vor allem für den gestalterischen Bereich. Er erfordert Fähigkeiten, die vielen Textproduzenten fehlen, wie etwa textgestalterische Kompetenz. Die visuell-graphische Gestaltung von Texten setzt „piktoriale Literalität" (Sauer 1997, 91) voraus. Dazu gehört unter anderem Wissen darüber, welche Typen von Visualisierungen sich situations- und textsortenabhängig für die Übermittlung von Inhalten und Ausdrucksabsichten eignen. Die Textlinguistik hat diesen Aspekt lange Zeit vernachlässigt. Erst in jüngerer Zeit zeichnet sich hier ein größeres Problembewußtsein ab.

Ungeachtet ihrer Hilfeleistungen beim Textproduzieren schaffen Textverarbeitungsprogramme an sich noch keine neuen kommunikativen Bedingungen. Dies wird erst in der Bindung an elektronische Speichermedien und Übertragungswege erreicht, die einen veränderten Zugriff auf schriftsprachlich realisierte Äußerungen erlauben.

2.2. Die Produktion linear strukturierter Äußerungen in elektronischen Netzen

Meinen Ausgangsthesen zufolge sind vor allem dann Auswirkungen eines neuen Kommunikationsmediums zu erwarten, wenn ausschließlich in diesem kommuniziert wird, d.h. im hier diskutierten Fall: wenn schriftliche Äußerungen sowohl in elektronischen Umgebungen produziert als auch transportiert und rezipiert werden. Diese

Situationsbeschreibung trifft auf die Kommunikation in elektronischen Netzen zu.[9]

Elektronische Kommunikationsnetze, wie das Internet, schaffen kommunikative Bedingungen, die nach Lenke und Schmitz (1995) geeignet scheinen, ähnlich wie der Buchdruck eine neue Ära kommunikativer Verhaltensweisen einzuleiten. Ihre Stärke liegt unter anderem in der Verbindung der Vorzüge von Textverarbeitungsprogrammen mit denen des Austauschs von Informationen in elektronischen Kommunikationskanälen.

Als wichtigste Kommunikationsbedingungen gelten die Schnelligkeit der Kommunikation im Netz und die Möglichkeit, durch weltweite Vernetzung räumliche Entfernungen unwichtig werden zu lassen. Mit dem Zurücktreten raum-zeitlicher Barrieren ergeben sich wiederum Rahmenbedingungen, die denen mündlicher Kommunikation nahekommen. Im Unterschied zu dieser erfolgt der Austausch zwischen Partnern jedoch schriftlich und maschinell vermittelt. Die Kombination der Rahmenbedingungen erzeugt einen für die Netzkommunikation typischen Sprachgebrauch, der als Durchmischung schriftsprachlicher Äußerungsformen mit Merkmalen der mündlichen Kommunikation charakterisiert werden kann oder – in der Terminologie von Koch und Oesterreicher (1985) – als Affinität schriftsprachlich realisierter Kommunikation zu konzeptueller Mündlichkeit.[10]

In welchem Maße mündliche Elemente in der Netzkommunikation verwendet werden, hängt von Faktoren ab wie:

- Typ und Funktion des genutzten Dienstes,
- die Domäne, in der kommuniziert wird (ihre Normen, Inhalte und Organisation),
- die verwendete Textsorte,
- die Ziele, Interessen, Motivationen und Präferenzen der Benutzer, deren mediale Sozialisation und ihr Verhältnis zueinander.

Dies soll im Ansatz an der Gegenüberstellung der Kommunikation in den Internet-Diensten *E-Mail*, *Usenet* und *Chat-Kommunikation* verdeutlicht werden. Die Dienste unterscheiden sich in ihrer Funktion: *E-Mail* dient dem Austausch unterschiedlicher Arten von Informationen primär textueller Art. Der Ausdruck bezeichnet insgesamt drei unterschiedliche Erscheinungen: den spezifischen Kommunikationkanal, die Gesamtheit der in ihm transportierten Dokumente und das Textmuster E-Mail in verschiedenen Textsortenausprägungen. Mir geht es im folgenden vor allem um die letztgenannte Variante: das Textmuster E-Mail. Sein kommunikativer Zweck besteht im personengerichteten, nichtöffentlichen Austausch von Informationen primär textueller Art. *Usenet* ist ein Verbund von Computern, der den öffentlichen Austausch in thematisch geordneten Gruppen zu einzelnen Themen ermöglicht. *Chats* dienen im Freizeitbereich als Unterhaltungskanäle dem menschlichen Bedürfnis nach Austausch mit Zufallsbekannten. Die Kommunikation in solchen Kanälen erinnert an rein phatische Gespräche. Der Anteil mündlicher Merkmale des Sprachgebrauchs nimmt tendenziell vom erst- zum letztgenannten Dienst zu.

2.2.1. Elemente von Mündlichkeit in Realisierungen des Textmusters E-Mail

Das Schreiben von E-Mails unterliegt einer Reihe von Einschränkungen, die nicht für die Produktion traditioneller Texte gelten. Dazu gehören die formalen Beschränkungen, die sich zur Zeit noch aus dem ASCII-Code[11] ergeben wie auch aus der halbautomatischen Verwaltung[12] von Kommunikationsdaten, die z.B. bei der Angabe des Absenders/Adressaten auf Statusangaben verzichtet.

Der gravierende Vorteil des Kommunizierens per E-Mail liegt in der Übertragungsgeschwindigkeit des Kanals, dem geringen Arbeitsaufwand für den Schreiber und der Option, den eingehenden elektronischen Text beliebig bearbeiten zu können, z.B. ihn kommentiert zurückzuschicken. Die Kombination dieser Merkmale ermöglicht Veränderungen im kommunikativen Verhalten der Nutzer. Die Schnelligkeit des Mitteilens rückt das Schreiben in die Nähe des Sagens. Sie erlaubt unmittelbarere Formen des Reagierens und Interagierens.

Dem Wunsch nach Schnelligkeit entsprechen Einsparungstechniken wie: der tendenzielle Wegfall von Anrede- und Grußformeln, der Ersatz von Phrasen durch Initialbildungen (*MfG = Mit freundlichen Grüßen*) und andere Formen der Kurzwortbildung (wie *mom = moment*) bis hin zum Wortspiel durch Kombination von Codes (*4get it = forget it*) oder den Ersatz von Phrasen durch graphische Zeichenkombinationen (<!> = *An important part of a message*) (vgl. Handler 1993, 218). Fingierte Mündlichkeit wird unter anderem durch die Verschriftung von Umgangssprache (*oda — oder*) erreicht. Günther und Wyss (1996) nennen als Elemente von Mündlichkeit weiter: die gehäufte Verwendung von dialektalen Einschüben, Regionalismen und umgangssprachlichen Ausdrücken, produktionsbedingte Normabweichungen in Orthographie, Interpunktion und Syntax sowie die Tendenz zu Kürze und Dialogizität (vgl. ebd., 70ff.). Als Merkmale eines eher mündlichen Kommunikationsverhaltens wird auch die Tendenz zu einem weniger offiziellen Ton gesehen sowie die geringere Bedeutung, die der Einhaltung schriftsprachlicher Normen zugemessen werde. Im Vordergrund stehe der zu übermittelnde Inhalt, nicht die formale Korrektheit seiner sprachlichen Realisierung.[13] Die für schriftliche Kommunikation typische Reflektiertheit der Form tritt zurück.

Andere Beobachtungen zu E-Mails relativieren diese generalisierenden Aussagen. Ob und in welchem Maße die genannten Phänomene auftreten, hängt nach Janich (1994) unter anderem von der Domäne ab, in der kommuniziert wird, und ihren Normen sowie von dem Verhältnis der Kommunikationspartner zueinander. In dem von ihr untersuchten Einsatzbereich (E-Mail-Kommunikation in einem Großbetrieb) geht es primär um die Weitergabe dienstlicher Informationen in einem nach hierarchischen Regeln geordneten Unternehmen, was sich auf den Ton der Kommunikation auswirkt. Die von ihr untersuchten E-Mail-Schreiben zeigen zwar eine gewisse Tendenz zur Aufweichung orthographischer und grammatischer Normen, behalten jedoch fast alle den üblichen relativ unpersönlichen, nüchternen Geschäftsstil bei (Janich 1994, 255). Die Analyse von Wiest und Holland (1992, 36) bestätigt dies für den betrieblichen Bereich. In welchem Ausmaß beim Verfassen von E-Mails auf Form und Gestaltung verzichtet wird, hängt von der Hierarchieebene ab, auf der sich die Kommunikation abspielt. Während E-Mails, die zwischen Gleichgestellten ausgetauscht werden (hier: zwischen Sacharbeitern) eher formlos ausfallen, wird bei elektronischen Nachrichten, die an fremde Abteilungen oder an Vorgesetzte gehen, Wert auf eine ansprechende Form gelegt.[14]

Eine andere Beobachtung von Holland und Wiest (1992, 39) betrifft die Auswirkungen des neuen Kommunikationsmediums auf die Nutzung bereits bestehender Kommunikationsformen und -medien wie auch auf den Informationsfluß in einem Unternehmen.[15] Bestehende Kommunikationsformen (wie Kurzbrief, handschriftlich weitergereichte Gesprächsnotiz oder einseitig orientiertes Telefongespräch) werden teilweise durch E-Mails ersetzt (Substitution) oder in Kombination mit E-Mail genutzt (Erweiterung). Zum Teil bilden sich dabei neue Kommunikationsregeln heraus. Die Geschäftsleitung verlangt nun z.B. bei telefonischen Anfragen eine (schriftliche) Bestätigung per E-Mail (in Dokumentations- und Nachweisfunktion). Mitarbeiter können sich per E-Mail direkt an Vorgesetzte wenden und dabei Hierarchieebenen (Gruppenleiter etc.) überspringen.

Auch das von Autoren wie Günther und Wyss (1996) für E-Mails genannte Merkmal der Kürze differiert situations-, gegenstands- und partnerabhängig. Private wie dienstliche E-Mails können zweck- und situationsabhängig sehr lang wie auch sehr kurz ausfallen; ersteres etwa, wenn umfangreicher Informations- und/oder Kontaktbedarf besteht, letzteres, wenn z.B. Kollegen gemeinsam unter Zeitdruck eine Problemlösung suchen.

2.2.2. Elemente von Mündlichkeit in Newsgroups und Diskussionslisten

Die der E-Mail-Kommunikation eigene Tendenz zu Interaktivität verstärkt sich, wenn der Austausch zwischen mehr als zwei Partnern stattfindet, auf Kontaktaufnahme gerichtet ist und Diskussionscharakter annimmt. In Situationen wie dieser wird der Übergangsbereich zu anderen Formen der Netzkommunikation erreicht: der Diskussion in Listen und Newsgroups.

Diskussionslisten bilden nach Handler (1996, 247) eine Form der schriftlich und zeitversetzt abgewickelten Gruppenkommunikation. Sie wird in der Regel öffentlich geführt und zeigt eine deutlich stärkere Tendenz zu Interaktivität und konzeptueller Mündlichkeit als Exemplare der Textsorte E-Mail. Der interaktive Charakter der Diskussion äußert sich unter anderem in dem Ausmaß, in dem explizit auf Äußerungen in Vorgängertexten Bezug genommen wird.

Diskussionslisten im Internet ermöglichen einen erheblich größeren Aktionsradius im Vergleich zu alternativen Formen des Austauschs, insbesondere im Einholen von Informationen. Im fachwissenschaftlichen Bereich gehört z.B. die Bitte um Literaturhinweise zu den am häufigsten genutzten Formen der Listennutzung. Im Zusammenhang damit hat sich – in gut geführten (stark sachbetont moderierten) Fachlisten – die Konvention herausgebildet, daß der Anfragende dem Prinzip der Kooperativität folgend die Reaktionen auf seine Anfrage zusammenträgt und in einer Art Ergebnisbericht der Liste zur Verfügung stellt.[16] Neben dem Einholen von Informationen dominiert die Auseinandersetzung mit Positionen. In weniger sachorientierten Foren tritt die Funktion des Informationsaustauschs hinter Zwecke der Kontaktaufnahme und der Selbstdarstellung zurück.

Der Nachahmung mündlicher Diskussion sind insofern Grenzen gesetzt, als die Interaktion maschinell vermittelt erfolgt. Die Kommunikationspartner verfügen über keinen gemeinsamen Wahrnehmungsraum und müssen damit auf den Gebrauch non- und paraverbaler Mittel verzichten. Dies wird durch alternative Ausdrucksmittel zu kompensieren gesucht. Dazu gehört der Ausdruck von Emphase durch Großbuchstaben (*NEEIIINNN*) sowie die Verwendung sog. Emotikons[17] zum Ausdruck innerer Befindlichkeiten und äußerer Merkmale sowie zur Darstellung von Mimik und Gestik. Emotikons sollen die Interpretation einer Äußerung erleichtern. Sie geben Hinweise auf die Intentionen des Kommunikationspartners (z.B. ob eine Äußerung ernst oder ironisch gemeint ist)[18] und dienen damit als wichtige Verstehenshilfen bei der Netzkommunikation. Zum Versuch fingierter Mündlichkeit gehört weiter der gehäufte Einsatz von Interjektionen – häufig mit lautmalendem Charakter (etwa: *hmmm, hahaha, würg*) – und Verschmelzungen von Wortformen (*son Quatsch*). Der Wunsch, sich in der Masse der Kommunikationspartner im Netz als Individuum zu behaupten, äußert sich in verschiedenen Formen der Selbstdarstellung. Dazu gehört unter anderem die Anreicherung der Signature (als optionale Schlußsequenz einer E-Mail) mit Wortzeichenbildern, Slogans und Zitaten aus der Literatur. Gruppenkonstituierend wirken vor allem Insider-Ausdrücke.

Wie in mündlichen Gesprächssituationen gibt es auch in E-Mails, Newsgruppen und Diskussionslisten Formen kommunikativen Fehlverhaltens. Dazu gehören Erscheinungen, die im Netzjargon als *flaming, spamming* oder *jamming* bezeichnet werden (ausführlich dazu Handler 1996). Mit dem Oberbegriff *flaming* werden Formen des unhöflichen oder unethischen Verhaltens erfaßt. Dazu gehört der übertriebene Einsatz von Emphase (das Schreien im Netz), die Verwendung rassistischer Ausdrükke. Als *flams* im engeren Sinne gelten polemische Kommentare, die die Diskussion im Netz „anheizen". Als *spamming* wird der Versuch bezeichnet, die Diskussion (in einer Liste) zu dominieren. Unter den Begriff des *jamming* fällt das Zuschütten anderer mit Informationen (zur Sanktionierung von Fehlverhalten etc.). Für das Verhalten im Netz haben sich eigene Festlegungen und Empfehlungen (die *Netiquette)* herausgebildet, die „regelkonformes" Kommunizieren intendieren und Formen des Fehlverhaltens vorbeugen sollen. Sie sind Ausdruck einer im Entstehen begriffenen Netzkommunikationskultur.[19]

2.2.3. Formen von Mündlichkeit in Quatschkanälen

Der Anteil mündlicher Merkmale erreicht seine größte Ausprägung in den Chat-Diensten, insbesondere in ihrer wohl originellsten Ausprägung, den sogenannten Quatschkanälen. Kanäle zum Quatschen ermöglichen dem Nutzer, sich mit vielen anderen

Teilnehmern fast gleichzeitig über seine Tastatur zu *unterhalten.*[20] In erster Linie dient der Austausch in solchen Kanälen der Kontaktaufnahme und dem Reden an sich, was sich auf Inhalt und Form des Austausches auswirkt. Die Diskussion erfolgt anonym (die Teilnehmer wählen ein Pseudonym und mit ihm oft auch eine neue Identität) und zeichnet sich durch fast alle Merkmale aus, die typisch für mündliche Gesprächssituationen dieser Art sind: wie unernste Modalität, Spontanität, Selbstdarstellung, Emotionsausdruck, freie Themenentwicklung, Satz- und Wortabbrüche etc.

Zur Illustration ein Gesprächsausschnitt aus dem Kanal *#Blaubaer Sessel- und Sofaecke* (Kanalbezeichnungen beginnen jeweils mit dem Sonderzeichen #):

<Kater> rehi drachen !

<Kater> *knuddel*

<coolhein action> wirft mit einem Hobnob nach tassle

<drachen> heinz klingt doch interessant

<yawnie whispered> hallihallo, lange ned mehr gesehen

<Tassle action> faengt den hobnob... fuer den boden ist er zu schade

<netcat> hein: ja ja die Omas...*grins* und lass mich raten deine mamiiii hat sich zwar
bemerkungstechnisch zurueckgehalten ..hat dir dann aber auch noch geld fuern
Friseur gegeben

<coolhein action> wirft noch einen nach drachen

<drachen> uups hab was uebersehen, hi katerli *ganzargknuddel*

<Tassle action> schiebt sich den hobnob genuesslich in den mund

<Tassle> *mampf*

<Tassle> lecker...!!!! danke hein!

<coolhein> netcat. Nee, kein Geld und papi hat nur die Haende vor's Gesicht geschlagen
und gemeint,
ob das bis Weihnachten rausgewachsen waere...

<Janik> drachen: tjaaa... so ein kleiner kater...

(15) <netcat action> holt klamheimlich die Milka Weihnachtsschokolade aus der Tasche*

(16) <drachen action> faengt den hobnob auf und verspeisst ihn in einem stueck *mampf*

(17) <Kater action> ist ganz geknickt uebersehen worden zu sein, und muss daher erstmal
ausgiebig das
knuddeln geniessen !

(18)<drachen action> entschuldigt sich bei kater

..

Abb.1: Ausschnitt aus dem Kanal #Blaubaer Sessel- und Sofaecke

Der mündliche Charakter des Austauschs entsteht hier durch die Kombination von Mitteln, die in 2.2.1. und 2.2.2. bereits genannt wurden: Gebrauch von Interjektionen und Onomatopöien (*uups, mampf*), dialektalen und umgangssprachlichen Ausdrükken (*ned mehr, nee*), Wortformverschmelzungen (*fürn*) und Wortabschleifungen (*hab*) sowie die Markierung prosodischer Eigenschaften bei der Verschriftung (*tjaaa*). Körperaktionen (Mimik/Gestik) und Handlungen der Teilnehmer werden deskriptiv beschrieben – **grins**; *<coolhein action> wirft mit einem Hobnob nach tassle* –

sowie sprachlich, zum Teil auch optisch von den eigentlichen Redebeiträgen abgesetzt (sprachlich: durch die Wahl der 3. Ps. Sg. sowie den metakommunikativen Hinweis _action_; optisch: durch voran- und nachgestellte Sonderzeichen[21]). Augenkontakt und Körperzuwendung zum Kommunikationspartner werden durch explizite Adressierung der Gesprächsbeiträge ersetzt: Redebeiträge beginnen typischerweise mit der Sequenz: ¢<Name des Absenders> Name des Adressaten ...'. Ausnahmen bilden Beiträge von Teilnehmern, in denen nonverbale Handlungen verbalisiert werden (vgl. etwa Beitrag 6 des Beispiels).[22]

Auffällig an dieser Kommunikationsform ist die Schnelligkeit, mit der die Diskussion geführt wird. (Um schnell genug reagieren zu können, wird unter anderem weitgehend auf die Unterscheidung von Groß- und Kleinschreibung verzichtet). Was auf den ersten Blick zwanglos formuliert erscheint, ist in Wirklichkeit das Ergebnis konzentrierter Arbeit. Teilnehmer in Quatschkanälen stehen vor dem Problem, unter Zeitdruck eine Vielzahl parallel verlaufender Gesprächsstränge gleichzeitig zu verfolgen und dabei die „Gesprächssituation" in ihren Teilen wie auch als Ganzes zu überblicken, um sich im geeigneten Moment – möglichst witzig und originell – selbst an der „Gesprächsrunde" beteiligen zu können. Um im Spiel bleiben zu können, muß reagiert werden. Wer nicht schnell und originell genug reagiert, wird von der Gemeinschaft als „uninteressant" fallengelassen (seine Beiträge werden fortan „überhört").[23]

Das Übersehen von Kontaktaufnahmen wird – wie in realen Gesprächssituationen – als unhöflich und emotional verletzend empfunden. Es erfordert intensive Beziehungsarbeit, um daraus resultierende atmosphärische Störungen zu begrenzen oder zu beheben: In dem oben genannten Chat-Beispiel übersieht ein Teilnehmer mit dem Pseudonym _Drachen_ einen Kontaktversuch von _Kater_ (_<Kater>rehi drachen ! *knuddel*_); er bemerkt dies erst, nachdem bereits sechs weitere (nicht an ihn gerichtete) Wortmeldungen eingegangen sind und versucht daraufhin, die Situation durch indirekte Entschuldigung und Erwiderung der Kontaktaufnahme zu retten (_<Drachen> uups hab was uebersehen, hi katerli *ganzargknuddel*_), was dem Partner anscheinend nicht ausreicht (_<Kater action> ist ganz geknickt uebersehen worden zu sein, und muss daher erstmal ausgiebig das knuddeln geniessen !_) und eine zweite Reaktion mit expliziter Entschuldigung notwendig macht (_<drachen action> entschuldigt sich bei kater_).

Im Gegensatz zum oben genannten Gesprächsausschnitt verlangt der Nachvollzug des Austausches in anderen Kanälen häufig ein ausgeprägtes sprachliches (und sachliches) Insiderwissen. Um sich von anderen Kanälen abzuheben, entwickeln die Teilnehmer eine eigene Gesprächskultur, die die Kommunikation im Kanal für Außenstehende zum unverständlichen Kauderwelsch werden läßt. Teil dieser Kommunikationskultur ist häufig der intensive Einsatz von Slang-Ausdrücken. In der Netzkommunikation hat sich ein eigener Jargon herausgebildet, der unterschiedliche Ziele verfolgt. Er dient sowohl der Konstitution und Abgrenzung von Gruppen (Internet-Insider vs. Neulinge) als auch ökonomischen Zwecken. Gruppenkonstituierende Funktion haben z.B. einzelne Slangausdrücke, spezielle Idioms und Redeweisen sowie Fachbegriffe (der Chat-Kommunikation etc.), deren Kenntnis von Gruppenteilnehmern vorausgesetzt wird. Ökonomisch motiviert sind unter anderem die zahlreichen Akronymbildungen und Zeichenkombinationen des Internet-Slangs, wie *hth – hope this helps* oder *<G> – big grin*. Wie die Beispiele zeigen, handelt es sich weitgehend um Schöpfungen und Ausdrücke aus dem Englischen (vgl. Rosenbaum 1996), was angesichts des Stellenwerts dieser Sprache für die Netzkommunikation nicht sonderlich überrascht. Eine vergleichbare Entwicklung im deutschen Sprachraum ist mir nicht bekannt.

2.2.4. Kurzer Exkurs: Sprechen über Internetkommunikation

Einflüsse auf den Sprachgebrauch zeigen sich nicht nur bei der Handhabung der Medien selbst, sondern auch bei der Kommunikation über sie. Der Einzug der neuen Medien hat einen erheblichen Bedarf an Bezeichnungsmöglichkeiten für die Sache nach sich gezogen. Er wird vorrangig durch die Übernahme englischsprachiger Ausdrücke in die deutsche Sprache und ihre partielle Anpassung an unser Sprachsystem gedeckt. Zu den Begleiterscheinungen dieses Prozesses gehört unter anderem Unsicherheit in der Schreibung. In der Fachliteratur finden sich z.B. unterschiedliche Schreibungen ein und desselben Ausdrucks, wie *e-mail, E-mail, E-Mail, Email*. Unsicherheit besteht auch bei der Kombination von deutschem und englischem Wortgut, z.B. bei Komposita wie *Online-Dokumentation* (vs. *On-line-Dokumentation/ online-Dokumentation*) oder *cut-and-past-Technik* (vs. *„cut and past"-Technik*). In den Sprachgebrauch fließen fachsprachliche Begriffe aus der Welt der Computer(-kommunikation) ein wie auch Elemente des Fachjargons (*snail mail* als Slang-Bezeichnung für konventionelle Briefe). Inwieweit sich auch andere, die Ebene des Wortschatzes überschreitende Einflüsse auf das deutsche Sprachsystem abzeichnen, bleibt zu prüfen.

2.3. Hypertext – eine neue Produktions- und Darstellungsform

Der Sprung zu einer neuen Qualität des Schriftsprachgebrauchs in elektronischen Medien wird erreicht, wenn eigene medienspezifische Formen der Darstellung entwickelt werden, die sich in wesentlichen Eigenschaften von traditionellen Darstellungsformen unterscheiden. Dies gilt für Hypertext als eine nicht-lineare Form der Darstellung von Inhalten, die veränderte Formen der Produktion und Rezeption verlangt.

Die Idee der nicht-linearen Verbindung von Inhalten begegnet bereits in Printtexten in Form der Fußnote oder des Verweisens auf weiter entfernt liegende Textstellen. Ihre Umsetzung als ganzheitliches Darstellungsprinzip ist dagegen erst in elektronischen Umgebungen möglich.

Die Realisierung der Darstellungsform Hypertext erfolgt in Form von Hypertextsystemen. Ein Hypertextsystem setzt sich aus drei Komponenten zusammen: einer

Produktionskomponente, der Hypertextbasis und einer Nutzerkomponente, die Orientierungs- und Suchhilfen bietet. Aus textlinguistischer Sicht interessiert vor allem der materiale Teil des Systems, die sog. *Hypertextbasis*. Sie ist nach Kuhlen (1991, 17f.) der Teil des Hypertextsystems, in dem die Gegenstände des Weltausschnittes des Hypertextes in Hypertexteinheiten dargestellt und verknüpft sind. Die Einheiten der Hypertextbasis können über Verknüpfungen angewählt und eingesehen werden. Wenn im folgenden von Hypertext gesprochen wird, ist damit die Hypertextbasis gemeint.

Die Inhalte von Hypertexteinheiten können sowohl verbal-textuell als auch graphisch oder audio-visuell dargestellt werden. Hier interessiert Hypertext vor allem als Organisationsprinzip für sprachliche Äußerungen und als Alternative zu linearen Darstellungsformen. Worin das Andersartige der Darstellung besteht, zeigt sich bei dem Versuch, einen Printtext in Hypertext zu überführen, insbesondere bei der Umsetzung (Konversion) langer, inhaltlich komplexer Texte. Sinn der Konversion eines Printtextes in Hypertext ist nach Kuhlen (1991, 106) nicht die Nachahmung oder Imitation von Texteigenschaften, sondern ihre Rekonstruktion und Anpassung an hypertextuelle Möglichkeiten. Dies erfordert eigene, vom Produzieren von Printtexten abweichende Vorgehensweisen. Im folgenden wird kurz auf diese allgemein eingegangen und werden Konsequenzen der Transformation von Printtexten in hypertextuelle Strukturen an einem konkreten Beispiel dargestellt. Als Beispiel dient das Projekt *GRAMMIS* des *Instituts für deutsche Sprache* Mannheim.

2.3.1. Formen der Erzeugung von Hypertexten aus Printtexten

Nach Hannemann und Thüring (1993, 140) besteht die Grundidee von Hypertext darin, daß gedankliche Einheiten und ihre assoziativen Verknüpfungen mit diskreten auf dem Bildschirm dargestellten manipulierbaren Objekten korrespondieren. Mit der Möglichkeit der nichtlinearen Organisation von Texten ergeben sich neue Anforderungen an den Prozeß der Texterzeugung wie auch neue Anforderungen und Möglichkeiten für die Textgestaltung. Dies gilt sowohl für das Produzieren reiner Hypertexte (ohne Printvorlage) als auch elaborierte Formen der Konversion von Printtexten in Hypertexte.

Die Aufgabe, einen Printtext in einen Hypertext umzusetzen, verlangt in Abhängigkeit von der Art der Umsetzung eine Reihe von Überlegungen und Arbeitsschritten, die diesen Produktionstyp vom Verfassen traditioneller Texte unterscheidet. Kuhlen (1991, 163f.) nennt fünf Typen und Methoden der Konversion:

- einfache Konversion
- Segmentierung und Relationierung über formale Texteigenschaften
- Segmentierung und Relationierung nach Kohärenzkriterien
- intertextuelle Konversion
- Einbindung textueller Strukturmittel.

EINFACHE KONVERSION

Die einfache Konversion besteht nach Kuhlen in der 1:1-Übertragung eines Printtextes in eine Datei eines Hypertextsystems. Sie bildet die einfachste Konversionsform. Ein hypertextueller Mehrwert wird erst dann erreicht, wenn einzelne Teile des Textes markiert und durch Verknüpfungen miteinander verbunden werden. Die Verknüpfungen ermöglichen innertextuelle Sprünge von Markierung zu Markierung. Der Bearbeiter muß unter anderem Festlegungen darüber treffen, welche Markierungen textsorten-, gegenstands- und leserabhängig als sinnvoll erscheinen.

SEGMENTIERUNG UND RELATIONIERUNG ÜBER FORMALE TEXTEIGENSCHAFTEN

Bei diesem Konversionstyp wird der Text in hypertextgerechte Einheiten zerlegt (segmentiert) und diese miteinander verbunden (relationiert). Die Segmentierung orientiert sich an formalen Textbausteinen, wie Überschrift, Absatz, Zitat, und setzt stark strukturierte Texte voraus.[24] Das Zerlegen des Textes in hypertextgerechte Einheiten stellt bestimmte Anforderungen an die genutzten Textbausteine: Die Einheiten eines Hypertextes sollen sich durch inhaltliche Geschlossenheit auszeichnen. Sie können je nach Textsorte und Autorintention mehr oder weniger umfangreich ausfallen, müssen jedoch strukturell, meist auch inhaltlich autonom sein. Spätestens hier beginnen häufig die Probleme für den Textproduzenten. Nur wenige Printtexte und Textsorten kommen diesen Anforderungen entgegen. Absätze von Printtexten erfüllen z.B. meist nicht das Kriterium der kohäsiven Geschlossenheit und müssen dementsprechend sprachlich überarbeitet werden. Bei der Abbildung satzübergreifender Zusammenhänge, die nicht innerhalb einer Hypertexteinheit realisiert werden können, muß der Hypertextproduzent auf Vertextungsmittel verzichten, die für linear strukturierte Texte typisch sind, wie z.B. anaphorische Pronomina, direkt an den Vortext anschließende Junktionen (die dessen Argumentation weiterführen) und Ellipsen (vgl. Lutz 1995, 160). Das Vernetzen von Hypertexteinheiten (z.B. über Begriffe als Teil von Hypertexteinheiten) verlangt zudem in einem Maß inhaltliche und formale Konsistenz, das herkömmliche Texte eher selten aufweisen. Dies gilt auch für Textsorten, denen gemeinhin eine gute Eignung für die Umsetzung in Hypertext zugeschrieben wird, wie z.B. Lexika und technische Handbücher (vgl. dazu Lutz 1995, 1996). Die Verknüpfung von Einheiten verlangt vom Hypertextautor inhaltliche Festlegungen, wann was warum mit welchem Verknüpfungstyp verbunden werden soll. Er kann dabei bereits vorhandene textinterne Verweise der Printvorlage nutzen; diese müssen jedoch geprüft und bei Bedarf systematisch ergänzt werden. Textsorten- und gegenstandsabhängig kann dies einen erheblichen Arbeitsaufwand bedeuten.

SEGMENTIERUNG UND RELATIONIERUNG NACH KOHÄRENZKRITERIEN

Bei dieser Konversionsmethode werden zusätzlich semantische und argumentative Eigenschaften von Texten ausgenutzt. Der Text wird dabei nach inhaltlichen Kriterien regelrecht „auseinander“ genommen und der Inhalt in eine neue hypertextuelle

Darstellungsform überführt. Der „intellektuelle" Aufwand erhöht sich damit für den Hypertextautor erheblich. Die Zielstellung, zusammengehörige Inhalte auch als solche darzustellen, erfordert z.B., den Ausgangstext umfassend mental zu rekonstruieren, im Ausgangstext verstreut angeordnete Informationen zusammenzuführen und neu an- bzw. zuzuordnen. Die Festlegung der Einheiten umfaßt nicht nur die Frage, was in den Einheiten erscheinen soll, sondern auch Festlegungen über die Granularität von Hypertexteinheiten und ihren internen Aufbau. Realisierungsentscheidungen dieser Art sind unter anderem von äußeren Produktionsbedingungen, wie dem gewählten Darstellungssystem, abhängig (vgl. Lutz 1996, 97). Auf der Ebene der Verknüpfungen ist festzulegen, welche Einheiten wie verknüpft werden sollen. Das Wie umfaßt nicht nur den Typ der Verknüpfung, sondern auch die Verknüpfungsdichte (ebd.).

INTERTEXTUELLE KONVERSION
Die intertextuelle Konversion richtet sich auf Verknüpfungen des Hypertextdokuments mit anderen Hypertextdokumenten. Verknüpfungen dieser Art ermöglichen, daß Verweise auf Quellen direkt beim Lesen des Hypertextdokuments realisiert werden können. Bei Bedarf kann sich der Hypertextleser das betreffende Dokument per Mausklick auf dem Bildschirm zeigen lassen. Hier eröffnen sich unter anderem neue Möglichkeiten der Integration von Literatur in wissenschaftlichen Darstellungen und deren Rezeption.

EINBINDUNG TEXTUELLER STRUKTURMITTEL
Bei diesem Konversionstyp geht es um die hypertextgerechte Einbindung von Textteilen wie Inhaltsverzeichnis und Register in ihrer Funktion als Übersichtshilfen und/oder Einstiegsmöglichkeiten in Hypertextdokumente.

2.3.2. GRAMMIS – Ein Anwendungsbeispiel

Die Notwendigkeit, andere Produktionswege und Gestaltungsvarianten zu wählen, wie auch die Chancen, die sich für die Gestaltung und Rezeption im neuen Medium ergeben, zeigen sich am deutlichsten bei der Konversion umfangreicher, inhaltlich komplexer Printtexte. Als Beispiel bietet sich das Projekt *GRAMMIS* an, dessen Ziel darin besteht, die neue ca. 2400 Seiten starke Grammatik des Instituts für deutsche Sprache in ein multimediales Informationssystem zur deutschen Grammatik umzusetzen, das Benutzern mit unterschiedlichem Wissen und Fähigkeiten einen raschen und komfortablen Zugriff auf grammatisches Wissen anbietet.

Für die Umsetzung wurden verschiedene Konversionsvarianten entwickelt. In der von Storrer entwickelten Konversionsvariante (Prototyp *GRAMMIS-1*), auf die ich mich im folgenden beziehe (vgl. Storrer 1995; im Druck), werden zwei der oben genannten Konversionsstrategien – „Segmentierung und Relationierung nach Kohärenzkriterien" und „intertextuelle Konversion" – miteinander kombiniert.

Die Realisierung der Konversionsstrategien erfolgt in Teilschritten: Nach der funktional-holistischen Analyse und Rekonstruktion der im Printtext repräsentierten

Wissensstruktur wird der Printtext in funktionale Textbausteine segmentiert und diese für die Hypertext-Anwendung reorganisiert, d.h. Festlegungen über die Belegung der Hypertexteinheiten und ihre Verknüpfung getroffen. Die Inhalte des Ausgangstextes werden darüber hinaus durch Inhalte anderer Texte (Fach- und Spezialliteratur) sowie durch Spiele und Übungen ergänzt.

Die genannten Konversionstrategien machen Eingriffe auf der mikrostrukturellen Ebene (der Ebene der Gestaltung der Hypertexteinheiten), auf der makrostrukturellen Ebene (der Ebene ihrer Verknüpfungen) und auf der Ebene des Zugriffs auf Informationen notwendig. Auf mikrostruktureller Ebene sind z.B. Entscheidungen darüber zu treffen, wie unterschiedliche Typen von Informationen dargestellt, relationiert und organisiert werden.

Die Überführung und Darstellung unterliegt verschiedenen Restriktionen. Dazu gehören einerseits Einschränkungen, die sich aus der Wahl des Darstellungsmittels ergeben (die bereits oben genannten Anforderungen an die Gestaltung von Hypertexteinheiten und ihre Verknüpfung), aber auch Einschränkungen „externer" Art – hier der Vorgaben für das *GRAMMIS*-Projekt: Die notwendigen Eingriffe sollen sich weitgehend auf die Portionierung, formale Aufbereitung und Verbindung von Inhalten der Grammatik beschränken, die Formulierung grammatischer Sachverhalte jedoch weitgehend dem Originaltext folgen.

Die Gestaltung der Hypertexteinheiten in *GRAMMIS-1* erzeugt Eigenschaften wie schnelle Überschaubarkeit der dargestellten Inhalte, z.B. durch die optische Absetzung unterschiedlicher Typen von Informationen und ihre räumliche An- und Zuordnung auf einem gemeinsamen visuellen Bezugsfeld: (s. Abb. 2, S. 206).

In Abb. 2 sind das: die grammatische Sachverhaltsbeschreibung (linker heller Kasten) und ihre Anwendung auf ein Beispiel (dunklerer Kasten rechts). Die optisch-räumliche Abhebung wird im Original farblich unterstützt. Sie erleichtert das Erfassen von Inhalten auf einen Blick wie auch selektive Leseprozesse. Das Textdesign variiert in Abhängigkeit von der Funktion der Hypertexteinheit. In überblicksorientierten Einheiten überwiegen graphische Elemente, in sachverhaltsbeschreibenden und in metakommunikativen Einheiten textuelle Äußerungen.

Auf makrostruktureller Ebene werden Festlegungen über Sequenzierungsangebote getroffen und hypertextgerechte Lösungen für die Nachbildung der (intra- und extratextuellen) Verweisstruktur des Ausgangstextes entwickelt. Auf der Ebene der Zugriffsstruktur geht es den Hypertextautoren darum, dem Benutzer möglichst komfortable und flexible Möglichkeiten des Zugriffs zu bieten, wie Volltextsuche etc.

Ein Ergebnis der formalen Aufbereitung des Inhalts ist unter anderem der Einstieg in *GRAMMIS-1*. Das System zeigt nach dem Starten eine erste Hypertexteinheit, die dem Leser im besten Sinne Zugang zu grammatischem Wissen verspricht (s. Abb. 3, S. 206).

Der Benutzer muß, um sich Zutritt zu verschaffen, klingeln und sich mit einem Paßwort anmelden: Er gelangt daraufhin in die Eingangshalle des „virtuellen" IdS, wo er einen globalen Überblick über die zentralen Komponenten des grammatischen Informationssystems erhält (s. Abb. 4, S. 207) und die Möglichkeit hat, über

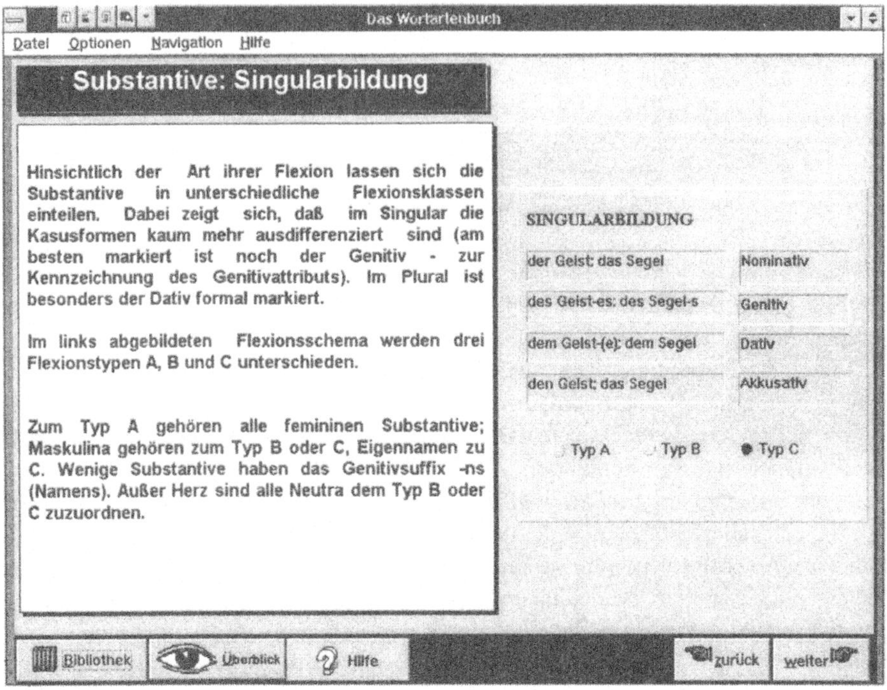

Abb.2: Thematische Hypertexteinheit aus GRAMMIS-1

Abb. 3: Empfangsseite von GRAMMIS-1

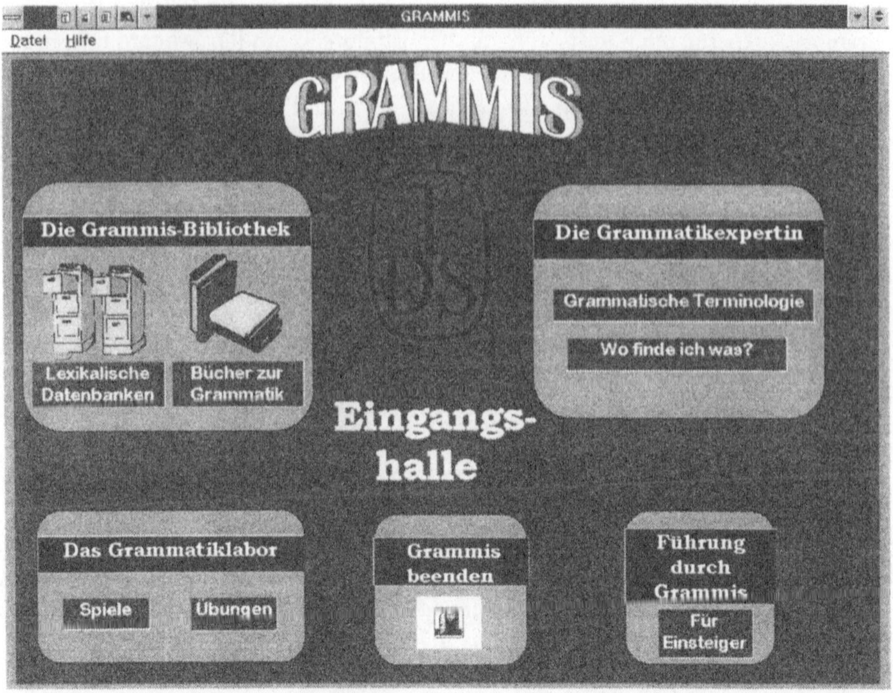

Abb. 4: Hypertexteinheit mit Überblicksfunktion

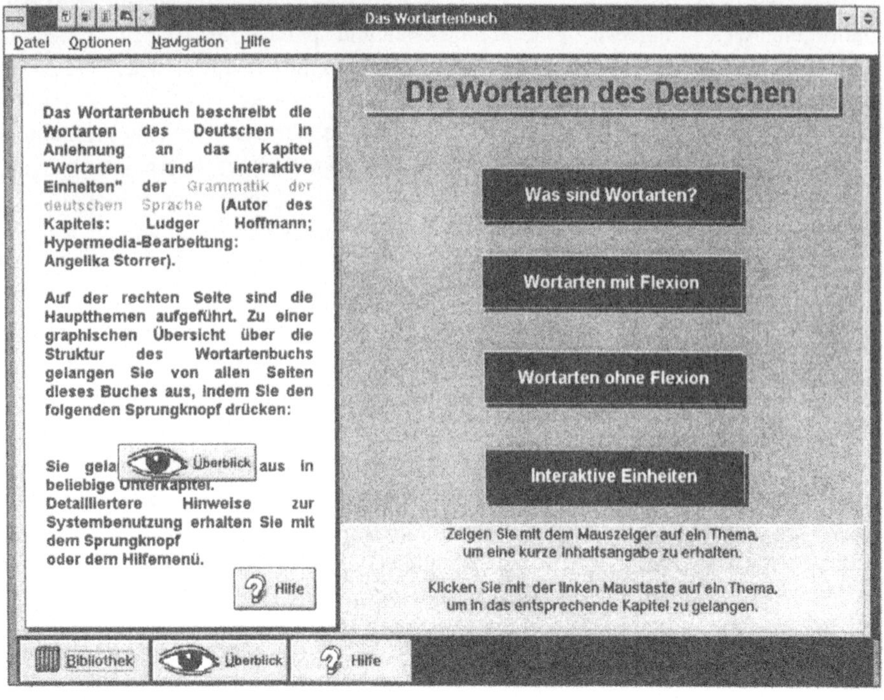

Abb. 5: Clusterbildung als Gestaltungsprinzip von Hypertexteinheiten

markierte Flächen per Mausklick zu diesen zu springen, z.B. zum Büro der Grammatikexpertin oder zur grammatischen Bibliothek, wo ihm weitere Informationsangebote unterbreitet werden. An den Beispielen werden bereits Gestaltungsunterschiede im Vergleich zum Ausgangstext deutlich. Dazu gehört:

- der bereits erwähnte reiche Einsatz visueller Gestaltungsmittel,
- der Einsatz von Metaphern als Verständnishilfen für den Systembenutzer (vgl. die Institutsmetapher oder die Karteikasten-Metapher für die lexikalische Datenbank),
- Reduzierung der Einführungs- und Übersichtspassagen des Ausgangstextes auf Schlüsselbegriffe und ihre graphische Aufbereitung (der Nutzer *sieht* auf einen Blick, welche Informationsangebote ihm offeriert werden).

Der Einsatz visueller Gestaltungsmittel verfolgt unterschiedliche Ziele. Übersichtsgraphiken bieten – wie der Name schon sagt – globale Orientierungsmöglichkeiten. Farbleitsysteme kennzeichnen die Zugehörigkeit von Inhalten zu Themengebieten und erlauben eine schnelle Orientierung über Farbmerkmale. Farbmarkierungen werden darüber hinaus zur Unterscheidung von Informationstypen genutzt (z.B. Beschreibung grammatischer Sachverhalte vs. dazugehöriges Beispiel; Markierung von Schaltflächen[25] in Äußerungssequenzen einer Hypertexteinheit). Die graphische Aufbereitung der Hypertexteinheiten erinnert streckenweise an das von Bucher (1996) und Püschel (im Druck) für Zeitungstexte beschriebene Gestaltungsprinzip der Textclusteranordnung (s. Abb. 5, S. 207): Die graphische Oberfläche setzt sich aus einzelnen Bausteinen zusammen, die für sich Gestaltungsflächen bilden und über Raster einander zu- und untergeordnet werden.

Die Gestaltung der Bausteine von Hypertexteinheiten folgt konsequent dem übergeordneten Gestaltungsprinzip der inhaltlichen und sprachlichen Abgeschlossenheit von Einheiten. Zwischen den Bausteinen bestehen explizite und implizite Verweisstrukturen, die innerhalb der Hypertexteinheit kohärenzstiftend wirken. Die graphische Aufbereitung ermöglicht eine schnelle Übersicht wie auch selektive Aufnahmeprozesse. Sie trägt dazu bei, daß Hypertexte dieser Art weniger gelesen als vielmehr „überblickt" (und „durchgeklickt") werden. Der reiche Einsatz von Piktogrammen zur Erklärung von Programmfunktionen trägt zur Bedienungsfreundlichkeit des Programms bei. Dies gilt auch für den Einsatz von Benutzermetaphern in *GRAMMIS-1*.[26]

Worin unterscheidet sich nun die hypertextuelle Aufbereitung der Grammatik von ihrer Printversion? Ihr Mehrwert besteht zum einen in der *nicht-linearen* Anordnung der Hypertexteinheiten. Sie ermöglicht dem Benutzer, sich seinen eigenen Weg durch das Informationsangebot zu suchen. Der an grammatischem Detailwissen interessierte Benutzer kann z.B. über eine Volltextsuche Begriffe suchen lassen. Der Benutzer mit weniger detaillierten Informationsbedürfnissen kann verzweigende und sequentielle Pfade nutzen, die ihn durch das grammatische Informationssystem führen. Die unterschiedlichen Zugriffsmöglichkeiten auf Information entsprechen der Mehrfachadressierung von Grammatiken. Sie ermöglichen darüber hinaus einen raschen, gezielten und komfortablen Zugriff auf Information.

Ein weiterer Mehrwert von *GRAMMIS-1* ergibt sich aus seinem interaktiven Angebot an den Benutzer (Mensch-Maschine-Interaktion). Dazu gehört die Option,

Hypertexteinheiten Benutzerbedürfnissen entsprechend zu manipulieren. In der Hypertexteinheit von Abb. 2 kann z.B. der Benutzer auf der rechten Seite unten per Mausklick angeben, für welchen Flexionstyp (A, B oder C) er sich Beispiele zeigen lassen möchte. Der Übungsteil endet jeweils mit einer Einschätzung der Ergebnisse des Nutzers.

Mehrwerte ergeben sich nicht zuletzt auch aus der Multimedialität von *GRAMMIS-1*, etwa durch die Integration bewegter Bilder im Spiel- und Übungsteil, die ästhetischen Wert haben und Interesse fördernd wirken.

3. Fazit und Schlußfolgerungen

Insgesamt zeichnet sich ab, daß die neuen Medien und Kommunikationsformen ältere in ihrer Leistung eher ergänzen als ersetzen. Sie führen damit primär zu einer Erweiterung unseres kommunikativen Spektrums. Auswirkungen auf den Sprachgebrauch sind vor allem dann zu erwarten, wenn veränderte kommunikative Bedingungen geschaffen werden, die alternative Formen des Umgangs mit Sprache zulassen und/oder erfordern. In der Netzkommunikation zeigt sich dies in der Erweiterung der Möglichkeiten schriftsprachlicher Kommunikation um Ausdrucksformen, die sich an mündlicher Interaktion orientieren. Neue Kommunikationsmedien und -formen knüpfen an Vorhandenem an. Dies kann – wie im Fall von Hypertext – zu neuen mediengerechten Formen der Darstellung und Vermittlung von Inhalten führen. In welchem Maße sich neue Kommunikationsformen und -regeln durchsetzen, hängt unter anderem von dem jeweiligen gesellschaftlichen Ausschnitt ab, in dem neue Medien genutzt werden, den dort behandelten Gegenständen und Konventionen sowie von den Zielen, Voraussetzungen und Präferenzen der Kommunikationspartner selbst.

Zu den Forschungsthemen, die mir im Zusammenhang mit elektronischen Medien für die Sprachwissenschaft, vor allem für die Textlinguistik, wichtig erscheinen, gehören unter anderem der Text- und Textsortenbegriff, die Bestimmung von Textverständlichkeit und Stil sowie der Begriff der *electronic literacy* und die damit verbundenen Anforderungen an die Produktion und Rezeption elektronisch realisierter Kommunikationsformen.

Sie sollten in höherem Maße als bisher Gegenstand von Forschung und Lehre sein, wollen wir nicht die Chancen verschlafen, die Umbruchsituationen für die Erforschung des Zusammenhangs von Sprachgebrauch und Medium bieten.

Anmerkungen

1 Der Beitrag basiert auf meinem Habilitationsvortrag am 5. Juni 1996 an der Universität des Saarlandes.

2 Als „neue Medien“ werden mit Ratzke (1982, 14) „alle [...] Verfahren und Mittel (Medien) [bezeichnet. E.J.], die mit Hilfe neuer oder erneuerter Technologien [...] in dieser Art bisher nicht gebräuchliche Formen“ der Speicherung, der Bearbeitung, der Übermittlung und des Abrufs von Information ermöglichen.

3 Weniger bekannt ist auch, daß sich Nietzsche weniger aus Innovativitätsgründen für diesen Versuch entschied, als vielmehr deswegen, weil seine Sehkraft nachließ und er Probleme hatte, seine eigene Handschrift zu entziffern (vgl. Spinnen 1992, 41; Stingelin 1995).

4 Knorr (in Vorbereitg.) zeigt dies überzeugend anhand von Fallstudien zum Gebrauch elektronischer Umgebungen bei wissenschaftlichen Textproduktionen. Zu Anforderungen und Möglichkeiten im schulischen Bereich Jakobs/Jechle (1995).

5 Insgesamt gibt es dazu eher wenige Untersuchungen. Die vorliegende Literatur ist zudem nur bedingt aussagefähig: Viele Arbeiten sind älteren Datums und treffen nicht mehr auf die heutigen Produktionsmöglichkeiten zu. Unterschiedliche Untersuchungsdesigns (Voraussetzungen der Versuchspersonen, untersuchte Schreibsituation und -mittel) erschweren zudem den Vergleich von Ergebnissen.

6 Hinzu kommt die Tendenz zur Einsparung von Arbeitskraft (etwa im editorischen Bereich) und den damit verbundenen Kosten. Dies gilt zunehmend für viele Bereiche professioneller Textproduktion (Industrie, Massenmedien, Service). Schnell soll es gehen und wenig kosten.

7 Solche Begleiterscheinungen scheinen typisch für Umbruchsituationen. Wenn sich neue Herstellungs- und Verbreitungsmittel herausbilden, werden sie auch extensiv genutzt. Dies gilt nicht nur für die Überflutung des *World Wide Web* mit dilettantischen Homepages, sondern auch für frühere mediale Wechsel. So klagt Sebastian Brant 1494 im *Narrenschiff* über die Kehrseite des Buchdrucks, „daß alles und jedes unterschiedslos gedruckt werde, >alleyn vff gewynn< und >groß beschisß<“ (Müller 1995, 205).

8 Auch die Eigenart, nicht mehr persönlich zu unterschreiben, sondern maschinenschriftlich mit den Anfangsinitialen, beginnt bereits mit den ersten maschinegeschriebenen Briefen in der ersten Hälfte des 19. Jahrhunderts (vgl. Stingelin 1995, 332).

9 Die Elektronisierung kommt der Internationalisierung der Kommunikation entgegen. Der Wunsch nach einem von zeitlichen, räumlichen und sprachlichen Einschränkungen freien Austausch stößt jedoch an Grenzen, wenn technische Codes verwendet werden, die lediglich die Darstellung der Zeichensysteme eines Teils von Sprachen abdecken. Die damit verbundenen Beschränkungen haben zu Projekten wie *Uni-Code* und *ISO 10646* geführt, deren Ziel in der Entwicklung eines Systems besteht, das möglichst alle graphischen Zeichen der Welt, einschließlich der alphabetischen Systeme, universell erfaßt. Mit der Einführung des neuen Kodierungsstandards werden nach Weingarten (1995) eine Reihe von Auswirkungen auf den Sprachgebrauch verbunden sein. Dazu gehört, daß wahrscheinlich nicht alle Sprachen aufgenommen werden, sondern nur Sprachen, die (aus der Sicht der nordamerikanischen Entwicklungszentren) von ökonomischem, politischem oder musealem Interesse sind (ebd., 75). Es wird zudem Eingriffe in die Sprachen selbst geben, da nicht alle Zeichen eines Schriftinventars berücksichtigt werden. Für Sprachen, die bisher über keine Industrienorm verfügen, werden neue Industrienormen eingeführt (z.B. für Armenisch und Georgisch).

10 Ähnlich Günther/Wyss (1996, 70), die von „Mündlichkeit“, „verschrifteter Mündlichkeit“ und „mündlicher Schriftlichkeit“ als „häufigste Stilelemente“ der E-Mail-Kommunikation sprechen.

11 Die Einschränkungen bilden rein medial-technisch bedingte Übergangserscheinungen. Der ASCII-Standard sieht u.a. keine Umlaute vor. Das Problem ist jedoch durch Zusatzprogramme kompensierbar. Außerdem läßt der Code kaum gestalterische Möglichkeiten zu. Das Defizit hat zu kreativen Lösungsversuchen geführt. Dazu gehören bildliche Darstellungen aus Satzzeichen, die inzwischen als eigene Kunstrichtung (die *ASCII-Art*) gelten und vorrangig der Selbstdarstellung dienen.

12 Auch hier zeigen sich Normierungsbestrebungen. Die Adressierung des Internets ist zur Norm für andere Netze geworden.

13 „Es geht nicht mehr sonderlich darum, wie etwas verfaßt wird, sondern dass etwas übermittelt wird.

Kontaktaufnahme, Interaktion, Austausch und 'Weltoffenheit' [...] schaffen einen geänderten – schriftlichen – Code [...]. Das Abschleifen der schriftsprachlichen Normen und Ansprüche wird dadurch gefördert – oder wenigstens nicht aufgehalten. Solange die Inhalte trotz fehlerhafter Schreibweise entzifferbar und verstehbar bleiben, werden die übergangenen Schreibweisen nicht thematisiert" (Günther/Wyss 1996, 72).

14 Anders Untersuchungen zum Einsatz von E-Mails in amerikanischen Unternehmen (Sproull/Kiesler 1991). Sie betonen gerade die Eignung der E-Mail-Kommunikation zum Abbau hierarchischer Kommunikationsformen in betrieblichen Umgebungen. Hier zeichnen sich deutlich Unterschiede in (national-kulturell geprägten) Unternehmenskulturen ab.

15 Der Einsatz von E-Mails in Organisationen hat u.a. Effekte auf der Ebene der Arbeits- und Unternehmensorganisation. Er erlaubt Mitarbeitern, sich direkt an Vorgesetzte zu wenden und dabei Hierarchieebenen zu überspringen; er ermöglicht aber auch, Angestellte indirekt zu kontrollieren (Anwesenheit, Kommunikationsverhalten etc.) (vgl. Wiest/Holland 1992, 40f.).

16 Ein anderes Prinzip gut moderierter fachlicher Diskussionsgruppen ist das der Ökonomie. Um Redundanzen zu vermeiden, enthalten ihre Archive eine Liste der am häufigsten gestellten Fragen sowie Antworten dazu. Die Zusammenstellung wird alle 4-8 Wochen aktualisiert. Zum Verhaltenskodex der Nutzer gehört, daß Neueinsteiger diese Liste einsehen, bevor sie sich an der Diskussion beteiligen und selbst Anfragen formulieren.

17 Satzzeichenbilder, die um 90° nach rechts gedreht gelesen werden. Ihr Einsatz erfolgt z.T. konventionalisiert, z.T. individuell bestimmt. Sanderson (1995) bietet eine kommentierte Sammlung, die 650 verschiedene Smileys erfaßt.

18 Etwa bei Äußerungen wie: *Das ist unglaublich! :-))* vs. *Das ist unglaublich! :-((*.

19 Private Netzanbieter, wie z.B. *AOL* (*America Online-Service*), greifen zunehmend zur Selbsthilfe, um Formen unethischen Verhaltens zuvorzukommen. Der Nutzer wird in den Vertragsbedingungen verpflichtet, religiöse und kulturelle Belange zu respektieren sowie keine beleidigenden, verleumderischen oder in anderer Weise gesetzeswidrigen Äußerungen zu verbreiten. Die Netzbetreiber behalten sich vor, Stichproben im Netz zu nehmen. Wird festgestellt, daß ein Nutzer das Netz zu pornographischen, rassistischen oder kriminellen Zwecken genutzt hat, kann der Betreiber den Zugang zum Netz sperren (vgl. auch Hablützel 1996).

20 Sie sind Teil eines Multi-User-Chat-Systems, das als *IRC* (*Internet Relay Chat*) bezeichnet wird. In diesem System gibt es verschiedene Kanäle (*channels*) zu unterschiedlichen Themen (aus Politik, Wissenschaft und Freizeit). Zum Teil wird die interne Orientierung durch einen äußeren Rahmen vorgegeben, der durch Anlehnung an Szenarien aus anderen medialen Bereichen (wie *StarTrek* oder *Die Sendung mit der Maus*) kreiert wird. Eine gute Einführung in das Thema *IRC* bietet die *Deutsche IRC-Homepage* (http://irc.pages.de).

21 Am häufigsten wird nach Wetzstein et al. (1995, 79/80) das sog. Asterisk-Zeichen * genutzt, daneben finden sich andere Sonderzeichen wie < und >.

22 Zu sprachlichen Charakteristika von Chat-Gesprächen vgl. auch Lenke/Schmitz (1995).

23 Ich beziehe mich hier u.a. auf ein Gespräch mit Angelika Storrer, die als Chat-Nutzerin in der Gleichzeitigkeit von Überblickhalten und dem Zwang zu schnellen originellen Reaktionen das Hauptproblem (für Neulinge) sieht. „Lahme Enten" seien „out". Von Angelika Storrer stammt auch das in Abb. 1 gezeigte Chat-Beispiel.

24 Diese Form der Aufbereitung ist u.a. für die Auswertung von Textmengen interessant, wie z.B. Abstracts. So ist es in bibliographischen Umgebungen leichter, strukturierte Abstracts, die als ‚Ziel', ‚Methode' oder ‚Ergebnis' markierte und ausgezeichnete Textbausteine enthalten, zu sichten als unstrukturierte Abstracts; ein Aspekt, der angesichts der wachsenden Informationsflut und dem Wunsch nach Informationsfiltern nicht hoch genug einzuschätzen ist. Voraussetzung für den Vergleich ist, daß die Textteile einheitlich (z.B. über ihr Dokumentformat) ausgezeichnet sind, um maschinell erkannt und verarbeitet zu werden. In dieser Richtung sind – domänen- und textsortenabhängig – weltweit Normierungsbestrebungen zu erwarten (vgl. dazu Kuhlen 1991, 165ff.).

25 Fläche, über die andere Hypertexteinheiten angeklickt werden können.

26 Metaphern eignen sich sehr gut als Mittel der Verständnissicherung bzw. - herstellung. Sie bieten die Option, das „unvertraut Abstrakte" in der Bedienung und Nutzung elektronischer Systeme und Programme auf „vertraut Konkretes" aus Alltagssituationen zurückzuführen. Zum Metapherngebrauch im *World Wide Web* vgl. Reichertz (in diesem Band).

Literatur

Bucher, Hans-Jürgen (1996): Textdesign – Zaubermittel der Verständlichkeit? Die Tageszeitung auf dem Weg zum interaktiven Medium. In: Hess-Lüttich, Ernest W. B./Holly, Werner/Püschel, Ulrich (Hrsg.): Textstrukturen im Medienwandel. Frankfurt/Main u.a., 31-59.

Gemert, Lisette/Woudstra, Egbert (im Druck/1997): Veränderungen im Schreiben am Arbeitsplatz. Eine Literaturstudie und eine Fallstudie. In: Adamzik, Kirsten/ Antos, Gerd/ Jakobs, Eva-Maria (Hrsg.): Domänen- und kulturspezifisches Schreiben. Frankfurt/Main u.a.

Glover, Angela/Hirst, Graeme (1996): Detecting Stylistic Inconsistencies in Collaborative Writing. In: Sharples, Mike/ van der Geest, Thea (eds.): The New Writing Environment. Writers at Work in a World of Technology. London, 147-168.

Günther, Ulla/Wyss, Eva Lia (1996): E-Mail-Briefe – eine neue Textsorte zwischen Mündlichkeit und Schriftlichkeit. In: Hess-Lüttich, Ernest W. B./ Holly, Werner/ Püschel, Ulrich (Hrsg.): Textstrukturen im Medienwandel. Frankfurt/Main u.a., 61-86.

Hablützel, Niklaus (1996): Die neue Weltordnung der Internetprovider. In: die tageszeitung, 10. Okt. 1996, 12.

Handler, Peter (1993): Maschinen zwischen Menschen. Die Auswirkungen neuer Technologien auf die Qualität der Kommunikation. In: Eschenbach, Rolf (Hrsg.): Forschung für die Wirtschaft. Im Mittelpunkt: der Mensch. Wien, 213-221.

Handler, Peter (1996): Zwischen "Flames" und "Netiquette". Elektronische Kommunikation als Sprachbiotop versus Textmülldeponie. In: Fill, Alwin (Hrsg.): Sprachökologie und Ökolinguistik. Tübingen, 245-263.

Hannemann, Jörg/Thüring, Manfred (1993): Schreiben als Designproblem: Kognitive Grundlagen einer Hypertext-Autorenumgebung. In: Kognitionswissenschaft 3, Berlin u.a., 139-160.

Jakobs, Eva-Maria (im Druck/1997): Textproduktion als kultur- und domänenspezifisches Handeln. Diskutiert am Beispiel wissenschaftlichen Schreibens. In: Adamzik, Kirsten/ Antos, Gerd/ Jakobs, Eva-Maria (Hrsg.): Domänen- und kulturspezifisches Schreiben. Frankfurt/Main u.a.

Jakobs, Eva-Maria/Knorr, Dagmar (1995): Wissenschaftliche Textproduktion am Computer - ein professionelles Muß? In: OBST 50: Neue Medien. Hrsg. von U. Schmitz, 83-106.

Jakobs, Eva-Maria/Jechle, Thomas (1995): Veränderte Anforderungen an Schreiben und Schriftlichkeit. In: Diskussion Deutsch, Heft 141 „Schreibfähigkeiten in SII". Hrsg. von P. Sieber, 53-61.

Janich, Nina (1994): Electronic Mail. Eine betriebsinterne Kommunikationsform. In: Muttersprache 3, 248-259.

Knorr, Dagmar (in Vorbereitg.): Informationsmanagement für wissenschaftliche Textproduktionen. Frankfurt/Main u.a.

Koch, Peter/Oesterreicher, Wulf (1985): Sprache der Nähe – Sprache der Distanz. Mündlichkeit und Schriftlichkeit im Spannungsfeld von Sprachtheorie und Sprachgeschichte. In: Romanistisches Jahrbuch 36, 15-43.

Kuhlen, Rainer (1991): Hypertext. Ein nicht-lineares Medium zwischen Buch und Wissensbank. Berlin u.a.

Lenke, Nils/Schmitz, Peter (1995): Geschwätz im ‚Globalen Dorf' – Kommunikation im Internet. In: OBST 50: Neue Medien. Hrsg. von U. Schmitz, 117-141.

Lutz, Benedikt (1995): Hypertextlinguistik: Erfahrungen aus der Praxis – Anregungen für die linguistische Forschung. In: OBST 50: Neue Medien. Hrsg. von U. Schmitz, 155-163.

Lutz, Benedikt (1996): Zur Anwenderfreundlichkeit computerbasierter Technischer Dokumentation: Die Textlinguistik als *missing link* zwischen Hypertext-Forschung und Usability Engineering. In: Ensink, Titus/Sauer, Christoph (eds.): Researching technical documentation. Groningen, 87-110.

Müller, Jan-Dirk (1995): Der Körper des Buchs. Zum Medienwechsel zwischen Handschrift und Druck. In: Gumbrecht, Hans Ulrich/Pfeiffer, K. Ludwig (Hrsg.): Materialität der Kommunikation. Frankfurt/Main, 203-217.

Püschel, Ulrich (im Druck/1997): Puzzle-Texte. Textverknüpfungen und Textverschränkungen in Zeitungen und Zeitschriften. In: Antos, Gerd/ Tietz, Heike (Hrsg.): Die Zukunft der Textlinguistik. Traditionen, Transformationen, Trends. Tübingen.

Ratzke, Dietrich (1982): Handbuch der Neuen Medien. Information und Kommunikation, Fernsehen und Hörfunk, Presse und Audiovision heute und morgen. Stuttgart.

Reichertz, Jo (in diesem Band): Metaphern als Mittel der Sinnzuschreibung in der Welt der Computer.

Rosenbaum, Oliver (1996): chat-Slang. Lexikon der Internet-Sprache. Wien.

Sanderson, David (1995): Smileys. Text von David Dougherty. Bonn.

Sauer, Christoph (1997): Visualisierung inbegriffen: Textüberarbeitung und Umgestaltung. In: Jakobs, Eva-Maria/Knorr, Dagmar (Hrsg.): Schreiben in den Wissenschaften. Frankfurt/Main u.a., 91-106.

Spinnen, Burkhard (1992): »– unser Schreibzeug arbeitet mit an unseren Gedanken«. Anmerkungen zum Computerschreiben. In: Sprache im technischen Zeitalter 121, 41-52.

Sproull, Lee/Kiesler, Sara (1991): Vernetzung und Arbeitsorganisation. In: Spektrum der Wissenschaft 11, 112-120.

Stingelin, Martin (1995): Kugeläußerungen. Nietzsches Spiel auf der Schreibmaschine. In: Gumbrecht, Hans Ulrich/Pfeiffer, K. Ludwig (Hrsg.): Materialität der Kommunikation. Frankfurt/Main, 327-341.

Storrer, Angelika (1995): Die Grammatik mit der Maus. Konzeption eines multimedialen Informationssystems zur deutschen Grammatik. In: Hitzenberger, Ludwig (Hrsg.): Angewandte Computerlinguistik. Hildesheim u.a., 291-303.

Storrer, Angelika (im Druck/1997): Vom Text zum Hypertext: Die Produktion von Hypertexten auf der Basis traditioneller wissenschaftlicher Texte. In: Knorr, Dagmar/ Jakobs, Eva-Maria (Hrsg.): Textproduktion in elektronischen Umgebungen. Frankfurt/Main u.a.

Weingarten, Rüdiger (1995): Das Alphabet in neuen Medien. In: OBST 50: Neue Medien. Hrsg. von U. Schmitz, 61-82.

Wiest, Georg/ Holland, Gabriele (1992): Neue Kommunikationsformen in Organisationen: Electronic Mail. Bericht über ein laufendes DFG-Projekt. In: Medienpsychologie 1 (4), 25-43.

Wetzstein, Thomas A./ Dahm, Hermann/ Steinmetz, Linda/ Lentes, Anja/ Schampaul, Stephan/ Eckert, Roland (1995) (Hrsg.): Datenreisende. Die Kultur der Computernetze. Opladen.

World-Wide-Web – eine neue Kommunikationsform auf dem Internet

Hans Bickel

1. Einleitung

Dass im Rahmen einer Tagung über „Medien im Wandel" auch das Internet zur Sprache kommt, kann nicht überraschen und bedarf wohl kaum noch einer ausführlichen Begründung. Das Internet ist in. Es ist zum Thema in den Medien geworden. Wo man hinschaut, wird darüber gesprochen und geschrieben. In jeder Stadt schiessen die Internet-Cafés wie Pilze aus dem Boden. Ein Blick in die Zeitungen, Zeitschriften oder ins Fernsehen führt eindrücklich vor Augen, wie gross die Aufmerksamkeit ist, die diesem Medium zuteil wird. Nicht nur die Fachzeitschriften, sondern auch Tageszeitungen und Nachrichtenmagazine widmen dem Internet ganze Titelgeschichten.

Dazu ist es in letzter Zeit Mode geworden, ein Impressum, einen Hinweis auf eine kulturelle Veranstaltung, Werbung für ein Produkt oder für eine Firma mit einer Internetadresse zu schmücken. Da, wo früher Postadresse und Telefonnummer standen, steht heute zusätzlich eine E-Mail- und eine World-Wide-Web-Adresse. Im Impressum des Nachrichtenmagazins *Der Spiegel* z. B. ist die E-Mail-Adresse *74431.736@Compuserve.com* und die Web-Adresse: *http://www.spiegel.com* angegeben.

Ganz offenbar ist mit dem Internet ein Medium entstanden, das über die Insiderwelt hinaus eine gesellschaftliche Bedeutung gewonnen hat.

Aus kommunikationswissenschaftlicher Sicht ist daher zu fragen, ob hier tatsächlich ein ganz neues Kommunikationsmedium entsteht oder ob mit dem Internet lediglich alter Wein in neuen Schläuchen verkauft wird. Es ist des weiteren zu untersuchen, welches die Merkmale dieses Mediums sind und wie es sich von den bereits existierenden Medien unterscheidet bzw. wo es bereits Bestehendes allenfalls in anderer Form weiterführt.

Das Internet ist, verglichen mit anderen Medien, noch sehr jung. Trotzdem ist ein kurzer Blick in Entstehung und Geschichte dieses Computernetzes unumgänglich. Er gibt sehr aufschlussreiche Hinweise zur Konzeption und Funktionsweise dieses Mediums. Nach dem Überblick über historische und technische Grundlagen werde ich mich dem Internetdienst World Wide Web zuwenden.

Da ein grosser Teil der Informationsangebote auf dem Internet erst im Entstehen begriffen ist, muss einiges von dem, was ich ausführe, vorläufigen Charakter haben oder wird sehr bald überholt sein. Zur Zeit wird noch vieles ausprobiert, noch weniges ist selbstverständliche Praxis. Dennoch sind einige Grundkonstanten festgelegt, so dass man mindestens die Frage nach der Kommunikationsform einzelner Internetdienste stellen kann.

2. Zur Geschichte des Internets

Die Geschichte des Internets reicht bis in die 60er Jahre zurück. Im Jahr 1969 bestand das Internet bzw. dessen Vorform ARPAnet[1] lediglich aus vier Computern, die an verschiedenen Standorten in den USA mit Mietleitungen untereinander verbunden waren. Heute sind weltweit mehrere Millionen Rechner zusammengeschlossen und es sollen über 40 Millionen Personen Zugang zum Netz haben (vgl. z.B. Schiller 1996, 4), wobei sich alle paar Monate die Zahl verdopple, wie immer wieder berichtet wird[2].

Das Internet hat wie viele andere Erfindungen und Errungenschaften im Bereich der Computerwissenschaften seine Wurzeln im militärischen Bereich und ist damit letztlich ein Kind des Kalten Krieges. Wichtigste Vorgabe bei der Ausarbeitung des zugrundeliegenden Kommunikationsprotokolls war: Wie kann ein elektronisches Übermittlungsnetz geschaffen werden, das auch nach einem verheerenden gegnerischen Atomschlag, bei dem weite Teile der USA zerstört würden, immer noch funktionstüchtig ist?

Diese Vorgabe führte zu zwei für die heutige Funktionsweise des Internets entscheidenden technischen Lösungen:

1. Ein solches Netz musste dezentral aufgebaut sein. Es durfte keine zentrale Einrichtung geben, die durch den Gegner ausgeschaltet werden konnte und das Netz zusammenbrechen lassen würde.
2. Für die Kommunikation durfte nicht (wie beispielsweise beim Telefonnetz) eine direkte Leitung geschaltet werden, sondern die zu übermittelnden Informationen mussten in kleine autonome Pakete aufgeteilt werden, die mit Adresse versehen auf verschiedenen Wegen durch das Netz zum Ziel gelangen konnten.

Die Idee zu dieser paketvermittelten Kommunikation stammt von Paul Baran und wurde 1962, also ein gutes halbes Jahrzehnt vor den Anfängen des Internets, unter dem Titel „On distributed Communication Networks" niedergeschrieben. Die praktische Umsetzung zum heute gültigen Netzwerkprotokoll mit dem Akronym TCP/IP (Transmission Control Protocol/Internet Protocol) wurde 1972 von Vinton Cerf und Robert Kahn entworfen und 1983 zum Standardprotokoll auf dem ARPAnet erklärt (vgl. dazu Meier 1996).

Soweit der stark gekürzte und vereinfachte Überblick über einige wichtige historische und technische Grundlagen des Netzes. Sie sind aber für das heutige Funktionieren des Internets von entscheidender Bedeutung und besitzen weitreichende Konsequenzen, die von den Auftraggebern der Internetentwicklung, der amerikanischen Armee, nicht vorausgesehen wurden und den Anhängern einer kontrollierten Gesellschaft heute Kopfzerbrechen bereiten.

Die zentrale Vorgabe der Internetentwicklung, nämlich ein Netz zu schaffen, das so stabil sei, dass es auch durch massive Eingriffe eines hypothetischen Gegners nicht ausgeschaltet werden könne, hat zum Ergebnis geführt, dass das Internet zu einem weitgehend autonomen Netz wurde, das auch von den Erfindern selbst nicht mehr kontrolliert werden kann. Das Internet hat sich zu einer technischen Kommunikationseinrichtung entwickelt, die sich weitgehend einzelstaatlicher Kontrolle entzieht und zu einer Art selbständigem Organismus wurde. Es ist derart autonom und robust, dass es in einem Territorium nur dann zum Verstummen gebracht werden kann, wenn gleichzeitig alle Telefon- und Satellitentelephonverbindungen abgeschaltet werden.

Diese in vielen Aspekten anarchische Struktur des Internets, die sich einer gezielten inhaltlichen Überwachung entzieht, ist natürlich für diejenigen Autoritäten und Gruppierungen zu einem Problem geworden, denen unzensierte Meinungsäusserung Angst bereitet. Vor allem Länder mit einem staatlichen Meinungsmonopol wie beispielsweise China, aber auch Gegner der Meinungsfreiheit, Sittenwächter und teilweise religiöse Fundamentalisten tun sich schwer mit der Tolerierung eines der übergeordneten Lenkung weitgehend entzogenen Massenmediums.[3]

Im Lauf seiner Entwicklung hat sich das Internet von seiner ursprünglichen Zweckbestimmung gelöst, das amerikanische Militär hat sich aus dem Internet (aus Sicherheitsüberlegungen) herausgelöst und betreibt nun ein eigenes Netz. Entstanden ist mit dem Internet ein anfänglich akademisches, heute auch kommerzielles und populäres Übertragungsnetz, das für die verschiedensten Anwendungen genutzt werden kann.[4]

3. Das World Wide Web

Im Folgenden möchte ich mich mit einem heute besonders populären Internetdienst beschäftigen, dem *World Wide Web*, kurz *WWW* oder *W3* genannt. Darunter versteht man einen am Europäischen Kernforschungszentrum Cern in Genf entstandenen und seither kontinuierlich weiterentwickelten Kommunikationsstandard zur elektronischen Übermittlung von Text, Ton und animierten Bildern. Die Kommunikation funktioniert derart, dass ein Informationsanbieter auf einem Computer, *Server* genannt, seine Informationen in einem bestimmten Format (HTML) zur Verfügung stellt. Wer diese Informationen abrufen will, braucht ein bestimmtes Programm, *Browser* genannt, sowie die Internetadresse des Anbieters. Damit kann die Information in der vom Anbieter vorgesehen Weise mit jedem am Internet angeschlossenen Computer abgerufen werden. Diese abgerufenen Informationen können auch Verweise auf weitere Informationen desselben Anbieters oder auch auf Informationen anderer Anbieter enthalten. Diese Verweise nennt man *Links*. Die Information ist nach dem Hypertextmodell in verschiedene Seiten gegliedert, interessante Begriffe aus der Sicht des Produzenten sind unterstrichen, können angeklickt werden und führen zu weiteren Informationen über diese Begriffe. Die erste oder Eintrittsseite eines Informationsanbieters wird gewöhnlich *Homepage* genannt.

Von der hypertextartigen Informationsanordnung stammt auch der Name des Dienstes, die Information ist nicht linear, sondern wie im Hypertextmodell als Web angeordnet. Gegenüber dem Hypertextmodell kommt jedoch noch als ein neues Element dazu, dass Informationen zu einem bestimmten Thema über verschiedene Rechner auf der ganzen Welt verstreut sein können, daher auch der Name *World Wide Web.*

Für den Benutzer jedoch erscheint die Information, die er bezieht, nicht dezentral verteilt. Der Browser erweckt im Gegenteil beim Benutzer die Illusion, dass sich die abgerufene Information auf seinem eigenen Computer befindet. Die Bedienung der Browser-Software ist sehr einfach. Ein Benutzer braucht keine Befehle einzutippen, er muss in der Regel keine Adressen auswendig lernen, keine Telefonnummern eingeben, das Anklicken eines Begriffs, das Auswählen einer Menuzeile reicht, um die gewünschte Information auf den eigenen Bildschirm zu holen.

4. Informationsangebote im „World Wide Web"

Wie nun funktioniert aus textlinguistischer Sicht die Kommunikation im World Wide Web? Welches sind die konstituierenden Faktoren?

Betrachten wir zuerst einmal einige der Informationen, die auf dem World Wide Web zugänglich sind. Angeboten werden die verschiedensten Arten von Texten, mit und ohne Bilder, Hypertexte, auch gesprochene Texte, animierte Bilder, selbst einfache Filme. Wenn man an die festinstallierten Kameras denkt, die Live-Aufnahmen ins Internet speisen, so kann man auch im wörtlichen Sinn von „Fernsehen" sprechen. Daneben können auch Produkte, v.a. Computerprogramme, direkt verkauft, aber auch Dienstleistungen angeboten werden, z.B. Verträge, Börsen-, Fahrplan- und Veranstaltungsauskünfte erteilt werden u.v.a.m. Attraktiv ist das World Wide Web für einen Anbieter bzw. Informationsproduzenten vor allem wegen des grossen, internationalen Kreises potentieller Informationsbezüger. Dazu kommt, dass das Angebot während 24 Stunden verfügbar ist, die Kommunikation von einer Maschine erledigt wird, die nur von Zeit zu Zeit gewartet und mit neuen Informationen versorgt werden muss. Ein weiteres wesentliches Element ist, dass nicht ein Verlag oder ein Programmdirektor entscheidet, welche Informationen angeboten werden. Jeder Interessierte kann für relativ wenig Geld zum selbstverantwortlichen Informationsanbieter werden.

Wie steht es dagegen mit der Seite der Informationsbezüger bzw. der Empfänger? Dazu wollen wir auf die Informationsbedürfnisse eines Bezügers, die im World Wide Web abgedeckt werden können, näher eingehen. Dies an drei Beispielen:

Ein typisches Informationsbedürfnis für akademische Nutzer ist etwa die Literaturrecherche in einer auf ein Fachgebiet spezialisierten Bibliothek. Dazu war früher ein Ortswechsel nötig. Man musste sich mit grossem Aufwand den Bibliothekskatalog an Ort und Stelle der Bibliothek anschauen. Mit dem World Wide Web sind viele solcher Informationen vom eigenen Schreibtisch aus in kurzer Zeit abrufbar.

Das zweite Beispiel handelt von der Informationsbeschaffung über ein bestimmtes Produkt, beispielsweise über die Änderungen in einer neuen Version eines Computerprogramms. Hier musste vor der Einführung des World Wide Webs ein Händler oder die Generalvertretung telefonisch angefragt werden, anschliessend wurden die entsprechenden Unterlagen per Post oder Fax geschickt. Mit Hilfe des World Wide Webs erscheinen diese Informationen nach kurzer Recherche auf dem eigenen Bildschirm.

Ein drittes Beispiel, das in erster Linie Studierende betrifft, wäre etwa das Einholen von Informationen über eine bestimmte ausländische Universität, an der man einen Studienaufenthalt verbringen möchte. Dazu war es vor der Einführung des World Wide Webs nötig, die Universität direkt anzurufen oder anzuschreiben und auf Unterlagen zu warten. Zum Teil konnten solche Informationen wie im Fall der USA auch auf Mikrofilm bei der entsprechenden Botschaft eingesehen werden. In jedem Fall musste aber ein relativ grosser Aufwand zur Informationsbeschaffung betrieben werden. Mit dem WWW können solche Informationen heute mit wenig Aufwand auf den eigenen Computer geholt werden.

Alle diese Beispiele zeigen deutlich, dass das Beschaffen von Informationen, die heute im World Wide Web relativ einfach zu erhalten sind, meist mit Anfragen bei zuständigen Stellen, mit Ortswechsel oder dem Sich-Verlassen auf Pünktlichkeit und Zuverlässigkeit der angefragten Stellen verbunden war. Zudem war man an Öffnungszeiten gebunden, bei Postzustellung aus dem Ausland mussten mehrtägige wenn nicht mehrwöchige Antwortzeiten in Kauf genommen werden. Mit dem World Wide Web können solche Anfragen innerhalb von Minuten, bei komplexeren Problemen innerhalb von Stunden erledigt werden. Öffnungszeiten und Zeitverschiebung werden irrelevant.[5] Mittels des World Wide Webs werden Informationsabläufe also ganz entscheidend verändert.

5. Die Kommunikationsform „World Wide Web"

Wie nun kann die Kommunikationsform „World Wide Web" beschrieben werden? Nach Brinker (1985, 34) wird die Kommunikationsform wesentlich durch das Medium bestimmt. Er unterscheidet im Ganzen fünf Medien: 1. Face-to-face-Kommunikation, 2. Telefon, 3. Rundfunk, 4. Fernsehen und 5. Schrift. Vor diesem Hintergrund stellt sich die Frage, ob das World Wide Web ein neues 6. Medium darstellt oder unter eines dieser fünf genannten Medien eingereiht werden kann. Jedes dieser Medien ist durch spezifische Gegebenheiten der Kommunikationssituation gekennzeichnet. Während zum Beispiel bei der Face-to-face-Kommunikation die Kommunikationsrichtung (KR) dialogisch, der Kontakt (KO) in zeitlicher und räumlicher Hinsicht unmittelbar und die Sprachform (S) mündlich ist, wird die Schrift durch monologische Kommunikationsrichtung, räumliche und zeitliche Trennung zwischen Autor und Rezipient sowie geschriebene Sprache charakterisiert.

Mir scheint, dass sich das World Wide Web aufgrund der Kommunikationssituation in keines der fünf genannten Medien einreihen lässt. Von der Face-to-face-Kommunikation unterscheidet es sich durch die zeitliche und örtliche Trennung, vom Telefon durch die zeitliche Trennung sowie durch akustischen und optischen Kontakt, von den übrigen Medien durch die nicht monologische Kommunikationsrichtung.

Damit kann man das World Wide Web mit gutem Recht als ein neues Medium bezeichnen. Die gleichzeitige Übermittlung von Text, Bild und Ton in dialogischer Form (wenn auch nur als Mensch-Maschine-Dialog) eröffnet ganz neue Formen der Kommunikation. Dazu ist es möglich, elektronische Produkte wie Computerprogramme direkt mit dem WWW zu bestellen und geliefert zu erhalten. Diese vielseitigen Möglichkeiten werden das WWW in naher Zukunft mit grosser Sicherheit zu einem bedeutenden elektronischen Medium werden lassen.

6. Gesellschaftliche Konsequenzen des neuen Mediums „World Wide Web"

Neue Medien können einen nachhaltigen Einfluss auf die gesellschaftliche Entwicklung ausüben. Es ist deshalb interessant, sich zu überlegen, welchen Platz das World Wide Web innerhalb der bestehenden Medienlandschaft einnehmen wird, ob es sich auf Kosten anderer Medien etablieren oder sich neben den bestehenden Medien einreihen wird. Ein wichtiger Gesichtspunkt dabei ist aus der Sicht des Medienkonsumenten die Zeit, die das neue Medium verschlingt. André Gauron wirft denn auch in seinem Artikel „Das digitale Zeitalter" (1995, S. 35) die Frage auf, woher der Konsument die zusätzliche Zeit nehmen soll, „um Dutzende oder Hunderte von angekündigten Programmen zu konsumieren, in den Bibliotheken zu stöbern, die ins Haus gelieferten Filme zu gucken, all die Spiele zu spielen?" Er glaubt, dass aufgrund dieses Medienangebots die Forderung nach Arbeitszeitverkürzung auftauchen werde, damit die nötige Zeit geschaffen werden kann. Dazu könne auch Zeit eingespart werden, wenn man nicht mehr zur Bank oder in den Supermarkt gehen müsse.

Ob diese Vision einer schönen neuen Welt, in der sich der grösste Teil der Freizeit vor dem Computerbildschirm abspielt, tatsächlich Realität wird, wage ich mindestens zur Zeit noch zu bezweifeln. Und auch Gauron sieht negative Konsequenzen einer solchen Zukunftsvision: „All diese schönen Aussichten", schreibt er, „haben ihre Kehrseite: Die Individualisierung geht mit einer Desozialisierung einher, mit dem Verlust von kollektiven Bezügen." Auch Clifford Stoll sieht in seinem Buch „Die Wüste Internet" (1996, S. 31) solche Kehrseiten und warnt: „Aber denken Sie daran, es [die Welt des Internet) ist eine Welt, die nicht existiert. Während der Woche im Netz hätten Sie Tomaten anpflanzen können, freiwillig im Krankenhaus arbeiten, mit dem Lehrer Ihres Kindes sprechen und dem Kleinen von nebenan zeigen, wie man einen Baseball fängt. Sie meinen, Sie könnten all das tun und trotzdem ein reiches Leben online führen? nichts da. Jede Stunde, die Sie vorm Bildschirm verbringen, sind sechzig Minuten, die Sie etwas anderes bleibenlassen."

Es ist sicher noch zu früh, um den Stellenwert des Internets in der Medienlandschaft zu bestimmen. Alle Anzeichen deuten aber darauf hin, dass das World Wide Web einen festen Platz im Medienangebot einnehmen wird. Mit Sicherheit wird dies teilweise auf Kosten anderer Medien gehen, z.T. vermutlich auch auf Kosten anderer Aktivitäten in Beruf und Freizeit.

Ebenso sicher ist aber auch, dass die Etablierung des World Wide Web nicht gänzlich zu Lasten der Printmedien gehen wird, wohl eher noch auf Kosten eines anderen Bildschirmmediums, nämlich des Fernsehens.

Zur Frage der gesellschaftlichen Relevanz gehört ganz entscheidend auch die Frage der Sprachwahl. Zur Zeit liegen deutlich mehr als die Hälfte der Internetanschlüsse in englischsprachigen Ländern, v.a. den USA. Dazu wollen viele, auch nicht englischsprachige Informationsanbieter, ein weltweites Publikum erreichen. Dazu bedarf es einer Verkehrssprache, und die ist ohne Frage das Englische. Internet und World Wide Web leisten damit der Verbreitung des Englischen als Verkehrssprache weiter Vorschub. Auf der anderen Seite steht das Internet, mindestens seit der Einführung des MIME-Protokolls, der Verwendung anderer Sprachen nicht entgegen. Und es gibt auch eine ganze Reihe nicht-englischer, u.a. auch deutscher Informationen im World Wide Web, die sich an ein beschränkteres, in diesem Fall an das deutsche Publikum richten. Dank der offenen Struktur des Internets wird die Sprachwahl vollkommen dem Markt überlassen. Wenn dabei das Englische dominiert, ist dies nichts anderes als das Abbild der tatsächlichen Verhältnisse in diesem Markt (siehe dazu auch Bernard Cassen 1996).

Ein letzter Punkt aus dem Gebiet der gesellschaftlichen Auswirkungen dieses neuen Mediums, den ich ansprechen möchte, ist die Frage nach dem Internetzugang. Das Internet benötigt eine gut ausgebaute Telekommunikationsinfrastruktur. Eine solche Infrastruktur fehlt ausserhalb der Industrieländer in der Regel. In Afrika z.B. sind erst 12 der 54 Nationen angeschlossen (Schiller 1996, 4). Aber auch innerhalb der Industrieländer haben in erster Linie die gut ausgebildeten Bevölkerungskreise Zugang zum Internet. Es ist daher zu befürchten, dass, wenn das Internet tatsächlich den allseits prognostizierten Stellenwert erhalten wird, sich die Kluft zwischen arm und reich eher noch verstärken wird.

7. Zusammenfassung

Im Zentrum meiner Ausführungen stand die Frage, ob es sich bei der beschriebenen Internetkommunikation um eine neue Kommunikationsform handelt oder ob Altbekanntes nur neu verpackt erscheint. Die Ergebnisse sind zugunsten der ersten Annahme ausgefallen.

Das World Wide Web hält ganz verschiedene Angebote für die verschiedensten Informationsbedürfnisse bereit. Die Kommunikation erfolgt teils monologisch, meist jedoch dialogisch im Sinn eines Mensch-Maschine-Dialogs. Als Sprachform kommen sowohl geschriebene als auch gesprochene Sprache, dazu Bilder, Musik und Filme in Frage – Kommunikationselemente, die in der Textlinguistik meines Wissens noch wenig berücksichtigt wurden. Die Kommunikation im World Wide Web scheint tatsächlich in einer bisher nicht dagewesenen Weise zu funktionieren. Vor allem ist sie sehr flexibel und eignet sich für ein weites Spektrum des Kommunikationsaustausches. Dies mag sicher zu einem guten Teil den heutigen Erfolg des Internets erklären. Mit dem World Wide Web ist eine Anwendung entstanden, die ganz neue Möglichkeiten des Kommunizierens bereitstellt.

Die Kommunikationsform WWW ist noch relativ jung. Noch haben sich keine allgemein bekannten Erwartungen an die Textsorten der mit dem Internet vermittelten Informationen herausgebildet. Gerade beim World Wide Web, wo die präsentierten Homepages im öffentlichen Raum stehen, ist dies jedoch in vollem Gang. Ideen und Gestaltungselemente werden eifrig kopiert und verbessert (manchmal sicher auch verschlechtert), so dass zu erwarten ist, dass sich in den nächsten Jahren für die verschiedenen Informationsangebote gewisse Standards herausbilden. Im Moment ist die Zeit noch vergleichbar mit den Jahren nach der Erfindung der Buchdruckerkunst. Bis sich ähnliche Wertvorstellungen herausbilden, wie sie in der Typographie herrschen (ober bis zur Erfindung des Desktop Publishing geherrscht haben, muss man heute sagen), wird es wohl noch eine Weile dauern. Eines scheint mir aber sicher: Das Internet ist daran, einige wesentliche Bereiche der Kommunikation zu verändern. So wie es im Moment aussieht, wird das Internet zu einem fest etablierten Medium der technisierten Gesellschaft.

Anmerkungen

1 ARPA steht für „Advanced Research Projects Agency".

2 Diese Verdoppelung birgt natürlich, das sei nur nebenbei erwähnt, mathematische Fallstricke, innerhalb der nächsten Jahre müssten mehr Menschen Zugang zum Internet haben, als es überhaupt Menschen auf der Erde gibt. Das Wachstum wird vor diesem Hintergrund wohl oder übel bald an seine Grenzen stoßen.
Dass das enorme Wachstum auch seine Kehrseiten hat, sei hier nicht verschwiegen. Die Leitungen sind seit einiger Zeit an ihre Leistungsgrenzen gelangt, so dass zu gewissen Tageszeiten lange Antwortzeiten in Kauf genommen werden müssen.

3 Damit sollen gravierende Probleme der unkontrollierten Kommunikation, wie die Verbreitung von Kinderpornographie und andere kriminelle Aktivitäten, die durch das Internet neue Wege fanden, überhaupt nicht negiert werden. Es stellt sich hier die gleiche Frage, mit der sich auch die schweizerische PTT nach Einführung der sogenannten Telekiosk-Nummern konfrontiert sah, die zu einem bedeutenden Teil für pornographische Angebote genutzt wurden, inwieweit ein physisches Medium bzw. die Trägerschaft dieses Mediums für die durch Drittpersonen verbreiteten Inhalte verantwortlich ist. Die Frage ist meines Wissens noch nicht endgültig geklärt, in einigen Fällen sind aber Direktoren der schweizerischen Telecom verurteilt worden. Diese Fragen, die von Politik, Justiz und der Gesellschaft angegangen werden müssen, sollen aber im Rahmen dieser Ausführungen beiseite gelassen werden.

4 Besonders interessant und aufschlussreich scheint mir der Aspekt, dass die heutige Nutzung des Internets nicht geplant, auch nicht vorausgesehen wurde. Es gibt mehrere Projekte geplanter Netze, ein letzter Versuch war derjenige von Microsoft mit dem *Microsoft Network*. Keines dieser Projekte hat einen mit dem Internet vergleichbaren Erfolg. Ganz offenbar ist die fast organisch gewachsene Struktur des Internets für viele Benutzer attraktiver, auch wenn das Kommunikationsprotokoll aufgrund seiner Entstehungsgeschichte und seines Alters gegenüber neu konzipierten Netzen leistungsmässig unterlegen ist.
Verwaltet wird das Internet im wesentlichen durch drei nichtstaatliche Organe, die weitgehend auf freiwilliger Basis arbeiten. Es sind dies die *Internet Society ISOC*, die die globale Kommunikation mit dem Internet propagiert, dann das *Internet Architecture Board IAB*, ein Gremium, das man als „Ältestenrat" bezeichnen könnte und das für Standards und Adressen zuständig ist, und schliesslich die *Internet Engeneering Task Force IETF*, ein offenes Gremium, das die Meinung der Internet-Benützer vertritt. Diese drei Gremien haben aber ebenfalls keinen Einfluss auf die über Internet verbreiteten Inhalte.

5 Allerdings wird die Auskunft von einer Maschine erteilt, es gibt keine Nachfragen über die Gründe für den Informationsbedarf und keine wirkliche Beratung. Die Anonymisierung des Informationsaustausches hat weitreichende Konsequenzen: Auf der einen Seite wird die Hemmschwelle zur Informationsbeschaffung gesenkt, man kann auch weniger dringende Informationen einholen, auch zusätzliche Informationen, die man beim ersten Mal vergessen hat usw. Auf der anderen Seite ist der Informationsbezüger ganz auf sich gestellt, er hat nur eine Maschine als gegenüber, er wird

nicht individuell beraten und bleibt möglicherweise stecken oder findet wichtige Informationen nicht

Literatur

Bollmann, Stefan (1995) (Hg.): Kursbuch Neue Medien. Trends in Wirtschaft und Politik, Wissenschaft und Kultur. Mannheim.

Bollmann, Stefan (1995): Auffahrten auf die Datenautobahn. In: Stefan Bollmann (Hg.), 243-249.

Brinker, Klaus (1993): Linguistische Textanalyse. Eine Einführung in Grundbegriffe und Methoden. 3., durchgesehene und erw. Aufl. Berlin. [= Grundlagen der Germanistik; 29]

Eco, Umberto (1996): „Die geistige Geographie wird sich total verändern". Interview von Kevin Billinghurst und Paul Claesson mit Umberto Eco über das Internet und die gesellschaftlichen Auswirkungen der neuen Informationstechnologien. In: Die Weltwoche Nr. 2, 23.5.1996, 33.

Cassen, Bernard (1996): English spoken – muss das sein? In: Le monde diplomatique Nr. 5, Monatl. Beilage der Wochenzeitung, 7.

Eichhorn, Erik (1995): Virtuelle Realität – Medientechnologie der Zukunft? In: Stefan Bollmann (Hg.), 203-220.

Flusser, Vilém (1991):. Hypertext. Über das Schicksal von Büchern. In: NZZ Folio 10/91, 35-36.

Gauron, André (1995): Das digitale Zeitalter. In: Stefan Bollmann (Hg.), 24-40.

Glaser, Peter (1996): A Walk on the Wild Sites. Die Schattenseiten des Online-Universums. In: NZZ Folio 2/96.

Gustafsson, Lars (1996): Der Cyberspace – Traum oder Wirklichkeit? NZZ Folio 2/96.

Hauffe, Heinz (1995): Die elektronische Revolution und ihre Auswirkungen auf Verlage und Bibliotheken. In: Stefan Bollmann (Hg.), 137-147.

Hughes, Kevin (1995): Zugang zum World Wide Web. In: Stefan Bollmann (Hg.), 198-202.

Kehoe, Brendan P. (1994): Zen und die Kunst des Internet: Kursbuch für Informationssüchtige (Übersetzung von: Zen and the art of the Internet). New York [etc.].

Maier, Gunther / Wildberger Andreas (1995): In 8 Sekunden um die Welt: Kommunikation über das Internet. Bonn [etc.].

Meier, Martin (1996): Der Weg ins Netz. Die Geschichte des Internet. In: NZZ Folio 2/96.

Rey, Enno (1995): Elektronisches Publizieren. In: Stefan Bollmann (Hg.), 130-136.

Rheingold, Howard (1995): Die Zukunft der Demokratie und die vier Prinzipien der Computerkommunikation. In: Stefan Bollmann(Hg.), 189-197.

Rötzer, Florian (1995): Interaktion – das Ende herkömmlicher Massenmedien. In: Stefan Bollmann (Hg.), 57-78.

Salus, Peter H (1995): Casting the Net. From ARPANET to Internet and Beyond. Reading.

Schiller, Dan (1996): Wer besitzt und wer verkauft die neuen Territorien des Cyberspace? In: Le monde diplomatique Nr. 5, Monatl. Beilage der Wochenzeitung, 4-5.

Stoll, Clifford (1996): Die Wüste Internet. Geisterfahrten auf der Datenautobahn (Übersetzung von Silicon Snake Oil. Second Thougts on the Information Highway durch Hans Jörg Friedrich). Frankfurt a. M.

Wingert, Bernd (1995): Die neue Lust am Lesen. Erfahrungen und Überlegungen zur Lesbarkeit von Hypertexten. In: Stefan Bollmann (Hg.), 112-129.

Zauner, Franz (1996): Host contacted. Sitten und Gebräuche im Datendschungel. In: NZZ Folio 2/96.

Glossar

Browser:	Software, mit deren Hilfe man sich in einem Online-Datenbestand umsehen kann, z.B. *Netscape Navigator* oder *Microsoft Explorer*.
HTML:	*HyperText Markup Language*, die Dokumentenbeschreibungssprache im WWW.
HTTP:	*HyperText Transport Protocol*, Kommunikationssprache im WWW.
Homepage:	Basisseite eines Internet-Anbieters, z.B. die Homepage einer Universität.
MIME:	*Multilingual Internet Mail Extension*, ein Protokoll, das helfen soll, die Sonderzeichen nicht-englischer Sprachen in Texten zu erhalten.
TCP/IP:	*Transmission Control Protocol/Internet Protocol*, das Internet Kommunikationsprotokoll.
URL:	*Uniform Resource Locator*, gibt im WWW Ort und Name eines Dokumentes an.
WWW:	*World Wide Web*, Multimediale Oberfläche im Internet, die über Hyperlinks die Verbindung verschiedener Angebote ermöglicht.

Technisierte Restriktion und multimedialer Überfluß als gegenläufig produktive Tendenzen der Sprachentwicklung durch Computer

Ulrich Schmitz

1. Medium und Sprachwandel: elektronische Technik verändert die Zeichen

„Daß die Sprache in einem beständigen Wandel begriffen ist, ist etwas von ihrem Wesen Unzertrennliches" (Paul 1910, 369). Wer aufmerksam spricht, hört, liest oder schreibt, greift schon in Sprache ein. Wo nicht nur alte Floskeln routinehaft wiederholt werden, wo sich die Sprache nicht „nur in der Kontinuität der Wiederholung erhält" (Schleiermacher 1977, 82), da muß der Unterschied zwischen Meinen und Sagen, zwischen Bedeutetem und Bedeutendem immer neu überwunden werden. Wie Barthes (1974, 13) sagt: „die Sprache wird neu verteilt".

Humboldt (1994a, 59) betrachtet diesen Prozeß als einen der „Ideenentwicklung". Daß „der Geist am blossen Hervorbringen des Gedankens Vergnügen gewinnt, [...] ist allemal von dem Interesse an der blossen Form desselben abhängig" und wird deshalb auch „die Sprache umformen" (ebd.). Dabei muß der Geist sich in Materie einprägen, etwa „den articulirten Laut zum Ausdruck des Gedanken fähig" machen (Humboldt 1963, 418), der dann durch Schrift fixiert werden kann. Die Materialität der Kommunikation und die Art, wie sie geformt wird, haben einen Einfluß auf die Sprache und die Art zu denken: es ist „unvermeidlich, dass sich nicht irgend eine Wirkung dieser Bezeichnung durch Schrift, und der bestimmten Art derselben überhaupt dem Einflusse der Sprache auf den Geist beimischen sollte" (Humboldt 1994b, 100).

Nicht nur die individuelle kreative Sprechtätigkeit mit ihrer doppelten Beziehung *„auf die Gesamtheit der Sprache und auf das gesamte Denken ihres Urhebers"* (Schleiermacher 1977, 77) verteilt also Sprache fortwährend neu, sondern auch der Wechsel des Mediums berührt die innere Sprachform. Nun werden mit fortschreitender Geschichte die jeweils neuen Medien immer technisierter (Faulstich 1994), und so greift Technik selbst immer mehr ins Gefüge der Sprache ein. McLuhan (1994, 127) bemerkt: „Unsere neue Technik der Elektrizität, die unsere Sinne und Nerven weltumfassend weitet, hat weitreichende Folgerungen auch für die Zukunft der Sprache." Diese Folgerungen betreffen sowohl die Art und Weise, wie Menschen miteinander kommunizieren, als auch die Form der sprachlichen Instrumente selbst.

Übers neunzehnte Jahrhundert schreibt Mackensen (1971, 62): „Überall regte die Technik an, brachte sie Neues, lockerte sie die alten Bande und Begriffe. Ihr Einfluß auf die Umgangssprache vergrößerte nicht nur deren Vorstellungs-, Begriffs- und Bilderschatz; er lenkte die Sprache auch von früheren Zielen und Mustern ab und änderte ihr damit nicht nur die Außenseite." Das gilt auch fürs ausgehende zwanzigste Jahrhundert. Doch heute ist eine neue Stufe erreicht. Die technische Entwicklung greift in die Sprache selbst ein. („Selbst die stärksten *Gegenkräfte* der Technik - selbst diejenigen geistigen Potenzen, die ihr, nach Gehalt und Sinn, am fernsten stehen - scheinen ihre Leistung nur noch dadurch vollbringen zu können, daß sie sich mit ihr verbinden, und daß sie in eben diesem Bündnis sich ihr unmerklich unterwerfen." Cassirer 1985, 39) Seit alle Informationen elektronisch dargestellt und bewegt werden können, haben mündliche und schriftliche Sprache in ihrer gewohnten Form ihre hegemoniale Stellung innerhalb der menschlichen Kommunikationsverhältnisse verloren. Durch Computer bekommt Sprache eine veränderte Stellung „in der Gesamtheit der semeologischen Erscheinungen" (Saussure 1967, 19).

Dafür gibt es zwei Gründe. Erstmals in der Weltgeschichte ist das materielle Substrat des Zeichens völlig beweglich und völlig manipulierbar, nämlich als elektronisches; und erstmals ist ein Kommunikationsmedium gänzlich durchtechnisiert, nämlich der Computer. Der Rest dieses Aufsatzes skizziert die gegenwärtig überschaubaren Konsequenzen dieser beiden wechselseitig aufeinander angewiesenen Tatsachen.

Die materiellen Träger der verwendeten Zeichen sind weder (wie beim Sprechen) Schallwellen noch (wie beim Schreiben) Farbpigmente, sondern durchweg elektronische Bewegungen, die auf der Seite des Benutzers optische Eindrücke erzeugen. Der Informationsgeber spricht nicht und schreibt nicht, sondern klickt und tippt; materiell gesehen kommuniziert er also ausschließlich mit den Fingerspitzen. Diese „Konstellation von Taktilität, Befehl und Innervation der Technik" setzt laut Bolz (1993, 197) den, wie Heidegger sagt, von der Schreibmaschine begonnenen „Einbruch des Mechanismus in den Bereich des Wortes" konsequent fort. Das verändert die Sprachform. Die „Technologisierung des Wortes" (Ong 1987) dringt ins Innere der Sprache ein. Darüber hinaus erlaubt die elektronische Darstellung von Information die Zusammenführung sämtlicher Zeichen in ein und demselben Medium. Immer mehr wandert Sprache in multimediale Kontexte ein.

In den vergangenen beiden Jahrzehnten ist der Computer, ein bis in alle Einzelheiten technisch durchorganisiertes Instrument, zur semiotischen Universalmaschine geworden und derzeit im Begriff, nach Schrift und audiovisuellen Massenmedien zum dominanten Kommunikationsmedium zu werden. Erstmals kann ein und dasselbe Gerät alle technisch vermittelten Kommunikationsformen tragen. Manuskript, Brief, Schreibmaschine, Buch, Foto, Film, Rundfunk, Fernsehen, Telefon, Fax und andere Kommunikationsgeräte und -formen bleiben zwar neben dem Computer bestehen, weil ihre anderen materiellen Grundlagen andere Benutzungsformen nach sich ziehen, die als gewohnte, längerlebige oder bequemere bevorzugt werden. Die Funktionen aber, die sie ausüben, kann der Computer sämtlich übernehmen, wenn auch in anderer (flexiblerer, weil elektronischer) Gestalt. Neue Kommunikationsweisen und -formen (wie E-Mail, Hypermedia und Internet) kommen hinzu. Die klassische Trennung zwischen Individual- und Massenmedium schwindet, Informationsmengen und Übertragungsraten können bei vergleichsweise geringen Kosten unbegrenzt steigen, und bisher getrennte semiotische Kanäle (mündliche Sprache, Schrift, Ton, stehende und bewegte Bilder etc.) werden zusammengeführt. All das erweitert Sprache: die alte Stadt, als die man mit Wittgenstein (1960, 296 = § 18) unsere Sprache ansehen kann, erhält sowohl „Zubauten" an alten Häusern und neue Häuser in alten Stadtvierteln als auch neue „Vororte mit geraden und regelmäßigen Straßen und mit einförmigen Häusern".

Dabei führen technische Einschränkungen zu sprachlichen Restriktionen, und technische Innovationen erweitern semiotische Potentiale. Dieses Wechselspiel von Restriktion und Überfluß kennzeichnet die Sprachentwicklung am Computer; seine verschiedenen Facetten werden in sechs Abschnitten nun dargestellt. Abschnitt 2 zeigt, wie herkömmliches Maschineschreiben durch Computer erweitert wird. Abschnitt 3 behandelt die Auswirkungen schriftlicher Computerkommunikation auf die Sprachform. Abschnitt 4 konzentriert sich auf schematisierenden Sprachgebrauch in Software, für deren Anwendung elaborierte Sprechweisen hinderlich sind. Abschnitt 5 betrachtet die Steuerung von Dialogen mit digitalisierten Informationsmengen. Abschnitt 6 beschreibt eine neue Klasse von Sprechakten, die nur in Mensch-Maschine-Dialogen vorkommen. Abschnitt 7 erläutert, welche Eigenarten sprachliche Zeichen in multimedialen Umgebungen annehmen. Abschließend werden (in Abschnitt 8) drei Bündel grundlegender Tendenzen zusammengefaßt, die hinter den vorgestellten Befunden stehen.

2. Schreiben am Computer: von der starren Schreibfläche zu beweglicher Hypermedia-Kommunikation

Anders als bei traditionellen Schreibgeräten wird beim Schreiben per Computer nicht sogleich die äußere Form des Geschriebenen festgelegt. Deshalb laden Computer zu neuartigen, flexiblen Schreibweisen ein (vgl. Jakobs/Knorr/Molitor-Lübbert (Hg.) 1995). Zugleich erhält das Schreibprodukt schneller eine vollendete äußere Form. So können elektronische Schreibgeräte dazu verleiten, ungehemmter und disziplinloser zu schreiben als mit anderen Schreibwerkzeugen. Je nach Verwendungsart können sie aber auch auf neuartige Weise einschränken, vor allem wenn man die technischen Möglichkeiten nicht souverän beherrscht. Zugleich eröffnen Computer neue Darstellungswege mit bisher ungekannten Anforderungen an Verfasser und Leser. Insbesondere können die Geleise linearer Schrift leichter überschritten werden, und Schreiber und Leser können leichter ihre Rollen tauschen. „The elements, structure and visual display of electronic text are all in flux", „the computer works against the fixity of text", „the distinction between reading and writing tends to disappear"; und der Computerschreiber „is working topically - thinking and writing in terms of verbal units or topics" (Bolter 1989, 130 f.).

So wird der Computer zum universellen Schreibgerät. Zugleich können nicht nur codierte Zeichensätze (wie Alphabete und Ziffern), sondern jegliche Art von Zeichen beliebig manipuliert werden. Neben der traditionellen Schreibfläche für konventionell-lineare Texte tun sich andere Schreibdimensionen und Kommunikationsräume auf; neue Textsorten werden möglich, in deren Rahmen konventionelle Buchstabenketten nur einen Sonderfall bilden.

Hypertext ist eine computerabhängige neue Textsorte, in der Informationen auf mehreren Ebenen netzwerkartig dargestellt werden (vgl. z.B. Kuhlen 1991). „Die Grundidee von Hypertext besteht darin, daß gedankliche Einheiten und ihre assoziativen Verknüpfungen zu diskreten, manipulierbaren Bildschirmobjekten korrespondieren. Durch Erzeugung und Veränderung derartiger Objekte kann Wissen in einer nichtlinearen Organisationsform dargestellt („nonlinear writing") und erworben („nonlinear reading") werden." (Hannemann/Thüring 1993, 140) Der Leser navigiert nach Bedarf durch ein Wissensnetz, und die „neuen Formen zeilenloser Schrift" „konfigurieren ihre Typographie im Akt des Lesens" (Bolz 1993, 186,199). Einfache Formen sind z.B. als On-line-Manuals für Computersoftware weit verbreitet. Komplexere Formen - als Hypermedia - bedienen sich multimedialer Darstellung; hier können Informationen jeglicher (z.B. textlicher, grafischer, audiovisueller) Art netzartig miteinander verknüpft und manipuliert werden (vgl. z.B. Tergan 1995; Müller 1996). Das größte System dieser Art ist das „World Wide Web" im Internet. Hypertext- und Hypermediasysteme eröffnen grundsätzlich neuartige Möglichkeiten der Wissensdarstellung und Kommunikation, die bei weitem noch nicht ausgereizt sind. Unten in Abschnitt 7 wird noch genauer darauf eingegangen.

3. Schriftliche Kommunikation per Computer: Auflösung hergebrachter Normen

Kommunikation per Computer (z.B. in elektronischen Konferenzen oder per E-Mail) zieht neuartige Kommunikationsformen mit entsprechenden sozialen Konsequenzen nach sich. Kiesler/Siegel/McGuire (1984, 1125 f.) arbeiten zehn Merkmale heraus. (a) Die Geschwindigkeit bis hin zur Gleichzeitigkeit kennt man sonst nur aus mündlichen und fernmündlichen Gesprächen. (b) Sie kann die Erwartung erzeugen, daß unmittelbar geantwortet werde, obwohl ja, wie stets in schriftlicher Kommunikation, nonverbales Feedback fehlt und Computerkommunikation deshalb dramaturgisch sehr schwach ist. (c) Überhaupt gibt es sehr wenig Möglichkeiten, Bedeutungsnuancen und situationsabhängige Feinheiten auszudrücken. (d) Deshalb wirkt elektronische (ähnlich wie schriftliche) Kommunikation unpersönlich. (e) Die Software für elektronische Kommunikation ist blind für soziale Hierarchien (Status- und Prestige-Unterschiede); das erlaubt gleichberechtigtere Teilhabe aller. (f) Traditionelle Arbeitszeiten und Grenzen zwischen beruflicher und privater Kommunikation lösen sich tendenziell auf. (g) In computervermittelter Kommunikation gibt es nicht nur sehr wenig Information über den sozialen Kontext (Status, Persönlichkeit etc.), sondern auch wenig weithin anerkannte Normen. (h) Das kann Koordination und Verstehen erschweren, soziale Gleichheit erhöhen, gesellschaftliche Standards bedeutungsloser und Kommunikation unpersönlicher und freier machen. (i) So richtet sich die Aufmerksamkeit weg von den Kommunikationspartnern und konzentriert sich auf den Kommunikationsinhalt. (j) Dadurch wird Anonymität befördert und Selbstbeobachtung der Kommunikationsteilnehmer vermindert.

All das hat Folgen für die Sprachform: (1) fehlende nonverbale Signale werden ersetzt, (2) herkömmliche Grenzen zwischen Mündlichkeit und Schriftlichkeit verschwimmen, (3) und ganzheitsorientierte Normen lösen sich auf.

(1) Stärker als beim Telefon und beim handschriftlichen Brief fehlen in computervermittelter Kommunikation nicht nur optische bzw. akustische, sondern gänzlich alle nonverbalen Signale persönlicher Kommunikation. Also werden neue Zeichen dafür erfunden. „Textual substitution for traditionally non-verbal information is a highly stylized, even artistic, procedure that is central to the construction of an IRC community." (Reid 1991, 14) Außerdem gibt es eigene Logos zur typographischen Darstellung nonverbaler Signale. Mit sogenannten Emoticons werden Aussehen, Verhalten, Haltungen, persönliche Wertungen und Emotionen ikonisch dargestellt; so bedeutet beispielsweise „ :-(" (um 90 Grad gedreht zu lesen) so viel wie „traurig" (ein Lexikon bei Klau 1994, 281-284).

(2) Während Telefon, Radio und Fernsehen eine neue, wenig disziplinierte Mündlichkeit auch im geschäftlichen und öffentlichen Bereich unterstützen, laden Computer zu einer sekundären Schriftlichkeit ein. Weil Schreiben am Bildschirm flüssig von der Hand geht und leicht zu ändern ist, wird oft nicht auf letzte Vollendung geachtet, und Elemente lässiger Mündlichkeit dringen in Geschriebenes ein. Tatsächlich wird hier weder gesprochen noch (im klassischen Sinne, d.h. mit der ganzen Hand analog) geschrieben. Vielmehr wird mit einzelnen Fingerkuppen in die Tastatur getippt, auf die Maus geklickt oder auf den Bildschirm gezeigt. Die neue Technik verändert die Sprachform. Ein tastaturbetriebener Mensch-Maschine-Dialog etwa ist eine grundsätzlich andere Textsorte als ein natürlich gesprochener Dialog. „The divisions between spoken and written, and synchronous and asynchronous forms of language, are broken down." (Reid 1991, 22) Viele neue Medien vermischen Oralität und Literalität viel konsequenter als Massenmedien bis in einzelne Merkmale von Produktion und Produkt.

Elektronische Konferenzen mit ihrem simultanen Austausch schriftlicher Botschaften zum Beispiel sind genau zwischen fernmündlichem Gespräch und schriftlichem Briefwechsel angesiedelt. Wichter (1991, 63-65) überlegt, ob man bei Mailbox-Kommunikation vom gesprochenen oder vom „geschriebenen Gespräch" reden soll, weil sie „deutlich sprachstrukturelle Züge der gesprochenen Sprache" aufweise. Außerdem fallen auf typische Abkürzungen (z.B. *demnxt* für *demnächst*, *konf* für *Konferenz*), Interjektionen aus der Comic-Sprache (z.B. *oops*, *hehe*) und unkonventionelle orthographische Anlehnungen an die Phonematik gesprochener Umgangssprache (z.B. *kannsuhaben*, *oda*, *aba*) (ebd. 81, 85). Der Zwang zur Kürze, der sich aus der Schnelligkeit der Gesprächssituation und den anfallenden Telefongebühren ergibt, ziehe weitere „Formen der Inhalts- und Ausdruckskomprimierung" nach sich, z.B. Verzicht auf Großschreibung und Ersparung von Satzteilen (ebd. 87). Im übrigen seien die Texte aufgrund des meist jugendlichen Alters der Teilnehmer von einem Jugendton durchzogen; dazu gehörten eigenwillige Grüße, flotte Redensarten, hyperbolische Sprechweisen, Repliken mit Entzückungs- und Verdammungswörtern, prosodische Sprachspielereien (ebd. 91 f.). Schlieben-Lange (1988, 18 f.) meint demgegenüber, daß in der Mensch-Maschine-Kommunikation Tendenzen radikalisiert würden, die in der Schrift angelegt seien, nämlich „Entpersonalisierung“ und „Entbindung aus lokalen und historischen Zusammenhängen“.

(3) Schriftliche on-line-Dialoge am Computer, z.B. im Internet Relay Chat (IRC), werden in allen Ländern der Welt meist in englischer Sprache, manchmal in pidginisierten Mischformen, geführt, wie überhaupt die weltweite Computervernetzung das Englische als internationale Verkehrssprache weiter begünstigt. Solche Dialoge weisen in vieler Hinsicht eine völlig andere als die umgangssprachliche Syntax, Semantik und Pragmatik auf (Lenke/Schmitz 1995). Geschriebene Standardsprache ist gemischt mit Kürzeln, typographischen Zeichen und software-typischen Formeln. Weil die Teilnehmer an solchen Gesprächen einander oft nicht kennen, gehen sie auch kein persönliches Risiko ein. Inhalt, sprachliche Form und der Grad an sozialer Verbindlichkeit können jederzeit ad hoc neu bestimmt werden. Grundsätzlich kann sich jeder auf der ganzen Welt ad libitum ein- und ausschalten und in beliebiger Reihenfolge beteiligen. Gegenüber den aus natürlichen Gesprächen bekannten Konversationsregeln gelten in Computer-Konferenzen (laut Murray 1989) sechs Unterschiede. (a) Der Sprecher kann einen zweiten Gesprächsbeitrag bringen, bevor er auf den ersten eine Antwort erhalten hat. (b) Der Hörer braucht nicht unbedingt zu antworten. (c) Man kann ohne Schaden jederzeit unterbrechen. (d) Die üblichen Eröffnungs- und Schlußfloskeln entfallen. (e) Die persönliche Anrede fungiert nicht als Einladung zum Sprecherwechsel. (f) Tag questions (z.B. „*nicht wahr?*“) kommen fast nicht vor.

Das kann solche Gespräche gänzlich heterogen, verwirrend und inkonsistent machen. Weil völlige Freiheit in Form und Inhalt herrscht und außer den maschinell vorgegebenen keinerlei verbindliche Konventionen gelten, hängt der Erfolg des Gesprächs allein von den Zielen und der Disziplin der jeweiligen Teilnehmer ab. Je nach Gesprächsanlaß führt der Verlust alter Regeln entweder mehr zur experimentellen Herausbildung neuer Regeln oder mehr zu spielerischer Anarchie in Gesprächsführung und sprachlichem Stil. Einerseits entwickeln die Teilnehmer neuartige Techniken, um Mitteilungen zu komprimieren, verschiedene Themen parallel zu entwickeln und Text und Kontext in neuen Kohärenzformen miteinander zu verknüpfen (McCarthy/Wright/Monk 1992). Andererseits eignen sich anonyme Computerdialoge bestens für „irony, pastiche, playfulness and a celebration of ephemeral and essentially superficial examples of witty bravado“ (Reid 1991, 13). Wenn anarchische Lust sich mit ökonomischer Effizienz verbindet, entstehen griffige oder auch seltsame lexikalisierte Abkürzungen wie etwa „*OT*“ für „*Off Topic* (nicht zum Thema gehörend)“. (Eine ausführliche Liste wird im Internet geführt unter der Adresse *ftp.ciw.uni-karlsruhe.de/pub/docs/misc/abkuerz-lweber.gz*).

4. Restringierte Schreibweisen am Computer: eng an der Maschine

Wenn Medien noch ganz neu sind, erzwingen technische Einschränkungen zunächst restringierte Sprechweisen. Die Lockerung solcher Hemmnisse und die Ausbreitung des Mediums gehen Hand in Hand. Der zunächst bloß technische Umgang mit Computern für nichtkommunikative Zwecke näherte sich immer mehr an Kommunikationsformen an, die Menschen besser gewohnt sind. So konnten Computer ergonomische Werkzeuge in menschlicher Kommunikation werden und schließlich neue Formen menschlicher Kommunkation entstehen lassen.

Vor einem halben Jahrhundert wurden Computer in Maschinensprache programmiert, später in Programmiersprachen, die trotz ihrer grammatischen Armut und formalisierten Eindeutigkeit herkömmlichen Fachsprachen ein wenig näher kamen. In bestimmten Computer-Anwendungen werden auch heute noch stark restringierte Sprachregister benutzt. Das kann in nach wie vor bestehenden technischen Einschränkungen begründet sein oder aber in anwendungsspezifischer Zweckmäßigkeit (wenn etwa, wie auch in herkömmlichen Fachsprachen, Wert gelegt wird auf Ökonomie und Präzision). Manchmal vermischen sich beide Motive, oder das zweite dient als Vorwand zur Vertuschung des ersten.

In maschinell gestützten Dialogsystemen für Datenbankanfragen werden meist sehr restringierte Sprachregister benutzt, die nur über ein begrenztes und eindeutiges Vokabular sowie über eine sehr eingeschränkte, oft elliptische Syntax verfügen. Derartiger ‚Computer talk‘ ist gekennzeichnet durch eine teilweise formalisierte Sprechweise, signifikant weniger Merkmale mündlichen Sprachgebrauchs, weniger Höflichkeit und teilweise semantische Überspezifikation (z.B. *„suche ein Buch über Trier“*; Krause/Hitzenberger (Hg.) 1992).

Auch Textadventure-Computerspiele legen den Spieler auf einen kleinen Wortschatz, auf Eindeutigkeit und Schritt-für-Schritt-Denken fest (Metzner 1989, 49-51). „Der gewiefte Textabenteurer ist daran zu erkennen, daß er seine Mensch-Maschine-Kommunikation nach Möglichkeit auf das Aneinanderreihen von Schaltwörtern reduziert. So evoziert modernste Technologie ein durchaus archaisches Verhältnis zur Sprache: Das wirkmächtige Wort rückt in den Mittelpunkt.“ (ebd. 50)

Die Einführung von Computern in den beruflichen Alltag kann professionelle Sprechweisen erheblich verändern. So wurden die Ausdrücke von Krankenschwestern strikter formularisiert und damit normiert und weniger feinkörnig; die patientenbezogene Information entfernte sich mehr von persönlicher Erfahrung und orientierte sich stärker an fester definierten Standardformulierungen (Mathiassen/Andersen 1986).

Bei manchen Textsorten (wie natürlichsprachlichem Zugang zu Datenbanken oder auch EDV-Briefen etwa im Bewerbungswesen) wurde eine mehr oder weniger weitgehende Schematisierung und Standardisierung von Ausdruck und Inhalt beobachtet (Schanze/Kammer 1990). Je fortgeschrittener und komplexer freilich die Anwendung (und wohl auch je erfahrener die Benutzer), desto vielfältiger sind die sprachlichen Formen. Beispielsweise bemerkt Janich (1994, 255 f.) bei E-Mails „eine gewisse Aufweichung formaler und grammatischer Regeln“ und vielfältige „Strategien zur Textkomprimierung“ einschließlich abkürzender Ausdrucksweisen. Jedoch: „Immer sind Kommunikationssituation und Teilnehmerkreis (wie ja auch auf anderen Feldern - aktueller - Sprachverwendung) Hauptursache für die Wahl der Sprach- und Stilmittel“ und nicht das technische Medium selbst (ebd., 256 f.; vgl. Lenk 1995).

So können technische Medien ebensogut zu schematisierenden wie zu saloppen, zu strikt geregelten wie zu anarchischen, zu sparsam restringierten wie zu üppig kreativen Kommunikations- und Stilformen verwendet werden, wie im folgenden noch gezeigt werden wird. Insofern werden die Warnungen vor „digitalem Denken" (z.B. Bowers 1988, 58-70), vor einer „»Methodisierung« von Kommunikationsabläufen" (Rammert 1990, 20) und vor „einer fortschreitenden Formatierung der Sprache" durch Computer (Weingarten 1989, 12) teils obsolet und teils stark relativiert.

5. Technisch programmierter Gesprächsablauf: Konversation per Klick

Das gilt allerdings noch nicht für die Steuerung des Kommunikationsflusses. In ‚Dialogen' mit digitalisierten Informationsmengen (von der Anwendung einfacher Programme über CD-ROMs bis zum Internet) sind die Kommunikationsmöglichkeiten des Benutzers gewöhnlich stark eingeschränkt („formulaic speech"). Während im zwischenmenschlichen Gespräch die Regeln des kommunikativen Handelns mehr oder weniger unvorhersehbare Gesprächsabläufe mit unendlich vielen Varianten zulassen, sind die Regeln der kommunikativen Operationen im Mensch-Maschine-‚Dialog' technisch implementiert und damit von der Software strikt vorgegeben. Wenn man sich ihnen nicht völlig unterwirft, hat man keineswegs mit Sanktionen zu rechnen (wie bei Regelverstößen in herkömmlichen Kommunikationsformen), sondern - schlimmer - von vornherein keine Chancen, irgendeine sinnvolle Kommunikation in Gang zu setzen. Diese Erfahrung macht fast jeder Computernovize; und davon leben ganze Berufszweige, die in Computernutzung einführen.

Darüberhinaus geht der Computernutzer allerdings auch kein Risiko ein. Im Rahmen der vorgegebenen Routinen ist er unangefochtener Herr der Kommunikation. Denn er bedient einen Mechanismus; sein ‚Gegenüber' ist verantwortungslos und berechenbar. Das Verhalten des Benutzers läßt den Computer kalt. Selbst beim turn taking kann sich der Mensch unbegrenzt viel Zeit lassen. Im Gegensatz zu menschlichen Partnern wird die Maschine auch angesichts sehr langer Pausen gar nichts tun.

Es gibt zwei Klassen von Redebeiträgen (turns): (a) mit dem Mauszeiger auf ein vorgegebenes Bildschirmfeld klicken, (b) mit der Tastatur eine Buchstabenkette schreiben und per Mausklick beenden. In beiden Fällen erzeugt der Mausklick (oder ggf. der gleichbedeutende Druck auf die Return-Taste) automatisch (anders als bei zwischenmenschlichen Gesprächen) die Antwort des maschinellen ‚Partners'. Im World Wide Web zum Beispiel spielt er uns die unter einer angesprochenen Adresse bereitliegenden Informationen zu. Unter den Gesichtspunkten der Gesprächsanalyse betrachtet ist der ‚Dialog' also ganz einfach strukturiert. Es gibt ein wohldefiniertes Hin und Her, das jeweils eine Variante aus einer je nach Komplexität des Programms mehr oder minder großen Menge von Alternativen realisiert. „A simplest systematics for the organization of turn-taking in conversation" (Sacks/Schegloff/Jefferson 1974) läßt sich im Falle des unmittelbaren Mensch-Maschine-Dialogs tatsächlich ganz simpel beschreiben, weil sie ja nichts anderes ist als die schematisch vorprogrammierte Organisation der mehr oder minder komplexen Software (also etwa des Internet-Browsers). Die Gesamtorganisation des Dialogs und beispielsweise auch die unmittelbar aufeinanderfolgenden Sprecher-Hörer-Sequenzen („adjacency pairs"; vgl. z.B.

Levinson 1990, 302-316) sind eindeutig festgelegt. Es handelt sich nicht etwa um Gesprächs-Rituale, denn die Maschine kann gar nicht vom vorgegebenen Schema abweichen. In der neokantianischen Redeweise von Windelband (1894) haben wir es mit nomothetisch vorhersagbaren Formen zu tun, während natürliche zwischenmenschliche Gespräche mindestens teilweise idiographisch zu beschreibende unwiederholbare und einzelne Ereignisse darstellen.

6. Sprechen als technisches Handeln: Computive

In fortgeschrittenen Mensch-Maschine-Dialogen und insbesondere im Umgang mit Hypertexten (z.B. im World Wide Web) ‚spricht' und ‚handelt' der Nutzer zugleich. Er bedient ja eine Kommunikationsmaschine. Diese technische Neuerung bringt eine Klasse von Sprechakten mit sich, die es früher nicht gab.

Ein Sprechakt ist die kleinste Einheit von Sprechen als Handeln. Searle (1982a) zufolge gibt es genau fünf Klassen von Sprechakten. Deren letzte kommt der neuen sechsten am nächsten. „Deklarationen" nämlich nennt Searle (ebd. 36 ff.) solche Sprechakte, die allein durch ihre erfolgreiche Äußerung die Welt faktisch verändern (wie etwa der Urteilsspruch eines Richters oder die Namensgebung für ein Kind in der Taufe). In einem gewissen Sinne geschieht das auch im Klick auf eine entsprechend markierte Bildschirmfläche, z.B. auf ein Formularfeld im Mensch-Maschine-Dialog, ein hot word im Hypertext oder ein wie auch immer implementiertes link in Hypermedia. Auf den ersten Blick handelt es sich um einfache Befehle, in Searles eingeführter Terminologie also um „Direktive". Direktive sind Versuche des Sprechers, „den Hörer dazu zu bekommen, daß er etwas tut" (ebd. 32). In unserem Fall ist der Hörer aber kein Mensch, der sich wie auch immer entscheiden könnte, sondern eine Maschine, die unter entsprechenden technischen Bedingungen nichts tut, als Anweisungen auszuführen. Diese Anweisung erteilt ein Mensch der Maschine durch Mausklick, so etwa in einer bibliographischen Datenbank hinter der Tastatureingabe (zum Beispiel) „*Balzac*" auf ein mit „*Suchen*" beschriftetes Feld. Es ist zugleich eine (semiotische) Mitteilung wie eine (maschinelle, an der unmittelbaren Mensch-Maschine-Schnittstelle sogar mechanische) Handhabung. Als Direktiv bestand dieser ‚Sprechakt' also nur in der metaphorisch denkenden Vorstellung des Benutzers, der die Maschine dazu bekommen will, daß sie etwas tut. Solange hinter der Tastatureingabe der Mausklick nicht folgt, handelt es sich sozusagen um einen mißlungenen Sprechakt allein schon deshalb, weil die Botschaft beim ‚Hörer' gar nicht ankommt. Der abschließende Mausklick aber macht aus dem angefangenen Direktiv eine vollendete Deklaration. Genau durch den Klick nämlich ist die gewünschte Veränderung herbeigeführt: die Maschine sucht. „Das definierende Merkmal dieser Klasse", schreibt Searle (ebd., 36) über Deklarationen, „besteht darin, daß der erfolgreiche Vollzug eines ihrer Elemente eine Korrespondenz von propositionalem Gehalt und Realität zustande bringt". Spricht der Priester oder eine andere berechtigte Person unter bestimmten institutionellen Umständen: „*Ich taufe dich auf den Namen ‚Honoré*'", so heißt die gemeinte Person auch so. Klickt der Computernutzer an der hier betrachteten Dialogstelle in das betreffende Formularfeld, so vollzieht der Computer eben dadurch die gewünschte Operation.

Anders freilich als im Falle der Taufe bedarf es keiner institutionellen (sozialen) Bedingungen, und es entstehen auch keine sozialen Konsequenzen. Es gibt kein, wie Austin (1972, 35) sagt, *„übliches konventionales Verfahren mit einem bestimmten konventionalen Ergebnis*“; sondern es gibt eine programmierte Routine mit einem eindeutig berechenbaren, automatischen Ergebnis, das von keinerlei sozialer Anerkennung abhängt. Voraussetzung für den erfolgreichen Vollzug der gewünschten Aktion ist vielmehr die technische Implementation funktionsfähiger Hard- und Software. Und auch die Folgen sind rein technischer Art: die Maschine führt ein Programm aus. Trotzdem handelt es sich nicht um eine rein technische Angelegenheit im herkömmlichen (z.B. mechanischen) Sinne. Denn oberflächlich betrachtet, also so, wie es für den Benutzer wichtig ist und wie es der normale Benutzer auch wahrnimmt, werden schließlich Informationen ausgetauscht wie in jedem herkömmlichen Fall von Kommunikation.

Zwar könnte man meinen, daß hier rein menschlich erzeugte Informationen von der Maschine lediglich transportiert werden. Doch selbst wenn man beispielsweise einen Internet-Computer mit guten Argumenten lediglich als eine Art ultraschnellen Briefträger auffaßt, der sehr detailliert auf die Wünsche seiner Auftraggeber eingeht, so sind eben die Aufträge doch in einem bestimmten Sinne Sprechakte. Der Knopfdruck ist zugleich eine Botschaft. „How to do things with Words“ (Austin 1972) ist hier in einem doppelten Sinne ganz wörtlich zu verstehen. Zum einen wird Sprache ja eingesetzt, um Dinge zu bewegen und nicht Menschen. Zum anderen werden die Wörter selbst wie Dinge behandelt. Das Wort *„Suchen*“ steht nicht nur als Mitteilung da, sondern dient zugleich als Knopf, mit dem man seine Bedeutung in die Tat umsetzen kann. Es ist die Aufschrift auf einer sonst unsichtbaren technischen Einrichtung und benennt deren Funktion, die genau in der Erfüllung des propositionalen Gehalts dieser Aufschrift besteht. Das erinnert an Sprachmagie: durch Aktivierung von Sprache ändert sich die Wirklichkeit. Doch es handelt sich um Technik: das Wort ist ein Knopf. Er funktioniert aber auf andere Weise als Knöpfe und Tasten an anderen Maschinen, etwa am Getränkeautomat. Denn er setzt hochdifferenzierte Kommunikation frei und ist notwendiger Bestandteil der Konversation.

Wir wollen diese Klasse von Sprechakten Computive nennen, weil sie nur in computervermittelter Kommunikation vorkommen und folglich berechneten und (unter normalen technischen Umständen) berechenbaren Routinen folgen. Deshalb sind sie sowohl in ihrer illokutionären Rolle als auch in ihrem propositionalen Gehalt eindeutig festgelegt.

Eine indirekte Variante, bei der der Wortlaut nicht mit dem propositionalen Gehalt identisch ist, finden wir in den „hot words“ von Hypertexten, also den markierten Textpassagen, deren Anklicken andere als die zunächst sichtbaren Informationen auf dem Bildschirm erscheinen läßt. Searle (1982b, 52f.) erklärt: „Mit indirekten Sprechakten teilt der Sprecher dem Hörer dadurch mehr mit, als er eigentlich sagt, daß er sich darauf verläßt, daß der Hörer rational ist und korrekt schließen kann, und daß er mit ihm gewisse (sprachliche wie außersprachliche) Hintergrundinformationen teilt.“

An dieser Stelle sollten wir bedenken, daß alle Computive von Menschen (z.B. Hypertextverfassern) formularmäßig vorgestaltet wurden, die an der unmittelbaren Ausführung des Sprechaktes gar nicht beteiligt sind. Durch die Hervorhebung einer Textpassage als Hyperlink (hot text) bieten sie dem unbekannten Leser die Ausführung eines computiven Sprechaktes an. In dieser Blickrichtung wird dem Benutzer weniger mitgeteilt, als eigentlich zu sagen ist; deshalb ja die Neugier auf den Klick. Die Indirektheit entsteht hier im Vorfeld also dadurch, daß der ursprüngliche Verfasser hinter seinem Text etwas verspricht, was der Benutzer, der den Symbol-Mechanismus in Gang setzt, allenfalls ahnen kann. Der Benutzer verfolgt eine direktive Absicht („*sag mir mehr darüber*") und erfüllt diese technisch durchs Klicken, geht aber das Risiko ein, sachlich enttäuscht zu werden.

7. Sprache in multimedialer Umgebung: Varieté von Zeichen

Multimedia-Anwendungen erlauben die unmittelbare Verknüpfung von geschriebenem und gesprochenem Text, Ton, Musik, Grafik, Bild, Animation und Film, die sämtlich bis in kleinste Details hinein kopiert oder erzeugt, verändert und auf alle nur erdenklichen Weisen aufeinander bezogen werden können. Dabei verliert Schrift ihre dominante Stellung als Informationsträger; und sie nimmt selbst Eigenschaften jener anderen Medien an. Wo gleichzeitig gesprochen (vorgelesen) wird, steht der Text nicht als Monument da, sondern läuft zeitparallel mit. Je stärker Bilder eine Rolle spielen, desto mehr verwandelt Schrift sich ihnen an, wird selbst zum Bild und auch als Bild gelesen.

Die Typographie wird nicht, wie in herkömmlichen Schriftstücken, nach eher zufälligen, äußerlichen oder technischen Gesichtspunkten, sondern bewußt gestaltet und trägt selbst eine Botschaft orientierender und/oder ästhetischer Art. Im avantgardistischsten Fall ist das Wort selbst Bild geworden. Die Botschaft will nicht digital entziffert, sondern analog erkannt werden (wie etwa bei Logos). Stärker noch als das einzelne Wort tritt das gesamte Zeichenangebot vorrangig als Bild in Erscheinung. Es wird als bewegliches Ensemble wahrgenommen, mehr erschaut als erlesen. Der Blick folgt nicht Zeilen, sondern dem optischen Arrangement der Bildschirmfläche.

Multimediale Möglichkeiten führen zu varieté-artigen Darbietungsformen. Schnelligkeit, Zerstückung, Abwechslung und Sinnesreizung sind oft wichtiger als Ruhe, Sinnzusammenhang, Kontinuität und Besinnung. Schriftliche Texte in multimedialen Kontexten sind in der Regel kürzer, unselbständiger, rhizomatischer, flüchtiger und fragmentarischer als herkömmliche Texte.

(1) Kürzer sind sie allein schon deshalb, weil eine Bildschirmseite wenig Platz bietet, der auch noch mit Bildern und grafischen Elementen geteilt werden muß. So wird der Bildschirm insgesamt leicht als Bild wahrgenommen, in dem auch Texte stehen. Er ist eben Bildschirm und nicht Textschirm. Man liest nicht linear einer Zeile entlang, sondern punktuell in der Fläche. Es wird kaum geblättert, sondern eher wird das Bild verändert. Die Texte passen sich diesen Bedingungen an.

(2) Deshalb sind sie auch unselbständiger. Anders als monomediale (rein schriftliche) Texte können und sollen schriftliche Texte in multimedialen Kontexten nicht oder nur selten endozentrisch aus sich heraus verstanden werden; sie verweisen vielmehr exozentrisch auf semiotische Gebilde anderer Art. Intertextualität ist ihnen so sehr eingeschrieben, daß sie bis zur Selbstaufgabe aus sich herausgehen und von sich wegführen.

(3) Am avantgardistischsten tun sie das mit einer neuen, nur elektronisch verfügbaren Technik, den Hyperlinks. Zahlreiche Elemente des sichtbaren Bildschirminhalts sind auf technische Weise unmittelbar mit anderen Zeichen verbunden, die durch Anklicken sofort in Erscheinung treten. Der Computerbildschirm eröffnet eine dritte Dimension hinter der Fläche. Die Zeichen sind weder nur linear (durch Schrift) noch hauptsächlich flächig (durch Layout), sondern auch noch über ein vielgestaltiges unsichtbares Netzwerk miteinander verbunden, dessen Verflechtungen punktuell und ad hoc sichtbar gemacht werden können. Hinter der sichtbaren Fläche steht (besonders im Internet) ein unendlicher semiotischer Raum, der vom Bildschirm aus zugänglich ist und durch den der Bildschirm sozusagen tomographische Schnitte legt.

Multimediale Hypertexte sind Rhizome. Ein Rhizom hat „viele Eingänge", verbindet „einen beliebigen Punkt mit einem anderen" und ist „ein nicht zentriertes, nicht hierarchisches und nicht signifikantes System ohne General [...], einzig und allein durch die Zirkulation seiner Zustände definiert" (Deleuze/Guattari 1977, 21, 34, 35). So nähert sich der medial vermittelte Zeichenraum - ganz anders als bei Schrift - den assoziativen Formen unseres Denkens an. Alles kann mit allem unmittelbar verbunden werden, und der Benutzer kann Lesegegenstand, Leseraum und Lesezeit jederzeit nach Gutdünken steuern.

(4) Daraus folgt Flüchtigkeit jedenfalls der sichtbaren Zeichen. War der Buch-Leser „aktives Prinzip der Interpretation" (Eco 1987, 8) im Rahmen einer semantisch mehr oder minder offenen, syntaktisch aber vorgegebenen Ordnung, so ist der Hypermedia- oder Internet-Nutzer zuallererst ‚aktives Prinzip der Selektion': stets muß er eine Auswahl treffen, oft zappt er sich seine Lesetexte und Schaubilder erst zusammen. „Kohärenz im Hypertext", so Wenz (1996, 21), „ist nichts anderes als die aktive Erstellung von Verbindungen durch den Leser, die durch metatextuelle Instruktionen oder Paratexte gelenkt werden". Oft freilich führen die Wegweiser in unendlich viele Richtungen, und der Leser ist gar nicht auf Kohärenz aus, sondern auf Stöbern und Wildern. Die kurzlebige Zeichengestalt erleichtert ihm das. Die ‚immaterielle' elektronische Grundlage trägt flexible Zeichengestalten, die Pergament oder Papier nicht erlaubten.

(5) So braucht der Zeichenproduzent keine innere Geschlossenheit seiner Produkte anzustreben. Ganzheit kann zwar angeboten werden, nimmt in dieser technischen Umgebung aber doch den Charakter eines Fragments an, das es in Zusammenhänge zu stellen, zu verändern oder zu bearbeiten gilt; oder es wirkt anachronistisch. Schriftliche Texte in multimedialen Kontexten sind meistens Stücke. Der Nutzer muß sie auflesen und kann sie für sich zu einem individuellen Ganzen formen. Jedes einzelne Stück ist, schon aus technischen Gründen, Fragment.

8. Tendenzen elektronischer Sprachentwicklung: technisch erweiterte Semiose

Drei Bündel grundlegender „Tendenzen“ (vgl. Braun 1993) stehen hinter den oben zusammengetragenen Befunden; alle Zeichennutzer können sie beeinflussen.

(1) Schrift verliert ihre nur wenige Jahrhunderte währende Hegemonie als kulturprägendes Medium. Schon Massenmedien förderten neben der Schrift bald und zunehmend mehr auch bild-, wort- und tongetragene Formen gesellschaftlicher Selbstverständigung. Schon vor und neben Computern entstehen immer komplexere Zeichengebilde, und Schrift wandert mehr und mehr in multimediale Kontexte ein. Dabei weicht die äußere Abgeschlossenheit und innere Ganzheit, zu der rein schriftliche Texte neigen, immer offeneren semiotischen Gebilden. Mit Computern wird dieser Trend zur Multimedialisierung und in der Folge auch Fragmentarisierung noch intensiviert (vgl. hier Nickl 1996, 398). Auf elektronischer Grundlage wuchern Zeichen immer schneller, massenhafter und komplexer. Beschleunigung und Beweglichkeit, Partikularisierung und Komplexitätszunahme, Vergänglichkeit und Neugeburt treiben einander an, bis immer flüchtigere Produktion und Rezeption die hergebrachten kognitiven Fähigkeiten der Menschen übersteigt. Sie können dann nur noch blindlings zappen oder neue Kommunikationsweisen entwickeln.

(2) Im unmittelbaren Angesicht der je besonderen Leistungsfähigkeit von Bild und Ton kann Schrift aber über sich hinauswachsen und im Verein mit ihnen neue Qualitäten entwickeln. Anders als in Massenmedien nämlich können mit Computern sämtliche hergebrachten Kommunikationsweisen (außer dem persönlich unmittelbaren Gespräch) in einem Medium zusammengeführt werden. Das ermöglicht wieder gänzlich neue Kommunikationsweisen, semiotische Gebilde und Textsorten. Insbesondere fällt die Grenze zwischen Individual- und Massenkommunikation, und die strikte Unterscheidung zwischen mündlicher und schriftlicher Kommunikation löst sich tendenziell auf. Computer erlauben vielfältige neuartige, flexible, interaktive, individuelle Benutzungsformen, die noch längst nicht ausgereizt sind. Auch mit Schrift kann neu experimentiert und gebastelt werden. Wo vorwiegend geschrieben wird, gesellen sich zu den fortbestehenden alten auch neue Schreibweisen und Textsorten. Die herkömmlichen Grenzen zwischen Mündlichkeit und Schriftlichkeit weichen auf oder fallen, und neben gewohnte Normen für Ganzheit und innere Geschlossenheit fertiger Texte treten neue Formen prozeßorientierter Kohärenz.

(3) Der Umgang mit multimedialen Zeichengebilden an Computern gleicht eher einer technischen Prozedur als einer geistigen Konstruktion oder Lektüre von Sinn. Es geht nicht darum, Sinnkontinuität zu erzeugen oder zu entdecken, sondern darum, in fragmentarischen Botschaften herumzustrolchen, sie aneinanderzubauen und zu bearbeiten. Computerzeichen sind unfertiges Material, Stationen der Semiose. Weniger als bei handschriftlich verfaßten Texten strebt man eine Vollendung oder überhaupt ein Ende an; stärker als bei gedruckten Texten ist man sich der Vergänglichkeit auch von Zeichen bewußt. Dabei geht man auf eine technische Weise mit Zeichen um. Die „Technologisierung des Wortes“ (Ong 1987) und anderer Zeichen hat eine vor kurzem noch undenkbare neue Stufe erreicht. Technik ist ins Wort selbst eingewandert. Manche Stücke von Text und Bild dienen zugleich als Bedienungselement

der semiotischen Universalmaschine Computer. Wir zeigen aufs Zeichen, und schon tut es, was es verspricht.

Alle drei Tendenzen (anarchisch bunte Semiose jenseits des Alphabets, synästhetische Unbefangenheit gegenüber durchorganisierten Differenzen, endlose Spielerei mit magisch erscheinender Technik) sind durch und durch kindlich. Sprachwandel ist Spracherwerb.

Literatur

Austin, John L. (1972): Zur Theorie der Sprechakte (How to do things with Words) [engl.1962]. Stuttgart: Reclam.

Barthes, Roland (1974): Die Lust am Text [frz.1973]. Frankfurt/M.: Suhrkamp.

Bolter, Jay David (1989): Beyond word processing: The computer as a new writing space. In: Language & Communication 9, 2/3, S. 129-142

Bolz, Norbert (1993): Am Ende der Gutenberg-Galaxis. Die neuen Kommunikationsverhältnisse. München: Wilhelm Fink Verlag.

Bowers, C. A. (1988): The Cultural Dimensions of Educational Computing. New York, London: Teachers College Press, Columbia University.

Braun, Peter (1993): Tendenzen in der deutschen Gegenwartssprache. Sprachvarietäten [1979]. 3., erweiterte Aufl. Stuttgart, Berlin, Köln: Kohlhammer.

Cassirer, Ernst (1985): Form und Technik [1930]. In: ders.: Symbol, Technik, Sprache. Aufsätze aus den Jahren 1927-1933. Hamburg: Felix Meiner, S. 39-91

Deleuze, Gilles/ Guattari, Félix (1977): Rhizom [frz.1976]. Berlin: Merve.

Eco, Umberto (1987): Lector in fabula [ital.1979]. München, Wien: Carl Hanser.

Faulstich, Werner (1994): Mediengeschichte. In: ders. (Hg.): Grundwissen Medien. München: Wilhelm Fink, S. 26-40

Hannemann, Jörg/ Thüring, Manfred (1993): Schreiben als Designproblem. Kognitive Grundlagen einer Hypertext-Autorenumgebung. In: Kognitionswissenschaft 3, S. 139-160

von Humboldt, Wilhelm (1963): Ueber die Verschiedenheit des menschlichen Sprachbaues und ihren Einfluss auf die geistige Entwicklung des Menschengeschlechts [1830-1835]. In: ders.: Werke in fünf Bänden (Hg. Andres Flitner/ Klaus Giel), Bd. III: Schriften zur Sprachphilosophie. Darmstadt: Wissenschaftliche Buchgesellschaft, S. 368-756

von Humboldt, Wilhelm (1994a): Ueber das Entstehen der grammatischen Formen, und ihren Einfluss auf die Ideenentwicklung [1822]. In: von Humboldt, Wilhelm: Über die Sprache. Reden vor der Akademie. (Hg. Jürgen Trabant). Tübingen, Basel: Francke, S. 52-81

von Humboldt, Wilhelm (1994b): Ueber die Buchstabenschrift und ihren Zusammenhang mit dem Sprachbau [1824]. In: von Humboldt, Wilhelm: Über die Sprache. Reden vor der Akademie. (Hg. Jürgen Trabant). Tübingen, Basel: Francke, S. 98-125

Janich, Nina (1994): Electronic Mail, eine betriebsinterne Kommunikationsform. In: Muttersprache 104, S. 248-259

Jakobs, Eva-Maria/ Knorr, Dagmar/ Molitor-Lübbert, Sylvie (Hg.1995): Wissenschaftliche Textproduktion. Mit und ohne Computer. Frankfurt/M. u.a.: Peter Lang.

Kiesler, Sara/ Siegel, Jane/ McGuire, Timothy W. (1984): Social Psychological Aspects of Computer-Mediated Communication. In: American Psychologist 39, S. 1123-1134

Klau, Peter (1994): Das Internet - Weltweit vernetzt. Eine praxisnahe Einführung in das größte Computernetzwerk der Welt. Vaterstetten bei München: IWT-Verlag.

Krause, Jürgen/Hitzenberger, Ludwig (Hg.1992): Computertalk. (Sprache und Computer, Bd. 12). Hildesheim, Zürich, New York: Olms.

Kuhlen, Rainer (1991): Hypertext. Ein nicht-lineares Medium zwischen Buch und Wissensbank. Berlin, Heidelberg, New York: Springer.

Lenk, Martina (1995): Der Einfluß der Computerkommunikation auf die deutsche Sprache. Magisterarbeit an der Universität Regensburg. Regensburg (Elektronisch verfügbare Kurzfassung unter http://www.linse.uni-essen.de; an gleicher Stelle online auch weitere Arbeiten zum Thema)

Lenke, Nils/Schmitz, Peter (1995): Geschwätz im ‚Globalen Dorf' - Kommunikation im Internet. In: Osnabrücker Beiträge zur Sprachtheorie, Bd. 50, S. 117-141

Levinson, Stephen C. (1990): Pragmatik [engl.1983]. Tübingen: Niemeyer.

Mackensen, Lutz (1971): Die deutsche Sprache in unserer Zeit. Zur Sprachgeschichte des 20. Jahrhunderts [1956]. 2. Aufl. Heidelberg: Quelle & Meyer.

Mathiassen, Lars/Andersen, Peter Bøgh (1986): Semiotics and Informatics. The Impact of Computer Based Systems upon the Professional Language of Nurses. In: Journal of Pragmatics 10, S. 1-26

McCarthy, John C./Wright, Peter C./Monk, Andrew F. (1992): Coherence in text-based electronic conferencing: coupling text and context. In: Journal of language and social psychology 11, S. 267-277

McLuhan, Marshall (1994): Die magischen Kanäle. Understanding Media [amerik.1964; dt. Erstausgabe 1968]. Dresden, Basel: Verlag der Kunst.

Metzner, Joachim (1989): Lektüre im Suchbaum. Sprache und Technologie beim Computerspiel. In: Der Deutschunterricht 41, H. 5, S.46-54

Müller, Burkhard (1996): Literaturliste zum Thema Hypertext. (Elektronisch verfügbar unter http://www.linse.uni-essen.de/literaturl/literat.htm; auch als abfragbare Datenbank)

Murray, Denise E. (1989): When the medium determines turns: turn-taking in computer conversation. In: Coleman, Hywel (ed.): Working with Language. A Multidisciplinary Consideration of Language Use in Working Contexts. Berlin, New York: Mouton de Gruyter, S. 319-337

Nickl, Markus (1996): Web Sites - Die Entstehung neuer Textstrukturen. In: Bollmann, Stefan/Heibach, Christiane (Hg.): Kursbuch Internet. Anschlüsse an Wirtschaft und Politik, Wissenschaft und Kultur. Mannheim: Bollmann, S. 388-400

Ong, Walter J. (1987): Oralität und Literalität. Die Technologisierung des Wortes [amerik.1982]. Opladen: Westdeutscher Verlag.

Paul, Hermann (1910): Über Völkerpsychologie. Rede anläßl. des Stiftungsfests der Universität München am 25. Juni 1910. In: Süddeutsche Monatshefte 2, S. 363-373

Rammert, Werner (1990): Paradoxien der Informatisierung. Bedroht die Computertechnik die Kommunikation im Alltagsleben? In: Weingarten, Rüdiger (Hg.1990): Information ohne Kommunikation? Die Loslösung der Sprache vom Sprecher. Frankfurt/M.: Fischer Taschenbuch Verlag, S. 18-40

Reid, Elizabeth M. (1991): Electropolis: Communication and Community on Internet Relay Chat. Honours Thesis. University Of Melbourne, Department Of History. (Elektronisch verteilt im Internet)

Sacks, Harvey/Schegloff, Emanuel A./ Jefferson, Gail (1974): A simplest systematics for the organization of turn-taking in conversation. In: Language 50, S. 696-735

de Saussure, Ferdinand (1967): Grundfragen der allgemeinen Sprachwissenschaft (Hg. Charles Bally/ Albert Sechehaye) [frz.1916]. 2. dt. Aufl. Berlin: Walter de Gruyter & Co.

Schanze, Helmut/Kammer, Manfred (1990): Brief, Dokument und Memorial. Zum Problem der „Formulare" in der elektronischen Kommunikation. In: Hess-Lüttich, Ernest W. B./ Posner, Roland (Hg.): Code-Wechsel. Texte im Medienvergleich. Opladen: Westdeutscher Verlag, S. 257-270

Schleiermacher, F[riedrich] D[aniel] E[rnst] (1977): Hermeneutik und Kritik [1838]. (Hg. Manfred Frank). Frankfurt/M.: Suhrkamp.

Schlieben-Lange, Brigitte (1988): Die Folgen der Schriftlichkeit. In: Gauger, Hans-Martin/ Heckmann, Herbert (Hg.1988): Wir sprechen anders. Warum Computer nicht sprechen können. Frankfurt/M.: Fischer Taschenbuch Verlag, S. 13-21

Searle, John R. (1982a): Eine Taxonomie illokutionärer Akte [engl.1975]. In: ders.: Ausdruck und Bedeutung. Frankfurt/M.: Suhrkamp, S. 17-50

Searle, John R. (1982b): Indirekte Sprechakte [engl.1975]. In: ders.: Ausdruck und Bedeutung. Frankfurt/M.: Suhrkamp, S. 51-79

Tergan, Sigmar-Olaf (1995): Hypertext und Hypermedia: Konzeption, Lernmöglichkeiten, Lernprobleme. In: Issing, Ludwig J./ Klimsa, Paul (Hg.1995): Information und Lernen mit Multimedia. Weinheim: Beltz/ Psychologie Verlags-Union, S. 123-137

Weingarten, Rüdiger (1989): Die Verkabelung der Sprache. Grenzen der Technisierung von Kommunikation. Frankfurt/M.: Fischer Taschenbuch Verlag.

Wenz, Karin (1996): Von der *ars memoriae* über die *ars combinatoria* zur *ars simulatoria*: Informationsübermittlung in alten und neuen Medien. In: Rüschoff, Bernd/Schmitz, Ulrich (Hg.): Kommunikation und Lernen mit alten und neuen Medien. Frankfurt/M. u.a.: Peter Lang, S. 17-27

Wichter, Sigurd (1991): Zur Computerwortschatz-Ausbreitung in die Gemeinsprache. Elemente der vertikalen Sprachgeschichte einer Sache. Frankfurt/M., Bern, New York, Paris: Peter Lang.

Windelband, Wilhelm (1894): Geschichte und Naturwissenschaft. Rektoratsrede. Rede zum Antritt des Rektorats der Kaiser-Wilhelms-Universität Straßburg. Geh. am 1. Mai 1894. (Rektoratsreden der Universität Straßburg). Straßburg

Wittgenstein, Ludwig (1960): Philosophische Untersuchungen (1953). In: ders.: Schriften 1. Frankfurt/M.: Suhrkamp, S. 279-544

Zu den Autorinnen und Autoren

Hans Bickel, geb. 1957, Dr. phil., Assistent am Deutschen Seminar der Universität Basel, Lehrstuhl Prof. Löffler. Forschungsschwerpunkte: Dialektologie, Sprachgeschichte, Lexikologie, Namenforschung, Neue Medien. Veröffentlichungen: (zus. m. R. Schläpfer) (Hg.) Mehrsprachigkeit - eine Herausforderung (1994); Traditionelle Schiffahrt auf den Gewässern der deutschen Schweiz. Wort und Sache nach den Materialien des Sprachatlasses der deutschen Schweiz (1995); (zus. m. D. Handschuh, E. Jäger, Ch. Schmid-Cadalbert, R. Trüb) Sprachatlas der deutschen Schweiz, Bd. VIII. Basel (1997).

Bernd Ulrich Biere, Dr. phil. habil., Studium der Germanistik und Romanistik an den Universitäten Tübingen und Heidelberg. Professor für Germanistik, Schwerpunkt Didaktik der deutschen Sprache und Literatur, an der Universität Koblenz-Landau, Abt. Koblenz. Gastprofessor an der Pädagogischen Hochschule Bydgoszcz/Polen (1996 - 1998). Forschungsschwerpunkte: Verstehenstheorie und Verständlichkeitsforschung, fachexterne Kommunikation und Wissenschaftsjournalismus, Aufsatzdidaktik und Schreibforschung.

Hans-Jürgen Bucher, geb. 1953, Dr. phil., Professor für Medienwissenschaft mit Schwerpunkt Print- und Online-Medien an der Universität Trier. Zuvor als Sprach- und Medienwissenschaftler an den Universitäten Tübingen und tätig. Vertretung einer Professur für Journalistik am Institut für Kommunikations- und Medienwissenschaft der Universität Leipzig. Leitung verschiedener Forschungsprojekte zur Pressegeschichte im 17. Jahrhundert und zur Programmqualität privat-rechtlicher Hörfunkprogramme. Journalistische Ausbildung zum Redakteur bei der Südwest Presse /Schwäbisches Tagblatt. Hörfunkjournalist in der Aktuellen Redaktion des Südwestfunks. Dozent am Journalisten-Zentrum des Deutschen Instituts für publizistische Bildungsarbeit. Forschungsschwerpunkte: Mediensprache, Mediengeschichte, Medienkritik, Textdesign, Online-Zeitungen, Verstehensprobleme von Hypertexten. Veröffentlichungen: Pressekommunikation. Grundstrukturen einer Form der öffentlichen Kommunikation aus linguistischer Sicht (1986); Mediensprache, Medienkommunikation, Medienkritik (1991); Radiotrends (Hg.) (1996); Die Zeitung: Ein Multimedium (1997).

Harald Burger, geb. 1940, Professor für deutsche Sprachwissenschaft an der Universität Zürich. Forschungsschwerpunkte: Mediensprache, Lexikologie und Phraseologie, Spracherwerb. Bücher zur Mediensprache: Sprache der Massenmedien (2. Aufl. 1990); Das Gespräch in den Massenmedien (1991).

Werner Holly, geb. 1946, Dr. phil., Professor für Germanistische Sprachwissenschaft an der TU Chemnitz. Forschungsschwerpunkte: Sprachpragmatik, Gesprächsanalyse, Sprache in der Politik, Sprache der Medien. Veröffentlichungen u.a.: Imagearbeit in Gesprächen (1979); (zus. m. P. Kühn, U. Püschel) Politische Fernsehdiskussionen (1986); Politikersprache (1990); (zus. m. U. Püschel, Hg.) Medienrezeption als Aneignung (1993); (zus. m. E. W. B. Hess-Lüttich, U. Püschel, Hg.) Textstrukturen im Medienwandel (1996).

Eva-Maria Jakobs, geb. 1955, Priv.-Doz. Dr. phil., Studium der Germanistik, Pädagogik und Kunstgeschichte. 1996 Habilitation zum Thema "Vom Umgang mit den Texten anderer. Beziehungen zwischen Texten im Spannungsfeld Produktions-, Reproduktions- und Rezeptionsprozessen ".Wissenschaftliche Mitarbeiterin am Fachbereich Germanistik der Universität des Saarlandes. Forschungsschwerpunkte: Textlinguistik, Textproduktion und -rezeption, Fachkommunikation, Neue Medien. Veröffentlichungen zur Semantik, Kommunikationstheorie, Textlinguistik, Fachtextlinguistik, Textproduktionsforschung.

Josef Klein, geb. 1940, Dr. phil., Professor für germanistische Linguistik an der Universität Koblenz-Landau, Abteilung Koblenz. Forschungsschwerpunkte: Pragmatik, Medienlinguistik, Politolinguistik. Veröffentlichungen u.a.: Die konklusiven Sprechhandlungen (1987); Politische Semantik (1989); Elefantenrunden: Drei Tage vor der Wahl (1990); Politische Rhetorik (SuL 1995).

Heinrich Löffler, geb. 1938, Studium der Germanistik, klassischen Philologie und Philosophie in Freiburg i.Br. und Kiel. Promotion (1965) und Habilitation (1974) in Freiburg i.Br. Seit 1975 o. Prof. für Germanistische Linguistik an der Universität Basel. Dort derzeit auch Leiter des Studienfaches Kommunikations- und Medienwissenschaft. Mitglied des Kuratoriums am Institut für deutsche Sprache in Mannheim. Präsident des Ausschusses der Kabelstiftung Basel und Geschäftsträger des Basler Lokalfernsehens "Tele-Basel". Veröffentlichungen u.a.: Probleme der Dialektologie (3. Aufl. 1990); Germanistische Soziolinguistik (2. Aufl. 1994); Grundlagen der Linguistik (1991); Forschungsprojekt "Stadtsprachen - Sprachen in der Stadt" (Publikation in Vorbereitung); Zahlreiche Beiträge zur Medien-Kommunikation: "Stadtsprachen und Stadtmedien" (in Druck); Artikel "Talkshows" für ein Handbuch "Medien"; "Zur Sprache der Medien", "Der Talksmaster als moderner Sokrates?".

Manfred Muckenhaupt, geb. 1946, Dr. phil. habil., Professor für Sprach- und Medienwissenschaft, Leiter des Aufbaustudiengangs „Medienwissenschaft-Medienpraxis" an der Universität Tübingen. Forschungsschwerpunkte: Theoretische Grundlagen sprachlicher und bildlicher Kommunikation, Verständlichkeits- und Nachrichtenforschung, Sprach und Medienanalyse. Veröffentlichungen u.a.: Spielarten der Nachrichtenberichterstattung (1981); Kommunikation und Grammatik (1984); Text und Bild (1986); Kommunikationsgeschichte und Medienrealität (1990); Geschichte der Fernsehnachrichten (1994); Nicht nur über Medien reden (1997); Grundlagen der kommunikationsanalytischen Medienwissenschaft (1997).

Ulrich Püschel, geb. 1943, Priv.-Doz. Dr. phil., Akademischer Oberrat in der Germanistischen Linguistik an der Universität Trier. Forschungsschwerpunkte: Lexikologie und Lexikographie, linguistische Stilistik, Stil- und Textanalyse, Schreiben in Unternehmen und in der Wissenschaft, Entwicklung der Zeitungskommunikation im 19. Jahrhundert, Gespräche im Fernsehen, Gesprächsanalytisch basierte Fernsehrezeptionsforschung. Veröffentlichungen: Semantisch-syntaktische Relationen (1975); (zus. m. P. Kühn, W. Holly) Politische Fernsehdiskussionen (1986); (zus. m. P. Kühn, W. Holly, Hg.) Redeshows (1989); (zus. m. B. Sandig, Hg.) Argumentationsstile (1993); (zus. m. W. Holly, Hg.) Medienrezeption als Aneignung (1993); (zus. m. E. W. B. Hess-Lüttich, W. Holly, Hg.) Textstrukturen im Medienwandel (1996).

Jo Reichertz, geb. 1949, Studium der Germanistik, Mathematik und Kommunikationswissenschaft. Promotion zur Entwicklung der 'Objektiven Hermeneutik'. Habilitation mit einer soziologischen Feldstudie zur Arbeit der Kriminalpolizei. Seit 1993 Professor für Kommunikationswissenschaft an der Universität Essen - zuständig für den Bereich 'Qualitative Methoden' und 'Kommunikation in Institutionen'. Forschungsschwerpunkte: qualitative Text- und Bildhermeneutik, Kultursoziologie, Religionssoziologie, Medienanalyse, Mediennutzung, Werbung, empirische Polizeiforschung.

Ulrich Schmitz, Professor für Germanistik/Linguistik und Sprachdidaktik an der Universität GH Essen. Veröffentlichungen: Postmoderne Concierge: Die ,Tagesschau'. Wortwelt und Weltbild der Fernsehnachrichten (1990); Computerlinguistik. Eine Einführung (1992); Neue Medien (Osnabrücker Beiträge zur Sprachtheorie 50; Hg. 1995); Linguistik im Internet. Das Buch zum Netz - mit CD-ROM (zus. m. E. Cölfen und H. Cölfen, 1997).

Johannes Schwitalla, geb. 1944, Professor für deutsche Sprachwissenschaft an der Universität Würzburg. Forschungsschwerpunkte: Gesprochene Sprache und Dialoganalyse, Soziolinguistik, Textsorten- und Medienwandel (hier bes. Flugschriften, Telefon). Veröffentlichungen u.a.: Kommunikative Stilistik zweier sozialer Welten in Mannheim-Vogelstang (1995); Gesprochenes Deutsch - Eine Einführung (1997).

Printed in Great Britain
by Amazon

57513722R00140